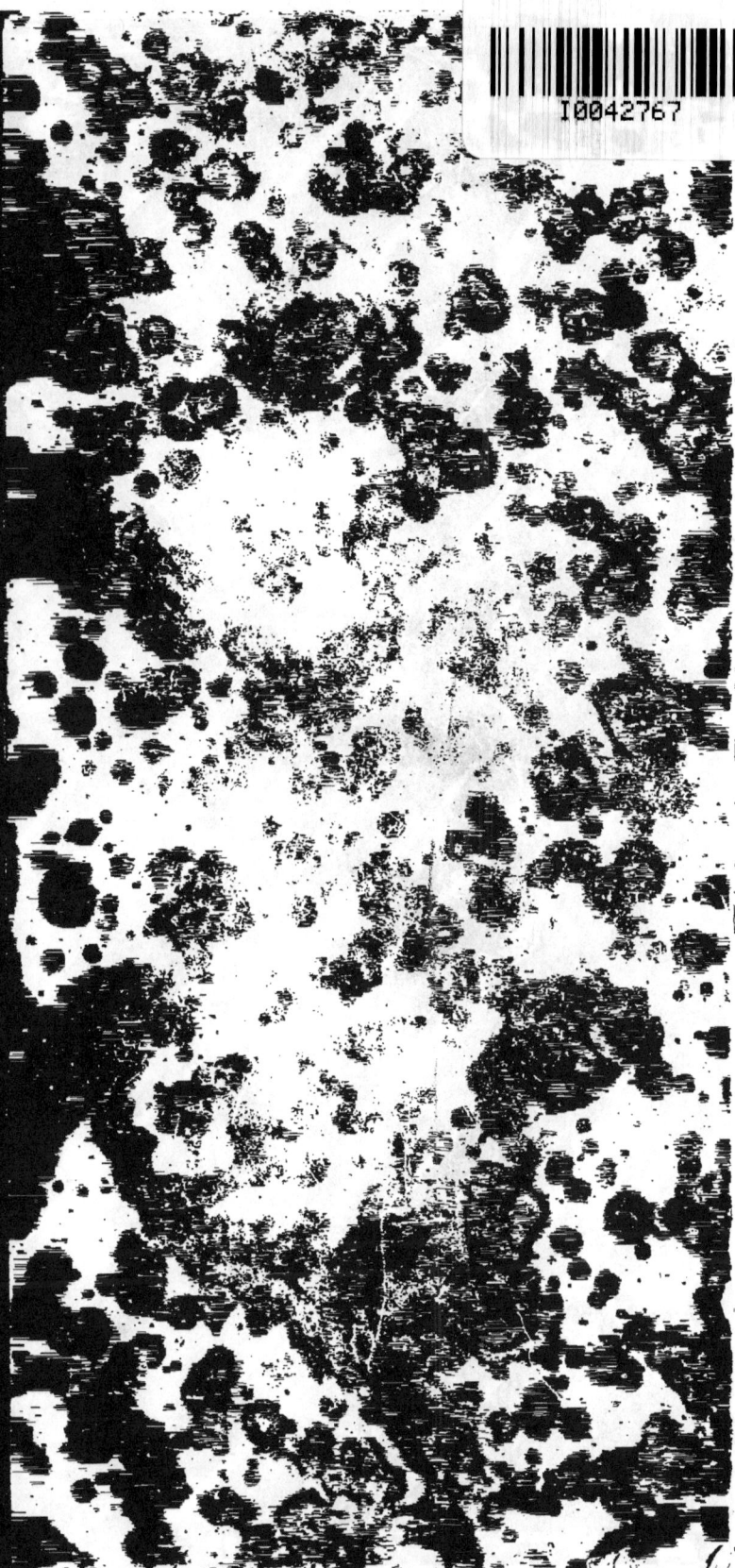

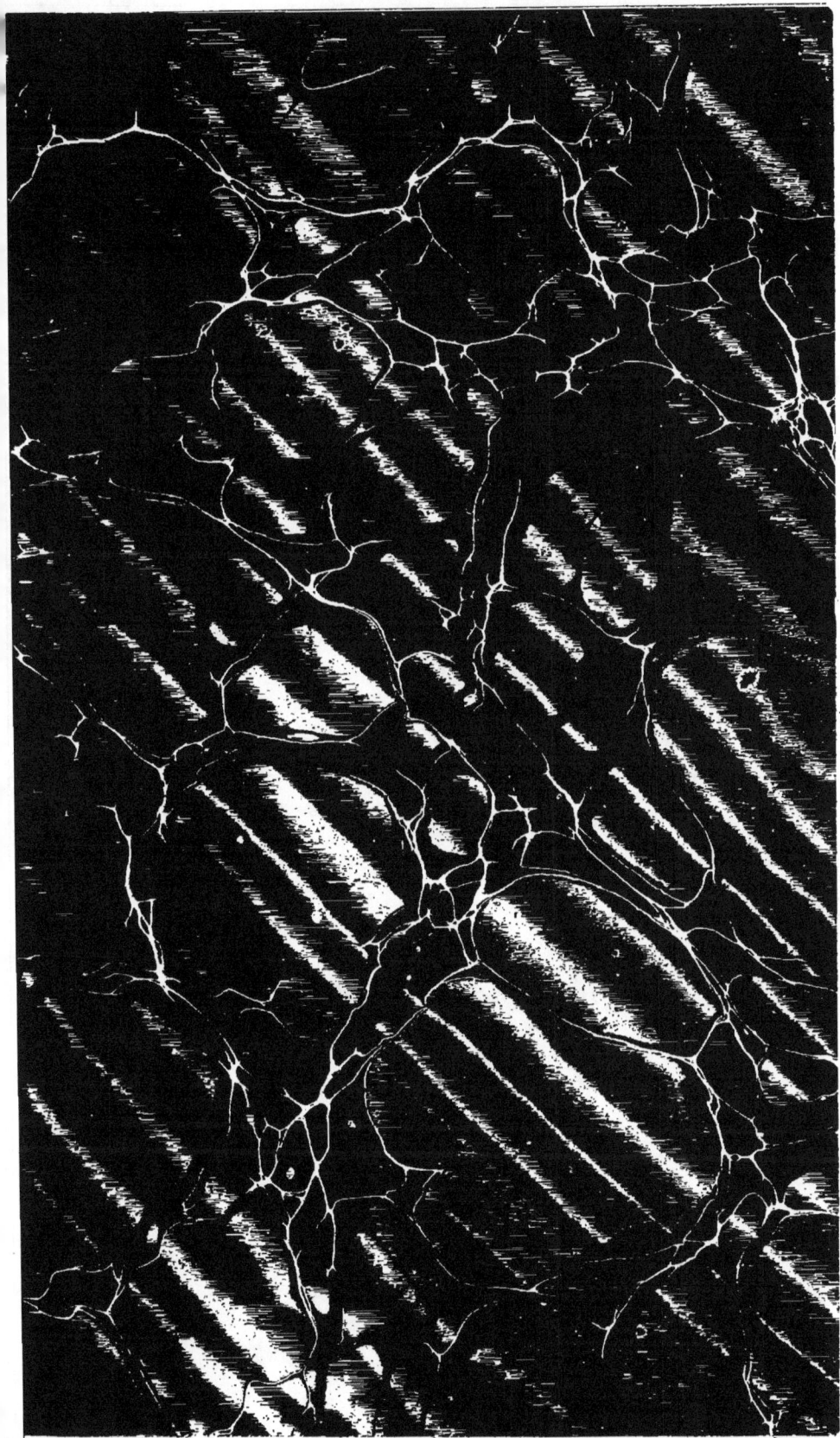

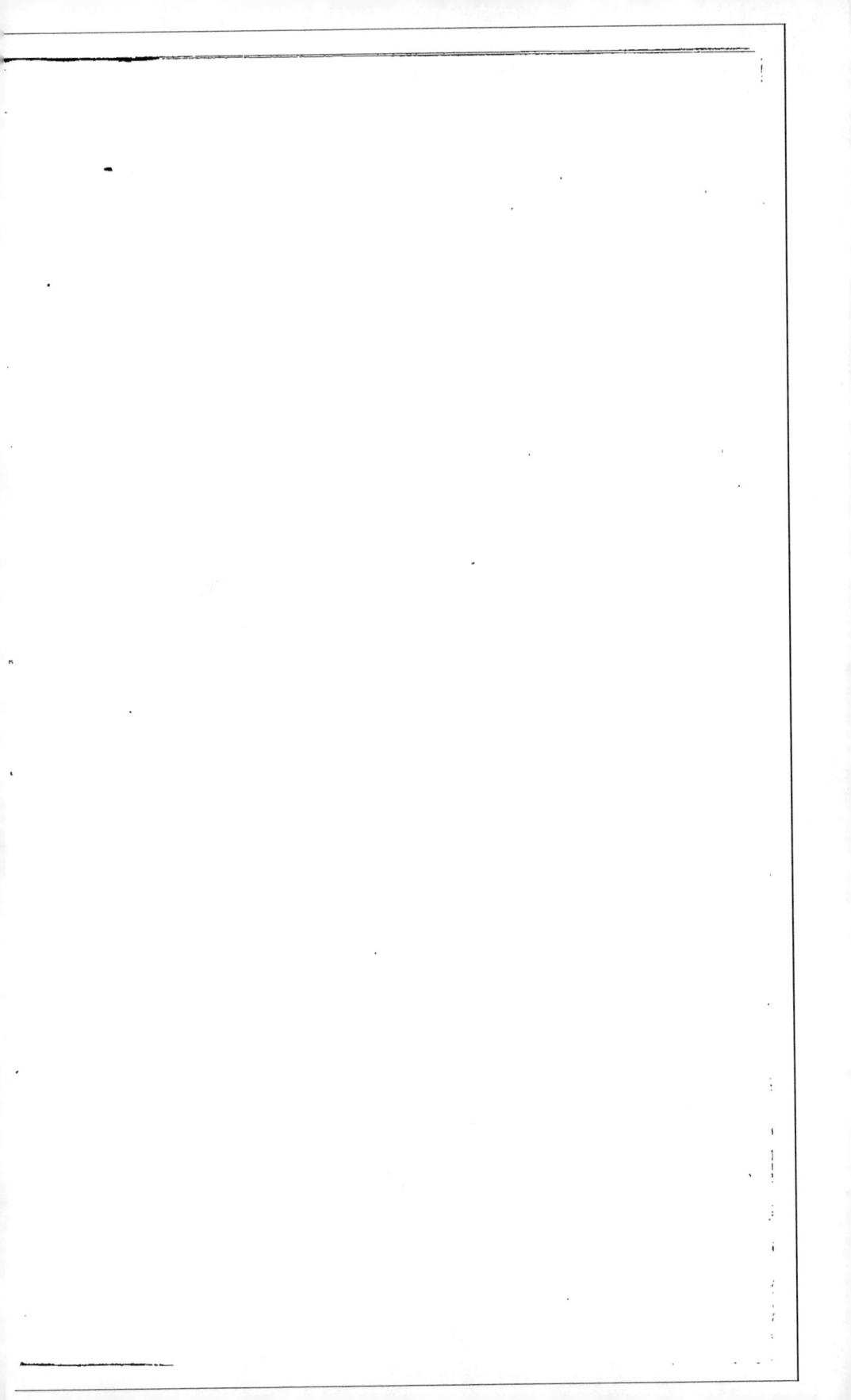

OEUVRES COMPLÈTES

DU CHANCELIER

D'AGUESSEAU.

SE TROUVENT AUSSI

CHEZ L'ÉDITEUR, RUE CHRISTINE, N.º 3, A PARIS;
ET CHEZ LES PRINCIPAUX LIBRAIRES DE FRANCE ET DE L'ÉTRANGER.

DE L'IMPRIMERIE DE I. JACOB, A VERSAILLES.

OEUVRES COMPLÈTES

DU CHANCELIER

D'AGUESSEAU.

NOUVELLE ÉDITION,

AUGMENTÉE DE PIÈCES ÉCHAPPÉES AUX PREMIERS ÉDITEURS,
ET D'UN DISCOURS PRÉLIMINAIRE

PAR M. PARDESSUS,

PROFESSEUR A LA FACULTÉ DE DROIT DE PARIS.

TOME DIXIÈME,

CONTENANT QUELQUES MÉMOIRES ET UNE PARTIE DE LA
CORRESPONDANCE OFFICIELLE.

PARIS,

FANTIN ET COMPAGNIE, LIBRAIRES,
QUAI MALAQUAI, N.º 3.

H. NICOLLE, A LA LIBRAIRIE STÉRÉOTYPE,
RUE DE SEINE, N.º 12.

DE PELAFOL, RUE DES GRANDS-AUGUSTINS, N.º 21.

M. DCCC. XIX.

TITRES

DES DIFFÉRENS OUVRAGES

CONTENUS DANS LE TOME DIXIÈME.

CORRESPONDANCE OFFICIELLE.

PREMIÈRE DIVISION.

SECONDE DIVISION.

FIN DES TITRES DU TOME DIXIÈME.

OEUVRES
DE D'AGUESSEAU.

DISCOURS

A LA CHAMBRE DE JUSTICE,

EN ANNONÇANT LA SUPPRESSION DE CETTE CHAMBRE,

Prononcé le 22 mars 1717.

JE viens vous annoncer la fin de vos travaux ; et vous marquer en même temps ce qui ne doit point finir ; je veux dire la satisfaction que le roi et monsieur le régent conserveront toujours du zèle et du courage avec lesquels vous avez fourni une triste et pénible carrière.

Les peuples de ce royaume, depuis long-temps en proie à l'avidité de leurs propres citoyens, demandoient des vengeurs. Vous avez été choisis pour exercer ce ministère redoutable, et le public a applaudi à un choix qui remettoit ses intérêts en de si dignes mains :

Mais vous savez que les remèdes mêmes peuvent quelquefois devenir des maux, quand ils durent trop long-temps. A la vue d'une multitude de criminels, qui, par le mélange du sang et des fortunes, ont su intéresser jusqu'aux parties saines de l'état, le public effrayé tombe dans une espèce de consternation et d'abattement qui retarde les opérations et qui fait languir tous les mouvemens du corps politique. Tel est même le caractère du peuple, qui, toujours sujet

à l'inconstance, passe aisément de l'excès de la haine
à l'excès de la compassion : il aime le spectacle d'un
châtiment prompt et rigoureux, mais il ne peut en
soutenir la durée ; et, laissant bientôt affoiblir sa première indignation contre les coupables, il s'accoutume
presque à les croire innocens, lorsqu'il les voit long-
temps malheureux.

C'est à la prudence du souverain qu'il est réservé
d'étudier ces divers mouvemens, de savoir changer
en régime des remèdes trop forts pour la disposition
du malade, et de tempérer tellement la sévérité avec
l'indulgence, que la rigueur de l'une contienne les
hommes dans les bornes du devoir, et que la douceur
de l'autre rétablisse dans les esprits une confiance non
moins nécessaire que la crainte, pour la gloire et pour
la félicité du gouvernement.

Ainsi, la même sagesse, qui a donné l'être à la
chambre de justice, en ordonne aujourd'hui la fin,
et vous renvoie à des fonctions plus douces, mais non
pas moins importantes, où, à l'exemple des grands
magistrats (1) que le roi avoit mis à votre tête, vous
porterez toujours le même esprit de justice, le même
amour du bien public dont vous avez été animés jusqu'à présent.

Il auroit été plus avantageux pour le public, et
plus honorable pour cette compagnie, que la même
voix (2) qui forma son union, eût pu aussi vous annoncer sa séparation. Mais puisque, par un événement imprévu, et par un choix aussi peu désiré que
mérité, je me trouve aujourd'hui honoré de cette
fonction, j'ose vous assurer au moins que personne
ne pouvoit vous donner avec plus de plaisir les éloges
qui sont dus à vos services et à un zèle supérieur aux
services mêmes.

Si son étendue n'a pu être entièrement remplie,
vous aurez du moins la satisfaction précieuse à des

(1) MM. de Lamoignon et Portail, présidens du parlement.

(2) M. le chancelier Voisin, mort le 2 février précédent.

gens de bien, d'avoir arrêté le cours d'une déprédation que le malheur des temps sembloit avoir mise au-dessus des lois, et vous emporterez avec vous la consolation de sentir que la date de la chambre de justice va devenir une époque mémorable, par laquelle on marquera désormais le temps où la règle a succédé à la licence, l'ordre à la confusion, la lumière à l'obscurité ; où la sagesse qui nous gouverne, affranchie de la dure nécessité de se faire craindre par la rigueur des peines, n'aura plus que le plaisir de se faire révérer par ses bienfaits, et, toujours appliquée au soulagement des peuples, goûtera la gloire solide d'avoir établi la grandeur du roi sur le bonheur de ses sujets.

FRAGMENS

SUR L'ORIGINE ET L'USAGE DES REMONTRANCES.

Exposition des faits relatifs à l'usage des Remon-
trances.

Il seroit assez difficile de remonter jusqu'à la première origine de cet usage, pour en fixer l'époque
avec une exacte précision ; et l'on peut dire même
que cette recherche seroit du nombre de celles qui
sont plus curieuses qu'utiles. Il suffira donc de donner
ici une notion générale de l'ordre qui a été observé
successivement dans ce royaume sur les différentes
voies qu'on y a prises pour annoncer les lois aux
peuples qui doivent les suivre, et qui ne peuvent les
suivre sans les connoître.

Sans vouloir rétrograder jusqu'à la première race
de nos rois, dont les formes et les usages ne nous
sont pas connus dans un assez grand détail, pour
nous instruire parfaitement sur ce point, il est certain que, dans la seconde, toutes les lois qui nous
restent paroissent avoir été proposées, discutées et
arrêtées dans ces assemblées solennelles, où les évêques et les nobles concouroient avec le roi, à former
les règles de l'ordre public ou de la police ecclésiastique et séculière, qui devoient être observées dans
le royaume.

Ces assemblées tenoient lieu de parlement, ou
plutôt d'états-généraux du royaume ; et il n'y avoit
point alors de tribunal auquel les ordonnances et les
capitulaires qui y étoient approuvés dussent être
adressés. On pouvoit regarder ces assemblées comme
les conciles de la nation française, où la loi se publioit

en présence de ceux mêmes qui l'avoient faite, et où la promulgation étoit jointe à la législation.

Chaque évêque, chaque duc ou chaque comte en emportoit un exemplaire, qu'il faisoit apparemment publier dans son territoire, et dont il y maintenoit l'exécution, aussi bien que ceux qu'on appeloit *missi dominici*, dont les fonctions sont à présent exercées, au moins en partie, par les intendans.

Il seroit donc bien difficile, pour ne pas dire impossible, d'appliquer un tel usage à ce qui s'est observé après la cessation de ces assemblées générales, et depuis l'établissement des tribunaux, qui ont été nommés parlemens, à l'exemple de ceux qui se tenoient autrefois au Champ de Mars, quoique leur autorité lui étoit déférée. La seule conséquence générale qu'on puisse tirer de cette forme de législation, qui avoit lieu sous la seconde race de nos rois, est qu'on a toujours cru dans ce royaume que, quelque grande que soit l'autorité du roi, les lois qui intéressent tout l'état ne doivent pas tellement dépendre de la volonté d'un seul, qu'elles ne soient examinées par ceux qui ont le plus de part à leur exécution, et qui sont chargés de veiller à la manutention de l'ordre public. Les anciens parlemens étoient comme le conseil général de la nation, dont les rois prenoient et suivoient presque toujours les avis dans ce qui regardoit la législation. Diminuoient-ils par là l'autorité de leurs lois, ou l'affermissoient-ils, au contraire, par le concours des suffrages de ceux qui devoient les faire observer? C'est une question qu'on examinera dans la suite; mais il est toujours certain que nos rois ont pris le dernier parti, de consulter les parlemens avant que de faire une loi. Les admettre à la délibération intime et comme au conseil secret du législateur, c'étoit sans doute quelque chose de plus, que de leur permettre de faire des remontrances sur les inconvéniens de la loi avant de l'enregistrer.

Les rois de la troisième race ont d'abord suivi à

peu près la même forme de gouvernement que ceux
de la seconde, par rapport à la législation.

On trouve plusieurs de leurs ordonnances qui paroissent avoir été faites par le conseil de leur baron
ou de leurs pairs, avec les grands officiers de la couronne. Et, les baillis et sénéchaux ayant succédé en
grande partie aux fonctions des anciens ducs et des
anciens comtes, l'usage a été pendant long-temps de
leur adresser directement les lois que les rois avoient
faites par l'avis des principales personnes de leur
royaume.

On ne peut guère douter que lorsque les parlemens, qui se convoquoient alors une ou deux fois
l'année, étoient assemblés, les rois ne leur fissent
l'honneur de les consulter sur les nouvelles lois qu'ils
jugeoient à propos de faire. Et l'on trouve des preuves
de cet usage, non-seulement dans le temps que
chaque parlement avoit le sort d'une convocation
spéciale, mais depuis même qu'ils furent rendus sé-
dentaires sous le règne de Philippe le Bel et sous
celui de Philippe de Valois.

Ce fut cette séance perpétuelle des parlemens, telle
qu'elle subsiste encore aujourd'hui, qui donna lieu
dans la suite à changer l'ancien usage d'adresser les
ordonnances des rois aux baillis et sénéchaux. Il parut
plus convenable que des tribunaux, auxquels le roi
confioit l'exercice de son autorité souveraine, reçussent les lois de sa main pour les faire publier ensuite
dans les bailliages et sénéchaussées qui leur étoient
subordonnés ; et, soit que nos rois, presque toujours
occupés des soins de la guerre qu'ils faisoient en personne aux ennemis de leur état et de leur puissance,
ne pussent pas aisément consulter leur parlement, soit
que la multiplicité de ces compagnies et le nombre
de leurs membres ne permissent plus de les appeler
en quelque manière au conseil du roi, avant que de
faire une loi nouvelle, la liberté de faire des remontrances fut bientôt substituée à l'ancien usage de
mettre les lois en délibération, avec ceux qui devoient veiller à leur exécution. Ainsi, et l'adresse des

ordonnances aux parlemens , et la faculté d'en représenter les défauts ou les inconvéniens ont à peu près
la même époque , et on la fixe ordinairement vers le
commencement du quinzième siècle.

Machiavel, qui écrivoit vers la fin de ce siècle,
parle du droit accordé au parlement, non comme
d'une introduction nouvelle , mais comme d'une espèce de maxime d'état, qui appartenoit à la constitution même du gouvernement monarchique de la
France.

On peut même observer ici en passant que ce n'est
pas seulement de leur parlement que nos rois ont
bien voulu recevoir les représentations sur ce qui
pouvoit intéresser l'ordre et le bien public dans leurs
ordonnances.

Les états-généraux du royaume ont toujours usé
de la même liberté.

Les états particuliers qui subsistent dans plusieurs
provinces en jouissent encore.

Enfin, les assemblées du clergé, dont le véritable
objet est l'administration de ses biens temporels, se
terminent toujours par des remontrances, ou par des
cahiers où elles ne se bornent pas à demander la
conservation de leurs priviléges, et où elles proposent presque toujours de réformer ou d'expliquer
d'anciennes lois, d'en faire de nouvelles, et de réprimer des entreprises ou de corriger des abus qui intéressent la juridiction spirituelle et la police extérieure
de l'église.

Cet usage de faire des remontrances ou des représentations au roi, dont les grands corps, où les assemblées légitimes sont en possession immémoriale , a été
toujours reconnu et autorisé par les rois, ou tacitement ou expressément.

Ils l'ont reconnu tacitement toutes les fois qu'ils
ont bien voulu recevoir de pareilles remontrances ;
et leurs réponses, soit que, dans le fond, elles aient
été favorables ou contraires à ce qu'on leur repré-
sentoit, prouvent toujours également que la majesté
royale n'en a pas improuvé l'usage dans la forme, et

qu'elle ne l'a pas regardée comme capable de donner quelque atteinte à son pouvoir.

A ce consentement tacite ils ont joint une approbation expresse ; et, sans en rapporter ici toutes les preuves, dont le détail seroit aussi long qu'inutile, on en choisira seulement quelques-unes, et on s'attachera principalement à celles qu'on trouve dans un temps où l'autorité royale étoit presque parvenue au point où nous la voyons aujourd'hui.

Lorsque le roi François Ier alla pour la première fois au parlement, en l'année 1516, quelque peu satisfait qu'il parût alors de cette compagnie, il lui déclara néanmoins que *si elle désiroit de lui faire aucunes remontrances avant que de déférer à ses volontés, il vouloit très-bien qu'on allât devers lui, qu'il ne refuseroit point l'audience et entendroit volontiers ce qu'on lui remontreroit, car il désire sur toutes choses que justice et raison soit faite, et n'entend commander que choses raisonnables.*

Presque tous les rois, successeurs de François Ier, ont tenu le même langage, et cela dans le temps même où ils étoient le plus irrités contre le parlement.

C'est ainsi que Charles IX, malgré toute la dureté avec laquelle il traita cette compagnie sur ce qui s'étoit passé au sujet de l'enregistrement de l'édit de déclaration de sa majorité, ne laissa pas d'approuver en même temps l'usage des remontrances, et de conserver le parlement, à cet égard, dans son ancienne liberté.

Aussi, dans une lettre de Louis XIII à M. Molé, alors procureur-général, où son indignation éclate en toutes manières contre le parlement, ce prince déclare cependant à la fin qu'il prendra toujours en bonne part les remontrances que les officiers de cette compagnie auront à lui faire ; *mais*, ajoute-t-il, *d'eux à moi, je ne puis approuver d'autres voies*. Il approuve donc celle des remontrances ; et, de semblables discours ont été si souvent dans la bouche de nos rois, qu'il seroit superflu de multiplier les preuves d'un fait si notoire à tous ceux qui ont quelque teinture de notre droit public.

Il y a même sur ce point quelque chose de plus fort que leurs paroles, ce sont leurs lois, et les lois les plus respectables que nous ayons dans le royaume, comme la déclaration de 1563, sur l'ordonnance d'Orléans, comme l'ordonnance de Moulins, et celle de Blois, *qui permettent expressément aux parlemens de faire telles remontrances qu'ils aviseroient sur les édits, ordonnances, déclarations et arrêts qui leur seroient adressés pour y être publiés et enregistrés.*

Le fait de l'usage des remontrances et de l'usage le plus autorisé par les rois mêmes, n'est donc pas douteux. Mais, avant que de finir ce qui regarde cet article, on croit devoir faire ici une réflexion importante.

L'abus, qu'on pourroit craindre que les parlemens ne fissent quelquefois de la voie des remontrances, ne seroit pas une raison pour vouloir les interdire. Il est presque aussi ancien que cet usage même. Il est arrivé souvent, et pendant la minorité des rois et dans des temps de nuages ou de divisions domestiques, que ces grandes compagnies ont voulu s'ingérer témérairement dans le secret et dans la conduite des affaires de l'état, soit en traversant par ignorance, par prévention ou par des impressions étrangères, toutes les opérations de la finance, soit en résistant aux meilleures lois avec une opiniâtreté presque invincible, pour favoriser des partis qui se formoient dans le royaume, et décréditer le ministère qui étoit en butte à ces partis.

Cependant ces craintes n'avoient inspiré à personne, avant le règne du feu roi, la pensée d'abolir l'usage des remontrances avant l'enregistrement des lois. On les a regardées comme des accidens ou des maladies du corps politique, qui devoient être traitées avec autant de sagesse que de fermeté, non en détruisant une des principales parties de ce corps, ni en lui ôtant toute sa force ; mais en réprimant les excès et en renfermant sa liberté dans des bornes légitimes.

Tels ont été, sur cette matière, les principes d'un des plus puissans génies et des plus profonds ministres que la France ou d'autres états aient jamais vus, je veux dire du cardinal de Richelieu.

Né dans le sein des troubles intérieurs et des guerres civiles, il avoit éprouvé plus que personne le danger et les inconvéniens des factions qui déchiroient ce royaume, et qui, en partageant une autorité indivisible par sa nature, tendoient également à l'anéantir. Il avoit senti combien il est fâcheux que les parlemens entrent dans ces partis et leur prêtent une ombre de justice ; et l'apparence d'un zèle sincère pour le maintien des lois, qu'on présume aisément dans ces compagnies, forme dans l'esprit du public un préjugé favorable à leurs sentimens. Il y avoit vu plusieurs fois des mouvemens opposés à ce qu'il regardoit comme l'intérêt de l'état, une résistance ouverte aux conseils qu'il donnoit au roi ou aux lois qu'il lui inspiroit de publier ; et ses écrits font assez sentir qu'il regardoit cette opposition comme une des croix les plus pesantes de son ministère.

Cependant il est remarquable que, dans son testament politique, où, d'un côté, il s'est proposé de donner des avis salutaires à Louis XIII pour la perfection du gouvernement et pour le maintien de l'autorité royale, où, de l'autre, il paroît si peu prévenu en faveur des officiers de justice, il ne lui est pas seulement venu dans l'esprit de dépouiller les cours supérieures du droit de faire des remontrances ; et il ne lui est pas même échappé de faire entendre que ce seroit un grand bien si l'on pouvoit y parvenir.

On voit que, dans la section 3 du chapitre 4 de cet ouvrage, il a voulu renfermer tout ce qu'il faut faire, comme il le dit lui-même, *pour empêcher qu'un si puissant corps* (c'est-à-dire, celui de la magistrature) *ne soit préjudiciable au gros de l'état.*

Quelque vaste que paroisse cette matière, il assure néanmoins qu'il en dira assez en trois mots; *s'il met en avant qu'il ne faut autre chose que restreindre les officiers de justice à ne se mêler que de la rendre aux sujets du roi, qui est la seule fin de leur éta-blissement.*

La conséquence qu'il tire de cette proposition est que *s'il ne faut pas souffrir l'usage des remon-trances dans les affaires d'état, si l'on ne peut rien permettre à ces grandes compagnies qui puisse bles-ser l'autorité souveraine, c'est prudence de tolérer quelques-uns de leurs défauts en autre genre.*

Il faut, dit ce grand personnage, *il faut compâtir aux infirmités d'un corps qui, ayant plusieurs têtes, ne peut avoir un même esprit, et qui, étant agité d'autant de divers mouvemens qu'il est composé de différens sujets, ne peut souvent être porté ni à con-noître ni à souffrir son propre bien.*

Il reconnoît ensuite, et c'est un aveu consolant pour tous ceux qui ont part au gouvernement, *qu'il est souvent plus aisé de condamner le procédé de ces grandes compagnies que d'y trouver du remède. Le nombre des mauvais surpasse toujours celui des bons. Quand ils seroient tous sages, ce ne seroit pas encore chose sûre, que les meilleurs sentimens se trouvassent en la plus grande partie, tant les juge-mens sont divers en ceux mêmes qui, n'ayant aucun dessein que de bien faire, ne sont pas différens en leurs intentions et en leurs fins.*

Il ajoute enfin que *c'est chose si ordinaire à telle compagnie de trouver à redire au gouverne-ment, que cela ne doit pas paroître étrange. Toute autorité subalterne regarde avec envie celle qui lui est supérieure; et comme elle n'ose en disputer la puissance, elle se donne la liberté d'en décrier la conduite.*

Tout se réduit donc à deux points, selon le car-dinal de Richelieu :

1.º *Empêcher absolument que les parlemens ne*

se mêlent des affaires d'état, et de ce qui appartient à l'administration générale du gouvernement ;

2.° Tolérer dans le reste des imperfections presque inséparables de l'humanité, et accorder quelque liberté à ces grands corps dans les choses où ils peuvent se méprendre impunément, et sans blesser les droits de l'autorité royale.

Ce qu'il a conseillé au roi dans son testament politique, il l'avoit observé lui-même dans toute la suite de sa conduite ; et, pour achever de se convaincre que c'étoit là son véritable système à l'égard des parlemens, il n'y a qu'à joindre sa pratique à sa théorie, et rapprocher ce qu'il a fait, principalement dans l'édit de 1641, de ce qu'il a dit dans son testament politique.

Le style du préambule de cet édit porte tellement le caractère d'un génie si supérieur, et a un si grand rapport à sa manière de penser et de s'exprimer, qu'on ne peut presque douter que ce ne soit lui qui en ait dicté, non-seulement le plan, mais les principales expressions ; et, soit qu'on lise attentivement la préface de la loi, soit qu'on en pèse avec soin toutes les dispositions, on reconnoît que l'esprit général de cette loi, la plus méditée qui ait jamais été faite sur la matière des remontrances, a été d'interdire, d'un côté, aux parlemens, la liberté d'en faire sur les affaires d'état ou sur l'administration du gouvernement, et de renfermer, de l'autre, dans des bornes légitimes, l'usage du pouvoir que le roi laisse à ces compagnies, de lui représenter dans d'autres matières ce qui peut convenir au bien de la justice.

Telle est toute la substance de cet édit. Si la présence du roi fit recevoir au parlement, sans contradiction, le joug qu'on vouloit lui imposer, ce ne fut pas au moins sans murmure, non-seulement de la part des magistrats, mais de tous les ordres du royaume, si l'on en croit les mémoires de l'abbé Siri, historien, qui a été regardé comme joignant à un grand sens une sincérité aussi estimable.

On accuse le cardinal, qui étoit l'auteur de cet édit, d'avoir voulu affoiblir et faire mépriser l'autorité de ces tribunaux, dont la seule représentation étoit capable de prévenir ces grands maux qu'on voyoit naître tous les jours dans un royaume qui étoit, pour ainsi dire, dans l'enfantement continuel de ces nouveautés extraordinaires.

On disoit que le premier mémoire avoit voulu détruire la seule barrière qui étoit restée en France, pour mettre un frein à la violence des favoris, et que les princes les plus sages avoient établie, pour être une espèce de milieu entre la puissance absolue et la liberté des peuples, afin qu'elle devînt comme l'instrument le plus sûr pour contenir les grands dans les règles du devoir, les favoris dans les bornes de la modération, les peuples dans l'obéissance, et assurer aux princes une réputation de justice, par le dépôt qu'ils faisoient de leur puissance entre les mains des cours souveraines.

On ajoutoit à ce discours des réflexions plus profondes sur l'origine et les raisons du pouvoir qui avoit été confié aux parlemens, d'examiner ces lois avant que de les enregistrer, et de faire des remontrances au roi sur ce qui pouvoit intéresser le bien public; mais, comme il faudra mettre ces raisons dans la balance, lorsqu'il sera question de traiter le point de droit, il seroit prématuré de les expliquer en cet endroit, où il ne s'agit que d'achever entièrement ce qui regarde le fait.

Le cardinal de Richelieu ne survécut pas long-temps à l'édit de 1641; sa mort fut bientôt suivie de celle de Louis XIII, et la minorité, toujours orageuse, de Louis XIV, renversa tellement un édifice qui avoit été élevé avec tant de soins par le plus grand de nos ministres, qu'il n'en resta pas le moindre vestige, et qu'au contraire l'abus des remontrances et des mouvemens extraordinaires des parlemens, par rapport aux affaires d'état, n'a jamais été porté aussi loin qu'il le fut dans les années qui suivirent presque immédiatement l'édit de 1641. Tant il est vrai, comme on l'a souvent remarqué, que nous voyons dans un royaume où les extrémités se touchent, que l'on n'est jamais plus proche de l'excès du désordre que lorsqu'on croit toucher au plus haut degré de perfection.

Mais, la sagesse ou le bonheur du cardinal Mazarin ayant dissipé toutes les tempêtes dont la minorité du feu roi avoit été agitée, et ce prince, qui n'a jamais perdu la mémoire de ces troubles, ayant pris en mains les rênes du gouvernement, il commença, dès le temps de l'ordonnance de 1667, à faire sentir qu'il se souvenoit en effet des entreprises que le parlement avoit faites sur son autorité.

Si, dans cette ordonnance, il laissa encore la liberté de faire des remontrances avant l'enregistrement des édits, il renferme cette liberté dans des bornes plus étroites, en limitant le temps dans lequel elles lui seroient présentées, et en ordonnant qu'après ce temps ses lois seroient tenues pour publiées et exécutées, comme si l'enregistrement en eût été fait.

Le parlement, qui étoit alors dans cet état, que Tacite appelle *crudi adhuc servitii, et libertatis improsperè repetitæ*, eut de la peine à se soumettre à un joug que ses pères n'avoient pu porter; mais sa résistance fut vaine; l'exil d'une partie de ses membres, et, encore plus, un ascendant auquel l'Europe entière ne pouvoit résister, le réduisirent enfin à une entière obéissance. Il perdit cependant le mérite d'une soumission trop tardive, et l'on ne se souvint que de sa première contradiction. Un ministre, respectable d'ailleurs, mais assez jaloux de l'autorité du roi, et peut-être de la sienne, pour regarder la moindre résistance comme une révolte, voulut, suivant ce qu'on a dit de Louis XI, mettre totalement *le roi hors de page*, et rompre jusqu'à ses foibles liens, qui pouvoient encore embarrasser plutôt qu'arrêter l'autorité du roi.

C'est ce qui fut exécuté par la déclaration du 24 février 1673, par laquelle les parlemens furent réduits à ne pouvoir faire éclater leur zèle par leurs remontrances, qu'après avoir prouvé leur soumission par l'enregistrement pur et simple des lois qui leur seroient adressées.

Il seroit inutile de parler ici des célèbres remontrances que le parlement de Paris fit en cette occasion, et qui furent regardées alors comme le dernier cri de la liberté mourante.

En effet, depuis cette déclaration, les remontrances furent non-seulement différées, mais par là même abolies. On n'en trouve plus aucun exemple jusqu'à la mort du feu roi; et pendant le reste de son règne, c'est-à-dire, pendant quarante-deux ans, l'enregistrement de tous les édits et de toutes les déclarations, est devenu tellement de style, que les conseillers au parlement ne prenoient pas même la peine d'opiner sur ce sujet.

Mais, comme le changement de gouvernement donne toujours de nouvelles espérances, et fait renaître les anciennes prétentions, surtout lorsqu'à la force du gouvernement le plus absolu succède la foiblesse d'une minorité, à peine le feu roi eut-il les yeux fermés, que le parlement chercha à rentrer dans ses droits; et M. le duc d'Orléans, qui vouloit alors le gagner entièrement, lui jeta presqu'à la tête, dès les premiers jours de la régence, une déclaration qui rétablissoit l'ancien usage des remontrances avant l'enregistrement.

Mais ce prince s'en repentit bientôt après. Le despotisme qui lui étoit nécessaire pour faire valoir le système auquel il se livra, lui fit supporter impatiemment le joug qu'il s'étoit imposé à lui-même; les remontrances du parlement devinrent si fréquentes et si importunes, qu'il chercha à s'en affranchir, ou du moins, à en restreindre la liberté par la déclaration qu'il fit publier dans le fameux lit de justice qui fut tenu au Louvre le 26 août 1718; mais ce fut un coup de foudre qui fit plus de peur que de mal, et dont l'effet ne dura presque qu'autant que le bruit qu'il avoit fait.

Le parlement regarda cette nouvelle loi comme non avenue. On voulut l'exécuter, à la vérité, soit à l'égard de l'édit qui réduisoit les rentes au denier cinquante, soit par rapport à la déclaration qui fut faite pour transférer le parlement à Pontoise ; mais la réconciliation dont elle fut suivie effaça le passé ; et la loi de 1718 est tombée tellement dans l'oubli, pour ne pas dire dans le mépris, qu'on n'a pas osé en parler dans tous les mouvemens qui sont arrivés au parlement ; en sorte que cette compagnie est actuellement dans la pleine possession de faire des remontrances suivant l'ancien usage, avant que de procéder à l'enregistrement des édits et déclarations qui lui sont adressés.

Il ne reste plus, pour achever cette espèce d'histoire abrégée des remontrances, et pour embrasser toute la matière, que de dire un mot de celles qui ont eu d'autres objets que les ordonnances qu'il plait au roi d'envoyer à ses parlemens.

Il y en a eu qui regardoient des lois, à la vérité, mais des lois adressées à d'autres compagnies, comme à la cour des aides et à celle des monnoies ; et l'objet de ces remontrances a été ou de soutenir la juridiction ou la compétence du parlement, dans des matières dont on attribuoit la connoissance à d'autres cours, ou de s'expliquer sur le fond même de ses lois, dont les parlemens se sont crus en droit de représenter fortement les inconvéniens et les conséquences par rapport à l'ordre public.

Il y en a eu d'autres qui ont été faites à l'occasion d'aucunes nouvelles ordonnances, comme sur ce qui regardoit l'administration des finances, la vénalité des charges, l'établissement du droit annuel, l'autorité des intendans, les voies d'autorité absolue dont les rois ont jugé à propos d'user dans certains cas à l'égard de quelques-uns des membres des parlemens, et sur d'autres points semblables.

Mais, sans entrer dans le détail des différens exemples qu'on en trouve dans les registres du parlement, il suffit de remarquer ici, en général, que si le gouvernement les a souvent tolérées, lorsqu'il ne s'agissoit que de ce qui pouvoit regarder l'ordre de la justice, les charges ou les fonctions des magistrats, et cette espèce de police ou discipline publique, dont l'inspection est confiée aux parlemens, nos rois les ont toujours improuvées, lorsque ces compagnies ont voulu en faire sur ce qui regardoit les affaires d'état ou l'administration générale du royaume, et ce qu'on peut appeler *arcanum imperii*, qui doit toujours être réservé à la personne du roi et de ceux qu'il honore de sa confiance la plus intime; à moins que ce ne soit le roi même qui, par des raisons d'état, se porte à permettre de telles remontrances, pour en faire l'usage qu'il juge à propos, soit au-dedans ou au-dehors du royaume, pour le bien de son service, comme on en trouve un exemple célèbre par rapport aux traités que le roi François I.er fut obligé de faire pour recouvrer sa liberté.

II.

Examen de la question, s'il est avantageux de laisser subsister l'ancien usage des remontrances, tel qu'il étoit avant le règne du feu roi, et tel qu'il a été rétabli après sa mort; ou de le réformer suivant les règles établies par la déclaration du mois d'août 1673.

Personne ne devroit saisir le dernier parti avec plus d'empressement que le chancelier de France, si, dans une affaire d'état, il étoit permis à l'homme public de n'envisager que soi-même, et de ne consulter que son intérêt particulier.

Plus on exigera de soumission et d'obéissance de la part des parlemens, plus on relèvera le pouvoir et le crédit de celui qui, par le titre de sa dignité, est censé avoir la principale part aux lois que le roi juge à propos de donner à ses peuples.

Et s'il est vrai qu'à mesure qu'on avance en âge,

l'amour du repos, le goût d'une vie libre et tranquille font encore plus d'impression sur le cœur de l'homme, que le désir de l'autorité, qu'y auroit-il de plus doux pour un chancelier qui voudroit jouir en paix d'une honorable vieillesse, que de se voir délivré par une seule loi des peines et des difficultés qu'on peut éprouver dans l'enregistrement de toutes les autres ? L'expérience lui montre que le poids en tombe principalement sur lui, et que la résistance des parlemens le met dans une situation embarrassante, où il court toujours le risque de faire mal sa cour au roi, s'il veut user de ménagement à l'égard des compagnies, ou de se commettre avec elles, et de s'en attirer souvent la haine, s'il soutient l'autorité du roi avec une vigueur inflexible.

Il faudroit, en vérité, se laisser bien séduire par le désir, souvent malheureux, de se faire valoir ou de se rendre plus nécessaire, pour aimer à voir naître des épines, afin d'avoir le mérite de les arracher, et pour se plaire dans des discussions toujours pénibles, dont l'issue est douteuse, et dont le dénouement, soit par les intrigues ou par l'instabilité de la cour, se tourne souvent contre le chancelier, à qui l'on reproche volontiers, ou d'avoir conseillé une mauvaise loi, ou de n'en avoir pas su soutenir une bonne avec assez de constance ou d'habileté.

Ainsi, en se prêtant à la proposition, ou d'abolir entièrement l'usage des remontrances, ou de le réduire presqu'à rien, un chancelier travaille certainement pour lui-même ; au lieu qu'en combattant cette proposition, il agit contre son intérêt ou contre son repos, et par conséquent il ne peut avoir en vue que le service de Sa Majesté et le bien général du royaume.

Mais, après tout, cette première réflexion est assez indifférente, par rapport au fond de la matière ; et, sans s'y arrêter plus long-temps, il faut examiner d'abord tout ce que l'on peut dire pour soutenir l'usage des remontrances, y opposer ensuite tout ce qu'on peut alléguer pour le combattre, et tirer enfin, s'il se peut, de ce parallèle, les principes d'une décision solide et vraiment utile à l'état.

Raisons dont on peut se servir pour soutenir l'ancien usage des remontrances.

Des préjugés respectables se présentent d'abord à l'esprit en faveur de cet usage.

Son antiquité est le premier. Il est presque aussi ancien que nos lois mêmes, et il a été observé, ou tel qu'il est, ou au moins d'une manière équivalente, presque aussitôt que la dureté, ou même la barbarie de nos anciennes mœurs a cessé entièrement, pour faire place à cette douceur raisonnable, et, si l'on peut parler ainsi, à cette humanité de gouvernement qui conviennent à une nation policée.

Le fondement de cet usage, ou le principe sur lequel il est établi, forme un second préjugé, aussi digne d'attention, pour ne pas dire plus, que le premier.

On a vu dans l'histoire de ce qu'on a appelé le fait des remontrances, qu'au moins depuis le commencement de la seconde race de nos rois, on a toujours supposé en France que, pour donner aux lois plus de force et d'autorité, il étoit important qu'elles parussent avoir été formées sur le vœu et sur les avis de ceux qui entroient dans le plan ou dans le système général du gouvernement, et que nos rois vouloient bien considérer comme leur grand conseil dans l'ordre de la législation, afin que le concours de leurs suffrages imprimât un plus grand respect pour les lois, et que les sujets s'accoutumassent à les regarder comme l'ouvrage de la justice, encore plus que de la volonté du souverain.

Cette vue, si digne de la sagesse de ceux qui gouvernoient un peuple originairement libre, et auquel il reste toujours un souvenir secret de son ancien état, a subsisté dans toute sa force, pendant que l'usage de faire les lois dans les assemblées générales des

2 *

principaux membres de la nation a été en vigueur ;
et lorsque cet usage s'est aboli, et que l'établissement
des parlemens modernes y a succédé, le même esprit
s'est encore conservé dans le royaume, soit parce que
les principales lois ont été faites par l'avis de ces
parlemens, et surtout de celui de Paris, soit parce
que la liberté qu'on leur a laissée de faire des remontrances sur les lois que les rois avoient faites sans les
entendre, a suppléé, en quelque manière, aux con-
sultations précédentes ; ou du moins elle a produit
un effet à peu près semblable, en devenant l'occasion
d'un nouvel examen qui a servi, soit à confirmer la
justice des lois, soit à donner lieu de réformer, de
tempérer ou d'expliquer, par des déclarations postérieures, les dispositions qui avoient fait la matière
des remontrances.

Il y a donc une tradition suivie en France, qui
prouve l'attachement qu'on y a toujours eu pour ce
principe général, que les princes, aussi sages qu'absolus, ne doivent point rougir de confier, en quelque
manière, l'examen de leurs ordonnances à ceux de
leurs sujets qui sont chargés de les faire exécuter,
comme dépositaires en ce point de l'autorité du souverain ; et c'est ce qu'on a appelé le second préjugé
qui paroît favorable à l'usage des remontrances.

On en peut tirer un troisième des éloges que les
plus grands politiques ont donnés à cet usage, qu'ils
ont regardé comme le fondement le plus solide et le
plus durable de la perfection et de la félicité du gouvernement français.

Ainsi en a parlé le célèbre Machiavel, qu'on n'ac-
cusera pas, sans doute, d'avoir eu des sentimens ré-
publicains, et dont les principes sembloient devoir
le conduire plutôt au gouvernement le plus despotique.

Ainsi s'en est expliqué, dans les derniers temps,
un autre auteur italien ; c'est l'abbé Siri, dont la réputation n'égale pas, à la vérité, celle de Machiavel,
mais qui en mérite cependant beaucoup, par ce ca-

ractère d'un jugement sain et exempt de toute partialité qui règne dans ses ouvrages.

On en pourroit citer plusieurs autres qui ont non-
seulement approuvé, mais admiré le sage tempérament que la liberté des remontrances apporte à l'autorité absolue du gouvernement monarchique; et il
seroit inutile de rapporter ici les raisons sur lesquelles
les auteurs ont appuyé leur sentiment, parce que ce
sont les mêmes qu'on sera obligé de développer dans
un moment, après avoir achevé d'expliquer les préjugés qui peuvent inspirer une prévention favorable
pour l'ancien usage des remontrances.

On en tire un quatrième du caractère des lois qui
ont été faites pendant que cet usage a été inviolablement observé.

Jamais, si l'on en croit ceux qui le soutiennent,
il n'y a eu de lois plus parfaites, jamais de lois plus
respectées et plus durables que celles qui ont été
faites avec l'avis des parlemens, ou réformées ou per-
fectionnées sur leurs représentations; telles sont les
ordonnances de 1539, celles d'Orléans, de Moulins
et de Blois, avec les déclarations qu'ils expliquent
sur les vœux du parlement de Paris; ordonnances
qu'on peut regarder comme le fonds de presque toutes
celles utiles, qui ont été faites dans la suite par nos
rois, et qui ne sont presque que des conséquences
ou des accessoires de ces quatre lois fondamentales.

Si le feu roi a eu la gloire d'avoir fait aussi des
ordonnances qui portent en grande partie ce caractère
de lois solides et durables, telles que l'ordonnance
de 1667, sur la procédure civile, et celle de 1660,
sur la procédure criminelle, c'est parce qu'en faisant
ces ordonnances, il a suivi l'exemple des rois, ses
prédécesseurs, en prenant l'avis de son parlement,
et l'associant, en quelque manière, à son conseil,
avant que d'y donner la dernière main. Il n'y a qu'à
comparer les autres codes qu'il a faits, sans prendre
cette précaution, et en usant de sa puissance absolue,
pour reconnoître combien il y a de différence entre
des lois examinées et revues avec ceux qui sont établis

pour en maintenir l'observation, et des lois faites sur les seuls avis de ceux qui, n'ayant pas la même expérience dans les affaires, et n'étant pas chargés de leur exécution, se persuadent aisément que la volonté du prince et sa suprême autorité tiennent lieu de tout examen et de toute délibération.

Enfin, le dernier et le plus respectable de tous les préjugés, est l'aveu et l'approbation que nos rois ont donnés à l'usage des remontrances, comme on l'a montré dans l'exposition des faits qui regardoient cet usage; aveu tacite par leur conduite, soit en recevant ces remontrances, et en déclarant *qu'ils les prenoient en bonne part.*

Approbation formelle par les lois mêmes, qui ont confirmé expressément les cours supérieures dans le droit d'en faire.

Ce ne sont pas seulement des rois foibles, qui, dans des temps orageux, ont souffert, à cet égard, ce qu'ils n'avoient pas la force ou le courage d'empêcher; ce sont les princes les plus puissans et les plus absolus, soit par eux-mêmes, ou par leurs ministres, comme François I.er, Henri II, Henri IV, Louis XIII, Louis XIV lui-même, jusqu'à l'édit de 1673.

On ne peut pas dire non plus que les remontrances n'aient été approuvées que dans des temps où les princes, satisfaits de la conduite de leur parlement, se plaisoient à leur donner ainsi des marques de leur confiance, en recevant leur avis, et en profitant de leur représentation. C'est, au contraire, dans le plus haut degré du mécontentement de ces princes, pour ne pas dire de leur indignation contre les parlemens, que, sans prendre conseil de leur colère et de leur souveraine puissance, ils ont eu la sage modération de conserver et d'affermir la liberté des remontrances dans les temps même qu'on en abusoit, comme on en peut juger par les exemples de Charles IX et de Louis XIII, qui ont été rapportés dans le récit des faits historiques.

Ainsi l'ancienneté de cet usage, la source de son établissement fondé sur l'utilité de l'examen des lois par ceux qui doivent les faire exécuter, les éloges des plus grands politiques, les lois salutaires qui ont été faites pendant que cet usage a été dans toute sa vigueur, l'approbation tacite ou expresse que nos roi y ont donnée dans les temps où ils avoient, d'un côté, le pouvoir nécessaire pour l'abolir, et de l'autre, les motifs personnels les plus puissans pour vouloir user de ce pouvoir, forment autant de préjugés légitimes contre la proposition d'abroger un usage si autorisé pendant le cours de plusieurs siècles.

Si l'on entre après cela dans le fond de la matiere, les raisons de cet usage paroissent encore plus fortes que les préjugés qui ont été expliqués en sa faveur.

1.º Lorsqu'on examine attentivement la nature du gouvernement français, ébauché sous la première race de nos rois, perfectionné sous la seconde, et pleinement affermi dans la troisième, on reconnoîtra que toute sa substance est comme renfermée dans ces deux points principaux :

L'un, que le gouvernement est purement monarchique, et que les rois y exercent une domination absolue qui réside dans leur personne, et dont ils ne rendent compte qu'à Dieu seul ;

L'autre, que cette puissance suprême y est tempérée uniquement par les lois qu'ils se dictent à eux-mêmes comme à leurs peuples, en sorte qu'il n'y a point de monarques qui puissent dire plus véritablement, à l'exemple des empereurs romains : *quoique au-dessus des lois, nous vivons cependant sous les lois;* ou pour se servir d'une autre de leurs expressions, il est digne de la majesté du souverain de reconnoître qu'il est lié par les lois : et leur soumettre son empire, c'est quelque chose de plus grand que l'empire même. C'étoit ce que Sénèque avoit dit avant eux, lorsqu'appliquant la même pensée à Dieu même, dont les rois sont les images, il s'expliquoit de cette manière : *Il a écrit, à la vérité, les destinées, mais il les suit ; il a commandé une fois, et il obéit toujours : Scripsit quidem fata sed sequitur, semel jussit, semper paret.*

Or, si le gouvernement de la France est en même temps le plus absolu et le plus raisonnable qui fut jamais, comme les plus graves auteurs l'ont reconnu ; si la raison de l'État est renfermée dans les lois de celui qui en tient les rênes, et manifestée par ces mêmes lois ; si elles sont le seul fruit de la puissance d'un prince qui fait gloire de commander à tous et de n'obéir qu'à la raison ; c'est une suite nécessaire de ces principes, qu'il y ait dans le royaume une voix qui puisse toujours se faire entendre en faveur des lois, représenter le préjudice qu'elles souffrent, ou parler au prince le langage de cette raison et de cette justice, dont il reconnoît sans peine qu'il doit toujours suivre les conseils dans l'administration de son royaume, sans quoi le pouvoir absolu et indépendant de tout autre qu'il exerce sur les biens, sur la vie, sur l'honneur de ses sujets, feroit dégénérer la monarchie en tyrannie, nom odieux que l'on donne souvent à la puissance arbitraire ou despotique, et qu'elle ne sauroit éviter qu'autant qu'elle souffre qu'on lui oppose l'autorité de ses propres lois ; en sorte que leur puissance ne puisse être vaincue, lorsqu'elle veut bien l'être, que par leur puissance même, c'est-à-dire, la puissance de leur volonté et celle des lois, qui en sont le plus noble effet.

2.° Toute autorité humaine, et qui s'exerce sur des hommes, est comme un vaisseau qui flotte toujours entre deux écueils opposés.

D'un côté, l'excès ou l'abus de la domination de la part du souverain.

De l'autre, l'excès ou l'abus de la liberté de la part des sujets.

Ces deux écueils contraires sont cependant très-voisins l'un de l'autre. C'est principalement dans cette matière qu'il est vrai de dire que les extrémités se touchant, jamais la domination n'est plus proche de sa chute, que lorsque, franchissant les bornes de la raison et de la loi, elle veut que sa seule volonté en

tienne lieu, et excite par là ses sujets à se souvenir
qu'ils sont nés libres. Jamais réciproquement la liberté
des citoyens n'est plus près de sa fin que lorsque les
désordres, les troubles, les guerres intestines qui en
naissent obligent enfin les peuples fatigués à chercher leur sûreté et leur tranquillité, en se donnant
ou en recevant un maître qui les fasse passer, souvent
sans milieu, de l'excès de la liberté à l'excès contraire
de la servitude.

Le salut commun des rois et des sujets, et la stabi-
lité du gouvernement exigent donc que, dans les monarchies mêmes, on puisse trouver un juste milieu
entre les extrémités contraires ; milieu de la part du
prince entre la domination absolue et la tyrannie ;
milieu de la part des sujets entre une résistance qui
approche de la révolte et une servitude honteuse :
Inter abruptam contumaciam et deforme obsequium,
comme parle Tacite. En effet, ce que le même auteur
a dit des Romains, on le peut dire en général de tous
les hommes : leur caractère le plus commun est de ne
pouvoir souffrir ni une entière liberté ni une entière
servitude.

Mais, quel est ce milieu si nécessaire, et en même
temps si difficile à trouver ? Nos pères ont cru, et
c'est ce qui leur attire les éloges des plus célèbres politiques, qu'il n'y en avoit point d'autre que de rendre
l'obéissance douce et constante, en la rendant juste
et raisonnable, en accréditant les lois auxquelles elle
est due, par les suffrages libres de ceux qui en sont
établis les ministres et les exécuteurs, en rendant la
puissance la plus absolue, non-seulement supportable, mais aimable, par ce caractère extérieur de
raison et d'équité, que l'examen et la vérification des
ordonnances qui se faisoient dans les parlemens y at-
tacheroient, en sorte que les peuples les reçussent
avec une prévention favorable, comme dictées par la
justice encore plus que par l'autorité du roi, qui
régueroit sur les sentimens intérieurs par la réputation de sa sagesse, en même temps qu'il domineroit

sur l'extérieur par la force et l'étendue de sa suprême autorité.

Abolir directement ou indirectement l'usage des remontrances, qui fut quelquefois la suite de cet examen, qui se fait dans les cours supérieures, ce seroit séparer en quelque manière la raison de l'autorité ; priver le souverain de l'avantage qu'il trouve pour lui-même, les faire regarder comme indivisibles, et faire perdre à ses lois de cette présomption d'équité qu'elles reçoivent en passant par les mains des compagnies, et en réduisant les premiers magistrats à la simple fonction de greffier ; donner lieu au citoyen et à l'étranger de dire que l'enregistrement des ordonnances n'est plus qu'une vaine cérémonie où le prince commence par réduire au silence et à la servitude ceux qui devroient parler librement pour la règle, afin de pouvoir exercer sans obstacle un gouvernement arbitraire et despotique sur le reste de ses sujets.

3.° Tous les états sont composés de riches et de pauvres, de puissans et de foibles, ou, en général, de ce qu'on appelle les grands et les petits ; et entre des conditions si inégales, il y a aussi une espèce de balance à tenir, ou d'équilibre à conserver, pour empêcher que la loi du plus fort ne l'emporte sur toutes les autres, ou que les foibles et les opprimés, se réunissant enfin contre ceux qui les oppriment, ne deviennent à leur tour les plus forts et les oppresseurs.

Tel est un des plus grands objets de tout gouvernement bien ordonné ; naturellement la violence ou le crédit forme, pour ainsi dire, le seul droit que les grands connoissent ; la loi est, au contraire, nonseulement l'asile, mais la force des petits ; et la justice, qui l'applique également aux uns, aux autres, sans acception de personnes, et sans agir, ou par compassion pour le pauvre, ou par complaisance pour le riche, maintient véritablement cet équilibre si nécessaire pour la sûreté et pour la tranquillité de l'état.

Mais il cesseroit absolument, si les lois mêmes venoient à dépendre de l'ambition, du crédit, de l'autorité des grands, s'ils pouvoient les faire publier ou les révoquer à leur gré ; et, couvrant leurs intérêts d'une apparence de justice, faire servir la loi, malgré elle, à autoriser leur iniquité. C'est en partie pour prévenir un si grand inconvénient que l'usage de l'examen et de la vérification des lois avec connoissance et liberté a été introduit dans ce royaume.

On a regardé comme la seule barrière qui pût arrêter en France l'avidité ou la licence des grands, ou comme un frein d'autant plus salutaire pour l'état, et plus convenable même à la majesté royale, que tout le poids en tombe sur les parlemens, qui travaillent avec peine à la décharge du roi, en le délivrant ou de l'importunité des grands seigneurs, quand il s'agit de favoriser justement les petits par les ordonnances du roi, ou des clameurs du peuple contre les lois qui sont justement favorables aux grands. Les parlemens, dit Machiavel, deviennent par là comme l'arbitre commun des autres, et comme un tiers équitable, qui, épargnant au roi toutes les peines, et souvent la haine et l'envie, qui sont presque inévitables dans un tel emploi, lui donne un moyen de renfermer les grands et les petits dans les justes bornes de leur devoir. C'est ce qu'exprimoit si dignement le garde des sceaux Duvair, dans le temps qu'il étoit premier président au parlement de Provence, lorsqu'il disoit au roi, au nom de ce parlement : *Souffrez, Sire, qu'avec peine, haine et envie, nous défendions votre autorité* . . . .
. . . .

4.° Ce ne sont pas seulement l'autorité du prince et la liberté de ses sujets, l'intérêt des grands et celui des petits qui se trouvent souvent opposés dans les monarchies, et qui demandent qu'on y tienne toujours un juste milieu. On peut dire qu'il s'y forme assez ordinairement une espèce de combat entre l'autorité légitime, qui devroit toujours être dans la main du souverain, et celle qu'il laisseroit exercer ou usurper à ses favoris ou à ses ministres, qui règnent sous son nom, et souvent contre ses véritables intérêts, et quelquefois sur lui-même, soit que la prévention ou la paresse l'empêche de leur résister et de leur faire sentir qu'il est le maître. Il ignore même souvent le tort qu'ils lui feroient aussi bien qu'à l'état. Comme il ne voit que par leurs yeux, il n'aperçoit que ce qu'ils voudroient bien lui montrer; et leur premier soin est de l'environner de telle manière que la vérité ne puisse percer jusqu'à lui.

Dans une telle situation, il faut avouer que la ressource qu'un roi peut trouver dans son conseil contre de tels favoris ou de tels ministres, est bien foible, pour ne pas dire absolument nulle. Ce sont eux qui ont formé ce conseil, et qui l'ont rempli de leurs créatures. Quand même il s'y trouveroit des sujets qui n'eussent pas été placés par eux, il est difficile que les rois en tirent un grand secours. S'ils sont timides ou politiques, ils n'osent résister en face de celui qui possède toute la confiance du souverain, et qui tient leur destinée entre ses mains. S'ils sont assez généreux et assez intrépides pour oser dire la vérité, on sait se délivrer bientôt de leur présence importune; et le favori ou le ministre demeure donc toujours le maître du champ de bataille.

Les parlemens sont donc alors le seul frein qui puisse mettre quelque borne à l'excès d'une puissance empruntée, qui veut s'approprier et appliquer à ses seuls intérêts cette autorité, qui n'a été établie que pour le bien commun de l'état.

Ces grands corps, rassurés par leur nombre, et d'ailleurs animés par l'intérêt de leur réputation ou de leur autorité, à profiter de toutes les occasions qui se présentent de faire valoir leur zèle pour la conservation des maximes du royaume et pour le bien public, sont les seuls qui osent faire entendre leur voix et la prêter à la vérité, pour arriver jusqu'au trône des rois; et, quand même elle parleroit inutilement, *apud occupatas aures principis*, un favori ou un ministre craint toujours qu'elle ne parle et qu'elle ne se fasse écouter ; il sent d'ailleurs que la réclamation des parlemens, quoique repoussée par son crédit, le diminue au moins, soit au-dedans ou au-dehors du royaume ; que les sages représentations de ces compagnies, qui portent toujours avec elles une présomption de justice et de règle, font tôt ou tard une grande impression sur l'esprit du public ; personne n'aime à se voir souvent contredit dans ses opérations, et ceux qui gouvernent le supportent encore moins ; la résistance souvent réitérée importune au moins les ames les plus fermes ou les plus déterminées ; et de là vient qu'on a vu des ministres tout-puissans, accrédités, après avoir frappé les plus grands coups contre les parlemens, chercher eux-mêmes des adoucissemens ou des tempéramens pour se raccommoder avec ces compagnies ; montrant assez, par cette conduite, qu'ils ne pouvoient soutenir long-temps la peine de se voir en butte à leurs traits, et qu'ils sentoient intérieurement toute la force du préjugé qui est attaché dans l'opinion publique à leur délibération.

Ainsi, abolir l'usage des remontrances, ou le réduire à rien, c'est délivrer les favoris ou les ministres futurs d'une frayeur, qui a été et peut être encore salutaire à l'état ; c'est, comme on le dit à l'occasion de l'édit de 1641, rompre la barrière et ôter le seul frein qui puisse les contenir dans de justes bornes, et laisser une libre barrière aux passions, non-seulement des favoris et des ministres, mais de leur famille, de leurs créatures, de tout ce qui les environne, pour renverser les lois et disposer de l'état, ou plutôt d'en jouir comme d'un bien qu'ils regardent comme leur patrimoine ou leur fortune particulière.

Telles sont les principales considérations qui ont porté les plus grands politiques, non-seulement à justifier, mais à admirer la sagesse de ceux qui ont établi la liberté des remontrances ; et il y en a un qui a réuni en peu de mots toutes les réflexions que l'on vient de faire, quand il dit que nos pères avoient

regardé le pouvoir des parlemens à cet égard comme
une barrière placée entre la puissance absolue et la
liberté des peuples, afin qu'elle devînt le moyen le
plus sûr pour contenir les grands dans leur devoir, les
favoris dans la modération, les peuples dans l'obéissance, et pour acquérir aux princes la réputation de
justice, en remettant volontairement leur propre puissance à ces cours supérieures, pour la conservation
des lois et de l'ordre public.

Que, si l'on s'oppose à un établissement si sage,
il semble par là que les parlemens deviennent en
quelque manière les tuteurs des rois, et comme les
contrôleurs de leur conduite; que leur puissance a
quelque chose de contraire ou de supérieur à l'autorité
royale, et qu'ils s'érigent aussi en tribuns du peuple.
Les mêmes auteurs répondent que ce sont les favoris
ou les familiers du prince qui se plaisent à répandre
ces couleurs pour rendre les parlemens odieux, mais
qu'elles n'ont rien de réel et de véritable; que les
parlemens ne sont pas assez insensés pour se donner
d'autre titre que celui de sujets et de fidèles servi-
teurs du roi, et que tout le pouvoir dont ils sont
jaloux se réduit uniquement à la faculté de représenter au souverain ce qui est du bien et de l'intérêt de
l'état dans l'ordre de la législation et de ce qui en
dépend; intérêt qui est celui du roi même, l'un ne
devant jamais être séparé de l'autre; le roi et le
royaume ne formant qu'un seul objet, dont les avantages sont toujours communs et indivisibles; qu'après
ces représentations respectueuses le prince demeure
toujours le maître d'y avoir égard ou de n'y pas déférer, puisqu'il se réserve toujours l'autorité absolue
de la décision, autant exprimée par ces paroles, qui
se trouvent dans tous les édits : *car tel est notre
plaisir;* et qu'il faut, en effet, que, dans tout bon
gouvernement, il y ait une puissance suprême à laquelle tout doit céder, ou un dernier degré, au-delà
duquel il ne soit pas permis de remonter.

Ainsi, le seul effet de la liberté de faire des remontrances est de rendre l'autorité plus efficace en

la rendant plus conforme à la règle, et d'en augmenter
la raison sans en diminuer le pouvoir; et tout ce qui
en résulte est ce partage si naturel, qui a été loué
tant de fois par les Français et par les étrangers, entre
l'administration de la justice et la dispensation des
grâces. Ce dernier point est réservé à la toute-puis-
sance des rois, qui ne connoît aucune espèce de bornes
ou d'obstacles, quand il s'agit d'exercer sa clémence
ou sa générosité; mais comme le premier est la charge
la plus essentielle de la royauté, et que, pour s'en
bien acquitter, il faut que les rois fassent non-seulement les choses justes, mais qu'ils les fassent d'une
manière qui en renferme la preuve aux yeux du public, ils ont cru devoir remettre, à cet égard, l'exercice de leur autorité entre les mains de ceux qui se
consacrent à l'étude des lois et des règles de la justice, pour la rendre à la décharge du souverain; et
c'est par la même raison qu'ils veulent bien recevoir
les remontrances des magistrats, supposant avec raison
que ceux qui méritent leur confiance dans le jugement
des affaires particulières, la méritent aussi dans l'examen des lois générales, qui sont le fondement et la
base des jugemens.

Ainsi raisonnent les défenseurs de l'ancien usage
des remontrances; il est juste, après cela, d'entendre
ceux qui les attaquent, ou plutôt d'expliquer les principales raisons de leur sentiment. . . . .
. . . .
. . . .

MÉMOIRE

SUR LA PUBLICITÉ DES CONTRATS.

LA proposition que l'on fait d'ordonner à tous les
notaires du royaume de délivrer des extraits de tous
les contrats de vente ou de constitution de rente, et
de tous les actes de remboursement ou de paiement
de dettes qu'ils ont reçus depuis dix ans, est d'une si
grande conséquence, qu'on ne sauroit l'examiner avec
trop d'attention dans les différens points de vue sous
lesquels elle peut être considérée.

Il y en a quatre principaux auxquels tous les autres
se réunissent :

Le premier est la justice ; et il s'agit de savoir si
l'opération que l'on propose y est conforme, ou si
elle y est opposée ;

Le second est le rétablissement du crédit et de la
confiance publique ; et il faut examiner quel effet la
même opération peut produire par rapport à un objet
si important ;

Le troisième est la facilité ou la difficulté, la
promptitude ou la lenteur de l'opération, qui méritent d'être mises dans la balance et d'être pesées avec
exactitude, avant que de prendre une dernière résolution ;

Le dernier, enfin, consiste à examiner si l'opération proposée est absolument nécessaire ; et, s'il n'y
a point d'autre voie pour parvenir promptement à la
libération du roi et au rétablissement du crédit.

En un mot, l'opération proposée est-elle juste ou
injuste ? Est-elle capable de rétablir la confiance ou
de la détruire ? Est-elle courte et aisée, ou longue
et difficile ? Est-elle nécessaire et unique, ou y en

a-t-il d'autres plus promptes et peut-être meilleures ?
C'est à quoi se réduit toute la délibération présente.

PREMIER POINT.

L'opération proposée est-elle juste ou injuste ?

On ne sauroit nier qu'elle n'ait un extérieur et
une apparence de justice qui, lorsqu'on ne l'envisage que d'un côté, fait d'abord une grande impression.

C'est un secours que l'autorité du roi présente à
ses créanciers de bonne foi, pour démasquer les
créanciers frauduleux, et pour mettre le gouvernement en état de faire un juste discernement entre
l'innocent et le coupable, de la même manière que la
justice ordinaire permet tous les jours à une partie
de compulser les actes qui peuvent lui servir à
découvrir la mauvaise foi et la fraude de son adver-
saire.

La recherche d'ailleurs ne s'étendra pas au-delà du
terme de deux années, ou même de dix-huit mois ;
et quand elle auroit quelque chose d'extraordinaire,
de nouveaux maux demandent de nouveaux remèdes,
et il n'est pas à craindre que ce que l'on fera dans
des circonstances si singulières, puisse jamais être
tiré à conséquence.

Ce sont-là, sans doute, les plus fortes raisons
dont on puisse se servir pour appuyer l'opération
proposée, en ne l'examinant d'abord que du côté de
la justice.

Mais quelque spécieuses qu'elles soient, elles sont
balancées par des considérations aussi justes et peut-
être plus puissantes.

Il y a une justice distributive qui est due aux particuliers ; mais il y a aussi une justice d'un ordre supérieur, qui consiste principalement à conserver les
premiers principes de la société civile, en maintenant
cette sûreté des engagemens, et cette confiance réciproque qui en est le fondement. C'est une justice

que le souverain doit, pour ainsi dire, à l'état entier.
Il la doit, non-seulement à cette grande société qui
renferme ses sujets, il la doit même au genre humain,
puisque, les étrangers contractant avec ses sujets sur
la foi de ces lois générales qui sont reçues de toutes
les nations policées, on peut dire que cette justice
fait partie du droit des gens, et qu'on ne peut y
manquer sans rompre les liens qui unissent les sujets
d'un même empire, non-seulement entr'eux, mais
avec tous les autres hommes.

Il est aisé de juger, par ce seul principe, de la
justice ou de l'injustice de l'opération proposée.

Est-il juste, pour aider un certain nombre de citoyens, de violer les règles fondamentales de la société, d'introduire une inquisition générale de toutes les
fortunes particulières, de révéler ce qui doit demeurer inconnu, pour la sûreté et pour la tranquillité des
familles, de forcer un dépôt qui a toujours été res-
pecté, d'obliger les notaires, c'est-à-dire, les dépositaires du secret des familles, à en devenir, malgré
eux, les délateurs; d'ébranler par-là les fondemens
de la foi publique, et d'ôter enfin aux malheureux la
seule ressource qui leur reste, par l'ignorance où
l'on est du véritable état de leur fortune.

Dans quelles mains d'ailleurs passeront ces secrets
que l'on forcera les notaires à trahir ? S'ils ne tom-
boient que dans celles de MM. les commissaires du
roi, qui seront chargés des suites de l'opération, la
juste confiance qu'on a dans leur probité et dans
leur discrétion, seroit, au moins, une ressource ou
une consolation pour le public. Mais avant que d'arriver jusqu'à eux, tous les extraits des actes des
notaires passeront par les mains d'une multitude de
commis, c'est-à-dire, d'ames vénales, qui pourront
en abuser en une infinité de manières, et qui feront
peut-être un trafic honteux, non-seulement des biens,
mais de la sûreté, de la paix et de l'honneur des
familles.

Encore, si cette recherche ne devoit tomber que
sur des personnes suspectes qui l'auroient méritée

par la conduite et par les maux qu'ils ont faits au public, la proposition en seroit plus supportable ; mais ceux mêmes qui ne méritent que la protection et la compassion même du gouvernement, seront enveloppés, comme les autres, dans cette inquisition générale ; et pour dévoiler un petit nombre de coupables, on inquiétera tout un peuple d'innocens.

Enfin, personne ne peut ignorer toutes les conséquences d'un tel exemple dans un état monarchique, et où cependant quelque grande qu'ait été, avec justice, l'autorité de nos rois, elle n'a jamais été portée jusqu'à introduire cette inquisition générale. Ce qui s'est fait une fois, peut se faire plusieurs ; et les exemples du mal sont ordinairement plus imités que les exemples du bien. On ne se retrouvera pas exactement dans les mêmes circonstances, mais l'exemple étant une fois donné, on ne se refusera pas à le suivre. Ce que M. Colbert voulut faire, en l'année 1673, en établissant des registres publics, qui auroient fait connoître les dettes de tous les particuliers, étoit encore bien éloigné de ce qu'on propose aujourd'hui. Cependant il fut lui-même obligé d'abandonner cette entreprise dès sa naissance (1); et ses réflexions lui firent sentir que rien n'étoit, non-seulement plus injuste, mais plus contraire au crédit public, que de lever le voile qui couvre le secret des fortunes particulières.

Il est juste, sans doute, d'aider les véritables créanciers de l'état dans cette espèce de procès qu'ils ont contre des créanciers frauduleux ; mais il faut le faire justement ; et toutes les voies qui ne peuvent être employées qu'en renversant les premiers principes de la société, doivent être regardées, non-seulement comme injustes, mais comme impossibles, si l'on ne veut pas que les remèdes deviennent plus fâcheux que les maux mêmes.

(1) L'édit de mars 1673, qui tendoit à rendre toutes les dettes et hypothèques publiques, fut révoqué au mois d'avril 1674.

3 *

Que si, pour justifier l'opération qu'on propose, on dit qu'elle ne tend point à une inquisition universelle, puisqu'elle sera renfermée dans le cercle de deux années, il est aisé de répondre, que dans cet espace de temps, quelque court qu'il soit, il sera fait comme une refonte générale de toutes les fortunes, et que par conséquent il faut mesurer l'étendue de la recherche proposée, non par la durée du temps auquel on la fixe, mais par la multitude infinie d'actes que ce temps renferme.

Enfin, on ne peut appliquer ici l'exemple de la permission que la justice accorde quelquefois à un plaideur, de compulser les actes qui peuvent lui être utiles pour démêler la fraude et l'artifice de sa partie.

Premièrement, la justice n'accorde ces sortes de permissions qu'en connoissance de cause; elles sont limitées à un certain nombre d'actes, que celui qui veut les faire compulser est obligé d'indiquer; et jamais on n'accorde, à une partie, la liberté indéfinie de compulser tous les actes dont il lui plaira de se servir.

Mais d'ailleurs, comme on l'a déjà dit, cette espèce de compulsoire, ou de perquisition générale, qu'on veut ordonner aujourd'hui, ne tombe pas seulement sur les créanciers frauduleux, qui sont, en quelque manière, les parties des véritables créanciers de l'état.

L'inquisition enveloppe également les uns et les autres : et sous prétexte de rendre service aux créanciers légitimes, on dévoilera le mystère de leur fortune, on révélera ce qu'ils ont un très-grand intérêt qui demeure caché; et comme on l'a déjà dit aussi, pour faire justice des coupables, on fera un tort irréparable à un grand nombre d'innocens.

Ainsi, du côté de la justice de l'opération en elle-même, les raisons pour la rejeter sont d'un ordre infiniment supérieur à celles qu'on peut avoir pour l'admettre. Le bien auquel on espère de parvenir par la recherche est un bien qui ne regarde qu'un certain nombre de sujets, et le mal qu'on fera par-là intéresse tout l'état, parce qu'il ébranle les fondemens de la foi publique et rompt les liens de la société. Les effets du bien auquel on tend seront bornés à la conjoncture présente ; les conséquences du mal dureront toujours, et toutes les fois qu'on voudra ou augmenter la capitation, ou faire une taxe d'aisés, ou profiter de l'exemple qui aura été donné en cette occasion, et sans examiner si les circonstances sont pareilles, il suffira que la recherche des actes des notaires ait été faite une fois, on se croira en droit de la recommencer toutes les fois que le roi voudra tirer un secours extraordinaire de ses sujets.

Il faut néanmoins examiner si, quoique l'opération proposée paroisse contraire aux lois générales de la société, cet inconvénient est balancé par les avantages qu'elle peut procurer pour le rétablissement du crédit.

SECOND POINT.

L'opération proposée est-elle capable de rétablir le crédit et la confiance, ou de les détruire ?

On sent bien que le rétablissement des affaires du roi, et l'arrangement de ses finances est le moyen le plus sûr et le plus efficace que l'on puisse employer, pour faire revivre le crédit public et particulier.

Mais rien n'est plus contraire à une fin si juste et si nécessaire, que de prendre, pour y parvenir, des voies qui ne sont propres qu'à détruire la confiance et à l'éteindre, pour ainsi dire, dans sa source. Or, tel est le véritable caractère d'une inquisition générale, qui tend à faire éclater le secret de toutes les fortunes particulières. Si le crédit étoit bien établi dans le royaume, cette seule opération seroit capable de le faire disparoître : et comment peut-on espérer de ranimer et de ressusciter, pour ainsi dire, un crédit qui n'existe plus, par une voie qui l'anéantiroit entièrement s'il subsistoit encore ? Le crédit est fondé en grande partie sur la sûreté dans laquelle

chacun croit être de sa fortune ; c'est ce qui fait que
les hommes ne font point de difficulté de contracter
et de s'engager les uns avec les autres ; et c'est ce qui
produit le mouvement et la circulation de l'argent
dont l'état profite encore plus que les particuliers.
Or, cette sûreté, cette confiance, que chacun prend
en sa fortune, dépend principalement de l'observation des lois, et surtout de ces lois qui appartiennent,
comme on l'a déjà dit, au droit des gens, et qui font
les fondemens de la société. Peut-on donc jamais rétablir cette confiance en violant ses lois ? Et qu'y a-t-il
de plus capable d'obliger les hommes à cacher leur
fortune, et à la rendre stérile pour l'état, que d'introduire des voies qui tendent à la découvrir quand on
le veut, et à faire, par conséquent, que personne ne
puisse être assuré de la possession de son bien ?

Ces voies ont été inconnues jusqu'à présent dans ce
royaume, encore plus ignorées dans les pays étrangers
qui nous environnent. Ainsi, user d'un tel remède,
c'est dégoûter absolument tous les étrangers de
prendre des établissemens en France, et de contracter avec les habitans d'un royaume où l'on est exposé
à de telles recherches. C'est exciter tous nos citoyens
à faire passer leur fortune dans des pays où l'on soit
exempt d'une telle inquisition. Ceux qui ont leurs
fonds hors du royaume ne les y feront pas rentrer, et
ceux qui les ont encore ici se hâteront de les en faire
sortir. On s'accoutumera insensiblement à placer une
grande partie de sa fortune dans les pays étrangers,
et on ne croira posséder sûrement que ce que l'on
possédera hors de sa patrie.

L'argent qui restera encore dans le royaume ne
sera dans le commerce que pour y servir d'aliment à
des usures énormes, et une grande partie de ceux qui
plaçoient leur argent en rentes constituées, se croiront bien autorisés à le faire valoir sur la place, par
l'impossibilité où ils seront réduits de contracter,
par-devant notaires, sans être exposés à voir, de
temps en temps, éclater leur fortune aux yeux du
public.

On ne finiroit point, si l'on vouloit expliquer toutes les suites dangereuses d'un tel exemple, par rapport au crédit et à la confiance ; mais pour tout dire en un mot, il s'agit certainement de la rétablir, c'est-là le grand objet de la délibération présente. Toute autre considération doit céder à celle d'un si grand bien. Or, qu'on imagine tout ce qui peut être contraire, on ne trouvera rien qui le soit davantage que de forcer le secret de toutes les familles, de ne laisser rien d'inaccessible et d'impénétrable aux recherches de la finance, et d'établir comme une chambre de justice contre tout le royaume, où chaque citoyen soit regardé comme accusé ou du moins comme suspect, et obligé de subir la rigueur d'une recherche, dont on n'a pas même donné l'exemple dans aucune chambre de justice contre les financiers.

Ainsi, bien loin que le moyen proposé soit propre à rappeler la confiance, on peut dire qu'il n'y en a point qui soit plus capable de la bannir, et d'établir, au contraire, une défiance durable, permanente, aussi avantageuse aux étrangers qui nous environnent, qu'elle sera nuisible à ce royaume.

Ces considérations deviendront encore plus fortes, si l'on y joint la durée de l'opération qu'on propose.

TROISIÈME POINT.

L'opération qu'on propose est-elle courte et aisée, ou longue et difficile ?

On sait que ceux qui se chargent du détail de cette opération promettent de faire rapporter, dans deux mois, tous les extraits des actes des notaires ; on sait qu'ils se flattent de parvenir à en faire le dépouillement dans l'espace d'un mois ; enfin, on sait qu'ils espèrent que, dans le temps de trois ou quatre mois, MM. les commissaires pourront parvenir à consommer ce travail immense de la liquidation définitive de tous les effets royaux.

Mais, pour peu que l'on ait d'expérience dans les

affaires, quel fond peut-on faire sur de pareilles promesses ?

Ceux qui les font aujourd'hui n'avoient-ils pas promis qu'on auroit le tableau entier des déclarations dans les premiers jours du mois de juillet? Il s'est écoulé deux mois depuis, et ce tableau n'est pas encore entièrement fini.

Mais, d'ailleurs, si l'on examine attentivement la nature de l'opération proposée, on ne peut pas douter qu'elle ne soit infiniment plus longue et plus difficile que celle du *visa*, qui dure déjà depuis plus de huit mois. Les difficultés naîtront à chaque pas; et il n'y aura pas un degré de l'opération qui ne soit marqué par des obstacles presque insurmontables.

Il faudra d'abord vaincre la résistance des notaires, qui regarderont cette opération comme leur ruine, par le coup mortel qu'elle portera à la confiance que le public avoit en eux, quand on pouvoit compter sur leur secret. Il faut cependant qu'ils se prêtent tous à l'opération, qui ne peut être utile, si elle n'est parfaite et universelle; s'il y en a plus qui refusent ou qui diffèrent trop long-temps de donner leurs extraits, de quelles voies se servira-t-on pour les y obliger? Exercera-t-on des contraintes par corps ou d'autres rigueurs semblables? Mais, si l'on est obligé d'en venir à ces extrémités, elles ne serviront qu'à décrier l'opération et à éteindre encore plus la confiance.

Indépendamment même du refus ou de la négligence des notaires, combien peut-il y avoir des causes d'un retardement innocent ? La mort des notaires, arrivée dans le cours de deux années, qui aura été suivie de la diversion de leurs minutes, comme cela n'arrive que trop souvent dans les provinces; la contagion, qui afflige une partie considérable du royaume; l'interruption du commerce, qu'elle cause; une infinité de contre-temps semblables, qu'il est impossible de prévoir, mais qui n'en arrivent pas moins, quoique imprévus, produiront des retardemens inévitables dans ce premier pas de l'opération.

Le second, qui consistera dans le dépouillement des extraits envoyés par les notaires, sera encore très-long, quoi qu'on en puisse dire. Tel est le caractère ordinaire des hommes, et surtout dans ce pays-ci : tout ce qui est à faire paroît court, mais tout ce qui se fait est très-long; et il faut convenir que le détail de cet arrangement ne sauroit être fait en peu de temps. Il s'agit de mettre en ordre une infinité d'actes de toute nature, de les comparer les uns aux autres, de joindre ceux qui ont quelque relation, de séparer ceux qui n'en ont point, de les confronter avec les déclarations, de fixer les soupçons qui en résultent pour instruire pleinement la religion des commissaires; dire qu'un tel ouvrage peut être fait en un mois, c'est promettre beaucoup, et il est très à craindre que ce ne soit promettre plus qu'on ne peut tenir.

Enfin, le troisième degré, et dernier terme de l'opération, sera le jugement de liquidation ou de vérification que les commissaires du roi auront à rendre; et ceux mêmes qui promettent le plus de diligence dans tout le reste, sont obligés d'avouer qu'il est presque impossible de fixer la durée de ce travail. Chaque déclaration suspecte deviendra la matière d'un véritable procès, sur lequel ou il faudra s'exposer à faire bien des injustices, ou permettre aux parties intéressées de donner leurs mémoires, et d'expliquer les raisons qui grossiront encore le procès, et qui en augmenteront la difficulté aussi bien que la longueur.

Il est donc moralement sûr qu'une année ne suffira pas pour parvenir à la fin d'une opération si odieuse, et en même temps si immense. Or, la situation des affaires du roi et de celles de ses sujets admet-elle un si long retardement, pendant lequel toutes les fortunes demeureront suspendues, la propriété des effets royaux incertaine, l'argent plus resserré que jamais, et le commerce plus interrompu.

Les revenus du roi, dont le recouvrement deviendra toujours plus difficile, suffiront-ils à sa dépense ? Les secours extraordinaires sur lesquels on a compté, et qui diminuent chaque jour, cesseront tout d'un coup. Les avances deviendront presque impossibles par l'extinction du crédit. Ainsi le roi ne se trouvera plus en état, ni de payer ses troupes, ni d'acquitter les rentes qui se paient actuellement ; et, à quelle extrémité se trouvera-t-on réduit, si l'on voit arriver ce malheur, qui paroît presque inévitable ?

Le public le hâtera encore par ses plaintes, par ses murmures, et par un soulèvement presque général, qu'une recherche encore plus longue qu'odieuse excitera de tous côtés. L'on ne le sait que trop, et nous l'avons appris par une infinité d'expériences, que toute opération longue et pénible ne réussit presque jamais dans ce royaume, et fait pour l'ordinaire plus de mal que de bien.

Qui sait même, et qui peut prévoir les derniers changemens que des accidens étrangers peuvent causer dans la suite de cette opération ? La même menace de guerre, la peste même, que nous avons le malheur d'avoir dans ce royaume, et qui peut y faire de plus grands progrès. Dieu veuille détourner de nous ces différens fléaux ! Mais, est-il de la prudence, dans une telle situation, de s'engager dans une entreprise si immense, qui peut être traversée par une infinité d'accidens, et qui porte dans sa longueur même le principe de sa destruction ? Les inconvéniens s'en font tellement sentir, qu'il est presque impossible d'espérer qu'on la conduise jusqu'à sa fin. On cédera tôt ou tard à l'impatience française, ou plutôt à la nécessité de donner un état de consistance aux affaires du roi et à celles des particuliers ; et l'on se hâtera de faire une côte mal taillée, pour n'entendre plus parler d'une opération qui cause tant de maux par sa durée.

Ainsi, pour avoir voulu trop bien faire, on finira par faire beaucoup plus de mal qu'on ne le feroit à présent en s'aidant de tous les secours que nous avons entre nos mains, pour faire une opération, la plus approchante de la justice qu'il sera possible ; et nous aurons le regret d'avoir donné un exemple pernicieux, dont on abusera dans tous les temps, sans en avoir recueilli de fruit.

C'est ce qui conduit à examiner le quatrième point, qui consiste à savoir s'il n'y a point d'autre opération possible que celle qui est proposée.

QUATRIÈME POINT.

L'opération proposée est-elle utile, même par rapport à la fin qu'on se propose, et doit-on la regarder comme une voie unique pour y parvenir ?

Si l'opération proposée étoit tellement utile et tellement nécessaire, et qu'il n'y eût point d'autre voie par laquelle on pût diminuer les dettes du roi et assurer le sort de ses créanciers légitimes, on pourroit opposer à toutes les réflexions qu'on a faites jusqu'à présent, et que la nécessité ne raisonne point, et que c'est une loi supérieure à toutes les lois, qui, n'étant faites que pour le bien de l'état, doivent céder à ce qui est absolument nécessaire pour sa conservation.

Ainsi, le point le plus important de cette délibération est d'examiner si la recherche qu'on propose sera aussi utile qu'on le prétend, et si elle est la seule qu'on puisse prendre dans les circonstances présentes.

La grande utilité qu'on se flatte d'en retirer, la seule raison spécieuse de ceux qui l'approuvent est d'éviter l'arbitraire dans le jugement qui sera rendu par les commissaires.

Ce seroit sans doute un très-grand bien, si l'on pouvoit y parvenir. Rien de plus fâcheux, rien de plus dangereux que l'arbitraire, et il n'y a rien qu'on ne doive faire pour l'éviter, s'il est possible d'y réussir.

Mais, avant que de voir si l'on y parviendra par la voie proposée, il y a deux grandes et importantes réflexions que l'on doit toujours poser pour principe dans cet examen :

1.º C'est un grand avantage, à la vérité, d'exclure

l'arbitraire ; mais cet avantage, quelque grand qu'il
soit, doit être comparé avec les inconvéniens des
moyens que l'on prend pour l'éviter ; et, quand on
mettra dans la balance, d'un côté, ce que l'on gagnera par ces moyens, qui, comme on le dira dans
un moment, diminueront très-peu l'arbitraire de
l'opération, et de l'autre, les conséquences éternel-
lement dangereuses de tout moyen qui ne s'exécute qu'en violant la foi publique, en rompant les
liens de la société, etc., on est persuadé que qui-
conque pesera bien les raisons de part et d'autre,
sera beaucoup plus effrayé des inconvéniens, qu'il
ne sera touché des avantages du parti que l'on propose ;

2.º L'arbitraire est ici tellement attaché, tellement
inhérent, pour ainsi dire, à toutes les opérations
qu'on peut faire, qu'il est moralement impossible de
l'en séparer. C'est le vice de la matière qui le cause ;
il faudroit la changer entièrement pour en ôter l'arbitraire, pour la réduire à des règles fixes et uniformes.
Il en est de l'opération présente comme d'une grande
partie des matières criminelles qui se jugent par des
indices et des présomptions ; vouloir bannir l'arbitraire de ces sortes de jugemens, ce seroit en bannir
la justice, qui ne peut se déterminer que par la com-
binaison des personnes, des temps, des lieux, de
toutes les circonstances. De quoi s'agit-il, en effet,
dans la conjoncture présente ? De faire en quelque
sorte le procès aux déclarations fausses et suspectes.
Toute règle générale, qui seroit constante et uniforme pour toutes les déclarations, seroit une règle
unique et inhumaine, qui deviendroit une source
d'injustices. C'est ce qui fait, à la vérité, la grande
difficulté de l'opération présente ; mais c'est une difficulté inévitable. En ôter l'arbitraire, c'est un souhait
que tout le monde fait et doit faire, mais un souhait
qui ne sera jamais accompli.

Il est vrai qu'il faut tâcher de le diminuer autant
qu'il est possible, sans tomber dans des inconvéniens
encore plus fâcheux ; c'est ce qui conduit à examiner

s'il est vrai que l'opération proposée soit aussi utile qu'on le prétend, ou pour retrancher l'arbitraire ou pour le faire cesser presque entièrement.

On donne, à la vérité, sur ce sujet, des notions générales qui peuvent d'abord faire quelque impression. On parle d'actes ramassés avec soin, arrangés avec art, comparés avec les déclarations. Tout cela présente une idée de connoissance de cause et d'instruction qui paroît propre à conduire l'esprit des juges dans la vérification qu'il s'agit de faire à présent : mais, quand on veut approfondir des notices générales, les réduire à quelque chose de certain, et les apprécier suivant leur juste valeur, on n'y trouve plus rien qui ne se termine à ce même arbitraire que l'on veut éviter :

.1.º Il y a un très-grand nombre de déclarations sur lesquelles on ne peut attendre aucunes lumières des actes des notaires ; telles sont toutes celles des négocians et de tous ceux qui n'ont allégué d'autres causes des effets déclarés, que des ventes de meubles ou de l'argent comptant ; ainsi l'arbitraire sera absolument inévitable à cet égard ;

2.º Pour l'éviter, même dans les cas où les actes peuvent donner quelque instruction, il faudroit être sûr que, dans le premier et dans le second degré, on fût à couvert de la corruption ou de l'infidélité des notaires et des commis, et qu'on ne soustraira aucun acte, aucun extrait, à l'inspection de MM. les commissaires. Or, qui pourroit garantir un tel événement ? Ainsi il est bien à craindre que, pour ne pas confier ce qu'on appelle l'arbitraire à la sagesse des juges, on ne le fasse passer dans les mains des notaires et des commis, qui sont les maîtres de la fortune des sujets du roi ;

3.º Quand même on supposeroit que ces différens canaux seroient aussi incorruptibles qu'ils le sont peu en effet, que résultera-t-il de la comparaison des actes des notaires, avec les déclarations et les notes qu'on en fera ?

On découvrira seulement qu'un héritier, par exemple, qui a déclaré que ses nouvelles rentes procèdent d'un remboursement qu'il a reçu du roi, aura fait l'acquisition d'une terre ou d'une maison, ou qu'il aura fait un remboursement. Voilà tout ce que les actes peuvent faire connoître, et voilà à quoi se réduira tout le fruit d'une recherche qu'on prétend être si utile. Mais, de cette seule circonstance, qu'un héritier a fait des acquisitions ou des remboursemens, concluera-t-on que sa déclaration est fausse, et trouvera-t-on un seul juge qui veuille se charger de le décider ainsi ? Tout ce qui résulte de la découverte d'un tel fait est un doute, un soupçon, une conjecture nullement décisive, puisqu'il est fort possible que le même héritier ait replacé sur le roi ce qu'il en avoit reçu, et qu'avec d'autres billets de banque qu'il avoit, il ait fait une acquisition ou un remboursement. Il faudra donc l'entendre sur ce sujet, et tous ceux qui seront dans le cas, ou ils justifieront par d'autres actes d'où proviennent les billets qu'ils ont employés à un autre usage, ou ils déclareront qu'ils procèdent d'argent comptant qu'ils ont porté à la banque, ou de vente de meubles, ou de paiement de dettes qu'ils ont reçu, et dont il ne reste aucun vestige, parce qu'elles consistoient en billets qu'ils ont rendus à leurs débiteurs lorsqu'ils en ont été payés.

Un grand nombre de ceux qui tiendront ce langage diront vrai ; et comment, par les actes des notaires, parviendra-t-on à faire le discernement de ceux qui sont de bonne foi et de ceux qui ne le sont pas ? Ne faudra-t-il pas toujours en revenir à examiner les personnes, leur naissance, leur fortune, leur conduite, leur réputation et les autres circonstances qui sont indépendantes des actes, et sur lesquelles on ne peut en tirer aucun secours ?

On retombera donc toujours dans l'arbitraire, malgré qu'on en ait. L'allégation faite par un homme sans reproche sera reçue, et la même allégation, faite par un homme suspect, sera rejetée ; et il n'est pas possible que cela se passe autrement, à moins qu'on ne veuille faire autant d'injustices qu'on rendra de jugemens.

Que gagnera-t-on donc par ce long circuit, par cette recherche effrayante, qui répandra une consternation générale, et qui proscrira pour long-temps le crédit? Evitera-t-on l'arbitraire? Nullement. On parviendra seulement à élever des nuages, à faire naître des doutes, qui ne pourront être résolus que par une décision arbitraire; et, ce sera pour cette seule utilité qu'on aura formé un dépôt inviolable, dévoilé toutes les fortunes et ébranlé toutes les lois.

Que fera-t-on donc, si l'on ne prend pas ce parti? Il faut, dit-on, ou l'embrasser ou en proposer un meilleur. C'est l'instance la plus forte que croient pouvoir faire ceux qui en sont les auteurs ou les partisans.

Mais, 1.º il y a des moyens si essentiellement mauvais, et si contraires à toutes les règles, que l'on peut fort bien commencer par les rejeter, en les regardant comme injustes, impossibles ou inutiles, sans qu'on puisse exiger de ceux qu'ils combattent par ces raisons, et surtout de ceux qui ne sont point financiers, qu'ils proposent, sur-le-champ, une autre voie pour arranger les affaires du roi.

2.º Quoiqu'on ne pût, à cet égard, que demander du temps pour y penser, il n'est pas moins possible d'indiquer, au moins en général, les moyens plus justes et plus courts, dont on pourroit se servir pour parvenir à la fin que l'on se propose.

1.º Dès le moment que l'opération ne peut finir que par un arbitraire inévitable, il est évident qu'il vaut mieux s'y livrer d'abord, et approcher, autant qu'il sera possible, de la justice et de la vérité, que de laisser l'état de toutes les fortunes en suspens; d'anéantir tout crédit, et de donner un exemple pernicieux à la postérité par une opération immense, qui ne diminuera que très-peu l'arbitraire qu'on veut éviter.

2.º On peut se proposer deux principes généraux

qui doivent servir de base et de fondement aux instructions que l'on donnera aux commissaires.

Le premier regarde l'origine des effets déclarés ;

Le second regarde les personnes qui en font la déclaration.

A l'égard des effets, il y en a de deux sortes :

Les uns ont un renseignement certain, comme tout
ce qu'on a déclaré procéder du remboursement, etc.

Les autres n'en ont point ; et, ce sont tous les effets, qu'on a dit procéder de vente de meubles ou
effets mobiliers, de l'argent comptant.

La vérification est peut-être plus facile à l'égard
des premiers, mais elle est impossible à l'égard des
derniers, parce qu'il ne peut presque y en avoir aucune preuve par écrit.

Les allouer tous en entier, ce seroit faire une grande.
injustice, et au roi et à ses créanciers légitimes, parce
qu'il est bien sûr que c'est à cet égard qu'on a commis un plus grand nombre de fraudes.

Les retrancher tous, ce seroit tomber dans une
autre extrémité aussi injuste que la première, parce
que, parmi le grand nombre de ceux qui ont voulu
tromper le roi, il y en a plusieurs qui ont dit la vérité.

On sera donc forcé, à cet égard, de prendre une
espèce de milieu, et réduire cette partie de créance
à une certaine quotité, comme cela a déjà été proposé, par ceux qui sont les auteurs de la proposition
sur laquelle il s'agit de délibérer.

Ainsi, on pourra établir, sur ce sujet, une règle
générale, qui produira un grand retranchement ; et,
c'est-là le premier principe, tiré de la nature des effets, qu'on pourra faire servir de fondement aux instructions qui seront données aux commissaires.

On ne peut pas s'expliquer plus en détail sur ce sujet, parce que le tableau des déclarations n'étant pas
encore fini, on ne peut voir à quoi se montera les colonnes de ces sortes d'effets, et ce que l'on pourroit en
retrancher.

A l'égard des personnes dont la distinction devient

le second principe des décisions qu'on donnera aux commissaires, il est bien aisé de connoître celles qui sont suspectes.

Outre que la voix publique les dénonce suffisamment, on peut remettre entre les mains des commissaires des extraits des registres des emprunts faits à la banque de dépôt des actions, qui indiqueront une très-grande partie de ceux qui peuvent être légitimement suspects ; et quel inconvénient y a-t-il de retrancher leurs déclarations, soit comme justement suspectes, soit par forme de peine contre ceux qui se sont enrichis en un jour aux dépens du roi et du public ?

Il sera encore bien aisé de remettre à MM. les commissaires des extraits des rôles de la capitulation, qui feront connoître d'où sont partis ceux qui ont fait, en trois mois de temps, des fortunes dignes d'être enviées par les princes et par les souverains.

Qu'on joigne à tout cela des extraits des registres des insinuations et du contrôle, on donnera, à MM. les commissaires, tous les secours qu'on peut réunir, sans violer les règles et le droit des gens, pour approcher, autant qu'il se pourra, de l'exacte justice.

Enfin, on peut encore exiger une affirmation de tous ceux dont on vérifiera les déclarations, par laquelle ils certifieront qu'ils n'ont point fait d'acquisitions et de remboursemens, ou déclarant ceux qu'ils ont faits, à peine de confiscation des effets non déclarés, et de telles amendes qu'on jugera à propos.

Tout ceci n'est qu'une idée brute et imparfaite, qu'il faudroit faire travailler par ceux qui ont plus de capacité pour la finance ; mais cette ébauche grossière suffit pour faire voir qu'il n'est nullement impossible de se passer de l'inquisition générale qu'on se propose ; et qui, se réduisant toujours à l'arbitraire, ne produira point le bien que l'on cherche, et causera tous les maux qu'on en peut prévoir. Au moins, peut-on en conclure que la chose vaut bien la peine d'être examinée, afin qu'on puisse se déterminer avec une entière connoissance.

D'Aguesseau. Tome X. 4

Ainsi, pour se réduire en un mot :

L'opération proposée est essentiellement injuste en elle-même, puisqu'elle renverse l'ordre de la société ;

Elle porte un coup mortel au crédit, dont il ne se relevera peut-être de long-temps, quoique notre plus grand intérêt soit de le ranimer le plus promptement qu'il sera possible ;

Elle sera si longue, si difficile, si embarrassante, qu'on sera forcé de l'abandonner, et qu'on en sentira tout le mal sans en avoir recueilli tout le fruit ;

Elle est très-peu utile par rapport à la fin qu'on se propose, qui est d'éviter l'arbitraire où l'on retombera toujours nécessairement, après une grande perte de temps ; enfin, la nécessité n'en est nullement prouvée, puisqu'à très-peu de chose près, nous avons dès à présent entre nos mains tous les secours qui peuvent servir à diriger l'opération ; et que ce qui nous manque ne mérite pas d'être acheté au prix de tous les inconvéniens inséparables de l'opération proposée.

Ainsi, tout concourt à en faire rejeter la proposition, et à prendre le parti de se servir des secours présens, sans en chercher qui seroient plus nuisibles par leurs conséquences, qu'utiles dans la conjoncture présente.

MÉMOIRE

RELATIF A CEUX QUI FACILITENT L'ÉVASION DES FORÇATS.

On propose de faire une déclaration par laquelle le roi attribueroit à l'intendant des galères de Marseille le pouvoir de juger en dernier ressort, avec le nombre de gradués suffisant, ceux qui auront favorisé ou facilité l'évasion des forçats des galères, et de les condamner à mille livres d'amende ; faute du paiement de laquelle dans un mois, les hommes seront envoyés aux galères, et les femmes condamnées au fouet.

Remarque sur cette proposition.

1.º Quand le fond de cette disposition pourroit être autorisé, la forme d'une déclaration du roi ne seroit pas présumable, parce qu'il n'est pas à présumer que le parlement d'Aix, auquel cette déclaration devroit être adressée, voulût jamais se prêter à l'enregistrement d'une pareille loi.

Les juges ordinaires savent, à la vérité, que le conseil de guerre a droit de punir les forçats qui se sauvent des galères, et ils n'ont garde de s'y opposer, parce qu'il s'agit d'un crime purement militaire, pareil à celui de la désertion ; mais il sera impossible de leur persuader, que des bourgeois ou des artisans, et des femmes même, puissent devenir justiciables d'un conseil de guerre ou d'un intendant des galères, par une loi générale adressée au parlement, sous prétexte qu'ils sont complices de l'évasion d'un galérien.

Ainsi, pour n'en pas dire davantage sur ce qui regarde la forme, si la proposition que l'on fait mérite d'être approuvée, on ne peut l'autoriser que par

4 *

un arrêt du conseil, ou par une simple ordonnance du roi.

2.º Le roi étant le maître de toutes les juridictions, peut sans doute attribuer à tels de ses officiers qu'il lui plaît, la connoissance de certains crimes. Il est vrai qu'il ne seroit pas convenable de renvoyer de simples habitans de la ville de Marseille par-devant un conseil de guerre ; mais l'attribution qu'on propose ici de donner à l'intendant des galères souffre beaucoup moins de difficultés, et il faut avouer même que, dans le cas dont il s'agit, il seroit si difficile de séparer l'accusation principale intentée contre le forçat, de l'accusation accessoire formée contre ses complices, que le meilleur parti est de renvoyer le tout à l'intendant, qui est naturellement compétent pour l'une, et à qui il convient par cette raison d'attribuer la connoissance de l'autre.

3.º La condamnation à une amende payable dans un mois, faute de quoi cette peine demeurera convertie en celle des galères, a été autorisée, malgré l'équité et l'humanité, dans les déclarations dont l'objet a été d'empêcher le commerce du faux sel et du faux tabac. On a pu l'établir avec moins d'inconvénient dans ces matières, parce qu'il n'y a que des gens de la lie du peuple, souvent vagabonds ou repris de justice, qui se mêlent d'un pareil commerce ; et l'on n'a pas cru risquer beaucoup, en faisant tomber la peine des galères sur des têtes si viles, qui, par le genre de leur vie, semblent faits pour être un jour attachés à la chaîne. On ne peut pas dire la même chose dans le cas dont il s'agit : il pourra arriver que ce soient souvent des personnes domiciliées, des artisans, des marchands, des bourgeois qui, par un fausse compassion ou une charité mal entendue, auroient cru faire une bonne œuvre en facilitant l'évasion d'un forçat. Sera-t-il juste, en ce cas, de les envoyer aux galères, s'ils ne sont pas en état de payer, dans le mois, une amende de mille livres ; et, peut-on tirer à conséquence, contre des personnes qui sont d'ailleurs sans reproche, ce qui se pratique seulement contre des fraudeurs et des contrebandiers, qui ne sont nulle part aussi bien placés qu'aux galères ?

A la vérité, il pourra se trouver des personnes et des cas auxquels cette rigueur sera justement appliquée dans ce qui regarde l'évasion des forçats ; mais c'est ce qu'il faut laisser à la justice et à la prudence de celui qui en sera établi le juge, sans lui lier les mains par une ordonnance générale qui seroit souvent injuste par sa généralité même.

4.° Il ne paroît donc ni possible ni convenable de déterminer un genre de peine uniforme par un réglement général ; et, si l'on veut donner une ordonnance sur cette matière, il suffiroit qu'elle fixât la compétence de l'intendant, à qui il seroit permis de faire arrêter les complices ou fauteurs de l'évasion des forçats, pour les condamner ensuite à telles amendes, même à telles peines afflictives ou infamantes qu'il appartiendra, suivant l'exigence des cas, à la charge de ne pouvoir rendre aucun jugement portant condamnation à peine afflictive ou infamante, qu'après que le jugement aura été fait et parfait aux accusés, suivant les formes prescrites par les ordonnances, et avec le nombre des gradués qu'elles exigent. Il faudra aussi lui permettre de nommer un procureur du roi et un greffier, comme cela se pratique dans les arrêts d'attribution à l'égard de tous les intendans.

Mais, après y avoir bien réfléchi, l'on trouvera que le meilleur parti que l'on puisse prendre, est de ne faire aucun réglement général, et de se contenter, à chaque affaire qui se présentera de la nature de celle dont il s'agit, d'en attribuer la connoissance à M. l'intendant par un arrêt particulier (1).

(1) Il y a eu un arrêt du conseil expédié suivant ce mémoire.

CORRESPONDANCE OFFICIELLE.

PREMIÈRE DIVISION.

LETTRES SUR DIVERSES MATIÈRES DE DROIT POLITIQUE.

Du 9 août 1720.

CE que l'on vous a dit de l'usage réciproque du parlement de Douai et des tribunaux établis dans les terres de la domination de l'empereur, est véritable, et on l'a toléré jusqu'à présent par des raisons d'état, et même par des vues de service, fondées sur les usages locaux de cette province ; mais comme il n'y a rien de semblable dans votre pays, Son Altesse Royale à qui j'ai eu l'honneur de rendre compte de votre lettre, a jugé comme vous, que vous ne deviez pas pas souffrir qu'un conseiller du conseil supérieur de Mons fît aucun acte de juridiction dans les terres de France, qui sont de votre ressort, sauf aux parties intéressées à obtenir une commission rogatoire de ce conseil adressée au parlement, sur le fondement de laquelle il commettra un de ses membres pour entendre les témoins qui seront indiqués par la partie, et faire l'enquête ordinaire par le conseil de Mons.

Du 10 septembre 1721.

J'AI reçu la lettre que vous m'avez écrite au sujet de l'appel porté devant vous par.........., d'une sentence rendue par le juge de Gergier, qui l'envoyoit, avec ses deux cohéritiers, en possession, chacun pour un tiers, des biens de défunte............., qu'ils ont partagés en conséquence, et apportés ensuite dans le royaume. Cette sentence ne prononçant qu'un simple envoi en possession, ne sauroit servir de préjugé ni pour ni contre le testament de la défunte, qui a été trouvé depuis, par lequel......... prétend être la seule héritière; elle n'avoit pas besoin d'appeler de cette sentence pour faire valoir le testament et vous en demander l'exécution ; ainsi vous n'êtes point obligés de prononcer sur cet appel, pour juger si elle est bien ou mal fondée dans sa demande.

Et comme il ne convient point que vous receviez et que vous jugiez l'appel d'une sentence rendue par un juge étranger, et encore moins que vous renvoyiez devant leur juge supérieur, qui est aussi étranger, des parties qui sont toutes Françaises, et qui plaident pour des biens qui sont actuellement en France; vous n'avez qu'à examiner la validité de ce testament, et le fond du droit des parties qui plaident devant vous : si vous trouvez que........... soit bien fondée dans sa demande, vous lui adjugerez les conclusions, et vous ordonnerez l'exécution du testament, en ajoutant néanmoins dans votre arrêt, sans qu'il soit besoin de statuer sur son appel ; et si, au contraire, il vous paroît que le testament soit nul, ou que, par d'autres raisons, la prétention de........ soit mauvaise, vous prononcerez sans s'arrêter à son appel, et vous la débouterez de sa demande, en confirmant le partage fait entr'elle et ses héritiers ; de cette manière, les officiers de Neufchatel n'auront aucun juste sujet de se plaindre. Vous concilierez ce qui est dû à la juridiction des tribunaux de France, et à celle des juges de cette principauté; c'est l'intention de Son Altesse Royale, à qui j'ai eu l'honneur de rendre compte de cette affaire.

Du 31 août 1741.

JE vous envoie la copie d'un mémoire qui m'a été remis par M. l'ambassadeur de Hollande, qui ne tend qu'à faire rendre une prompte justice au nommé......, marchand de Hollande, contre le nommé...:...., négociant à Flojacque, sur la Dordogne, qui paroît un débiteur de mauvaise foi, dont toute la ressource est de tâcher d'éluder et de retarder, par ses chicanes, un paiement qu'il ne sauroit éviter. Les étrangers doivent être regardés en France comme des personnes privilégiées, lorsqu'ils viennent y réclamer la justice du roi ; ainsi je ne doute pas que vous ne preniez toutes les mesures nécessaires pour faire expédier l'affaire dont il s'agit le plus promptement qu'il sera possible ; mais comme le temps des vacations, qui approche, y mettra un grand obstacle, je compte au moins qu'aussitôt après l'ouverture du parlement prochain, vous ferez tout ce qui pourra dépendre de votre ministère pour procurer au négociant de Hollande une justice qu'il paroît attendre depuis long-temps.

Du 22 novembre 1745.

IL est facile de résoudre la difficulté que vous me proposez par votre lettre du 7 de ce mois ; et puisque l'ordonnance de 1670 étoit observée à Tournay, avant que cette ville eût passé sous la domination de la maison d'Autriche, il n'est pas douteux que Tournay, étant à présent rentré dans les mains de son ancien maître, la même ordonnance doit y reprendre aussi sa première autorité. Si la maison d'Autriche a pu y faire observer ses lois, pendant que le sort de la guerre lui avoit donné la possession de cette ville ; les ordonnances du prince, qui en étoit le souverain de droit et de fait, doivent y revivre encore plus naturellement ; la dernière capitulation est favorable à ce retour, bien loin d'y être contraire, puisque Sa Majesté s'y est réservée la faculté de changer, dans les réglemens précédens, ce qu'elle jugeroit à propos pour le bien de la justice. Vous n'avez donc qu'à faire savoir aux magistrats de Tournay que rien ne peut dispenser les juges de cette ville d'observer l'ordonnance de 1670, de la même manière qu'elle s'exécute dans tout le reste du royaume, dont Tournay fait à présent partie.

Du 30 juin 1746.

J'AI reçu les exemplaires que vous m'avez envoyés de la déclaration du roi, du 7 de ce mois, pour l'administration de la justice dans les pays nouvellement soumis à son obéissance, qui ont fait partie du ressort du conseil de Malines, et de l'enregistrement qui en a été fait au parlement de Flandre.

Du 11 novembre 1747.

JE ne sais par quelle raison l'abbaye de Saint-Victor, établie à Bergue-Saint-Vinox, a été comprise dans le rôle des gens de main-morte, attaché sous le contre-scel des lettres-patentes qui vous ont été envoyées ; j'éclaircirai le fait aussitôt que celui qui a eu l'inspection de cet ouvrage sera revenu de la campagne, et cependant vous n'avez qu'à suspendre l'enregistrement de ces lettres-patentes.

Du 20 novembre 1747.

J'APPRENDS que plusieurs personnes qui prétendoient avoir le privilége de porter leurs affaires en première instance au conseil de Malines, pendant que ce

conseil subsistoit, croient avoir le même droit au parlement de Flandre que le roi a substitué à ce conseil.
Les avocats et les procureurs de Malines avoient cette
prétention ; mais le magistrat de cette ville s'en étant
plaint, je l'ai réprouvée par une lettre que j'ai écrite
à M. de Sechelles ; et, comme il m'est revenu que
quelques affaires, qui auroient dû être jugées en première instance à Malines, ont été introduites en votre
parlement, par la facilité que les procureurs ont d'y
prêter leur ministère, vous aurez soin de réformer
un abus qui est contraire à la déclaration du 7 juin
dernier, suivant laquelle le parlement de Flandre ne
doit connoître que des appellations qui auroient été
portées au conseil de Malines, s'il avoit été substitué
depuis que cette place a été réduite sous l'obéissance
du roi.

Du 24 novembre 1747.

J'apprends par votre lettre du 18 de ce mois que
des trois objets qui faisoient la matière de celle que
M. l'évêque de Tournay m'a écrite, il y en a deux
sur lesquels il a eu une entière satisfaction ; le troisième, dont la décision est encore suspendue, est
peut-être le plus important ou le plus difficile de tous.
Il n'a pas tenu à vous que je n'en fusse pleinement
instruit, soit par l'histoire que vous m'avez faite dans
votre lettre de l'université de Louvain et de ses priviléges, soit par votre attention à m'expliquer avec
tant d'exactitude et de lumières, ce que l'on peut dire
pour et contre sur une contestation qu'on peut mettre
au nombre des causes problématiques ; mais je n'en
suis point le juge, et il ne me convient, en aucune
manière, d'influer ni sur vos sentimens, ni sur les opinions des juges qui sont saisis de la connoissance de
cette affaire. Il seroit d'ailleurs très-difficile de rien
ajouter aux recherches et aux réflexions que vous avez
faites sur la question qu'il s'agit de résoudre.

Vous êtes également instruit et des principes du droit public et de toutes les circonstances du fait, auquel vous aurez à en faire une juste application ; quelque parti même que le parlement de Flandre juge à propos de prendre dans cette occasion, il est à craindre que l'une ou l'autre des parties intéressées ne fasse passer l'arrêt de cette compagnie sous les yeux du conseil. Toutes sortes de raisons concourent donc à m'empêcher de rien préjuger sur une affaire de cette nature, et à vous laisser avec une entière confiance le soin de vous déterminer par vos propres lumières.

Du 25 janvier 1748.

Je vous écrivis, le 29 novembre dernier de faire, réformer l'abus qui commençoit à s'introduire de porter au parlement de Flandre, en première instance, des demandes qui, par quelque privilége particulier, auroient pu être portées directement au conseil de Malines, pendant que ce conseil subsistoit ; et je vous marquai qu'aux termes de la déclaration du 7 juin dernier, votre compagnie ne pouvoit connoître que des appellations des premiers juges ; mais on prétend que depuis ma lettre les sieur et demoiselle........, enfans d'un conseiller au conseil de Malines, qui s'étoient pourvus au parlement de Flandre en première instance, ont continué d'y faire des procédures ; et les magistrats de Malines ont présenté une requête au roi pour en demander la cassation. Je vous prie de me faire savoir si le fait est véritable, et supposé qu'il le soit, d'engager votre compagnie à se dépouiller de la connoissance d'une affaire qui ne peut lui appartenir que dans le cas de l'appel, sans quoi je ne pourrai me dispenser de rendre compte au roi des plaintes des magistrats de Malines, et Sa Majesté y pourvoiroit par son autorité.

Du 28 mars 1748.

Des deux questions sur lesquelles vous aviez consulté M........., qui m'a renvoyé votre lettre, la première est aisée à résoudre.

Le cas dans lequel se trouvent les greffiers de Malines et les receveurs des consignations du parlement de Douai, est presque semblable à celui qui a été réglé par le placard donné par le roi d'Espagne en l'année 1663 ; et, comme M. de........., à qui j'ai écrit sur ce sujet, m'assure que ce placard a toujours été observé dans le Brabant, on ne peut rien faire de mieux que de s'y conformer, en partageant également les droits de consignation fixés sur le pied du soixantième, entre les greffiers de Malines et les receveurs des consignations de Douai.

La seconde question, qui regarde les frais du voyage des greffiers de Malines, et du compte qu'ils ont été obligés de rendre au parlement de Douai, est susceptible d'une plus grande difficulté.

Il seroit injuste de faire supporter ces frais aux parties intéressées ; ce seroit augmenter pour elles la charge de droit de consignation, à laquelle seule elles doivent être assujetties.

A l'égard du pays, il n'a aucun intérêt dans le point dont il s'agit, et d'ailleurs il est déjà tellement chargé, qu'il y auroit de la dureté à y ajouter l'obligation de payer des frais de cette nature.

Il n'y a donc que les greffiers de Malines d'un côté, et de l'autre les receveurs des consignations, établis à Douai, sur qui on puisse faire tomber les frais du voyage et de la reddition des comptes.

Comme ces derniers frais, je veux dire ceux de la reddition des comptes, sont presque également utiles aux anciens et aux nouveaux dépositaires, il paroît équitable d'en partager la charge entr'eux ; parce que, suivant la décision de la première question, ils partageront aussi les droits de consignation, sur lesquels ces frais doivent être pris naturellement.

Il m'a été proposé de partager aussi, de la même manière, les frais du voyage des greffiers de Malines, qui ont souffert par la nécessité d'un voyage qu'ils ne pouvoient prévoir, et qui n'a jamais été l'objet de l'établissement de leurs droits, dont ils perdront d'ailleurs la moitié par un événement fortuit, qui a été une suite de la guerre. Ainsi, en examinant la chose dans un esprit de justice, et avec la plus exacte précision, je crois qu'il faut, à la rigueur, prélever les frais du voyage des greffiers de Malines, et leur adjuger en entier la somme à laquelle ils se trouveront monter, pour la prendre sur la moitié des droits qui appartiendront aux receveurs des consignations de Douai; et ceux-ci n'auront aucun sujet de s'en plaindre, parce qu'à leur égard les droits de consignation sont un bénéfice inespéré, dont ils jouiront sans aucuns frais, et dont il est juste qu'ils supportent les charges. Il y a lieu même de croire que ces frais de voyage ne formeront qu'un objet très-médiocre, et c'est une dernière considération qui rend ce parti encore plus favorable.

Du 24 mai 1748.

DE quelque manière que l'on considère ce qui s'est passé à l'égard du nommé........., ses plaintes ne méritent aucune attention : s'il a été arrêté hors de la Provence, il ne peut pas trouver mauvais qu'on l'ait remis entre les mains de ses juges naturels; quand il auroit été pris hors de la Provence même, le roi est toujours le maître de faire rendre à des juges étrangers ceux à qui ils instruisent le procès; et enfin, les juges du comté de Nice ne doivent pas être regardés comme étrangers, tant que Sa Majesté sera en possession de ce comté.

Du 26 novembre 1748.

Comme par l'article 14 du traité de paix, il est porté que tous les papiers ou documens, qui étoient dans les places conquises par le roi, seront restitués, et nommément ceux qui ont été transportés des archives du conseil de Malines; il s'agit aujourd'hui de savoir de quelle manière pourra se faire cette restitution, tant par rapport aux papiers qu'aux deniers qui étoient entre les mains des receveurs des consignations, dépendans de la reine de Hongrie. Il est nécessaire pour cela que vous m'envoyiez une copie des différens arrêts qui ont été rendus, soit par le conseil, soit par le parlement de Flandre, sur ces deux objets, et que vous me fassiez savoir si, parmi les papiers qui ont été transportés à Douai, il n'y en a point qui intéressent le domaine et les droits du roi dans les pays soumis à sa domination ; s'il y a des procès qui soient en état d'être jugés promptement, ou qu'on ait peut-être déjà mis sur le bureau.

Il y a lieu de croire qu'on a fait un inventaire de tous ces papiers dans le temps du transport, et qu'on a aussi fait un procès-verbal pour constater l'état des caisses des receveurs des consignations; ainsi il ne seroit question que de faire une espèce de récolement sur cet inventaire des papiers qui doivent être rendus, et un bref état de ce qui reste actuellement dans la caisse du receveur des consignations ; et vous croirez apparemment, aussi bien que M. le premier président, avec lequel vous conférerez sur ce sujet, qu'il sera à propos de commettre deux des conseillers du parlement de Flandre pour faire ces opérations, comme il y en a eu de commis pour faire les premières.

Du 23 décembre 1748.

Messieurs les députés des états d'Artois m'ont re-présenté qu'ils croyoient que, dans les papiers qui ont été transportés de Malines à Douai, il y en avoit plusieurs qui regardoient le comté d'Artois, et des procès autrefois jugés par le conseil de cette province; si cela étoit, il seroit juste de remettre dans les dépôts qui y sont établis les titres et papiers qui intéressent ou le domaine du roi, ou celui des particuliers, ou l'ordre judiciaire dans le pays d'Artois. Ainsi vous prendrez, s'il vous plaît, la peine de faire la vérifi-cation des papiers de cette nature, qui peuvent se trouver dans le greffe du parlement de Douai, afin qu'on les mette à part, et que l'on puisse les rendre dans la suite à ceux qu'ils regardent.

Je répondrai incessamment à la lettre que vous m'avez écrite sur la restitution des papiers qui ont été transportés de Malines à Douai, et ma réponse est même déjà faite; mais il y a des raisons qui me font différer de vous l'envoyer. Ce que je vous écris aujourd'hui n'a rien de commun avec cette restitu-tion, parce qu'il s'agit de papiers qui ne doivent pas être rendus.

Du 31 décembre 1748.

Il étoit fort naturel de penser, comme vous l'avez cru avec toute votre compagnie, que ses commis-saires avoient apposé le scellé sur les portes des cham-bres du greffe de Malines, où ils ont laissé les papiers qu'ils n'ont pas cru devoir être transportés à Douai; vous ne devez donc avoir aucune inquiétude sur une erreur de fait, qui mérite d'autant moins d'attention, que la manière dont ces commissaires se sont conduits à cet égard deviendra un bien à présent, puisqu'elle épargnera la peine et les frais de leur transport à Malines.

Du 3 avril 1749.

Vous êtes déjà instruit sans doute de ce qui fait le sujet du mémoire que je vous envoie, et qui m'a été remis par M. l'ancien évêque de Mirepoix, abbé de Corbie. Les motifs qu'il a de s'opposer à la remise des pièces qui sont au greffe du parlement de Flandre, jusqu'à ce qu'il ait été statué par le roi sur l'opposition que M. le prince........, a formée à un arrêt rendu au conseil le 14 juin 1746, paroissent mériter une très-grande attention; et il n'est pas vraisemblable que les commissaires de l'impératrice, reine de Hongrie, insistent sur la restitution particulière de ces papiers, quand vous leur aurez fait connoître l'état où est cette affaire. Vous aurez soin en tout cas de m'en rendre compte, et d'empêcher cependant qu'aucun des papiers dont il s'agit ne sorte du greffe du parlement, jusqu'à ce que vous ayez reçu ma réponse.

Du 11 mai 1749.

Le parlement de Douai a fait très-sagement, lorsqu'il a pensé comme vous, qu'il ne devoit point répondre à la requête qui a été présentée par le baron de......; le pouvoir de cette compagnie a cessé absolument par la consommation de la paix, et il ne lui est plus permis de rendre des arrêts, même pour l'exécution de ses jugemens. Il y a d'ailleurs, dans la requête du baron de......, des termes que la cour de Vienne traiteroit sans doute d'insolens, et qui sont en effet contraires au respect qu'on doit à tout gouvernement. Ainsi, c'est rendre service à ce baron même, que de lui remettre une pareille requête. A l'égard de la conduite du conseil de Malines, c'est une matière qui mérite que le roi y donne toute l'attention nécessaire.

<hr />

Du 23 octobre 1749.

Il me revient que, par des motifs d'intérêt particulier, on voudroit engager le roi à établir la réciprocité pour l'exécution des jugemens rendus dans le royaume, et de ceux qui interviendront dans les Pays-Bas Autrichiens, en vertu des *pareatis*, qui seroient accordés de part et d'autre. On prétend même que cette réciprocité est désirée de la part des principaux officiers de la reine de Hongrie. Quoique cette proposition puisse être regardée au premier coup d'œil comme favorable aux sujets des deux dominations, je vous prie de me faire savoir si elle n'est point susceptible d'inconvéniens qui puissent en balancer l'utilité apparente, et de m'envoyer votre avis sur ce sujet, sans en parler encore à qui que ce soit, jusqu'à ce que je sois plus à portée de juger de ce qui conviendra le mieux aux intérêts du roi et au bien commun de son royaume.

<hr />

Du 29 juillet 1750.

Je vous avois écrit de suspendre la remise des papiers réclamés par M. le prince de........., et qui avoient été transportés de Malines à Douai dans le temps de la guerre, parce qu'il y avoit une instance pendante au conseil du roi, entre M. le prince de......... et l'abbé et les religieux de Corbie, pour l'instruction de laquelle on avoit cru avoir besoin de ces papiers; mais cette raison ne subsiste plus, parce que M. l'ancien évêque de Mirepoix, qui est

abbé de Corbie, a consenti, aussi bien que ses religieux, à la restitution de ces papiers. Il n'y a donc
plus rien qui puisse empêcher qu'on ne les rende à
M. le prince de.........., après que le greffier du
parlement aura pris les précautions nécessaires pour
en avoir une décharge valable.

Du 29 juillet 1750.

ENTRE les titres et papiers qui, dans le temps de
la guerre, ont été transportés de Malines ou d'autres
villes des Pays-Bas Autrichiens au greffe du parlement de Douai, il y en a plusieurs qui regardent la
province d'Artois, et dont les états, aussi bien que
le conseil provincial de ce pays, demandent qu'on
leur fasse la remise; c'est ce qui ne paroît susceptible
d'aucune difficulté, à moins qu'il ne s'en trouve qui
soient communs à la Flandre et à l'Artois; mais dans
ce cas-là même, il faudroit toujours en donner une
expédition à ceux qui revendiquent aujourd'hui ces
titres. Vous pouvez donc dès à présent commencer
à en faire la séparation, et je crois que, pour consommer cette affaire, il faudra que le conseil d'Artois
envoie un de ses membres à Douai, avec pouvoir de
donner une décharge au greffier du parlement, après
que l'on sera convenu des papiers qui doivent passer
du greffe de ce tribunal dans celui du conseil d'Artois; mais je ne lui écrirai encore rien sur ce sujet,
jusqu'à ce que j'aie reçu votre réponse.

Du 20 août 1750.

JE vous écrivis, le 29 juillet dernier, qu'il n'y
avoit plus rien qui pût empêcher qu'on ne remît à
M. le prince de......... les papiers qu'il réclame
depuis long-temps au sujet du procès qu'il a à Malines
avec l'abbaye de Corbie. Je ne sais pourquoi vous

n'avez pas encore fait de réponse à cette lettre; mais si, par un contre-temps difficile à imaginer, vous ne l'aviez pas reçue, celle-ci vous en tiendra lieu, pour faire remettre les papiers dont il s'agit à celui qui sera chargé par M. le prince de........ de les retirer, et d'en donner une décharge valable au greffier du parlement.

Du 29 novembre 1750.

JE vois par votre lettre du 20 de ce mois, que vous renoncez à la distinction que vous m'aviez proposée au sujet des procès et papiers tirés du greffe du conseil de Malines, qui doivent être remis en celui du conseil d'Artois, et que vous convenez qu'ils doivent y être tous également déposés. Je le fais savoir aux officiers de ce conseil; mais je crois qu'ils désireront que le roi les autorise par un arrêt à retirer ces papiers du greffe du parlement de Douai, et à en donner une décharge à votre greffier, qu'il sera aussi plus régulier d'obliger par le même arrêt à en dépouiller son greffe.

Du 16 décembre 1750.

J'AI reçu la lettre par laquelle vous m'avez rendu compte du nombre et de la qualité des procès, nés en Artois, qui sont actuellement en dépôt au greffe du parlement de Flandre, et dont le conseil d'Artois demande que la remise lui soit faite. La distinction que vous faites entre les procès qui n'ont été portés au conseil de Malines que par la voie de l'appel, et ceux qu'on y a fait juger en première instance, a d'abord quelque chose de spécieux; mais je ne la trouve pas aussi solide. Les procès de la dernière espèce ne sont pas moins nés en Artois, ou entre des habitans de cette province, que ceux de la première,

5 *

puisqu'ils n'ont été portés à Malines qu'en vertu de *committimus*, ou parce que le conseil d'Artois y étoit suspect ou intéressé. Le conseil, alors supérieur, n'en a connu que comme étant à la place du conseil d'Artois; ainsi il l'a représenté en cette partie, et rien n'est plus naturel que de remettre ces procès dans le greffe, d'où ils n'ont été tirés que par des priviléges ou des exceptions contraires au droit commun. A la vérité, si c'étoit le conseil de Malines qui demandât la restitution de ces procès, il pourroit y être bien fondé à la rigueur, parce que c'est dans ce tribunal qu'ils ont été portés et jugés directement; mais il ne les a point réclamés, et l'on ne voit aucune raison pour les laisser en dépôt au greffe du parlement de Flandre, qui n'a jamais représenté ni pu représenter le conseil d'Artois.

Il seroit assez extraordinaire de les faire remettre au greffe du parlement de Paris; car, quoiqu'il soit à présent le tribunal supérieur du conseil d'Artois, en matière civile, il ne l'étoit point dans le temps que les procès ont été jugés; pourquoi donc y renverroit-on aujourd'hui des procès dont il n'a jamais pris ni pu prendre connoissance?

La facilité de trouver des pièces produites dans ces procès, qui est la seule raison par laquelle vous écartez la pensée de les remettre au greffe du parlement de Paris, ne sauroit être opposée au conseil d'Artois, et elle est beaucoup plus favorable à ce conseil qu'elle ne sauroit l'être au parlement de Flandre.

Je crois donc qu'en rejetant votre distinction, il faudra remettre tous les procès dont il s'agit au greffe du conseil d'Artois, en prenant toutes les précautions que vous proposez par votre lettre, et j'attends votre réponse pour faire expédier l'arrêt qui sera donné sur ce sujet.

SECONDE DIVISION.

LETTRES SUR DIVERS OBJETS D'ADMINISTRATION
GÉNÉRALE.

§. I. — *Haute police.*

Du 22 janvier 1722.

JE vois avec déplaisir l'impression que ma lettre
du 18 du mois dernier a faite sur vous et sur ceux
de Messieurs du parlement, auxquels vous l'avez
communiquée; mais je ne pouvois me dispenser de
vous faire part des réflexions que tout le conseil avoit
faites sur la proposition de rendre la police au parlement, et je les ai même adoucies par ma lettre,
quoiqu'elle vous ait paru encore trop mortifiante pour
cette compagnie. Elle paroissoit d'ailleurs prendre la
chose avec une si grande vivacité, que l'on crut qu'il
falloit lui faire sentir toutes les raisons qu'on avoit de
ne pas se rendre à ses désirs; mais, en vous écrivant
dans cet esprit, j'avois pris la précaution de vous
écrire une lettre séparée, par laquelle je laissois à
votre discrétion ou de montrer ma lettre au parlement,
ou de vous servir seulement des raisons qu'elle contenoit, et de vous contenter de la faire voir à ceux
que vous jugeriez qu'il seroit à propos de la communiquer.

Vous ne me parlez point de cette seconde lettre,
qui fut mise pourtant dans le même paquet que la
première; mais vous vous êtes conduit comme je vous
avois marqué que vous le pourriez faire, en ne faisant
part de ma lettre qu'à un très-petit nombre de Messieurs du parlement, et en vous contentant d'en expliquer la conclusion à la grand'chambre, où je vois
avec plaisir que l'on a pris, sans hésiter, le seul parti

qui convenoit à la sagesse du parlement. Il n'y a qu'à
souhaiter que la même sagesse règne dans les autres
chambres, et qu'on ne vous oblige plus à remettre
la matière en délibération; ce qui seroit d'autant plus
fâcheux, que le parlement se tromperoit lui-même,
s'il se flattoit de pouvoir réussir à faire changer la
résolution qui a été prise ici sur ce sujet. Ce n'est
pas que vous n'expliquiez très-bien toutes les raisons
qu'on peut alléguer en sa faveur, soit par rapport à
la police, soit pour le justifier d'avoir été si long-
temps dans une espèce d'anéantissement; mais ces
raisons pourroient avoir leur réplique, ce qui causeroit encore une nouvelle mortification au parlement.
Ainsi le seul moyen d'adoucir l'amertume de certaines
matières étant de les trancher le plus promptement
qu'il est possible, vous ne sauriez trop détourner le
parlement de se jeter de nouveau dans des discussions
désagréables, et dont, avec toute l'envie que j'ai de
lui faire plaisir, il ne peut espérer un succès favorable. Il ne me reste, après cela, que de vous faire
un reproche d'amitié sur l'alarme que vous avez prise
bien promptement à la lecture de ma lettre, comme
si l'on en pouvoit conclure que votre compagnie eût
perdu mon estime. Je suis bien persuadé qu'elle ne
la perdra jamais, et elle le fera encore moins, tant
qu'elle aura à sa tête un chef pour lequel j'ai une si
grande et si juste considération. Mais il y a pour les
plus dignes compagnies, comme pour les hommes
les plus estimables, des temps de nuages et d'obscurité, dans lesquels il leur arrive de laisser quelque
chose à désirer dans leur conduite; c'est un malheur
dont il ne faut accuser que l'humanité, et qui n'empêche pas que, lorsque les choses sont rétablies dans
leur situation naturelle, les compagnies comme les
particuliers, ne retrouvent dans le public tous les sentimens d'estime et de distinction qui leur sont dus.
Ne portez donc point les conséquences de ma lettre
beaucoup au-delà de mes intentions; je n'ai pensé
qu'à expliquer les raisons de la décision du conseil,
et non pas à faire des reproches à une compagnie que

j'honore véritablement, et à laquelle je souhaite de
ne donner jamais que des marques de ma considération. Je suis bien persuadé qu'elle les méritera toujours, et surtout par la sagesse avec laquelle elle se
conduira dans la conjoncture présente, qui, après tout,
ne sauroit être de longue durée, puisque la Provence
paroît toucher à l'heureux moment de son entière
délivrance, qui sera suivie du rétablissement de tous
les droits de votre compagnie.

Du 2 décembre 1736.

JE ne vois pas trop en quoi peut consister l'affront
qu'il vous paroît que le parlement d'Aix a reçu, par
l'ordre que le roi a donné pour enfermer la femme
du nommé.............; il arrive tous les jours que,
lorsque des fins de non-recevoir ou d'autres règles de
pure formalité ne permettent pas aux juges de rendre
justice dans les règles ordinaires, Sa Majesté y sup-
plée par son autorité, sur la prière d'une famille, ou
pour étouffer un scandale public. La seule chose que
vous auriez pu désirer est qu'on eût informé M. le
procureur-général de la lettre de cachet qui avoit été
expédiée, afin qu'il eût pu prendre des mesures avec
l'officier qui en étoit le porteur, pour la mettre à exécution avec plus de précaution et de ménagement
qu'il ne l'a fait. Mais, si cet officier a besoin qu'on
lui donne quelque avis sur ce sujet, il n'y a rien dans
le fond de la chose qui doive vous faire de la peine;
vous avez rempli votre devoir dans cette affaire, suivant les règles de la justice, et le roi a fait, de son
côté, ce que l'on pouvoit attendre de sa bonté et de
son autorité, pour empêcher la continuation d'un
désordre que vous n'êtes pas en état de réprimer,
par le mauvais tour que le mari de l'accusée avoit
donné à son affaire. A l'égard du sieur.............,
prêtre, je n'ai aucune connoissance de ce qui le re-

garde, et vous m'instruirez plus exactement, si vous le jugez à propos, de l'affaire qu'il a au parlement d'Aix.

***

Du 15 juillet 1737.

Il me semble que tout le monde a tort dans l'événement, très-peu important en lui-même, dont vous me faites le récit. Madame la duchesse............. auroit pu ne pas désirer qu'on jouât la comédie à une heure indue, ce qui, à cause de la nuit, pouvoit donner lieu à plusieurs inconvéniens; les jurats n'auroient pas dû être si faciles, et M.......... auroit mieux fait de ne pas défendre ce qu'ils avoient permis. Je ne trouve donc que vous qui ayez eu raison dans cette affaire, et c'est précisément parce que vous n'y avez rien fait. J'approuve fort la pensée où vous êtes d'en parler vous-même à M........., avec qui vous avez toujours bien vécu, et qu'il faut éviter de commettre avec le parlement. Je ne sais pas trop quelles peuvent avoir été les raisons de sa conduite; mais, s'il n'en a point eu de bonnes, je le crois très-capable d'avouer qu'il a été trop vite, et de vous assurer qu'il n'arrivera plus rien de semblable; ce qui doit suffire pour contenter le parlement et pour faire tomber entièrement une affaire où il seroit fâcheux et indécent que la privation d'un jour de comédie fît naître le spectacle d'une scène plus sérieuse entre ceux qui sont chargés de maintenir l'ordre public, chacun dans ce qui le regarde.

***

Du 3 juin 1740.

L'arrêt qui vient d'être rendu sur votre réquisitoire, pour mettre des bornes à la licence de porter l'épée dans la ville de Bordeaux, est digne du zèle avec

lequel vous remplissez les fonctions de votre ministère ; mais il ne sera pas d'une grande utilité, à
moins que vous ne veilliez avec une attention continuelle à le faire bien exécuter, en profitant des bonnes
dispositions où vous m'assurez que sont les jurats sur
ce sujet.

Il seroit assez difficile de vous envoyer un *dupli-
cata* de déclarations aussi anciennes que celles de 1661
et de 1679 : tout ce que l'on peut faire est d'expédier
des lettres-patentes, sous le contre-scel desquelles
on attachera des exemplaires imprimés de ces deux
déclarations, en ordonnant qu'elles seront de nouveau transcrites sur les registres du parlement. Vous
pouvez m'envoyer un projet de ces lettres.

Du 23 août 1740.

L'ARRÊT du conseil, dont vous me parlez par votre
lettre du............, a été expédié en finance, sur
l'avis de M. le contrôleur-général ; il est plus instruit
que moi de ce qui a servi de motif à cet arrêt ; mais
je vois par votre lettre qu'il y avoit une raison très-
apparente de rendre un pareil arrêt. Dans la permission que le parlement de Bordeaux avoit accordée
aux boulangers de la ville de Saintes, d'y faire assigner les officiers de police de cette ville, pour leur
être ordonné de se conformer à un ancien accord fait
entre la communauté des boulangers et le corps de
ville, sur le prix du pain. Cette permission paroît
fort extraordinaire ; il ne convient point de mettre
les juges au niveau de leurs justiciables, et de les
obliger à essuyer un procès contre ceux qui sont
soumis à leur juridiction. Les boulangers avoient la
voie de l'appel au parlement, contre les ordonnances
des officiers de police, et si les officiers mêmes avoient
fait quelque faute dans l'exercice de leurs fonctions,
les boulangers pouvoient demander la permission de
les prendre à partie ; mais leur donner la liberté de

traduire directement leurs supérieurs au parlement, pour entrer en procès réglé avec eux, c'est ce qui paroît contraire à toutes les règles, et il n'est pas surprenant, après cela, qu'on ait voulu donner une nouvelle forme à cette affaire, en la faisant sortir du cours ordinaire de la justice. Le reste de ce qui s'est passé en exécution de l'arrêt du conseil, ne vous regarde point ; c'est à M. l'intendant ou à son subdélégué d'en répondre.

Du 6 décembre 1740.

L'inquiétude que vous avez eue sur ce qui s'est passé de la part de M........., au sujet de la déclaration du 26 octobre dernier, avoit une cause plus apparente que réelle, et voici en peu de mots le dénouement de cette affaire : Il a été expédié, pour le parlement de Besançon comme pour les autres parlemens du royaume, un exemplaire de cette déclaration ; mais, par un contre-temps qui arrive quelquefois par la différence des bureaux, on a été trop diligent à faire partir la lettre écrite à M........., par M........., pour lui faire connoître la même loi, et on ne l'a pas été assez à envoyer au parlement de Besançon l'exemplaire qui lui étoit adressé ; mais il écrira dans cette ville aussitôt que la lettre ; ainsi il n'y a rien ici qui ne se concilie parfaitement dans les véritables vues du gouvernement.

On n'a point eu intention de cacher à votre compagnie la déclaration dont il s'agit, et de lui refuser la connoissance de son exécution, pour la confier à M......... ; on n'a fait que suivre ce qui se pratique ordinairement à l'égard des lois qui concernent la police ; quoiqu'elles soient adressées aux parlemens, et qu'ils soient principalement chargés de les faire exécuter, on ne laisse pas aussi de les envoyer à Messieurs les intendans, afin qu'ils tiennent aussi la main à leur exécution, dans les cas qui peuvent se présenter devant eux, et que, sans entreprendre sur ce qui appartient aux parlemens, ils concourent seulement à ce qui les regarde à l'observation des mêmes règles.

Mais tel a été l'effet du contre-temps qui est arrivé en cette occasion, que M..........., à qui on avoit écrit à l'ordinaire de veiller à l'exécution de la déclaration du 26 octobre, dont on lui envoyoit un exemplaire imprimé, et qui a vu que le parlement de Besançon, n'avoit point reçu cette loi expédiée dans les formes ordinaires, a cru ne pouvoir différer de la faire connoître dans la province, par l'affiche qu'il en a fait faire, et de commencer à prendre des mesures pour la faire exécuter, dans la peine où il étoit que c'étoit lui qu'on en chargeoit.

Tout cela n'est plus rien à présent, et l'alarme très-excusable du parlement sur ce sujet, se trouve avoir été prise sans fondement, puisque la déclaration lui a été adressée, et qu'on l'a fait seulement partir plus tard qu'on ne vouloit; ce qui a été causé en partie par la goutte dont M.......... a été attaqué.

Vous pouvez donc être tranquille sur ce sujet, et rassurer aussi le parlement, dont l'inquiétude se dissipera d'elle-même à la vue de la déclaration du roi. La seule conséquence qu'on doit tirer de ce qui vient d'arriver, est qu'on ne sauroit trop éviter de tous côtés les jugemens ou les démarches précipitées, et que c'est un des meilleurs moyens d'entretenir l'union et la bonne intelligence entre ceux qui doivent tendre également, quoique par des voies différentes, au bien public.

Du 31 mai 1741.

Il m'est revenu, par des voies non suspectes, que le lieutenant-général de police et le procureur du roi de Limoges sont dans l'usage de se faire faire des présens par les marchands forains qui veulent obtenir d'eux la permission d'exposer en vente, pendant quelques jours, les marchandises qu'ils portent de ville en ville; en sorte que, quoiqu'il ne paroisse pas qu'il y ait aucuns droits réglés pour l'expédition de ces sortes de permissions, les officiers de police convertissent en une espèce de droit les présens qu'ils se font faire à cette occasion. Je vous prie de me faire savoir si le même usage a lieu dans le reste de votre ressort? Si le parlement l'a toléré jusqu'à présent? Et, supposé qu'on puisse permettre aux officiers de police de prendre quelques droits pour les permissions dont il s'agit, s'il ne vaudroit pas mieux les fixer précisément par un arrêt, à une somme légère, que de les rendre arbitraires et dépendantes de la volonté de chaque officier, sous prétexte que c'est une espèce d'honnêteté volontaire de la part du marchand qui demande la permission de mettre les marchandises en vente pendant quelques jours.

§. II. — *Police relative aux subsistances.*

Du   juillet 1739.

JE vous envoie l'extrait d'une lettre que M. le premier président du parlement de Bordeaux m'a écrite, afin que vous preniez, s'il vous plaît, la peine de me faire savoir sur quel fondement vous avez rendu votre ordonnance, dans une matière qui n'est pas de votre compétence, et qui regarde les officiers de police subordonnés au parlement. La chose paroît même d'autant plus extraordinaire, qu'on n'a rien fait que de concert avec vous, sur les farines dont il s'agit, et que vous avez été appelés aux assemblées tenues sur ce sujet chez M. le premier président, où il ne s'est rien fait que par votre avis; ainsi il me semble que ce que vous pouvez faire de mieux est de ne point faire exécuter votre ordonnance, et de laisser cette affaire dans le cours ordinaire de la justice.

Du 6 mars 1748.

J'étois présent lorsque le roi remit à M. le contrôleur-général la lettre écrite à Sa Majesté par votre compagnie, et j'eus l'honneur de lui parler à cette occasion de la disette dont votre province est affligée, et de la misère à laquelle les peuples sont réduits. Vous verrez, ou vous aurez peut-être déjà vu, par la réponse, que M. le contrôleur-général vous a faite, combien Sa Majesté a donné d'attention aux représentations et aux vœux de son parlement. Elle les surpasse même en quelque manière, par les secours d'argent qu'elle veut bien ajouter aux mesures qui ont été prises pour faciliter et pour multiplier les transports de grains dans un pays qui en a un si grand besoin. La lettre que le parlement a cru devoir prendre la liberté d'écrire au roi, a donc eu le plus grand succès que vous pouviez en espérer, et elle ne peut que redoubler encore l'attention que cette compagnie aura sans doute à contribuer de sa part au soulagement des pauvres par le soin avec lequel elle veillera à l'exécution de l'arrêt qu'elle a rendu en leur faveur.

Du 9 mai 1748.

Le roi continue et continuera toujours de donner la plus grande attention aux besoins de la province de Guyenne, et aux représentations d'un parlement qui s'attache avec tant de zèle et d'application à procurer aux peuples de son ressort tous les secours qui leur sont nécessaires, dans le triste état où ils sont réduits. M. de.......... et M. le contrôleur-général n'ont pas besoin d'être excités par moi à seconder, en cette occasion, les intentions charitables de Sa Majesté. Vous en trouverez des preuves dans la réponse

que M. le contrôleur-général a faite à M. le premier
président de votre compagnie. A mon égard, je me
flatte que vous êtes persuadé de la véritable part que
je prends aux malheurs de votre province, et dont
j'ai lieu d'espérer, par toutes sortes de raisons, qu'elle
sera bientôt délivrée; vous n'en aurez pas moins le
mérite d'avoir contribué, autant que vous l'avez fait,
à les adoucir, et je ne laisserai passer aucune occasion
de faire valoir auprès du roi les services importans
que vous avez rendus à Sa Majesté dans une matière
aussi intéressante, non-seulement pour votre ressort,
mais encore pour tout l'état.

Du 26 juin 1748.

J'AI reçu enfin le mémoire que vous m'avez envoyé, et je n'ai pu le lire sans remarquer qu'il s'en
falloit beaucoup que ce mémoire ne répondît à toutes
les réflexions que l'on pouvoit faire sur ce qui s'est
passé au parlement, depuis qu'on a eu la facilité d'y
laisser tenir des assemblées de chambres sur une matière qui en est aussi peu susceptible. J'ai eu l'honneur
d'en rendre compte au roi, aussi bien que M. le
contrôleur-général, et je ne saurois vous dissimuler
que Sa Majesté m'a paru surprise de voir que, dans
un temps où vous étiez instruit des lettres qui avoient
été écrites à M. le premier président sur les premières
démarches du parlement, et, après avoir délibéré
de m'envoyer un mémoire sur ce sujet, vous ayez
pris la résolution de rendre l'arrêt dont vous venez
de m'informer, et cela non-seulement avant que d'avoir
reçu ma réponse, mais même avant que de me l'avoir
adressé.

Comme un tel arrêt pourroit émouvoir encore les
esprits et renouveler leurs inquiétudes sur un mal qui
est presque entièrement cessé, Sa Majesté m'ordonna
hier de vous faire savoir promptement, que son intention est qu'il soit sursis entièrement à l'exécution

de cet arrêt ; que vous fassiez même revenir à Bordeaux ceux des commissaires du parlement qui pourroient être partis lorsque vous recevrez cette lettre ; que toutes choses demeurent en suspens ; et qu'il ne soit tenu aucune nouvelle assemblée de chambres sur la police des blés, jusqu'à ce que je vous aie envoyé les ordres de Sa Majesté, après avoir achevé de lui expliquer plus en détail tout ce qui s'est fait au parlement sur cette matière.

Du 19 juillet 1748.

Je reçus, il y a cinq ou six jours, la lettre que vous m'avez écrite le 6 de ce mois, et où vous essayez de justifier la conduite que votre compagnie a tenue depuis la fin du mois de mai dernier par rapport au commerce et à la police des grains. Il m'auroit été bien aisé d'y répondre sur-le-champ ; mais je n'aurois pu le faire que d'une manière peu satisfaisante pour vous, et d'ailleurs les choses avoient changé absolument de face depuis la lettre que j'avois écrite à M. le premier président du parlement le 2 de ce mois, soit par les arrêts que le roi a jugés à propos de rendre sur ce sujet, soit par les ordres qu'il a plu à Sa Majesté de faire expédier contre quelques officiers de cette compagnie ; j'ai appris même depuis ce temps-là, que le parlement ne pouvant plus douter, après ces arrêts et ces ordres, du mécontentement que le roi avoit de sa conduite, vous aviez pris la résolution d'avoir l'honneur de lui écrire une lettre pour lui témoigner votre douleur, et faire de nouveaux efforts pour tâcher de faire voir à Sa Majesté qu'il n'y avoit rien de répréhensible dans des délibérations et dans des arrêts que vous prétendiez ne vous avoir été inspirés que par votre zèle pour le bien public.

J'ai donc cru, dans cet état, que je devois, par toutes sortes de raisons, attendre que vous vous fussiez expliqué pleinement, sur une matière aussi intéressante pour vous. Je souhaite que vous puissiez réussir à effacer ou à diminuer les impressions, que des faits notoires et la lecture même de vos arrêts ont faites sur l'esprit du roi ; mais je voudrois pouvoir l'espérer autant que je le désire.

Je me contente donc de vous dire aujourd'hui que vous avez très-bien fait de surseoir à l'exécution de votre arrêt du 15 juin, et de rappeler les commissaires du parlement qui étoient déjà partis en conséquence de cet arrêt, aussitôt que vous avez eu appris que l'intention du roi étoit que tout demeurât en suspens jusqu'à ce que je vous eusse fait savoir sa volonté ; mais malheureusement vous n'avez pas reçu assez tôt l'avis que je vous avois donné sur ce sujet, pour empêcher une scène aussi extraordinaire que celle qu'un des commissaires du parlement a donnée dans la ville de Bordeaux même, en voulant sauver une très-petite partie des blés qui avoient été jetés à la mer par ordre des jurats, sous prétexte qu'ils n'étoient pas d'une qualité aussi mauvaise que les autres ; c'est tout ce que l'on auroit pu faire dans un temps où le peuple étoit menacé de mourir de faim : mais depuis le rétablissement de l'abondance, de quelle utilité pouvoit-il être de conserver des blés qui étoient au moins très-équivoques, et d'une si foible ressource pour la subsistance des habitans de Bordeaux ? Une précaution si inutile et portée si loin semble n'avoir eu pour objet que de donner une mortification aux jurats, et de les décrier dans l'esprit du public ; rien n'étoit plus propre d'ailleurs à renouveler l'inquiétude du peuple et l'opinion de la disette qu'un éclat si mal placé.

Ce n'est donc pas sans raison que les jurats se sont plaints de cette démarche. Elle auroit pu paroître nécessaire, qu'il auroit été plus sage d'en laisser le soin aux jurats, à qui une pareille opération auroit beaucoup mieux convenu qu'à un des membres du parlement ; mais je crains bien que ceux qui auront été les auteurs de tous les mouvemens qui se sont passés au sujet de la police des blés, ne se soient fait un faux honneur de vouloir être regardés comme les

pères du peuple, et les seuls qui veillassent véritablement à ses intérêts.

J'apprends encore un nouveau fait, qui est à peu
près du même genre.

Sur un bruit qui avoit été répandu dans la ville
de Bordeaux, sans qu'on ait pu en découvrir la source
que le dimanche 30 juin, il y auroit une diminution
de trois deniers par livre sur le prix de toutes les
espèces de pain, on en acheta très-peu dans les trois
jours précédens; et comme l'avis se trouva faux, et
qu'il n'avoit été fait aucune diminution, les boutiques
des boulangers se trouvèrent bientôt épuisées le dimanche et le lundi par le grand nombre d'habitans
ou de paysans venus pour la moisson, qui s'empres-
soient d'acheter du pain. Les jurats firent tout ce qu'ils
devoient pour y remédier, en forçant le travail des
boulangers, et ils assurent que les bayles de la communauté firent aussi tout ce qui dépendoit d'eux pour
remédier à l'inconvénient que ce mauvais bruit avoit
causé. Cependant le parlement n'a pas laissé de mander les jurats et de les traiter assez durement, quoiqu'ils n'eussent aucun tort en cette occasion; il ne
s'en est pas même contenté, il a fait venir en même
temps par-devant lui et les jurats et les bayles des
boulangers, et il a porté sa rigueur jusqu'à faire
mettre en prison les derniers; après quoi, par une
conduite qui paroît bien singulière, il leur a permis
le soir d'aller coucher chez eux, à la charge de venir
se remettre en prison le lendemain matin : ils ont obéi
et ils n'ont été élargis définitivement que le même
jour, à midi.

Si des faits, si propres à révolter le peuple contre
les jurats et les boulangers, sont exactement véritables, j'avoue que je ne reconnois plus, dans de pareilles démarches, la sagesse et la dignité que j'ai vu
régner depuis long-temps dans votre compagnie.
Mais il est temps que toutes ces scènes finissent, et
que les choses rentrent dans l'ordre naturel; ainsi
l'intention du roi est que le parlement se repose entièrement sur les jurats du soin de la police des blés.

Une compagnie telle que la vôtre ne doit y entrer que dans des temps de disette et de calamité publique, et lorsque l'autorité des juges inférieurs n'est pas suffisante pour remédier à la grandeur du mal ; ce n'est pas même alors par des assemblées de chambres que l'on doit y pourvoir, elles ne peuvent servir qu'à augmenter l'alarme dans l'esprit du peuple, c'est par des ordres, souvent secrets, qu'il faut venir à son secours ; et un soin si important ne peut être confié qu'à quelques magistrats graves et expérimentés, qui agissent toujours de concert avec ceux que le roi a chargés de prendre les mesures que sa bonté lui inspire pour le soulagement de ses sujets. Tout ce qui est d'administration et de gouvernement doit résider dans un petit nombre de têtes, et c'est ainsi que j'en ai toujours vu user au parlement de Paris dans des cas semblables. J'aurai peut-être occasion de m'expliquer sur cette matière, lorsque j'aurai reçu tout ce que vous préparez pour justifier votre conduite ; mais, en attendant, conformez-vous exactement aux intentions du roi que je viens de vous marquer, en vous abstenant de prendre connoissance directement de la police des blés, et de tenir dorénavant aucunes assemblées des chambres sur cette matière. Si les jurats, qui sont chargés de veiller immédiatement à l'observation des règles de la police, ne faisoient point leur devoir, ce que je ne dois pas présumer, la grand'chambre sera toujours en état d'y remédier, ou sur l'appel des parties intéressées ou sur la réquisition du ministère public.

Du 6 septembre 1748.

J'ai été informé qu'il y a un procès pendant au parlement de Navarre entre MM. de.......... et de............., conseillers en ce parlement, et M. de..........., lieutenant-colonel du régiment de Bourbonnois, tous trois engagistes d'un moulin

bannal, qui est dans la ville d'Orthez, et la communauté des habitans de cette ville. Il s'agit, dans ce
procès, suivant le compte qui m'en a été rendu, de
la forme que doivent avoir les meules de ce moulin,
et de savoir si elles peuvent demeurer carrées, comme
les engagistes le prétendent, ou si elles doivent être
arrondies, comme les jurats d'Orthez l'ont ordonné
par des jugemens, dont l'appel fait la matière de la
contestation.

Les avis que j'ai eus sur ce sujet portent que le
procès est tout instruit et entre les mains du rapporteur, qui l'auroit mis sur le bureau sans les vacations
du mois d'août. Comme elles sont finies, il y a déjà
plusieurs jours, je vous prie de me faire savoir si l'affaire a été jugée depuis que le parlement a repris sa
séance, et comment elle l'a été. En cas qu'elle ne la
soit pas encore, vous ne sauriez la faire expédier trop
promptement, à cause de la grande conséquence dont
l'arrêt qui doit intervenir peut être par rapport à tous
les moulins du pays que vous habitez.

Du 18 décembre 1748.

Il auroit été bien aisé de répondre dans le temps
à la lettre que le parlement a eu l'honneur d'écrire
au roi sur l'arrêt que Sa Majesté avoit rendu le 30
juin dernier, et au mémoire semblable que cette compagnie m'avoit envoyé pour justifier sa conduite dans
l'affaire des blés ; mais j'ai cru devoir différer de le
faire, jusqu'à ce que toutes les informations faites par
les commissaires du parlement eussent été apportées,
et que j'eusse pu trouver le temps de les examiner ;
il m'a paru d'ailleurs qu'il étoit équitable d'entendre
auparavant ceux des membres de votre corps qui
avoient eu le malheur de recevoir des marques personnelles du mécontentement de Sa Majesté : c'est ce
que je n'ai pu faire, suivant son intention, que pendant son séjour à Fontainebleau ; ils y ont été mandés

6 *

par ses ordres, et je les y ai entendus autant de fois qu'ils l'ont désiré. Mais nous étions alors dans le temps de vos vacations, et comme je sais qu'après la Saint-Martin même il y a un grand nombre d'officiers de votre compagnie qui sont obligés de prolonger leur séjour à la campagne, d'où ils ne reviennent guère qu'à la fin de l'année, il m'a paru convenable d'attendre que le parlement fût entièrement rassemblé, pour lui faire connoître les intentions du roi par une lettre si intéressante pour le corps entier.

‹ C'est avec regret que je la commence par lui dire que, ni les représentations et les mémoires qui m'ont été envoyés, ni les discours de ceux de ses membres qui ont été mandés en ce pays-ci, n'ont pu effacer la première impression que la conduite de votre compagnie avoit faite sur l'esprit du roi et de son conseil.

Je suis bien éloigné de penser que les intentions de ceux même qui ont agi avec plus de chaleur et de vivacité en cette occasion, n'aient pas toujours été aussi droites que vous m'en avez assuré par vos lettres, aussi bien que M. le premier président, mais ils auroient dû se souvenir que c'est à la réflexion et à la prudence qu'il appartient de conduire les intentions les plus pures, et de régler les mouvemens du zèle des magistrats, sans quoi plus il est ardent, moins il est utile au public.

Le danger en est encore plus grand dans les matières qui se portent à des assemblées aussi nombreuses que celle de toutes les chambres d'un parlement ; on y est souvent exposé à tomber ou dans l'inconvénient de se commettre avec ceux qui sont en état d'envisager les choses par des vues supérieures, ou dans celui d'employer des moyens directement contraires à la fin que l'on se propose.

Il est aisé de sentir que, dans l'état où votre province et plusieurs autres étoient réduites par de mauvaises récoltes, il s'agissoit plutôt d'une matière d'administration que de juridiction contentieuse. Or, tout ce qui est de conduite ou de direction ne peut résider véritablement que dans un petit nombre de têtes, dont les délibérations et les démarches puissent être tenues secrètes, comme le parlement l'avoit reconnu lui-même, en se reposant pendant long-temps sur l'attention et sur la sagesse du bureau qui avoit été formé à la grand'chambre pour veiller aux intérêts du peuple dans une conjoncture si fâcheuse; et si cette manière d'y pourvoir avoit toujours été suivie, il ne se seroit élevé aucun trouble ni au-dedans ni au-dehors du parlement, surtout après la sage précaution que ce bureau avoit prise d'agir entièrement de concert avec celui qui étoit chargé de l'exécution des ordres du roi dans votre province.

Il faut convenir en effet que, quelque éclairés que soient les commissaires d'un parlement, et quelque utile que soit leur inspection dans une pareille situation, ceux qui sont à la source du gouvernement, et qui reçoivent immédiatement les ordres de Sa Majesté, sont beaucoup plus en état qu'on ne l'est dans une province particulière, d'avoir une entière connoissance des besoins des peuples, et de juger de la convenance et de la proportion des remèdes que l'on doit apporter à leurs maux.

Je ne pus donc m'empêcher d'être très-affligé, lorsque j'appris qu'une matière de cette nature se traitoit dans des assemblées de toutes les chambres du parlement; et il y a lieu de croire que, comme ce changement étoit fort difficile à exécuter, ceux qui ont travaillé aux mémoires du parlement, ont pris assez sagement le parti de passer fort légèrement sur cet objet, et de n'attribuer la cause de ces assemblées qu'à la représentation fortuite d'un morceau de pain fait avec du blé gâté. C'est par la même raison qu'on a gardé le silence sur les différentes démarches que les chambres des enquêtes firent au commencement du mois de mai pour provoquer une assemblée générale. Elle leur fut justement refusée, parce qu'elles ne s'étoient pas expliquées sur ce qui devoit en être le sujet; et ce fut ce qui obligea leurs députés à déclarer que leur intention étoit de proposer l'établissement d'un nouveau bureau de commissaires, qui seroit composé d'un nombre égal de conseillers de la grand'chambre et de conseillers des enquêtes.

Je sais que l'assemblée qui fut accordée sur cette proposition, ayant excité d'abord quelque agitation dans votre compagnie, on trouva le moyen de la calmer par la résolution qui fut prise de consulter les registres, et de nommer des commissaires de la grand'chambre et des enquêtes pour se concilier, s'il étoit possible; sur quoi le magistrat qui portoit la parole pour les enquêtes insista à demander que le nombre de ces commissaires fût égal des deux côtés, et M. le premier président eut la complaisance d'y consentir.

Toutes ces circonstances font bien connoître que les assemblées de toutes les chambres où l'on est parvenu à traiter de l'affaire des blés, ont été bien moins l'effet d'une espèce de hasard imprévu, que la suite d'un dessein visiblement formé par les chambres des enquêtes; et il est au moins fort vraisemblable que le fait d'un morceau de mauvais pain apporté au parlement avoit été ménagé avec art, pour préparer la voie à la proposition que les enquêtes devoient faire, et qu'elles firent en effet aussitôt après.

On n'eut pas besoin d'exécuter ce qui avoit été délibéré sur cette proposition, parce qu'on trouva un autre prétexte pour prendre une délibération dans l'assemblée des chambres, dont il seroit inutile de parler ici, et je ne vous ai pas laissé ignorer que je n'avois pu approuver l'extrême facilité que M. le premier président avoit eue sur ce sujet.

Il est temps, après cela, de repasser en peu de mots sur l'effet que ces assemblées ont produit, et qui a obligé Sa Majesté à user de son pouvoir pour en arrêter le progrès.

C'est ici que je ne peux m'empêcher de vous remettre devant les yeux, d'un côté, ce que le roi et ceux à qui il avoit confié l'exécution de ses ordres, ont fait pour venir au secours de votre province, et de l'autre, quelle a été la conduite du parlement, après qu'il a eu connoissance des dispositions favorables de Sa Majesté.

Cette compagnie n'a point ignoré la grande attention que le roi donnoit au triste état où la Guyenne se trouvoit réduite par la disette des grains; non-seulement Sa Majesté vous en avoit fait assurer plusieurs fois dans les réponses qui vous avoient été faites par ses ministres, et par moi-même, au sujet des lettres que vous lui aviez écrites; mais vous aviez vu arriver le sieur............., chargé par le roi de rendre à votre province les mêmes services que la Provence venoit d'en recevoir au-delà de son attente; MM. les commissaires du parlement en avoient été instruits par M. de........, par le sieur.......... lui-même. Un intendant si bien intentionné pour le soulagement des peuples n'avoit fait aucune difficulté de vous communiquer des mesures que Sa Majesté prenoit dans cette vue, quoique l'exécution lui en fût directement confiée, et qu'il n'en dût rendre compte qu'au roi même.

Votre compagnie en convient dans ses lettres, et elle en étoit si bien informée, qu'elle avoit autorisé les jurats à passer un traité avec le nommé..........., qui étoit le principal agent dont le sieur.......... avoit d'abord dessein de se servir.

J'ai été d'autant plus surpris de vous voir donner tant d'éloges à ce premier traité, pendant que j'étois pleinement instruit et de la répugnance que les jurats avoient eue à s'engager avec le sieur........, et des considérations dont MM. les commissaires du parlement se servirent pour appuyer leur sentiment.

Il leur paroissoit fâcheux de voir l'exécution d'un marché si important entre les mains d'un seul homme qui étoit né dans une autre province; ils trouvoient extraordinaire que les négocians de Bordeaux fussent privés par là d'un profit sur lequel ils devoient naturellement avoir la préférence, et d'autant plus qu'on avoit lieu de croire que, sous les yeux du parlement et de l'intendant, ils serviroient leur patrie avec plus de zèle et d'affection qu'on ne pourroit en attendre d'un étranger.

Ce fut donc sur les vœux de MM. les commissaires du parlement que M. de. . . . ., entrant dans leur pensée, travailla à la mettre en œuvre en formant une nouvelle société. Mais, de vingt-cinq négocians de Bordeaux qu'il assembla chez lui, il ne s'en trouva que sept qui voulussent bien répondre aux vues que la sagesse de MM. les commissaires lui avoient inspirées.

Il fut alors convenu qu'il seroit fait un nouveau marché, par lequel ces sept négocians s'associèrent avec. . . . ., qui, par conséquent, n'y seroit plus intéressé que pour un huitième. Mais la condition essentielle de cette convention fut que le roi feroit faire aux associés une avance de cent mille écus, sans qu'ils en payassent aucun intérêt pendant six mois, à compter du jour du traité.

Tout cela se passoit vers le milieu du mois de septembre 1747, après la séparation du parlement, et l'affaire étoit en mouvement dans le temps du dernier bureau que les commissaires devoient tenir sur la police des blés. Mais, quoiqu'on ne pût conclure le nouveau traité, sans savoir si le roi voudroit approuver une condition qui dépendoit absolument de sa volonté ; M. de. . . . ., qui s'étoit adressé pour cela à M. le contrôleur-général, ne laissa pas de faire entrevoir ce qui se passoit à quelques-uns de MM. les commissaires du parlement, en leur demandant le secret; et la satisfaction qu'ils en eurent l'excita encore plus à terminer cette affaire.

La réponse qu'il attendoit arriva dans un temps où tous les membres du parlement s'étant séparés, il ne se tenoit plus de bureau auquel il pût faire part de cette réponse, et la crainte de manquer une occasion qui lui paroissoit si favorable pour la ville de Bordeaux, ne lui permit pas de différer d'un moment l'approbation qu'il devoit donner au traité des jurats.

Des faits si importans ont été entièrement omis dans le récit que l'on a fait pour le parlement, de ce qui s'étoit passé sur ce sujet; et, ce qui m'a paru encore plus surprenant, est qu'on y ait gardé le silence sur une marque aussi grande de la bonté du roi, et de son affection paternelle pour votre province, que l'étoit celle d'avoir bien voulu s'intéresser en quelque manière, lui-même, au second traité fait avec les jurats, par l'avance d'une somme de trois cent mille livres, au milieu d'une guerre qui exigeoit de si grands efforts et des dépenses si immenses, pour pouvoir la terminer, comme Sa Majesté l'a fait depuis, par une heureuse paix.

Je n'ai garde d'attribuer ces différentes omissions au corps entier du parlement, et je présume très-volontiers qu'on ne doit les imputer qu'à ceux qui ont cherché avec plus de zèle que de réflexion à justifier, autant qu'ils le pouvoient, les mouvemens peu mesurés qu'on avoit excités dans votre compagnie.

J'examinerai plus en détail, dans un moment, s'ils ont bien réussi; mais il faut auparavant qu'après avoir repris en peu de mots ce que le roi a fait pour la ville de Bordeaux, je passe, non sans beaucoup de déplaisir, à la manière dont le parlement y a répondu.

Loin d'avoir donné, ou dans le temps même ou dans ses derniers écrits, aucun signe de reconnoissance pour les marques de la bonté du roi, dont je viens de parler, ceux qui lui ont prêté leur plume ont cherché à exercer leur critique sur le traité même, qui étoit fondé sur les avances faites par Sa Majesté; et cette critique roule principalement sur ce que ce traité a été fait sans la participation des commissaires de votre compagnie.

J'ai déjà prévenu une plainte si peu réfléchie, et je dois ajouter ici à ce que j'ai dit sur ce sujet :

Premièrement, que, suivant les règles les plus certaines, un traité qui se passe, pour ainsi dire, sous les yeux de Sa Majesté, par le compte qu'on lui en rend; un traité au succès duquel elle veut bien contribuer elle-même, ne doit être autorisé que par l'intendant, comme seul chargé de l'exécution de ces sortes de volontés du roi, et que c'est un objet qui n'est nullement soumis à l'inspection du parlement; un intendant, à la vérité, fait fort bien de ne pas laisser ignorer aux principaux membres de votre compagnie les nouveaux effets que le roi fait éprouver à votre ville de sa bienveillance, et c'est aussi ce que M. de.......... n'a pas manqué de faire aussitôt qu'il lui a été possible.

Secondement, ce traité étoit devenu public et notoire à Bordeaux, lorsque le parlement s'y rassembla pour reprendre sa séance; il ne pouvoit donc l'ignorer, et ceux qui ont rédigé ses écrits veulent même lui faire honneur du long silence qu'il a gardé au sujet de la nouvelle société. Mais l'auroit-il gardé? et auroit-il dû le faire, si cette société avoit été non-seulement moins avantageuse que la première, mais contraire au bien public, comme on a cherché vainement à le faire entendre? n'avoit-il pas la voie de s'adresser au roi, et de faire à Sa Majesté ses représentations respectueuses sur les inconvéniens du second traité, s'il en avoit eu en effet? Ainsi, et l'entière connoissance qu'il déclare en avoir eue, et le profond silence dont elle a été suivie prouvent également qu'il n'a pensé que long-temps après à faire une critique tardive et mal fondée de la nouvelle société.

Pour entrer, après cela, dans un plus grand détail sur tout ce que les défenseurs de la conduite du parlement ont cru pouvoir dire en sa faveur, je ne saurois vous dissimuler les trois défauts essentiels qu'on a trouvés dans leur ouvrage, lorsqu'il a été examiné au conseil du roi.

Le premier est le peu d'exactitude et de solidité qu'on a remarqué dans la manière dont une affaire si importante y a été traitée.

Le second est le soupçon qu'on a voulu y répandre sans fondement.

Le dernier est les propositions singulières qu'on y a avancées.

- Je réduis à deux points principaux ce qui regarde le premier objet ; l'un est le décret donné contre.........; l'autre est l'arrêt rendu le 15 juin dernier.

Quelques efforts qu'on ait fait pour justifier la conduite du parlement sur le premier point, le roi n'y a rien trouvé qui pût faire excuser ce décret, ni répondre au défaut de pouvoir qui a été justement reproché à votre compagnie.

Il étoit notoire que.......... étoit le correspondant de............, que c'étoit de lui qu'il avoit reçu les blés viciés qui ont excité le zèle du parlement, et que ces blés n'étoient arrivés dans la Guyenne qu'en exécution des ordres du roi. Les mémoires mêmes du parlement font voir qu'il n'ignoroit pas ce fait, et ç'en étoit assez pour l'obliger à s'arrêter et à prendre des voies plus respectueuses pour faire connoître, s'il avoit jugé à propos, le vice d'une partie des blés qu'on avoit fait venir.

Non-seulement la qualité de.......... n'étoit pas inconnue à votre compagnie, mais il ne lui étoit pas même possible d'en douter, après la lettre très-détaillée dont M. le procureur-général lui fit la lecture ; le parlement étoit instruit, d'ailleurs, par les lettres que M. le contrôleur-général avoit écrites à M. le premier président, de la grande attention que le roi donnoit au malheur de votre province, et c'est dans ces circonstances que, sans conclusions du ministère public, et, ce qui est beaucoup plus fort, après le refus exprès qu'il avoit fait d'en donner, par des raisons qui lui étoient communes avec le parlement ; c'est, dis-je, en cet état que cette compagnie décerne d'office un décret contre......., qui n'étoit responsable de sa conduite qu'à celui dont il exécutoit les ordres, et des ordres qui, en remontant jusqu'à la source, étoient originairement émanés de l'autorité du roi même.

Ceux qui ont voulu faire l'apologie du parlement se sont expliqués sur ce point avec si peu de réflexion, qu'en voulant justifier la conduite de cette compagnie, ils ne se sont pas aperçus qu'ils la condamnoient eux-mêmes. Ils ont cherché à en faire valoir la modération à l'égard de........., qu'elle s'étoit abstenue de décréter. Mais ils auroient dû sentir que si le respect dû aux ordres du roi, empêchoit le parlement de procéder contre le commettant, il devoit, par la même raison, s'abstenir de statuer contre le commis, c'est-à-dire, contre..........,' qui n'avoit fait que recevoir ce qui lui étoit adressé par..........., et qui avoit même pris la précaution de faire constater juridiquement la défectuosité des blés dont il s'agissoit.

Ils n'ont pas été plus heureux dans la distinction dont ils se sont servis pour soutenir la compétence du parlement.

Il ne faut pas confondre, selon eux, ce qui regarde les achats et l'envoi des grains destinés par le roi au soulagement d'une province, avec la vente ou la distribution qui s'en fait au peuple. La connoissance du premier objet est réservée sans doute à ceux qui sont chargés de l'exécution des ordres de Sa Majesté; mais le second n'est plus qu'un fait de pure police, dont les juges même inférieurs, et à plus forte raison le parlement, peuvent connoître.

Cette distinction pourroit être juste, s'il n'avoit agi que contre des boulangers qui auroient vendu du pain fait avec du blé corrompu, ou même contre un juge de police qui l'auroit souffert; mais elle n'est plus soutenable, quand on veut l'appliquer à celui qui n'est chargé, en conséquence des ordres du roi, que de recevoir les blés qui lui sont adressés, et qui ne peut prendre d'autres précautions, lorsqu'il s'en trouve de gâtés, que d'en faire assurer le vice par une procédure juridique, comme.......... n'avoit pas manqué de le faire.

Il n'y a rien, dans tout cela, qui ne fasse partie de l'exécution des ordres de Sa Majesté, et quand...... en excédant les bornes de sa commission, auroit vendu et débité lui-même des blés gâtés par la mer, ce seroit un abus de sa fonction, et une prévarication dont il ne seroit comptable qu'à l'intendant, comme au seul juge naturel de tout ce qui concerne l'exercice de sa commission. Il étoit d'autant plus facile de faire cette réflexion, que M. de.......... avoit pris connoissance, en effet, des blés avariés que........ avoit reçus ; il avoit ordonné que ceux qui étoient entièrement gâtés seroient jetés à la rivière; et, comme il s'en étoit trouvé qui n'étoient pas d'une si mauvaise qualité, il avoit cru qu'en y mêlant une égale quantité d'un blé entièrement sain, le pain qui en seroit formé ne pourroit être nuisible à la santé. Le parlement le jugea ainsi lui-même, avec cette seule différence qu'il ne permit ce mélange que dans la proportion du tiers aux deux tiers.

Enfin, les réponses que........ avoit faites dans l'interrogatoire, achevoient de vous instruire pleinement de ce qui regardoit sa mission, et c'est cependant, après avoir vu ses réponses, que vous avez ordonné qu'il seroit informé des faits qui avoient donné lieu de le décréter.

J'ignore si le ministère public avoit donné des conclusions sur cet interrogatoire ; mais s'il avoit toujours persisté dans son premier refus, il seroit bien extraordinaire que le parlement eût continué de procéder d'office contre ce particulier, et surtout dans un temps où il ne pouvoit plus ignorer que le commissaire du roi avoit pris connoissance du fait de..,.... et que d'ailleurs rien n'étoit plus facile que de conférer avec M. de........sur ce sujet, et de se concerter avec lui, plutôt que de faire un éclat capable de décrier dans l'esprit des peuples tous les blés que le roi faisoit envoyer pour leur secours.

Le second point que j'ai distingué d'abord dans ce qui regarde la conduite du parlement, et la manière de l'excuser, je veux dire, l'arrêt du 15 juin, ne mérite pas moins d'attention que le premier.

Trois motifs ont obligé le roi à ne pas laisser subsister cet arrêt, et Sa Majesté vous les a déjà fait connoître par celui qu'elle rendit le 30 du même mois.

Le premier, est la grande étendue ou la généralité des termes dans lesquels le parlement s'étoit expliqué, termes qui, n'indiquant aucune exception, embrassoient évidemment, dans le nombre des malversations dont il devoit être informé, toutes celles qui auroient pu être commises dans l'exécution des ordres de Sa Majesté; et l'on pouvoit d'autant moins s'empêcher d'y donner ce sens, que votre compagnie avoit déjà ordonné par un arrêt précédent, qu'il seroit informé des faits qui regardoient........, et ces faits devenoient par là, un des objets de la recherche générale que le parlement s'étoit proposé de faire.

Il ne s'agit pas même ici d'une présomption ou d'un simple raisonnement; il est prouvé par les informations qui ont été faites en exécution de l'arrêt du 15 juin, qu'on y a compris un autre fait, qui regardoit directement l'exécution des ordres du roi.

M. de........ tout occupé des intérêts de votre province, avoit fait de grandes instances auprès de M. le contrôleur-général, pour obtenir que l'on fît passer des blés de Languedoc dans la Guyenne; et M. le......... non moins attentif à la subsistance du Languedoc, et à l'obligation d'y conserver des blés pour l'approvisionnement de l'armée d'Italie, s'opposoit fortement à la demande de M. de........ Ce fut en cet état que, pour prendre un juste milieu entre l'un et l'autre, M. le contrôleur-général consentit qu'on fît passer dans la Guyenne une partie des blés qui étoient en Languedoc, pourvu qu'ils ne sortissent que par une seule porte, et par le seul canal du même........ dont j'ai déjà parlé plusieurs fois.

C'est cependant de quoi on a voulu lui faire un crime, dans l'information faite par un de MM. les commissaires du parlement où l'on a entendu plusieurs témoins qui reprochent à........, d'avoir fait arrêter sur la Garonne des bateaux chargés de blés qu'on vouloit porter en Guyenne, parce qu'ils n'avoient point son attache, comme s'il avoit voulu par là faire enchérir les grains dans cette province, et se procurer un plus grand profit dans le traité qu'il avoit fait avec les jurats de Bordeaux.

Ainsi, d'un côté, la généralité des expressions employées dans l'arrêt du 15 juin, pouvoit donner lieu d'y comprendre ce qui étoit réservé à la connoissance du roi, ou de ceux à qui il avoit adressé ses ordres; mais elle y a donné lieu en effet, comme Sa Majesté l'avoit prévu avec raison, par son arrêt du 30 juin.

Je m'arrête ici un moment à considérer la manière dont celui du parlement a été rendu, et qui ne montre pas moins que sa généralité, combien il auroit été à désirer qu'on l'eût donné avec moins de précipitation.

Les chambres s'assemblent; M....... avocat-général, qui n'en étoit pas instruit, et qui venoit au palais pour assister à l'audience de la Tournelle, est appelé à l'assemblée, sans savoir de quoi il s'agissoit; on l'oblige à prendre sur-le-champ des conclusions dans l'esprit de l'arrêt que l'on vouloit rendre, sans lui donner le temps d'y réfléchir, d'en conférer avec M. le procureur-général et de savoir de celui à qui on a accoutumé d'adresser les ordres du roi, s'il n'en avoit point reçu de contraires à ce que le parlement paroissoit disposé à faire. Il étoit même d'autant plus naturel à M......., de prendre cette précaution, qu'il ne pouvoit ignorer que M. le procureur-général avoit refusé d'interposer son ministère, dans ce qui pouvoit regarder les ordres du roi. Mais on n'en laisse pas le temps à cet avocat-général, et l'on divise par là le parquet, qui ne doit avoir qu'une voix et qu'une plume. C'est à regret, encore une fois, que je relève ces circonstances; mais la place que j'ai l'honneur de remplir ne me permet pas de dissimuler à votre compagnie aucun des faits qui ont obligé le roi à lui donner des marques de son mécontentement.

Sa Majesté est bien éloignée de trouver mauvais que son parlement travaille à réprimer les différens genres d'abus qui peuvent se commettre dans le commerce des grains, pourvu qu'il le fasse, comme je le dirai bientôt, dans des circonstances convenables, et avec la prudence et les précautions que sa sagesse doit lui inspirer dans une matière si délicate.

Mais il ne s'en suit pas de là, qu'il lui soit permis d'excéder les bornes de son autorité, et de s'étendre jusqu'aux faits dont la connoissance est réservée au roi même, ou à ceux à qui il juge à propos de la confier.

Il étoit d'ailleurs bien facile au parlement, quoique ses défenseurs aient dit le contraire, de concilier en cette occasion son zèle pour le bien public, avec le respect qu'il doit aux volontés du roi. Il ne s'agissoit que de mettre une exception dans son arrêt, en y ajoutant ces mots : *sans néanmoins qu'il puisse être informé des faits qui se seroient passés de la part de ceux qui auroient été employés aux opérations faites en exécution des ordres du roi pour le soulagement de ses peuples.*

Avec cette exception, les autres dispositions de l'arrêt du 15 juin n'auroient eu rien de contraire à l'autorité du roi, et toute la difficulté seroit réduite à examiner si cet arrêt avoit été bien placé dans les circonstances où votre province se trouvoit alors. Le roi ne l'a pas jugé ainsi, et tel a été le second motif que Sa Majesté a eu pour le détruire.

En général, rien n'est plus dangereux que de sonner, pour ainsi dire, la trompette dans de pareilles occasions et de répandre par là une alarme générale dans l'esprit des peuples, qui, en augmentant leur inquiétude, fait croître dans la même proportion le prix des grains, et ne profite souvent qu'aux négocians avides de gain, dont elle favorise les mauvaises pratiques, bien loin d'y mettre un obstacle.

On a voulu répondre à cette réflexion, qui n'est que trop justifiée par une longue expérience, en exposant au roi, que la nouvelle de la signature des préliminaires de la paix avoit rétabli tout d'un coup, le calme dans les esprits, et fait renaître en un moment l'abondance ; d'où l'on a conclu, qu'on ne risquoit plus rien à exercer la sévérité sur ceux qui,

par leurs fraudes et leurs monopoles, avoient été
en grande partie les auteurs d'une disette qu'on
regardoit comme passée. On a ajouté que le prompt
succès dont l'arrêt du 15 juin avoit été suivi, en
avoit justifié les motifs et fait sentir toute l'utilité

Mais malheureusement ceux qui se sont expliqués
de cette manière avoient oublié qu'on s'étoit flatté
trop promptement de la cessation soudaine d'un si
grand mal, que le succès dont on parle, avoit été
presque momentané, et que la rareté et la cherté
des grains étoient bientôt revenues sur le même
pied. C'est ce qui arrive ordinairement, lorsqu'on
rend de pareils arrêts; ils font d'abord une première
impression qui procure quelque adoucissement au
malheur des peuples; mais elle s'efface bientôt,
l'inquiétude renaît aussitôt que le prix du blé commence à remonter, et le mal s'aigrit de nouveau
par des remèdes employés prématurément. Le parlement, déjà menacé de ce retour, dans le temps de
de l'arrêt du 15 juin, devoit-il donc se hâter de le
rendre avec tant d'empressement, forcer en quelque
manière le ministère public à le requérir, et revêtir
un arrêt, qui, par sa nature, auroit dû être secret,
de tout l'éclat dont il a été accompagné.

On ne s'est pas contenté d'y employer la menace
des peines les plus sévères, et des injonctions faites
à tous les officiers de police; on a jugé à propos de
faire partir cinq commissaires du parlement pour se
transporter dans toutes les parties de votre ressort,
comme si l'on avoit voulu qu'il n'y en eût aucune
qui ne fût informée de l'inquiétude dont le parlement
étoit agité, et comme s'il eût été question d'une maladie désespérée, dans laquelle on fût obligé d'avoir
recours aux derniers remèdes.

Tel est souvent le caractère des résolutions subites
qui se présentent dans ces premiers mouvemens de
vivacité, quelquefois même de trouble et d'agitation,
qui sont presque inséparables des assemblées nombreuses; et c'est en grande partie ce qui a déterminé

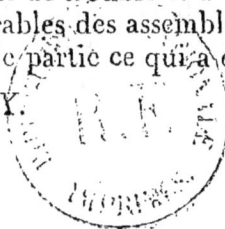

le roi à en prévenir les suites par son arrêt du 3o juin.

Sa Majesté a au moins autant d'indignation que le parlement, contre ceux, qui, par toutes sortes de voies, cherchent à augmenter le malheur des peuples dans les temps de disette; elle a donné et elle donnera tous les ordres qui seront nécessaires pour faire punir, comme ils le méritent, tous ceux de votre province qui se trouveront coupables de ce genre de crime; mais elle n'aura pas moins d'attention à éviter dans ces sortes de recherches, tout ce qui peut exciter une inquiétude par laquelle il arrive souvent, que le peuple se nuit à lui-même, et augmente le mal de la disette en cherchant à s'en garantir.

On n'a pas mieux répondu au dernier des motifs que le roi a bien voulu expliquer lui-même de cet arrêt; je veux parler ici, de l'impression que celui du parlement auroit pu faire sur tous ceux qu'on voudroit exciter, dans la suite, à former des entreprises pareilles à celle de....... et de ses associés, pour venir au secours de leur province dans de semblables calamités.

On s'est contenté de dire sur ce sujet, que le désir du gain feroit toujours trouver assez de négocians qui s'offriroient à faire des marchés tels que celui de......., et qu'on ne devoit pas craindre d'en manquer jamais.

Il est vrai que l'intérêt particulier du marchand est souvent le plus puissant motif qui l'engage à travailler pour l'intérêt public; mais il n'en est pas moins attentif à prévoir les événemens qui peuvent lui être contraires, et l'expérience fait voir que la crainte du mal agit bien plus fortement sur le cœur de l'homme, que le désir du bien.

Cette réflexion générale reçoit ici d'autant plus son application, que le parlement ne s'est pas borné à rendre un arrêt capable d'effrayer tous ceux qui se mêlent du commerce des blés. Il semble que ceux qui se sont chargés de sa défense, aient cherché à répandre sur la conduite de la société formée par les jurats, des soupçons plus capables encore que son arrêt, de dégoûter tous ceux qui seroient un jour en état de faire de pareilles entreprises.

C'est le second des défauts que j'ai dit d'abord qu'on avoit trouvé dans les récits qui ont été faits pour votre compagnie, et dont il semble que le principal objet ait été d'y exercer une critique rigoureuse sur la conduite de.......et de ses associés.

Rien n'a paru plus mal fondé que les reproches qu'on leur a faits, sur la qualité des grains qu'ils ont fournis.

Ceux qui ont cherché à les rendre suspects, auroient dû se rappeler que la compagnie, qui avoit traité avec les jurats, n'avoit aucun intérêt à vendre des grains avariés; le risque n'en tomboit que sur les assureurs, et c'est par cette raison qu'ils ont été si attentifs à faire connoître eux-mêmes la qualité des grains qu'ils reçoivent, et à en faire constater le vice dans une forme authentique, pour être en état d'exercer leur recours contre ceux qui les avoient assurés.

Il ne falloit pas non plus oublier qu'un des plus grands avantages que le second traité des jurats avoit sur le premier, étoit, que les choses y avoient été réglées de telle manière, que les fournisseurs ne pouvoient ni perdre ni gagner par la défectuosité des grains, et il n'en auroit pas été ainsi si le premier traité avoit subsisté.

Ce que je viens de dire sur la qualité, ne s'applique pas moins à ce qui regarde le prix des grains. La nouvelle société n'avoit aucun intérêt à le faire monter; elle n'étoit chargée que d'en procurer l'envoi et non pas de les débiter; c'étoit l'affaire de jurats, et s'il leur est arrivé de se décharger de ce soin sur les associés, ceux-ci ne leur ont rendu en cela qu'un service purement gratuit.

Il leur étoit donc très-indifférent que le prix des grains fût plus fort ou plus foible, il ne leur en pouvoit revenir aucune utilité, puisque le prix demeuroit toujours fixé sur le même pied à leur égard, suivant

7 *

le traité fait avec les jurats, qui seuls auroient pu trouver un bénéfice dans la plus value, dont on a voulu faire tomber la baisse sur les associés, quoiqu'on assure que les grains se sont toujours vendus plus cher dans les provinces voisines et dans la Guyenne même, que dans la ville de Bordeaux.

C'est aussi sans aucun prétexte qu'on a voulu faire naître des soupçons sur ce que les jurats n'avoient pas choisi les plus forts négocians pour les faire entrer en société avec......., outre qu'on assure qu'ils méritent, en toutes manières, la confiance du public; j'ai déjà remarqué, qu'ils s'étoient trouvés les seuls qui eussent eu la bonne volonté et le courage de se charger de cette entreprise; le zèle avec lequel on a travaillé pour la défense des arrêts du parlement, n'auroit pas dû non plus faire oublier, que lorsque dans la suite il a voulu inviter d'autres marchands de Bordeaux, à faire venir des blés, avec la liberté indéfinie de les débiter, cette proposition ne fut suivie d'aucun succès.

Etoit-il donc permis, après cela, de décréditer ainsi sept négocians, qui avoient été les seuls dans toute la ville de Bordeaux que l'amour de la patrie eut pu engager à faire une entreprise difficile, et dont on assure qu'ils voudroient à présent ne s'être jamais chargés; et cela n'est pas surprenant après les soupçons que l'on veut répandre sur leur conduite.

Il étoit encore plus injuste de vouloir faire entendre que ces négocians avoient cherché à empêcher qu'il ne vînt des blés de l'étranger; quelle société voudra s'engager à l'avenir dans un pareil commerce, après avoir vu dans cette occasion qu'en voulant servir le public, on s'expose à de tels reproches et à des soupçons si mal fondés, puisque ceux qui les font ne se souviennent jamais que la compagnie formée par les jurats, n'étoit que commissionnaire et non pas marchande; réflexion qui suffiroit seule pour effacer toutes les mauvaises impressions qu'on a voulu faire prendre contre cette société.

Enfin, le conseil du roi n'a pas pu s'empêcher de remarquer que, sur environ quatre cent quarante mille boisseaux de grains que les associés ont fournis à la ville de Bordeaux, il ne paroît pas qu'il s'en soit trouvé plus de mille ou environ, dont le transport nécessaire par la mer eût altéré la qualité. Les entrepreneurs même ont été les premiers à annoncer le vice ou la défectuosité des grains, et il faut encore retrancher de ce nombre la partie dont on a pu faire usage en la mêlant avec d'autres grains. Qu'est-ce donc qu'un objet si léger, lorsqu'on le compare avec la grande quantité de grains qui avoient été fournis ? l'équité du parlement ne l'obligeoit-elle pas à louer les associés, au lieu de les blâmer et de détourner par là ceux qui voudroient un jour suivre leur exemple ?

Il me reste à vous dire un mot sur le dernier des défauts que j'ai distingués d'abord, c'est-à-dire, sur quelques propositions singulières qu'on a avancées dans les écrits qui ont été faits pour le parlement.

On y dit, en un endroit, que les démarches des parlemens, dans des conjonctures semblables, sont d'autant moins dangereuses, qu'elles ne peuvent être cachées. Il faudroit renverser la proposition pour la rendre juste, et dire, au contraire, que ces démarches sont d'autant plus dangereuses, qu'elles ne peuvent être cachées ; l'usage et l'expérience réclament évidemment contre une proposition si nouvelle. Il n'est pas vrai même qu'on s'y conforme dans les parlemens, on y a soin, au contraire, d'éviter, autant qu'il se peut, tout acte éclatant, et de ne confier qu'à un petit nombre de personnes la conduite d'une matière si importante, et où, comme je l'ai déjà fait entendre, on est souvent obligé de cacher au public les services qu'on lui rend.

On a encore avancé dans les mêmes écrits, que la seule qualité d'intéressé dans la perception des droits du roi auroit dû exclure...... de la fonction qui lui avoit été donnée. Parler ainsi, c'est vouloir exercer sa critique, jusque sur le choix de ceux qui sont chargés d'exécuter les ordres de Sa Majesté. Il auroit donc fallu, par cette raison, empêcher le sieur........fermier général, de remplir la commission dont le roi l'avoit jugé digne. C'est le caractère de la personne, et non pas l'état dont elle fait profession, qui doit décider de ces sortes de choix; et je veux croire que c'est aux rédacteurs seuls qu'il faut attribuer une remarque qui aura sans doute échappé à l'attention du parlement.

J'aurois bien voulu pouvoir me dispenser d'entrer dans un si long détail, et d'autant plus que je ne pouvois le faire d'une manière agréable à votre compagnie; mais la nécessité de ne pas laisser sans réponse des mémoires qui n'ont pas été fort secrets ni réservés, comme ils auroient dû l'être, à la seule connoissance du roi ou de ses ministres, m'a obligé de relever tout ce qui y avoit pu déplaire à Sa Majesté; et je vois avec beaucoup de peine que, bien loin d'avoir justifié ses premières démarches par les représentations qu'il a pris la liberté de faire au roi, la manière dont elles ont été rédigées n'a pu que lui attirer une réponse peu satisfaisante de la part de Sa Majesté.

Elle comprend néanmoins que, par la situation où elle se trouvoit, et au milieu d'une multitude de malheureux que la faim'attiroit dans la ville de Bordeaux, le spectacle de leur misère présente, et la crainte d'un avenir encore plus fâcheux, ont pu causer une si grande agitation dans les esprits, que, sans se donner le temps de faire toutes les réflexions nécessaires, on n'ait pensé qu'à interposer promptement l'autorité du parlement, pour calmer, en quelque manière, l'inquiétude du peuple, en lui faisant voir que cette compagnie étoit toute occupée de son état; et il seroit à souhaiter que ceux qui ont travaillé pour votre compagnie eussent rapporté toute sa défense à cet unique point de vue.

Mais, comme ils ont été beaucoup plus loin, en voulant s'ériger en censeurs de la conduite des autres, et que la sagesse du roi l'oblige à prévenir les suites

de tout ce qui s'est passé en cette occassion, Sa Majesté
m'ordonne de vous faire savoir ses intentions, et
j'en renfermerai l'explication dans un petit nombre
d'articles.

1.º S'il arrivoit, dans la suite, quelque disette de
grains, ou quelqu'autre calamité pareille à celle que
vous avez éprouvée, la volonté du roi est, que cette
matière ne soit jamais traitée dans aucune assemblée
des chambres; que l'examen du mal et des remèdes
soit toujours confié à un petit nombre de commissaires,
choisis dans la grand'chambre seulement, en y joignant M. le procureur-général, et que, dans le cas
où ils estimeroient nécessaire de rendre des arrêts
pour y pourvoir, ces arrêts ne soient donnés que par
cette chambre, à laquelle seule appartient la police
générale, dans les cas où une autorité inférieure n'est
pas suffisante pour y mettre ordre.

2.º Rien ne pouvant être plus dangereux que la
contrariété ou même la diversité des opinions dans
une matière si importante, les bureaux des commissaires qui pourront être formés dans la suite, auront
toujours soin d'entretenir un concert et une intelligence parfaite avec le commissaire départi dans votre
province pour l'exécution des ordres du roi; j'en ai
déjà suffisamment expliqué les raisons, et je ne doute
pas que dorénavant on ne suive exactement, sur
ce point, le bon exemple que les commissaires établis dans la dernière disette avoient donné sur ce
sujet.

3.º Le roi n'entend pas néanmoins empêcher que,
s'il arrivoit que sur des points importans les commissaires du parlement ne pensassent pas de la même
manière que les commissaires départis, ils ne puissent
faire à Sa Majesté les représentations qu'ils jugeront
nécessaires pour attendre ensuite sa décision, et sans
que l'on puisse la prévenir par aucun arrêt.

4.º Toutes les fois que MM. les officiers des enquêtes croiront devoir demander l'assemblée des
chambres en quelque matière que ce soit, ceux d'entre
eux qui seront chargés de le faire, commenceront par

aller informer M. le premier président en particulier, ou celui qui présidera en son absence, du sujet sur lequel ils désirent que le parlement entier soit assemblé, sans qu'ils puissent en faire la proposition à la grand'chambre, avant que d'avoir satisfait à ce que je viens de marquer; et en cas que le chef de la compagnie ne croie pas devoir accorder l'assemblée des chambres à MM. des enquêtes, le roi veut qu'il lui soit rendu compte des raisons sur lesquelles les deux sentimens contraires sont fondés, par des mémoires qui me seront envoyés, et sur lesquels je recevrai les ordres de Sa Majesté pour vous faire savoir ses intentions.

5.° Quand l'assemblée des chambres aura été accordée, il ne sera pas permis d'y proposer ni d'y traiter aucun autre sujet, que celui pour lequel elle aura été convoquée; et Sa Majesté ne pourroit pas se dispenser de donner des marques de son mécontentement à ceux qui entreprendroient d'y faire une proposition nouvelle, sans la participation et sans l'aveu de celui qui présidera la compagnie.

Je n'ai pas besoin d'ajouter ici, que le roi ayant jugé à propos de se réserver la connoissance des abus qui peuvent avoir été commis dans le temps de la dernière disette, le parlement ne peut plus continuer de procéder ou de rendre des arrêts sur cette matière, et je vous ai déja marqué que l'intention de Sa Majesté, est que la justice la plus sévère soit rendue contre ceux qui se trouveront coupables.

Par une suite du même principe, le parlement doit s'abstenir aussi de prendre aucune connoissance de l'exécution du traité fait entre les jurats et la compagnie de...., ni des comptes qui seront rendus en conséquence. Comme il ne s'est rien passé à cet égard que suivant les ordres et les intentions du roi, c'est une fonction qui doit être laissée aux soins et à l'inspection de M. le commissaire départi.

Il me reste de vous exhorter à m'épargner dorénavant la peine de vous écrire des lettres semblables, et à me mettre en état de n'être jamais occupé qu'à faire valoir vos services auprès du roi, à vous procurer des marques de la satisfaction de Sa Majesté, et de vous donner en même temps des preuves de toute la considération avec laquelle je suis, etc.

Du 4 juillet 1749.

J'AI reçu l'exemplaire de l'arrêt que le parlement de Besançon vient de rendre par rapport au commerce et à la police des grains. Il auroit été à désirer que vous eussiez pris la précaution de me faire part du dessein que le parlement avoit de s'expliquer sur cette matière. L'expérience fait voir que ces sortes d'arrêts ne servent souvent qu'à répandre dans l'esprit des peuples une inquiétude qui produit un effet tout contraire à l'intention des magistrats, et qui augmente la rareté des blés au lieu de la diminuer. Je souhaite cependant que cela n'arrive point en cette occasion, et je suis persuadé que le parlement tempèrera tellement l'exécution de son arrêt, qu'il n'en résultera aucun inconvénient; mais le grand remède de la disette est de procurer l'abondance par des secours étrangers, et c'est de quoi M. le contrôleur-général me paroît fort occupé par rapport à votre province. Ce sera un moyen plus sûr pour faire rouvrir les greniers, que l'autorité d'un arrêt qu'on ne trouve que trop le secret d'éluder en pareille matière.

Du 26 novembre 1749.

IL n'est pas difficile de répondre à la consultation que vous me faites par votre lettre du.........
Le parlement de Besançon a sans doute le droit d'exercer ce que l'on appelle la grande police, ou la police supérieure, dans les matières qui intéressent en général les peuples de son ressort; il peut ou user

de ce pouvoir par lui-même, et immédiatement, ou se décharger de ce soin par les siéges qui lui sont subordonnés; mais lorsqu'il prend ce dernier parti, il demeure toujours le maître de revenir au premier, lorsqu'il voit, par la procédure faite dans un siége inférieur, que la matière est assez importante pour mériter qu'il s'en réserve la connoissance.

Il n'est point indécent que le tribunal supérieur donne des décrets sur une information faite par un juge inférieur, quoique cet officier ait agi de lui-même et de son propre mouvement. La même chose arrive tous les jours, lorsqu'un parlement, étant saisi d'une accusation principale, apprend qu'on en a commencé une autre dans un siége inférieur, qui est incidente à la première, ou qui y est si connexe, qu'il est important pour le bien de la justice de les joindre et de les poursuivre en même temps.

Vous ne deviez donc pas refuser à la grand'chambre de lui prêter votre ministère pour une évocation qui paroît fondée sur de grandes raisons, soit parce que l'objet de la procédure faite au bailliage d'Ornans paroît être d'une grande étendue, et qu'il peut se faire même qu'on ait fait passer des blés en Suisse par des lieux qui ne soient pas du ressort de ce bailliage, soit parce qu'il peut être aussi nécessaire qu'important d'arrêter le cours d'un si grand mal par des exemples plus prompts et plus éclatans qu'on ne peut en attendre d'un simple bailliage. Ainsi le doute que vous avez eu sur ce sujet n'étant pas bien fondé, vous ne sauriez déférer trop promptement au vœu de la grand'chambre, en requérant l'évocation des procédures commencées par le lieutenant-général d'Ornans.

La question que vous me proposez à la fin de votre lettre, au sujet de la voie que la chambre des vacations a prise pour faire agir ce lieutenant-général, peut mériter beaucoup plus d'attention; et, comme les conséquences de cet exemple seroient dangereuses, je compte d'écrire incessamment sur ce sujet à M. le premier président de votre compagnie.

§. III. — *Peste de Marseille.*

Du 22 août 1720.

J'AI déjà prévenu, par ma lettre du 18 de ce mois, ce que vous m'avez écrit au sujet de la dispute qui se forme entre le parlement et la cour des comptes d'Aix, par rapport à l'établissement du bureau de police dit de santé, et je ne puis, à cet égard, qu'attendre la réponse que vous me ferez.

J'ai rendu compte à son Altesse Royale du second article de votre lettre sur un nouveau différend survenu entre les mêmes compagnies par rapport au sieur......, conseiller en la cour des comptes, que le parlement a décrété de prise de corps. J'aurois fort souhaité de pouvoir appuyer en cette occasion la prétention du parlement ; mais je ne puis vous dissimuler que la disposition de l'article 18 de l'arrêt de 1655 m'a paru si décisive pour la chambre des comptes, qu'il ne m'est resté que le déplaisir de voir que le parlement se fût commis si promptement dans cette affaire. L'exception qui est à la fin de l'article ne regarde que les premiers juges, et elle ne peut par conséquent être appliquée au parlement. Il est visible d'ailleurs que cette exception ne tombe que sur les cas qui arrivent hors de la ville d'Aix, et dont on a cru qu'il étoit du bien de la justice que les premiers juges pussent informer sur-le-champ ; mais, pour ce qui se passe dans la ville même, la cour des comptes n'étant pas moins sur les lieux à cet égard que le parlement, on ne comprend pas comment cette compagnie pourroit se servir de cette exception pour exclure la cour des comptes. Je crois donc que ce que l'on peut faire de plus convenable en cette occasion pour la dignité du parlement, est que ce soit lui-même qui se rende justice et qui abandonne volontairement la connoissance de cette affaire ; c'est le jugement que son

Altesse Royale en a porté, et j'ai lieu d'espérer que vous terminerez ainsi ce différend à l'amiable, parce qu'on m'a assuré que les deux compagnies vous avoient remis leurs intérêts.

Au surplus, comme Son Altesse Royale juge qu'il est à propos de maintenir par l'autorité du roi la sûreté de la garde bourgeoise dans la triste conjoncture où vous vous trouvez, et que d'ailleurs la présence du sieur....... a déja été et pourroit être encore l'occasion d'une nouvelle querelle, elle a fait expédier un ordre pour l'envoyer pendant quelque temps en D........

Je souhaite que la cause de tous ces différends, c'est-à-dire, les maladies de Marseille, puisse cesser bientôt, et que la tranquillité se rétablisse par là dans les esprits. On ne peut rien ajouter à toutes les précautions et aux mesures que vous prenez dans une situation si affligeante; j'en suis instruit par vos lettres dont M........ rend compte fidèle à Son Altesse Royale, et si je ne vous écris pas plus souvent sur ce sujet, c'est pour ménager un temps dont vous faites un si bon usage.

On attend ici avec impatience des nouvelles du jugement que les médecins de Montpellier auront porté sur la véritable nature du mal dont la ville de Marseille est affligée, et il y a lieu d'espérer par vos dernières lettres qu'ils pourront vous rassurer.

Du 30 août 1720.

JE prends beaucoup de part à l'augmentation d'inquiétude que vous cause ce qui est arrivé dans la ville d'Aix, suivant ce que vous me mandez par votre lettre du 10 août 1720. Il faut espérer que cela n'aura pas de suite; mais vous ne sauriez prendre trop de précautions pour empêcher, avec la dernière vigueur, toutes sortes de communications avec les lieux dans lesquels le mal contagieux a commencé à se faire sentir, et sauver au moins la partie saine, si l'on ne peut pas guérir celle qui est malade. Il n'est pas moins important que vous donniez d'aussi bons ordres à ce qui se passe dans la ville de Marseille, pour que l'on parvienne à y établir une meilleure police que celle qui y a été observée jusqu'à présent; car je sais, par vos lettres, aussi bien que par celles qui viennent de Marseille même, qu'il n'y a point encore d'ordre et de discipline établie dans cette ville, quoique ce fût par là qu'il eût fallu commencer pour remédier au mal dont elle est affligée, ou du moins pour en empêcher le progrès.

On m'assure que le vaisseau qui a apporté la contagion à Marseille, n'a pas encore été brûlé, quoique l'ordre en ait été envoyé depuis long-temps, et qu'il y a grande apparence qu'on en a tiré encore de nouvelles balles, qui ont été ouvertes à Marseille, et dont l'ouverture a causé la mort subite de plusieurs personnes. On prétend même que le vent qui règne à présent facilite la communication de l'air infecté dans la ville de Marseille. Quoique ce dernier fait paroisse moins vraisemblable, cependant les autres sont si importans, et il est tellement nécessaire de rassurer les esprits, et de guérir, au moins en partie, l'imagination des hommes, qui dans un pareil malheur cause des maux très-réels, que vous ne sauriez donner des ordres trop prompts et trop précis pour faire brûler ce vaisseau avec tout ce qui y reste. Il seroit dangereux de se reposer de ce soin sur les intendans de la santé, qui sont si suspects dans toute la suite de cette triste aventure, qu'on ne peut prendre aucune confiance en eux.

Du 26 septembre 1720.

TOUTES les précautions que l'on prend pour empêcher le progrès et la communication du mal contagieux, mettent, sans doute, une espèce de gêne et de contrainte dans le commerce; mais il vaut mieux contraindre les hommes pour un temps, que de les exposer à périr; ainsi quoique la ville d'Aix souffre aussi bien que la basse Provence, par les ordres qui ont été donnés de garder les passages de la durance, il est d'une nécessité indispensable de conserver exactement une barrière qui peut être le salut du reste du royaume. La commodité des messieurs du parlement n'est pas une raison suffisante pour s'écarter d'une règle si nécessaire; et pour ce qui est de l'expédition des affaires, il vaut mieux interrompre, pendant quelque temps, le cours de la justice, que de ne pas arrêter celui de la peste.

Tout ce que l'on peut donc faire en faveur de la partie de la Provence, qui est par rapport à vous au-delà de la Durance, est d'établir des voitures de cette rivière à la ville d'Aix, qui se chargent des denrées et des marchandises, lorsqu'elles auront été transportées au-delà de la Durance, du côté d'Aix, et vous êtes plus que jamais en état de donner tous les ordres nécessaires pour cela, puisque toute l'autorité est à présent réunie dans votre personne, et en celle du commandant de la Provence, suivant le dernier arrêt du conseil qui vous a été adressé.

Pour ce qui est des Bohemes qui ont été arrêtés, vous ne pouvez rien faire de mieux que de les mettre en dépôt dans quelques châteaux éloignés, comme vous l'avez pensé, jusqu'à ce qu'on puisse les juger.

Je reçois dans ce moment deux lettres de Londres, par lesquelles on m'envoie des recettes, qu'on prétend être spécifiques pour la guérison des maladies pestilentielles; je joins ici la copie des deux lettres et des deux recettes, afin que vous les fassiez examiner par vos plus habiles médecins, et que vous en envoyiez même des copies à ceux qui sont à Marseille: ils verront s'il est à propos d'en faire l'épreuve, et en ce cas je vous prie de me mander quel en aura été le succès.

Du 5 octobre 1720.

L'ARRÊT qui a été rendu pour établir un ordre général sur les précautions qu'on doit prendre par rapport à la maladie contagieuse de Marseille, vous met en état de former vous-même, de concert avec le commandant de la province, un bureau de santé, tel que vous le jugerez à propos, soit dans la ville d'Aix ou ailleurs; le même arrêt est fondé sur le principe que vous croyez être le meilleur dans la fâcheuse conjoncture où vous êtes, qui est de réduire tout, autant qu'il sera possible, à l'unité, ensorte qu'il n'y ait qu'une personne qui puisse donner les ordres nécessaires; c'est pour cela qu'on a cru devoir remettre tout ce qui regarde une si triste matière entre les mains du commandant et de l'intendant de chaque province, sauf à eux de se faire aider, ainsi qu'ils le jugeront à propos, dans les détails et dans l'exécution de leurs ordres. Il n'y a donc qu'à vous laisser faire à présent, de concert avec M........., qui a le commandement des troupes dans la ville d'Aix et aux environs. L'essentiel, par rapport à cette ville, seroit de convenir, dès-à-présent, de la police et de la discipline qui y seroient observées, si le mal contagieux y faisoit plus de progrès, et d'avoir un arrangement tout prêt, soit par rapport aux troupes, soit par rapport aux habitans de la ville, aux médecins, chirurgiens et autres personnes destinées au service des malades; tant pour le spirituel que pour le temporel, afin que si la ville d'Aix étoit affligée d'un fléau si terrible, on pût, dès le premier moment, y établir un ordre certain, et une discipline capable de prévenir les grands inconvéniens dans lesquels on est tombé à Marseille.

Au surplus, ne prenez point la peine de m'écrire sans une absolue nécessité, et ménagez un temps dont vous faites un si bon usage. Je vois toutes les lettres que vous écrivez à M........., et il y fait réponse exactement, c'est la même chose que si vous m'écriviez, et que si je vous écrivois. Il est bien juste, encore une fois, de vous épargner les peines non nécessaires, dans un temps où vous êtes accablé de tant de soins. Dieu veuille abréger les jours d'une si grande tribulation! Je souhaite de tout mon cœur qu'il conserve votre santé, pendant que vous la prodiguez pour le service du public.

Du 7 octobre 1720.

Son Altesse Royale, à qui j'ai eu l'honneur de rendre compte de votre lettre du 29 septembre dernier, s'en rapporte absolument à votre prudence et à celle du parlement, sur le temps dans lequel vous jugerez à propos de sortir de la ville d'Aix; et puisque vous croyez que Tarascon ou Saint-Remy seroient les lieux les plus propres à recevoir le parlement pendant la calamité dont je crains que la ville d'Aix ne soit affligée, elle vous permet de choisir celui de ces deux lieux que vous estimerez le plus convenable, et d'y aller sans attendre de nouveaux ordres.

On expédiera, après le choix que vous aurez fait, les lettres-patentes nécessaires pour autoriser cette translation. Vous ne manquerez pas, sans doute, de prendre les mesures convenables pour transporter les papiers du greffe, dont on pourroit avoir besoin, dans le lieu où le parlement sera transféré, et pour la sûreté de ceux qu'on laisse à Aix; en un mot, le parlement peut ordonner sur ce sujet, par provision, tout ce qu'il croira nécessaire pour le bien du service, et le roi y mettra dans la suite le sceau de son autorité. Je comprends dans cette réponse générale, tout ce qui regarde la translation de la sénéchaussée dans le lieu que le parlement croira devoir lui assigner, et l'établissement d'une juridiction dans la ville d'Aix, qui puisse pourvoir à ce qui regarde la justice et la police dans la ville d'Aix, pendant l'absence des juges ordinaires. L'essentiel, comme je vous l'ai marqué par ma dernière lettre, est qu'en partant d'Aix, vous y établissiez, de concert avec M........., un si bon ordre et une discipline si exacte, que l'on arrête, autant qu'il sera possible, le progrès du mal, et que l'on évite la confusion et le désordre qui l'ont si fort augmenté à Marseille, quoique cependant j'aie de la peine à croire, aussi bien que vous, que le nombre des morts y ait été aussi grand qu'on vous le mande en dernier lieu. Je ne doute pas aussi que vous ne pensiez à ordonner qu'il soit fait des feux dans la ville d'Aix, et qu'on y brûle dans les rues le plus de genièvre et d'autres bois aromatiques qu'il sera possible; si l'on avoit assez de soufre pour en faire usage, cela vaudroit encore mieux, tout le monde convient que c'est une des précautions des plus utiles dans ce malheur, aussi bien que tout ce qui tend au nettoyement des rues, et à la propreté dans les maisons particulières. Il faut espérer que Dieu donnera sa bénédiction à votre soin, et aura pitié de votre malheureuse province, après lui avoir fait éprouver sa colère. On n'a point de nouvelles directes d'Apt, et il seroit cependant bien important d'en avoir, aussi bien que de Saint-Tulle, auprès de Manosque. On ne laisse pas de donner d'ici les ordres nécessaires pour empêcher la communication avec ces lieux, qui deviennent suspects, et sauver au moins le reste du royaume; votre vigilance y contribue beaucoup, et je n'ai pas besoin de vous exhorter à la redoubler toujours à mesure que le mal croît sous vos yeux.

J'oubliois de vous dire que je ne sais s'il convient que le parlement et la chambre des comptes se retirent dans le même lieu. Vous verrez ce qui se pratique dans des occasions semblables; j'écris à messieurs de de la cour des comptes, de concerter avec vous tout ce qu'ils feront sur ce sujet.

Le recteur de l'université me propose de la transférer à Forcalquier, d'où il m'écrit à ce sujet, mandez-moi s'il n'y a aucun inconvénient de le faire; je lui écris aussi de se conduire sur cela par vos conseils.

Je joins à cette lettre un mémoire qu'un des plus habiles médecins m'a donné sur la maladie de Marseille ; le remède qu'il indique, entr'autres choses, a été éprouvé plusieurs fois avec succès dans des pestes du nord. Vous pourrez consulter sur cela vos médecins, et en faire faire l'expérience, s'ils le jugent à propos.

Du 9 octobre 1720.

Je suis fort aise d'apprendre que la résolution qu'on avoit prise à l'égard de ce vaisseau ait été enfin exécutée, et d'une manière capable de rassurer les esprits par rapport aux marchandises dont il avoit été chargé.

On ne peut rien faire de mieux que d'avoir la même conduite à l'égard des autres vaisseaux qui sont revenus des lieux où la peste est au levant ; c'est une grande rigueur à la vérité, mais une rigueur salutaire, et c'est vraiment dans ces sortes de conjonctures que l'intérêt particulier doit être sacrifié au bien public.

Du 15 octobre 1720.

Vous recevrez incessamment, par M........., les lettres de translation du parlement dans la ville de Saint-Remy ; je ne sais si l'on n'auroit pas pu différer encore son départ de celle d'Aix, où il paroît que les maladies diminuent plutôt que d'augmenter. Mais la chose étant faite, son altesse royale n'a pas cru qu'il convînt à quatre ou cinq de messieurs du parlement qui sont restés à Aix, et qui, ayant repris courage, voudroient y pouvoir représenter le reste du parlement. Il est juste, en pareil cas, que le plus grand nombre l'emporte sur le moindre ; et d'ailleurs,

/

il seroit à craindre que l'autorité qu'on laisseroit à ces quatre ou cinq officiers ne fît naître beaucoup d'embarras dans l'ordre de la police, qu'on ne sauroit entretenir avec trop de concert, en ramenant tout, autant qu'il se peut, à l'unité. J'écris donc à ces officiers de se rendre incessamment à Saint-Remy, avec le reste du parlement, après avoir fait la quarantaine, autant de temps que vous et M......... le jugerez nécessaire. Ils ne doivent faire aucune difficulté de se soumettre à cette règle, la dignité n'étant pas un préservatif qui empêche la communication du mal contagieux. J'écris la même chose à la cour des comptes, afin qu'elle prenne la même précaution lorsqu'elle croira être obligée de sortir de la ville d'Aix. Elle désiroit fort de se mettre en possession de la police à l'occasion de l'absence du parlement; mais son altesse royale a cru que cela ne convenoit en aucune manière, et son intention est que le soin de la police soit confié sous vos ordres et ceux de M........., à M........., et aux autres consuls, qui pourront former de concert avec vous un conseil de santé, auquel tout se rapportera. Il faudra seulement avoir pour messieurs de la cour des comptes la considération d'en appeler quelques-uns à ce conseil, comme principaux habitans.

A l'égard de l'université, il n'est pas surprenant que vous n'y ayez donné aucune attention; et en effet, il n'y a rien de mieux que de ne rien ordonner à cet égard, et de la laisser vaquer jusqu'à ce qu'il ait plu à Dieu de délivrer votre province du fléau dont elle est affligée si cruellement.

M......... et les autres consuls de la ville d'Aix m'ont écrit que le sieur ...., médecin et professeur en l'université d'Aix, étant mort, il seroit fort à souhaiter que le roi voulût bien accorder sa chaire au sieur ...., pour le récompenser des services importans qu'il a rendus, et qu'il rend encore aux malades avec autant d'habileté que de succès. Son Altesse Royale, à qui j'ai eu l'honneur d'en rendre compte, se porte très-volontiers à lui faire

8*

cette grâce, qui, dans de pareilles circonstances, ne
peut être tirée à conséquence. Un autre médecin qui
est professeur . . . ., m'écrit sur ce sujet, qu'il a
opté, suivant son droit, la chaire du sieur . . . .,
et il demande que si l'on donne une chaire sans concours au sieur . . . ., ce soit sans préjudice de
son option, et que ce soit la chaire de chymie qui
vaque par l'option du sieur. . . . ., que l'on
donne au sieur . . . . Cette demande paroît juste
et conforme à la règle qui s'observe dans l'université.
Prenez donc, s'il vous plaît, la peine de le faire savoir
au sieur . . . ., afin qu'il m'envoie un projet des
lettres-patentes qui lui sont nécessaires, dressé dans
cet esprit, et j'aurai soin ensuite de le faire expédier;
j'écris la même chose à M. . . . .

Du 17 octobre 1720.

Le réglement fait par le parlement d'Aix en 1629,
pour l'instruction et le jugement des procès criminels
pendant la durée du mal contagieux, établit une forme
peu régulière et dont la pratique seroit fort difficile.
Il ne pourvoit pas d'ailleurs à ce qui regarde les
procès qui se jugent en dernier ressort par les prévôts
des maréchaux; et enfin, comme il s'agit en cette
occasion de déroger à quelques dispositions des ordonnances, Son Altesse Royale a jugé qu'il étoit absolument nécessaire d'interposer l'autorité du roi dans
cette matière, pour assurer la validité des procédures
et celle des jugemens. C'est dans cet esprit qu'est
dressée la déclaration que vous recevrez incessamment
par M. . . . ., et qui pourvoit, autant qu'il est possible, à la régularité des formes judiciaires dans la conjoncture présente. Je ne vous explique point le détail
des dispositions qu'elle contient, la lecture de la déclaration vous en instruira pleinement; j'y ajouterai seulement que, comme il est toujours fâcheux qu'un accusé
puisse être jugé sans avoir été entendu par ceux qui

tiennent sa vie ou sa mort entre leurs mains, le parlement jugera, sans doute, devoir user sobrement du
pouvoir qu'on lui attribue dans les cas où il s'agit de
la peine de mort, et ne l'exercer que lorsque le délai
paroît être dangereux, soit par rapport à l'exemple,
soit à cause de la difficulté de garder trop long-temps
des prisonniers, et des inconvéniens qui en pourroient
arriver.

***

Du 24 novembre 1720.

JE m'en rapporte absolument à votre sentiment et
à celui de M. de........ sur la durée de la quarantaine que M. de .... doit faire en pareil
cas ; je croirai toujours que le parti le plus sûr est le
meilleur.

J'ai déjà écrit plusieurs fois à ceux des officiers
du parlement qui sont demeurés à Aix, qu'ils ne
pouvoient y exercer aucune fonction, et je ne crois
pas qu'ils s'y commettent à l'avenir. M. l'archevêque
d'Aix, a terminé par sa médiation le différend qui
s'étoit formé entr'eux et M. de .... Il faut avoir
bien de la fermeté, ou plutôt bien de la vivacité dans
l'esprit pour s'occuper de pareilles tracasseries au
milieu de la peste.

Je suis surpris que vous ayez reçu si tard les lettres
de translation du parlement. Il faut que la déclaration
qui pourvoit à la forme des procédures ne soit pas
encore arrivée à Saint-Remy, puisque vous ne m'en
parlez point.

Toutes les nouvelles de Marseille confirment ce que
vous m'écrivez du meilleur état de cette ville. Dieu
veuille faire cesser enfin le terrible fléau dont votre
malheureuse province est affligée, il faut espérer
que la saison dans laquelle nous entrons pourra y
contribuer.

Pour ce qui est des huissiers, vous ferez très-bien
de n'en point faire venir d'Aix, à moins qu'ils ne
subissent la loi de la quarantaine.

Du 1.er *décembre* 1720.

JE ne puis qu'approuver entièrement les précautions qu'il juge à propos de prendre par rapport à MM........, de.........et de........; la demande qu'ils font qu'on leur envoie des huissiers et des archers de la maréchaussée, n'est ni convenable ni praticable. Il est étonnant qu'en de pareilles conjonctures on s'arrête au cérémonial; il n'y a donc rien de mieux à faire que ce que vous proposez, c'est-à-dire, que ces trois officiers du parlement aillent passer au moins vingt jours dans quelque maison de campagne écartée, qu'après cela ils subissent la loi de la quarantaine dans le lieu que vous leur indiquerez pour cela, après quoi vous pourrez les recevoir à Saint-Remy : mais en attendant qu'ils aient pris leur parti sur tout cela et qu'ils soient sortis de la ville d'Aix, M. de........ fera très-bien de les obliger à demeurer dans leurs maisons, et à n'avoir aucune communication avec personne. Vous pouvez, si vous le jugez à propos, leur envoyer copie de cette lettre, et l'original même.

Du 9 *décembre* 1720.

IL seroit en effet fort à propos de faire un exemple sur le premier vaisseau venant de Provence qui abordera sur la côte de Bretagne; mais il faut pour cela qu'il y aborde, et il n'y a pas d'apparence qu'ils s'y exposent. On a donné des ordres pour veiller continuellement sur la côte, et empêcher le versement des marchandises suspectes. Si on surpend quelque chaloupe ou autre léger bâtiment dont on se soit servi pour cet usage, il n'y aura pas à hésiter à le faire brûler.

Du 18 décembre 1720.

Vous ne pouviez pas vous empêcher de renvoyer l'affaire qui regarde le tabac aux juges des traites, étant entièrement de leur compétence.

Vous avez fait aussi tout ce que l'on pouvoit attendre de votre vigilance par rapport au cadavre qu'on a trouvé auprès de Dinan, et s'il étoit vrai que ce fût le corps d'un homme qui faisoit quarantaine dans l'île de . . . . , cela pourroit faire présumer que cette ville est mal gardée, et qu'on ne prend pas de précautions suffisantes ni dans l'île même ni sur les côtes, pour empêcher que ceux qui font quarantaine ne s'échappent. Je prendrai les mesures nécessaires pour faire ensorte qu'on y veille avec plus d'attention.

M. le duc d'Orléans a trouvé bon que le parlement de Rouen rendît un arrêt pour interdire tout commerce avec les îles de Zircé et Damigny ; comme cela vous paroîtroit être aussi utile par rapport à la Bretagne, S. A. R. m'a ordonné en même temps de vous faire savoir qu'il est à propos que votre compagnie rende un pareil arrêt, et vous ne sauriez le faire trop promptement.

Du 19 décembre 1720.

Il est bien fâcheux que le mal contagieux commence à se faire sentir dans la ville de Saint-Remy ; vous paroissez avoir pris toutes les précautions possibles pour en empêcher la communication, et il n'y a qu'à souhaiter qu'elles réussissent. Je ne sais si l'on a assez de soin de faire des feux dans les rues avec de la poudre à canon ou avec du genièvre et d'autres bois aromatiques ; tout le monde convient que c'est une précaution qui n'est pas indifférente.

Je ne puis qu'approuver la résolution que vous avez prise d'aller passer quelques jours à Barbantane : l'état où est madame votre femme est un surcroît d'inquiétude pour vous dans la conjoncture présente, auquel je prends beaucoup de part.

Du 22 janvier 1722.

J'AI été bien fâché d'être obligé de dire, dans la lettre que j'ai écrite à M........., des vérités un peu dures; mais je ne pouvois me dispenser de lui marquer les raisons qui avoient déterminé le conseil, et que chacun me répétoit à mesure que je lisois votre lettre et celle de M..........., sur la proposition de remettre la police au parlement ; ceux même qui connoissent le mieux le génie et le caractère de cette compagnie crurent alors qu'il étoit nécessaire de lui écrire d'une manière un peu plus forte, sans quoi elle s'échaufferoit toujours de plus en plus.

Mais comme le style sévère et mortifiant n'est pas naturellement de mon goût, je pris le parti d'écrire en même temps une lettre séparée à M.........., par laquelle je le laissois le maître de lire ma première lettre à sa compagnie, ou de ne la faire voir qu'à ceux à qui la lecture en pourroit être nécessaire, et de se contenter d'en dire la substance aux autres ; c'est en effet le parti qu'il a pris, et je vois que la grand'chambre a déjà donné l'exemple de sagesse au reste de la compagnie ; je souhaite que les autres chambres s'y conforment, et que vous n'ayez plus de pareilles contradictions à essuyer dans un commandement aussi laborieux et aussi difficile que celui qui est remis entre vos mains. Vous avez pu voir, dans ma lettre à M.........., le soin que j'avois pris, avant même que vous m'en eussiez prié, de faire valoir les représentations que vous avez faites en faveur du parlement et contre vous-même. Il est digne de vous d'être aussi capable de refuser une partie de

l'autorité qui vous est confiée, que d'en bien user.
M.......... vous envoie un nouveau mémoire des
députés au conseil de commerce pour la désinfection
des meubles, hardes et marchandises ; je souhaite
que vous le trouviez plus praticable que le premier ;
la précaution de faire déclarer par les marchands la
quantité et la nature des marchandises qu'ils ont, et
de faire plomber ces marchandises pour en assurer
le commerce, à Paris surtout, mérite beaucoup d'attention. Je mériterois moi-même cette espèce de correction indirecte que vous me reprochez d'avoir
voulu vous faire, si j'avois été capable de porter un
jugement sur votre conduite avant que de savoir vos
raisons, pour lesquelles vous savez combien je suis
prévenu. Vous justifiez parfaitement cette précaution
par les motifs que vous m'expliquez de l'ordonnance
que vous avez rendue pour rétablir un commerce
plus libre avec le pays qui est au-delà de la Durance
et du Verdon. On ne peut la regarder que comme
une suite de l'arrêt du 14 septembre 1720, qui laisse
à la liberté des commandans et de l'intendant de régler le temps des quarantaines ; vous n'avez fait que
réduire en commerce réglé, et assujettir à des précautions suffisantes ce qui ne se faisoit, avant vous,
que par des permissions particulières qui dégéné-
roient, comme vous le marquez très-bien, en priviléges exclusifs, aussi dangereux, par rapport à la
communication du mal contagieux, que contraires
au bien du commerce. Votre ordonnance a donc été
unanimement approuvée par le conseil et par Son
Altesse Royale, non sans beaucoup de regret de ma
part, comme de tous ceux qui aiment le bien public,
que l'on ne vous ait pas chargé plutôt d'un commandement par lequel on auroit prévenu tous les abus
qui ont été comme une seconde peste pour la Provence, par la misère qu'ils y ont causée. Vous aurez
au moins la consolation de réparer le mal, s'il n'a
pas été en votre pouvoir de le prévenir ; j'y applau-
dirai toujours plus sincèrement et de meilleur cœur
que personne.

§. IV. — *Invasion des ennemis en Provence.*

Du 27 octobre 1746.

IL n'est pas surprenant que l'alarme et le trouble se répandent d'abord dans l'esprit des peuples, lorsqu'ils voient la guerre s'approcher si près de leurs frontières ; mais si ceux de votre province ont été frappés de cette première impression, la dernière lettre que vous m'avez écrite à cette occasion me fait voir qu'ils commencent à se rassurer, soit par le peu d'apparence qu'il y a que les troupes du roi de Sardaigne osent tenter, dans la situation présente, une entreprise qui ne seroit pas soutenable, soit par l'attente des troupes qui doivent arriver bientôt en Provence, et qui acheveront d'y rétablir la tranquillité dans les esprits. Je ne doute pas que vous ne leur inspiriez ces sentimens, aussi bien que tous les magistrats de votre compagnie, et leur exemple est d'un grand poids dans de pareilles circonstances pour empêcher le peuple de se livrer à de vaines frayeurs.

Du 15 novembre 1746.

IL n'y a nulle apparence que la ville d'Aix soit menacée d'aucun danger, et au contraire il y a tout lieu d'espérer que les troupes qui arrivent successivement en la présence du général que le roi y envoie, mettront bientôt cette province en sûreté, et calmeront l'inquiétude que le voisinage d'une armée ennemie a répandue dans les esprits ; je n'en loue pas moins pour cela la prudence qui a porté votre compagnie à prévoir de loin les périls les moins vraisemblables, et à désirer de savoir quelle devroit être sa conduite, s'il arrivoit, contre toute attente, que ces périls vinssent à se réaliser.

Il n'est pas douteux qu'en ce cas votre compagnie ne dût prendre le parti de sortir de la ville d'Aix, comme le passé en offre des exemples, et d'aller établir sa séance dans quelque ville de la même province, qui étant située au-delà de la Durance et du côté du Dauphiné, fût à couvert de toute insulte.

Le plus grand embarras, si ce malheur arrivoit, tomberoit, comme cette compagnie me le marque par la lettre qu'elle m'a écrite, sur les précautions qu'elle auroit à prendre pour la conservation des dépôts précieux dont la garde lui est confiée, je veux dire des titres qui sont dans des archives aussi riches que les siennes; elle devroit, sans difficulté, emporter ce dépôt avec elle, et comme les arrangemens qu'il faudroit prendre pour cela demanderoient plus d'un jour, on pourroit, pour ne pas trop alarmer le public, prendre le prétexte de vouloir mettre un plus grand ordre dans ces archives, en séparant les titres qui y sont, ou par ordre d'années ou par matières, et en prenant la précaution, le plus secrètement qu'il sera possible, d'avoir des coffres tout prêts pour les y enfermer dans le même ordre, et être en état de les transporter ailleurs aux premières menaces d'un danger prochain; il seroit bon aussi de prendre la même précaution à l'égard des papiers du greffe, où il peut se trouver des pièces importantes.

J'espère, encore une fois, que toutes ces précautions se trouveront fort inutiles; mais comme il ne faut rien négliger dans une matière si intéressante, vous ne sauriez entretenir une correspondance trop continuelle avec M. le maréchal de Belle-Isle, qui doit partir demain pour la Provence, et avec les principaux officiers qui commanderont sous ses ordres, pour être averti, s'il se peut, jour par jour, de la marche de l'armée ennemie, et de celle des troupes du roi, afin d'être en état de mesurer la diligence des opérations que je viens de vous marquer, sur ce que vous apprendrez des approches plus ou moins grandes du danger. La fidélité et le zèle de la cour des comptes, pour le service de Sa Majesté, me répondent de l'attention et de la sagesse avec laquelle votre compagnie se conduira dans une occasion où il vaut mieux pécher par l'excès que par le défaut de précaution.

Je compte que vous lui ferez part de cette lettre, qui lui tiendra lieu de la réponse que je lui dois, sans s'assembler néanmoins pour en faire faire une lecture publique; mais en vous contentant de la communiquer en détail et séparément, à tous ceux que vous jugerez à propos d'en instruire. C'est par cette raison que je prends le parti de vous adresser ma réponse, et il auroit été à désirer, qu'au lieu de m'écrire en corps, comme votre compagne l'a fait aussi à l'égard de M. le contrôleur-général, elle vous eût prié seulement de me faire votre consultation par une lettre particulière.

Du 15 novembre 1746.

La prévoyance qui vous porte à me consulter sur le parti que le parlement d'Aix auroit à prendre, si les troupes ennemies, qui menacent vos frontières, trouvoient le moyen de pénétrer dans l'intérieur de la Provence, est toujours louable en elle-même, quoiqu'il n'y ait nulle apparence que les alarmes du peuple sur ce sujet aient un véritable fondement; les troupes qui sont déjà arrivées dans cette province, celles qui les suivent de près, et M. le maréchal de Belle-Isle, qui doit partir demain pour en aller prendre le commandement, établiront bientôt, non-seulement la sûreté dans le pays que vous habitez, mais la tranquillité dans les esprits. Je ne doute pas même que la présence de M. le comte de Belle-Isle, qui sera arrivé à Aix avant que vous puissiez recevoir cette lettre, n'ait déjà commencé à calmer l'inquiétude qu'un voisinage si peu attendu a pu produire

naturellement; mais comme il est toujours permis de
se préparer de loin aux événemens les moins vraisemblables, vous avez très-bien fait de me demander
par avance, aussi bien qu'à M. le comte de Saint-
Florentin, ce que le parlement auroit à faire, si,
contre toute attente, il se trouvoit dans une situation
aussi embarrassante que celle qui fait le sujet de votre
consultation ; j'en ai conféré avec lui, et nous avons
pensé de la même manière sur ce sujet.

Le danger dont la ville d'Aix seroit menacée dans
cette supposition ne se déclarera pas en un jour; les
portes de la Provence sont encore bien fermées, et le
seul bruit des troupes et du général qu'on y envoie
détournera peut-être encore plus l'armée autrichienne
du dessein de les attaquer; mais quand elle parvien-
droit à forcer quelques-uns des passages, le péril dont
je parle ne s'approcheroit encore de vous que par
degrés, et l'essentiel est que vous entreteniez une
correspondance continuelle avec M. le maréchal de
Belle-Isle et ceux qui commanderont sous ses ordres,
pour être averti, s'il se peut, jour par jour, et de la
marche des ennemis et de celles des troupes du roi,
afin d'être toujours en état de prévenir l'arrivée
d'une armée, dont il y a tout lieu de croire que le
défaut seul de vivres et de subsistances suffira pour
vous en garantir, indépendamment même de la résistance qu'elle trouvera dans le secours que Sa Majesté
vous envoie.

Si cependant, puisqu'il faut multiplier encore des
suppositions qui paroissent avoir si peu de réalité,
votre ville se trouvoit exposée à un danger apparent,
le parlement n'auroit qu'à suivre, en ce cas, les exemples passés, en se transportant dans quelque ville de
son ressort, située au-delà de la Durance, du côté
du Dauphiné, et il n'est pas à craindre qu'aucune
armée ose tenter, dans la saison présente, le passage
d'une rivière si aisée à garder, et qui se garde, pour
ainsi dire, d'elle-même.

Dans le cas d'une surprise impossible à prévoir,
qui préviendroit la retraite du parlement dans une

ville qui fût à couvert de toute insulte, je connois trop la fidélité et le zèle qui attachent votre compagnie au service et à la personne de Sa Majesté, pour n'être pas persuadé qu'elle prendra d'elle-même le parti de refuser de prêter le serment à une autre puissance ; le conseil supérieur de Malines a fait un refus semblable, lorsque le roi est entré dans cette ville ; et Sa Majesté n'a marqué son mécontentement à ce conseil qu'en l'obligeant à se retirer dans une autre ville, qui étoit encore soumise alors à la domination autrichienne ; mais une pareille retraite ne pourroit que vous faire honneur dans l'esprit de Sa Majesté, par la nouvelle preuve qu'elle lui donneroit de la fermeté de vos sentimens pour elle, que rien ne peut ébranler.

C'est avec beaucoup de peine que je me prête ici à la prévoyance de maux qui me paroissent imaginaires ; mais, au milieu d'une espèce de trouble qui donne quelquefois du crédit à de nouvelles peu sûres, comme pourroient bien l'être celles qui ont couru sur les Espagnols, il est toujours bon de se former un plan fixe de sa conduite, et cela sert au moins à mettre en repos l'esprit de ceux qui doivent rassurer les autres.

M......... avoit pensé de lui-même à un objet qui ne le regarde pas directement ; je veux dire aux archives importantes de la chambre des comptes, et j'étois sur le point d'en écrire à cette compagnie ; mais je reçois dans ce moment une lettre qui me fait connoître qu'elle y donne toute l'attention qu'elle doit, et je lui fais réponse dans l'esprit que je viens de vous marquer.

Du 16 novembre 1746.

En même temps que votre lettre du 7 de ce mois est arrivée, j'en ai reçu une presque pareille de M.........., où il m'informe, comme vous, des alarmes qui se sont renouvelées dans votre province sur des bruits peut-être mal fondés, et qui font au moins la matière d'un problême. Il me demande aussi, de même que vous, des instructions sur la conduite que le parlement auroit à tenir, s'il se trouvoit dans des cas qui ne sont nullement vraisemblables : comme je ne pourrois que vous répéter ce que je lui écris dans la réponse que je lui fais, je prends le parti de vous en envoyer la copie, afin que cette réponse vous soit commune avec lui.

Je vois, par votre lettre du 9, que le parlement a pris la précaution de rappeler tous ses membres à Aix, et c'est une nouvelle preuve qu'il a donnée de son zèle et de sa prudence dans une conjoncture si critique. J'apprends aussi avec plaisir, par la même lettre, l'ardeur avec laquelle toute la noblesse de votre pays se prépare à s'armer pour sa défense et pour le service du roi, en formant même une espèce de milice nationale, qui pourra être d'un grand secours, aussi bien que le retour de la cavalerie, en attendant l'arrivée de toutes les troupes qui marchent en Provence. J'espère, par toutes sortes de raisons, que cette province en sera quitte pour la peur, et qu'elle sera bientôt heureusement délivrée d'un voisinage qui lui cause tant d'inquiétude.

Du 23 novembre 1746.

Vous m'avez fait un véritable plaisir, en m'apprenant l'honorable résolution que le parlement d'Aix a prise de faire les frais d'un troisième bataillon qui sera levé dans la province, de même que les deux autres; c'est une marque éclatante du zèle de cette compagnie pour le service du roi, et je ne manquerai pas de le faire valoir, autant qu'elle le mérite, auprès de Sa Majesté, aussitôt que j'aurai l'honneur de la revoir à Versailles, où elle doit arriver samedi prochain.

L'ardeur guerrière qui s'est emparée de l'ame de

vos jeunes magistrats m'a beaucoup réjoui ; si la sagesse des anciens sénateurs s'y est opposée avec raison,
elle n'en mérite pas moins d'éloges. Je suis charmé,
comme vous, du discours de votre doyen, qui, après
avoir parlé gravement pour apaiser le feu d'une jeunesse trop vive, a avoué à la fin que s'il avoit cinquante ans de moins, il penseroit comme elle.

Je suis d'autant plus aisé de voir cette espèce d'ala-
crité dans les esprits, qu'elle fait sentir que leur inquiétude diminue tous les jours ; et, en effet, ils ont
tout lieu d'espérer qu'ils seront bientôt dans une entière sûreté : ils travaillent à se la procurer eux-mêmes
par tous les préparatifs qu'ils font, et les secours que
le roi leur envoie achèveront de faire craindre aux
ennemis de tenter, dans la saison présente, une invasion qui se tourneroit bientôt à leur confusion, et
peut-être à la perte d'une partie de leur armée.

Continuez, s'il vous est possible, de me donner
d'aussi bonnes nouvelles que celles qui ont fait le sujet
de votre dernière lettre, et soyez toujours persuadé
que je suis très-véritablement, etc.

Du 2 décembre 1746.

Je vois avec plaisir, par votre lettre du.........
que les esprits commencent à se rassurer en Provence ;
et, après toutes les précautions que le roi a prises
pour mettre cette province en sûreté, chaque jour
ajoutera un nouveau degré à la confiance et à la
tranquillité qui s'y rétablit. L'arrivée d'un général
aussi attentif et aussi vigilant que M. le maréchal
de......... affermira ces bonnes dispositions, et
j'espère que sa présence et la saison avancée où nous
sommes achèveront de rendre inutiles toutes précautions auxquelles on avoit pensé dans un premier moment d'alarme et d'inquiétude ; vous y concourrez
toujours, sans doute, par vos soins et par ceux de
M. votre fils. Dieu veuille que le peu de succès des

entreprises que les ennemis de la France ont voulu faire sur l'intérieur du royaume, les engage à ne plus penser qu'aux moyens de parvenir à une paix également désirable à toutes les puissances de l'Europe.

Du   décembre 1746.

JE vois, par votre lettre du 30 du mois dernier, que vous avez gardé, aussi bien que M. le premier président du parlement, un très-grand secret sur la lettre par laquelle je lui ai expliqué, comme à vous, les intentions du roi sur les mesures que le parlement auroit à prendre, en cas que la ville d'Aix fût menacée d'une invasion prochaine. Je n'avois pas douté que votre prudence ne vous y engageât de vous-même, indépendamment de la précaution que j'avois prise de vous en avertir ; mais je n'ai pas douté non plus que ce secret ne transpirât par la cour des comptes. Il m'étoit aisé d'en juger ainsi, après avoir reçu une lettre qu'elle m'écrivoit en corps, à la suite d'une assemblée de chambres, pour savoir aussi les ordres du roi sur ce qui la regardoit, et je ne pus m'empêcher, en écrivant à celui qui y préside, de lui marquer que j'avois été surpris d'une démarche si publique et si peu convenable, dans une conjoncture où les compagnies devoient travailler à rassurer les esprits, bien loin de rien faire qui puisse les alarmer. Il s'est excusé avec moi sur ce sujet, en m'assurant qu'il n'y avoit personne dans sa compagnie qui fût capable de manquer au secret des délibérations. J'ai souhaité, en lisant sa lettre, que cela pût être ainsi ; mais j'avoue que je ne l'ai pas espéré, et je vois, par celle que vous m'écrivez, qu'il s'étoit trop flatté : mais heureusement les inquiétudes sont fort diminuées depuis ce temps-là, et il y a lieu de croire qu'elles cesseront bientôt entièrement. Vos dernières nouvelles font voir, à la vérité, que les dispositions variables des ennemis semblent annoncer qu'ils veulent toujours passer le Var, en quelque endroit que ce soit ; mais ce seroit peut-être le plus grand malheur qui pût leur arriver, s'ils réussissoient dans un pareil dessein ; et, après avoir trouvé tant de difficultés à traverser cette espèce de torrent, ils pourroient bien en éprouver encore de plus grandes pour le repasser. La maladie du roi de Sardaigne est un contre-temps bien fâcheux pour eux, dans la situation où ils sont. On ne doit rien désirer sur un pareil sujet, si ce n'est que le danger où est ce prince lui inspire des pensées plus pacifiques.

Du   décembre 1746.

La lettre que vous m'avez écrite le 29 du mois dernier, me fait voir qu'il n'y a encore rien de bien certain sur les dispositions des ennemis qui menacent vos frontières. La lenteur même et l'irrésolution que leur conduite semble annoncer, marquent assez qu'ils se défient eux-mêmes du succès de leurs démarches, et il est fort douteux, si le dessein de passer le Var, quand même ils y réussiroient, ne leur seroit pas plus contraire que favorable.

L'état où l'on dit qu'est le roi de Sardaigne peut donner lieu aux politiques de faire de grands raisonnemens. Tout ce que l'on peut désirer à cet égard est que sa maladie lui inspire des pensées de paix.

Du 12 *décembre* 1746.

Les nouvelles qui sont arrivées par le dernier courrier, font voir que la Provence est véritablement attaquée dans ses frontières ; mais il ne paroît pas qu'il y ait aucun danger qui menace, ni qui puisse même menacer la ville d'Aix, et l'armée du roi se fortifiant, comme elle le fait tous les jours, il y a lieu d'espérer

que les ennemis se rebuteront bientôt d'une entre‑
prise si difficile à soutenir.

Votre ville n'en paroît cependant pas plus tran‑
quille, et il semble que ceux qui devroient seconder
vos soins pour y calmer les esprits, travaillent au
contraire à les alarmer, par des démarches aussi im‑
prudentes que celles dont vous m'avez fait le récit
par votre dernière lettre. M......... m'en a parlé
de la même manière, quoique en peu de mots; et
comme je ne pourrois que vous répéter tout ce qui
est contenu dans la réponse, beaucoup plus longue,
que je lui fais, je prends le parti de vous en envoyer
la copie : vous ne vous en vanterez pourtant pas, s'il
vous plaît, parce que je lui marque qu'il peut vous
communiquer cette réponse, et j'ai été obligé de le
faire ainsi, parce que j'y ajoute que je le laisse le
maître d'en faire part aussi à Messieurs du parlement
comme il le jugera à propos.

Il me reste seulement de vous dire un mot sur ce
qui vous regarde personnellement dans votre lettre.

J'avois prévu le mauvais effet du peu de secret
auquel j'avois lieu de m'attendre de la part des offi‑
ciers de la cour des comptes, malgré toutes les pré‑
cautions que j'avois prises à cet égard, en écrivant
à un seul des présidens de cette compagnie, et en la
blâmant fort de m'avoir écrit en corps. Il s'est excusé
singulièrement sur ce point, en me disant qu'il pou‑
voit répondre aussi sûrement du secret de tous les
membres de sa compagnie que du sien même. L'évé‑
nement n'a pas justifié sa confiance; mais je suis très‑
fâché que vous en ayez porté, pour ainsi dire, toute
la peine, puisqu'une pareille indiscrétion vous a mis
en butte et à votre compagnie même et aux discours
du public. Je suis sûr que vous vous raccommoderez
aisément avec l'un et avec l'autre, si cela n'est déjà
bien avancé. La réponse que je fais aux procureurs
du pays, et dont toute la substance est renfermée
dans la lettre que j'écris à M.........., pourra
contribuer à apaiser un peu le mouvement qu'une
inquiétude prématurée et excessive a excitée. Vous y,

avez travaillé encore mieux par les assurances géné-
reuses que vous avez données aux députés du corps
de ville, et les dispositions du parlement sur le même
sujet sont la meilleure réponse qu'il pouvoit faire aux
mauvais bruits qu'on avoit voulu répandre contre
cette compagnie, aussi bien que contre vous. Mépri-
sez donc des discours si mal placés, et considérez que
c'est dans les temps difficiles, tels que ceux où vous
vous trouvez, que le bon citoyen doit se contenter
du témoignage de sa conscience, et s'envelopper dans
sa propre vertu.

Du 12 décembre 1746.

Je ne sais d'où peut être venue une alarme aussi
vive que celle qui vous a engagé à m'écrire comme
vous l'avez fait dans une première vivacité, aussi bien
qu'à M. de Saint-Florentin, et à faire d'autres démarches qui n'étoient guère plus convenables ; mais
on a eu grand tort de vous mettre ainsi en mouvement, sans être bien instruit de ce qui en étoit l'occasion ; ni le parlement, ni la cour des comptes, n'ont
eu aucun empressement de sortir de la ville d'Aix,
dont ces deux cours ont toujours regardé et regardent
encore la condition et la fortune comme communes
avec eux ; et vous devez savoir que, s'il arrivoit jamais, contre leurs vœux, que le roi jugeât à propos
de les envoyer dans une autre ville pour le bien de
son service, elles ne se conformeroient à ses ordres
que par l'obéissance qu'ils exigent, et seulement pour
remplir le premier de tous les devoirs. Au surplus,
comme c'est à M. le maréchal de Belle-Isle que Sa
Majesté a confié le commandement, non-seulement
de son armée, mais de toute la province, et qu'il est
seul à portée de bien juger de l'état des choses ; ni
les cours supérieures, ni les autres corps, ou les particuliers, n'auront à se conduire que suivant la connoissance qu'il leur donnera des intentions du roi ; et,

en attendant', vous ne devez, comme le corps de ville, employer tous vos soins qu'à apaiser l'émotion des esprits, bien loin de rien faire qui puisse l'entretenir; et les précautions que la conjoncture présente peut exiger, doivent être prises avec tant de sagesse et de circonspection, qu'elles soient plus propres à rassurer les habitans de votre ville qu'à les effrayer. Vous devez vous y porter avec d'autant plus de sang-froid, que le danger qui a causé la fermentation présente est encore fort éloigné, et qu'il n'y a même aucune apparence qu'il puisse approcher assez près de vous pour rendre votre inquiétude moins prématurée qu'elle ne l'est aujourd'hui. Je l'excuse néanmoins très-volontiers par l'affection qui vous l'inspire.

Du 12 décembre 1746.

Si le secret avoit été aussi bien gardé de la part de MM. de la cour des comptes, qu'il l'a été de la vôtre et de celle de M........., on auroit épargné à la ville d'Aix bien des alarmes inutiles : le corps de ville ne se seroit pas ému autant qu'il l'a fait, et nous n'eussions point reçu des lettres aussi pathétiques et aussi pressantes que celles qui nous ont été écrites par les procureurs du pays de Provence. C'est une province où l'imagination fait un progrès aussi grand que rapide, et surtout quand il y a un commencement de réalité dans ce qui sert de fondement à son inquiétude. Mais l'indiscrétion et le trouble excessifs que l'on peut reprocher à d'autres se tournent ici à l'avantage et à l'honneur du parlement; il conserve toujours, au milieu de tant d'agitations, la fermeté et le sang-froid qui conviennent à cette compagnie, et elle sait y joindre en même temps toute la vigilance et tout le zèle qu'on en peut attendre, pour procurer des services efficaces à ses citoyens affligés.

La réponse que vous avez faite aux députés du corps de ville est digne de vous ; et elle me fait d'autant plus de plaisir, qu'elle a été unanime de la part de tous ceux à qui ils se sont adressés après vous, quoique vous n'eussiez pas eu le temps de la concerter les uns avec les autres. Mais les actions sont encore plus louables que les paroles dans de pareilles circonstances ; et la généreuse résolution que le parlement a prise d'emprunter solidairement en son nom jusqu'à la somme de 50,000 livres, pour subvenir à la disette d'argent dans laquelle se trouvent les habitans de la ville d'Aix, doit bien les convaincre de la véritable affection du parlement pour eux ; et la disposition où les officiers de cette compagnie ont déclaré qu'ils étoient de laisser, pour ainsi dire, des gages pour la sûreté des contributions, dans le cas même où ils seroient obligés de transférer leur séance ailleurs, est bien capable de rassurer pleinement les esprits. Rien n'étoit plus propre à faire repentir le corps de ville, aussi bien que les procureurs du pays, des alarmes peu justes qu'ils se sont hâtés de répandre sans réflexion sur ce sujet.

Je leur réponds que je ne sais d'où peut leur être venue une alarme aussi vive que celle qui les a engagés à m'écrire, comme ils l'ont fait, dans une première vivacité, aussi bien qu'à M. de Saint-Florentin, et à faire d'autres démarches qui n'étoient guère plus convenables ; qu'on a eu grand tort de les mettre ainsi en mouvement, sans être bien instruit de ce qui en étoit l'occasion ; que ni le parlement, ni la cour des comptes, n'ont aucun empressement de sortir de la ville d'Aix, dont ces deux cours ont toujours regardé et regardent encore la condition et la fortune comme communes avec eux, et qu'ils doivent savoir que, s'il arrivoit jamais, contre leurs vœux, que le roi jugeât à propos d'envoyer ces cours dans une autre ville pour le bien de son service, elles ne se conformeroient à ses ordres que par l'obéissance qu'ils exigent, et seulement pour remplir le premier de tous leurs devoirs ; qu'au surplus, comme c'est à M. le maréchal

de Belle-Isle que Sa Majesté a confié non-seulement
le commandement de son armée, mais celui de toute
la province, et qu'il est seul à portée de juger de
l'état des choses ; ni les cours supérieures, ni les autres
corps, ou les particuliers n'auront à se conduire que
suivant la connoissance qu'il leur donnera des intentions du roi ; qu'en attendant ils ne doivent, comme
le corps de ville, employer tous leurs soins qu'à apaiser l'émotion des esprits, bien loin de rien faire qui
puisse l'entretenir ; et que les précautions que la conjoncture présente peut exiger, doivent être prises avec
tant de sagesse et de circonspection, qu'elles soient
plus propres à rassurer les habitans de leur ville qu'à
les effrayer ; et qu'enfin ils doivent s'y porter avec
d'autant plus de sang-froid, que le danger qui cause
la fermentation est encore fort éloigné, et qu'il n'y a
même aucune apparence qu'ils puissent approcher
assez près d'eux pour rendre leur inquiétude moins
prématurée qu'elle ne l'est aujourd'hui.

Au fond, quoique je tienne et que je doive tenir
ce langage en écrivant aux procureurs du pays ; il y
a néanmoins une réflexion dans leur lettre qui peut
faire plus d'impression sur l'esprit que toutes les autres, c'est ce qu'ils disent de la crainte qu'ils ont que,
si l'on voyoit les officiers des deux cours supérieures
prendre le parti de se retirer dans une ville éloignée
de tout danger, un grand nombre de personnes riches
ou à leur aise ne se portassent à suivre leur exemple ;
ce qui causeroit une désolation générale dans cette
ville, et la réduiroit à n'être plus peuplée que de
pauvres, dont on ne pourroit tirer aucun secours.
Il m'est revenu même qu'il y avoit quelques-uns de
MM. du parlement qui étoient frappés de cette réflexion, croyant que les premiers magistrats étoient
obligés de donner l'exemple dans une pareille situation, et de conserver dans la ville une autorité suffisante pour y maintenir le bon ordre, souvent exposé
à être troublé par les mauvais citoyens autant que
par les ennemis mêmes, sauf aux magistrats à donner,
si les choses étoient portées à la dernière extrémité,

des preuves suffisantes de leur fidélité, en refusant de prêter le serment à une puissance étrangère et ennemie.

Je sais bien ce que l'on peut oppposer à ces raisons ; mais elles méritent bien au moins que vous y donniez une attention sérieuse, pour me faire savoir ensuite ce qui vous paroîtra le plus convenable, parce qu'après tout, quoique le parti de transférer ailleurs le parlement, paroisse d'abord le plus régulier et le plus décent, si cependant il pouvoit en naître de grands inconvéniens qui n'eussent pas été aperçus au premier coup d'œil, il seroit encore temps d'en rendre compte au roi, et de vous faire savoir sa dernière résolution.

Je persiste néanmoins à croire toujours que nous nous fatiguons peut-être bien vainement en cette occasion, à prévoir des cas qui ne sont nullement vraisemblables, et qui le deviendront toujours moins, à mesure qu'il vous arrivera de nouveaux secours, et que toutes les forces se réuniront pour arrêter le cours d'une entreprise si difficile à soutenir ; c'est ce qu'on ne sauroit trop répéter pour mettre un peu plus de tranquillité dans les têtes de votre pays.

Il y a cependant un point qui ne paroît susceptible d'aucun doute dans la matière présente, c'est que, quelque parti que l'on puisse prendre à l'égard de la personne des officiers des deux cours, il seroit bon au moins, sans attendre le danger le plus pressant, de faire transporter les papiers du greffe et les registres du parlement dans un lieu de sûreté. Mais c'est sur quoi vous ne pouvez que vous concerter avec M. le maréchal de Belle-Isle, et personne ne sauroit être plus à portée que lui de vous avertir du danger dont les dépôts publics seroient menacés, s'il commençoit à s'approcher tellement que vous fussiez obligé de prendre les précautions nécessaires pour en assurer la conservation.

Du 12 *décembre* 1746.

J'ai reconnu aisément votre véritable caractère dans la réponse que vous avez faite à MM. les procureurs du pays, lorsqu'ils sont venus vous communiquer les alarmes du corps de ville ; on ne peut pas leur parler en plus digne sujet du roi que vous l'avez fait, ni en meilleur citoyen de la ville d'Aix : vous êtes du nombre de ceux qui, non-seulement ont du courage pour eux-mêms, mais qui peuvent en donner aux autres. La ferme contenance des magistrats est d'un grand secours pour rassurer le peuple dans de pareilles conjonctures; vous me paroissez, au surplus, juger fort sainement de l'entreprise des troupes ennemies qui sont entrées dans votre province, et il y a tout lieu d'espérer que l'événement répondra à votre attente. Ce que vous venez de faire en dernier lieu augmenteroit encore, s'il étoit possible, l'estime avec laquelle je suis, etc.

Du 12 *décembre* 1746.

Quelque confiance que vous m'eussiez paru avoir dans le secret de tous les membres de votre compagnie, l'événement semble avoir justifié la crainte que j'avois eue qu'il ne fût mal gardé; et en vérité, il étoit bien difficile d'espérer que tant de bouches différentes pussent observer le même silence sur une lettre qui m'avoit été écrite en corps et les chambres assemblées. Il est vrai que votre compagnie a pu trouver une excuse dans l'exemple que vous m'avez rappelé par votre lettre du 23 du mois dernier; mais elle auroit pu faire réflexion qu'outre que les circonstances étoient différentes, il y a des exemples qu'on n'est pas obligé de suivre; et d'ailleurs, il est toujours permis de faire mieux que ceux qui nous ont précédés.

Quoi qu'il en soit, vous savez combien un secret mal gardé a causé de trouble et d'agitation dans la ville d'Aix, et je suis persuadé qu'il n'en faudra pas davantage pour vous engager, aussi bien que la cour des comptes, à ne plus traiter de pareilles affaires en si grande compagnie.

Je n'en approuve pas moins les mesures qu'on a prises pour être en état de mettre en lieu de sûreté, dans le cas d'un besoin pressant, les titres qui sont dans vos archives, aussi bien que les papiers du greffe.

Quand même les officiers du parlement et de la cour des comptes devroient demeurer à Aix, au milieu même du plus grand danger, il seroit toujours nécessaire de transporter ailleurs des dépôts aussi précieux que ceux dont il s'agit. Mais il y a tout lieu de croire qu'on se fatigue bien vainement en cette occasion par des prévoyances inutiles, et j'espère d'apprendre bientôt qu'au moyen de toutes les forces qui vont se réunir en provence, les troupes ennemies n'y feront aucun progrès qui puisse alarmer justement la ville d'Aix. Continuez seulement, comme je vous l'ai déja marqué, d'entretenir une relation continuelle avec M. le maréchal de Belle-Isle: il est instruit des intentions du roi ; c'est sur lui que Sa Majesté se repose du soin de veiller à la sûreté à la tranquillité de votre province, et avec un général si vigilant, on n'a à craindre aucune surprise.

Je reçois dans ce moment votre lettre du 5 de ce mois, et je ne vois rien à ajouter à la sagesse des mesures que vous avez prises avec M. le maréchal de Belle-Isle, pour être bien averti du temps dans lequel il pourra être nécessaire de pourvoir à la conservation des dépôts importans de votre compagnie, en les faisant transporter dans un lieu où ils soient hors de tout danger.

Du 16 février 1747.

QUOIQUE les ennemis, en se retirant, aient laissé de tristes marques du séjour qu'ils ont fait en provence, c'est toujours un grand bien que cette province en soit entièrement délivrée, et qu'ils aient lieu de croire que le mauvais succès de leur entreprise les dégoûtera pour toujours d'en tenter de semblables ; ce sera à présent un des principaux objets, non-seulement de votre attention, mais de celle du roi même, de venir au secours des habitans de la partie de la province qui a souffert une plus grande désolation. Je ne doute pas que vous ne soyez fort occupé d'un objet si important, et que Sa Majesté n'entre avec plaisir dans toutes les vues que vous pourrez avoir, pour donner à un pays si malheureux, les moyens de travailler à réparer leurs pertes passées le plus promptement qu'il sera possible.

Du 24 avril 1747.

JE vois, par votre lettre du 17 de ce mois, que les tristes circonstances qui ont retardé la tenue de l'assemblée des communautés de Provence ne l'ont pas empêché de donner au roi les mêmes marques de son zèle pour le service de Sa Majesté : je crains qu'elle n'ait promis plus qu'elle ne pourra tenir ; mais la bonté de Sa Majesté viendra sans doute au secours d'une province qui, par les derniers efforts qu'elle a faits, s'est trouvée plus digne que jamais de sa protection.

Du 7 juillet 1747.

La délivrance de la ville de Gênes est un événement auquel tout le royaume s'est intéressé comme la provence; il seroit à souhaiter que les mouvemens de nos troupes, pour entrer dans le Piémont, qui ont contribué à cette événement, eussent eu des suites aussi heureuses; mais la guerre est sujette à des vicissitudes qui ne peuvent qu'augmenter encore le désir de la paix.

§. V. — *Police ecclésiastique.*

Du 22 décembre 1728.

Vous êtes si instruit des règles de l'ordre public, que vous auriez pu répondre vous-même à la consultation que vous me faites sur la question qui s'agite entre le curé et le bailli de Braine, pour savoir auquel des deux il appartient de présider à l'assemblée qui se tient pour la reddition des comptes et autres affaires de la fabrique.

Je vois par votre lettre que le bailli fonde principalement sa prétention sur un arrêt du 23 juillet 1707, par lequel le parlement de Paris n'a adjugé en pareil cas au curé de Saint-Jacques de la Boucherie que la préséance, la première signature et le droit de tenir la plume, en laissant tacitement la présidence ou le droit de recueillir les voix et d'opiner le dernier au marguillier d'honneur. Cet arrêt est conforme à l'usage qui s'observe dans les paroisses de la ville de Paris; et cet usage s'y est établi, parce que les marguilliers d'honneur sont ordinairement des magistrats considérables, pour lesquels les curés de Paris ont cru qu'ils ne pouvoient avoir trop de déférence, soit à cause de la dignité de leur charge, soit parce qu'ils ont plus d'expérience qu'eux pour diriger les délibérations d'une assemblée, soit enfin parce qu'on a pensé qu'ils en imposeroient davantage aux marguilliers d'un ordre inférieur, qui sont choisis pour la plupart entre des officiers subordonnés à ces magistrats.

Mais le parlement n'a jamais cru que cet usage, ni les arrêts qui l'ont autorisé, dussent être tirés à conséquence par rapport aux paroisses de la campagne. L'arrêt qui a été rendu pour celle d'Argenteuil, et que vous citez dans votre lettre, en est une preuve suffisante. Le parlement ne se contente pas d'y donner la préférence aux marguilliers sur le bailli, le procureur fiscal et le greffier ; mais il y établit le principe par lequel ces sortes de questions doivent être décidées, en ordonnant que les officiers de justice n'assisteront aux assemblées de la fabrique que comme notables habitans, et sans pouvoir y exercer la fonction de juges. La décision de la difficulté qui est née entre le curé et le Bailli de Braine est renfermée dans ce principe. Dès le moment que le bailli, le procureur fiscal et le greffier n'assistent à ces sortes d'assemblées que comme principaux habitans, et non comme juges ou comme officiers, il est évident qu'ils ne peuvent rien disputer au curé, ni pour la préséance, ni pour la présidence, parce qu'ils n'ont aucun caractère en cette occasion qui les distingue des autres habitans de la même paroisse.

Le bailli de Braine n'a donc pas eu tort de chercher, dans la jurisprudence des arrêts du parlement, la règle qu'il devoit suivre sur cette matière ; mais il s'est trompé dans le choix qu'il a fait d'un arrêt rendu pour la ville de Paris, au lieu de s'attacher aux préjugés qui avoient pour objet les paroisses de la campagne, à l'égard desquelles il n'est pas surprenant que, soit dans l'arrêt qui regarde la paroisse d'Argenteuil, soit dans plusieurs autres semblables, le parlement ait donné une décision différente.

J'apprends d'ailleurs, par votre lettre, que l'usage de votre diocèse est entièrement uniforme sur ce point, à l'exception de la seule paroisse de Braine, dont le bailli s'est trop laissé prévenir en faveur d'un droit que les juges royaux même ne prétendent pas s'attribuer, comme vous m'en assurez par la même lettre.

Une discipline si générale, et qui, d'ailleurs, est fondée sur la lettre de l'édit de 1695, concernant la juridiction ecclésiastique, mérite sans doute d'être conservée dans le seul lieu où l'on s'efforce inutilement de l'altérer; et toutes sortes de raisons concourant ici en faveur du curé de Braine contre le bailli du même lieu, je suis persuadé que cet officier, mieux conseillé, ne fera aucune difficulté de se conformer à la règle qu'il trouvera dans cette lettre, si vous jugez à propos de la lui faire voir.

Il ne me reste, après cela, que de vous assurer du plaisir avec lequel je profite de cette occasion pour faire rendre au clergé l'honneur qui lui est dû, pour rétablir la paix et l'union qui, dans les plus petites choses comme dans les plus grandes, est nécessaire à tout bien, et pour vous donner par là une nouvelle marque de la parfaite considération avec laquelle je suis, etc.

Du 18 juillet 1733.

LORSQUE je reçus votre lettre du premier de ce mois, la prétention que vous avez d'être en droit d'assister au synode diocésain me parut aussi nouvelle que singulière; et je trouvai en même-temps que votre conduite, à l'égard de M. l'évêque d'Angers, ne convenoit guère à une prétention aussi mal établie que la vôtre. M. le cardinal de Fleury m'en écrivit peu de jours après; et j'apprends par une dernière lettre de son éminence, que vous avez pris le parti de renoncer à une idée que vous n'auriez pas dû porter si loin.

Il n'est pas douteux que le roi peut, quand il le

juge à propos, envoyer des commissaires pour assister, en son nom, à des assemblées ecclésiastiques ; mais ni vous, ni vos prédécesseurs n'avez jamais reçu de mission pour être présens au synode du diocèse d'Angers, et s'il y a des évêques de cette ville qui aient trouvé bon, que le procureur du roi entrât dans la salle où le synode se tient, c'est un effet de leur honnêteté, dont vous vous êtes mis hors d'état d'en pouvoir profiter en voulant l'ériger en droit ; mais, puisque vous avez ouvert les yeux sur ce sujet, il seroit inutile de vous en dire davantage, si ce n'est pour vous recommander de ne vous engager en pareille matière à l'avenir, sans avoir auparavant consulté vos supérieurs.

***

Du 1.er décembre 1735.

Toute la substance du nouveau projet de requête que vous avez joint à votre lettre du 29 novembre dernier, en conséquence de l'appel comme d'abus, qui a été renvoyé par-devant MM. les commissaires du conseil, est dans les demandes qui ont été formées de part et d'autre par-devant eux, en conséquence de cet appel comme d'abus ; le tour nouveau que vous y donnez par votre dernier projet de requête n'y ajoute que plus de dureté dans les expressions, et ne pourroit faire qu'un acte inutile ; aussi je n'ai pas cru qu'il convînt de donner un arrêt du conseil sur ce projet de requête. Si vous avez quelques réflexions ou quelques pièces à ajouter à ce que vous avez déjà dit ou produit dans le procès, vous pouvez le faire par un simple mémoire ; mais en ce cas, il faut vous presser, car M. le rapporteur voit actuellement l'affaire, et il compte d'être bientôt en état de la faire voir à MM. les commissaires.

Du 31 août 1739.

Il est vrai qu'il m'est revenu que le sieur........; paroissoit donner des marques d'une conversion sincère, et que son curé en étoit content; mais j'avoue que l'exemple du père me rend fort circonspect en cette occasion. Quand il voulut se faire recevoir dans une charge de secrétaire du roi, il remplit en apparence les devoirs d'un bon catholique, et il ne fut admis que sur un certificat de confession et de communion, qui lui fut délivré par un prêtre de la paroisse de Saint-Eustache; cependant on m'a assuré que lorsqu'il fût revenu à Bordeaux, il cessa d'aller à l'église et de faire des actes de catholicité. Je crains toujours qu'il n'en soit peut-être de même du fils, et je crois qu'il est bon de l'éprouver encore plus longtemps; il n'y a même rien d'extraordinaire dans un pareil retardement, le sieur........ est assez jeune pour attendre, et il n'y a rien dans sa naissance qui mérite qu'on lui accorde des grâces prématurées. Je ne suis pas surpris qu'il désire d'entrer dans une famille aussi respectée que celle de M. de..........; mais une famille si vertueuse doit avoir plus de délicatesse qu'une autre sur la religion de ceux qui veulent s'allier avec elle; ainsi on ne peut qu'approuver les précautions que je prends pour prévenir le déplaisir qu'elle auroit, s'il se trouvoit malheureusement dans la suite, qu'elle eût été induite en erreur par de vaines apparences.

Du 27 juillet 1740.

La justice des plaintes du clergé contre deux arrêts du grand conseil, que M. l'évêque de.......... avoit été obligé d'attaquer, étoit si évidente, que l'assemblée ne me doit aucun remercîment au sujet de l'arrêt que le roi leur a accordé avec plaisir. Je voudrois mériter ces actions de grâces par des services plus importans et plus proportionnés aux sentimens que j'ai pour le clergé de ce royaume, et par ceux qui le représentent si dignement.

J'avais compris, par une lettre que je reçus le.... de M. l'évêque de.........., qu'il désiroit qu'on ajoutât quelque chose à l'arrêt qui a été rendu sur sa requête, pour faire connoître que, suivant l'intention du roi, toutes les contestations nées et à naître, au sujet de la juridiction quasi épiscopale prétendue par l'abbaye de Cluny, doivent être portées pardevant les commissaires nommés par Sa Majesté; et je lui répondis hier, que cela n'étoit plus possible, parce que l'arrêt étoit non-seulement signé, mais scellé. Je lui marquai en même-temps, qu'il seroit bien aisé d'y suppléer, si les religieux de Cluny vouloient encore se pourvoir dans un autre tribunal, ce qui n'étoit pas trop vraisemblable ; mais s'il désire que par un nouvel arrêt, le roi interdise, en général, toutes nouvelles démarches de cette nature, il peut me proposer ce qu'il jugera à propos sur ce sujet, et il me trouvera toujours disposé à entrer dans tout ce qui pourra écarter des procédures ou des contestations contraires au respect qui est dû aux arrêts rendus par Sa Majesté.

Du 27 juillet 1740.

L'ARRÊT auquel vous me marquez que l'assemblée du clergé désiroit que l'on fît une addition, étoit non-seulement signé, mais scellé, lorsque j'ai reçu votre lettre, et cette addition d'ailleurs paroît peu nécessaire, puisqu'après l'arrêt qui vient d'être rendu, il n'y a pas d'apparence qu'aucun religieux de l'abbaye de Cluny s'avise de s'adresser au grand conseil, au lieu de procéder devant les commissaires qui ont été nommés par le roi. On ne doit pas encore le prévoir, et si cependant le cas arrivoit, il seroit si aisé d'y remédier par un nouvel arrêt du conseil, que cela ne doit vous causer aucune inquiétude, ni à MM. du clergé.

Du 30 juillet 1740.

Je recevrai très-volontiers ce que vous croyez devoir me proposer sur les précautions qu'on pourrait prendre, pour prévenir de nouvelles entreprises de la part des religieux de Cluny.

L'assemblée du clergé seroit encore plus contente de mon cœur qu'elle ne l'a été de ma lettre, si elle pouvait y lire les sentimens dont je suis rempli pour le bien de l'église et l'honneur de l'épiscopat.

A l'égard de la pensée que vous avez, de proposer que ma lettre soit insérée dans les registres de l'assemblée du clergé, outre que cette lettre ne contient rien d'assez important pour mériter qu'on lui fasse cet honneur, je crois que cela ne conviendroit point, parce qu'il s'agit d'une affaire qui n'est point encore finie, et qu'il faut éviter de donner lieu à ceux que vous avez pour parties, de dire que le clergé a voulu faire passer ma lettre pour une espèce de préjugé, quoiqu'elle ne contienne rien de semblable par rapport au fond de l'affaire, sur laquelle je ne dois pas encore m'expliquer.

Du 6 septembre 1740.

Je ne sais pas sur quel fondement on a pu penser dans votre ressort, que les lieutenans généraux civils fussent en droit de faire le procès aux relaps ou à la mémoire de ceux qui ont refusé de recevoir les sacremens de l'église, en déclarant qu'ils vouloient mourir dans la religion prétendue réformée. Il faudroit, pour autoriser la prétention des juges civils, qu'ils eussent une attribution expresse pour connoître de cette matière, et c'est ce qui ne se trouve dans aucun édit ou déclaration du roi. Les lieutenans criminels, au contraire, n'ont pas besoin d'une attribution particulière; il suffit, pour établir leur compétence, qu'il s'agisse d'un crime, et d'un crime que le roi a jugé assez grave pour mériter d'être poursuivi, même après la mort du coupable; une accusation de cette nature, ne peut pas non plus être considérée comme étant du nombre de celles dont les lieutenans-généraux de police peuvent prendre connoissance; jamais elle ne peut être regardée comme un objet de police. Ainsi tout concourt dans cette matière en faveur des lieutenans criminels. Il est inoui au parlement de Paris, qu'aucun autre officier ait prétendu révoquer en doute, leur compétence sur ce point. Un mauvais usage ne doit pas l'emporter sur les règles générales dans ce qui concerne l'ordre des juridictions; vous ferez fort bien de proposer au parlement de rendre un arrêt par lequel il décidera en général, que la connoissance du cas dont il s'agit appartiendra dorénavant aux lieutenans criminels de son ressort privativement à tous autres juges; le seul égard qu'on puisse avoir pour un ancien abus, est de laisser subsister les procédures et les sentences qui ont été faites ou rendues jusqu'à présent, et c'est ici le cas d'appliquer la règle de droit : *error communis facit jus.*

Du 30 mars 1744.

UNE lettre que j'ai reçue de M. l'évêque de Basas, et deux de vos lettres qu'il y a jointes, m'ont fait connoître pleinement toute l'indignité de la conduite et des procédés du sieur........., votre substitut au siége de Basas; et, comme il s'est rendu par là également coupable, soit à l'égard de son évêque, soit par rapport à vous, qui êtes son supérieur immédiat, j'ai cru devoir exiger de lui qu'il

réparât aussi également ces deux espèces de tort.
C'est dans cet esprit que je lui ai écrit la lettre
dont je vous envoie la copie, je ne dois pas douter
qu'il ne s'y conforme exactement. Aussitôt que vous
aurez reçu cette lettre, vous aurez soin de lui en
faire part, et de lui marquer le jour auquel il devra
se rendre à Bordeaux, et après qu'il vous aura remis
les originaux des actes qu'il a fait signifier, vous
n'aurez qu'à les envoyer ou au lieutenant-général
de Basas, ou à M. l'évêque même, si vous le jugez
à propos, afin que la copie en puisse être supprimée
en même-temps que l'original. Si le sieur........
étoit capable de ne pas se soumettre aux ordres que
je lui envoie, il ne restera plus d'autre parti à
prendre, à son égard, que celui de l'interdire de ses
fonctions par un arrêt du conseil, qui conviendra
mieux, après ma lettre, qu'un arrêt du parlement.

Du 30 mars 1744.

Je ne suis pas moins indigné que vous de la conduite que le sieur........., procureur du roi au
siége de Basas, a eue à votre égard, pour soutenir
une mauvaise prétention par des actes et des procédés
encore plus blâmables. Comme cet officier a trouvé
le moyen de manquer également, et au respect qu'il
doit à votre personne aussi bien qu'à votre dignité, et
à son devoir, par rapport à son supérieur immédiat,
j'ai cru qu'il étoit juste de l'obliger à réparer en
même-temps ces deux espèces de tort qu'il a à se
reprocher, et je ne peux vous faire mieux juger de
la voie qui m'a paru la plus convenable dans ces deux
vues, qu'en vous envoyant la copie de la lettre que
je lui écris, et j'en use de même à l'égard de M. le
procureur général. Cette lettre sera le commencement
de la réparation qui vous est due, et je ne doute pas
que le sieur......... ne la rende complette par
une humble satisfaction qui puisse vous faire oublier

l'indécence de la première. La considération que j'ai pour votre personne redouble encore en cette occasion mon attention ordinaire à soutenir l'honneur et la dignité du caractère dont vous êtes revêtu, et dont vous remplissez les obligations avec une sagesse et une modération qui aggravent encore la faute de l'officier dont vous vous plaignez avec tant de raison.

Du 30 *janvier* 1746.

AVANT que de décider aux frais de qui la procédure commencée contre la mémoire du nommé........, doit être poursuivie, il faut commencer par examiner s'il y a lieu de continuer cette procédure, et c'est ce qui n'est pas difficile à résoudre, puisqu'il est fort inutile d'instruire un procès criminel qui ne peut donner lieu à aucune condamnation, parce que le corps du délit n'est pas certain. La réponse que le sieur....... a faite à son curé, ne peut être regardée comme un refus de recevoir les sacremens, qui suffit pour le faire traiter comme relaps, et le curé a manqué essentiellement à son devoir, en ne prenant pas pour se faire entendre, la voie que le malade lui indiquoit. Il faudroit au moins qu'il fût prouvé par l'information, que le prétexte que le même malade a pris de sa surdité, fût reconnu faux par des dépositions de témoins, qui déclarassent qu'il entendoit fort bien ce qu'on lui disoit, et qu'il n'étoit sourd que pour son curé, lorsque celui-ci vouloit savoir les dispositions où il étoit sur la religion ; si les témoins attestoient ce fait, il n'y auroit qu'à suivre votre pensée, c'est-à-dire, continuer à la requête de votre substitut, la procédure qui a été commencée, et dont le domaine avanceroit les frais, sauf à les répéter dans la suite contre qui il appartiendroit ; mais si le malade étoit véritablement sourd, et qu'il n'y ait point eu d'affectation en lui, lorsqu'il a demandé que le curé lui fît ses questions par écrit; il n'y a qu'à laisser tomber cette affaire, de pareilles accusations faisant plus de mal que de bien, lorsqu'elles ne se terminent point par aucun jugement qui puisse servir d'exemple.

Du 21 septembre 1746.

LORSQUE je reçus la lettre que vous m'écrivîtes le........ au sujet de l'affaire que M. de........ a avec le séminaire d'Aix, M. l'archevêque de cette ville venoit de partir pour aller voir M. son frère à Lisieux, et c'est ce qui m'engagea à lui écrire, pour lui faire part de la pensée qui vous étoit venue dans l'esprit de terminer cette affaire par voie d'arbitrage, plutôt que par une décision du conseil. Je viens de recevoir la réponse de ce prélat, et il me paroît craindre tellement le caractère difficile et opiniâtre de M. de.......... qu'il ne peut se mettre dans l'esprit que les voies de conciliation ou d'arbitrage puissent jamais réussir avec lui : je ne sais s'il se trompe fort quand il a cette opinion; mais il vous est bien facile d'en avoir le cœur éclairé, en imaginant vous-même les expédiens ou les tempéramens par le moyen desquels on pourroit terminer à l'amiable la difficulté qu'il s'agit de régler, et voir si vous pourriez engager M. de........ à les accepter d'une manière qui ne fût sujette à aucune variation; le moment présent est même favorable pour le rendre plus docile à vos avis, parce qu'il a tout lieu de craindre que, si l'affaire est une fois rapportée au conseil des dépêches, son opposition ne paroisse mériter peu d'attention, lorsqu'on la comparera avec l'avantage du séminaire, et encore plus avec ce qui convient au bien de la police et avec le consentement donné par le corps de ville à la proposition du séminaire. Si vous pouvez venir à bout de rendre M. de.......... raisonnable, il n'y a pas d'apparence que vous trouviez, ni dans le séminaire ni dans

M. l'archevêque même, une grande répugnance à entrer dans vos vues, qui ne tendront certainement qu'à l'utilité commune de la ville d'Aix, et à l'intérêt particulier de ceux qui ont des maisons dans le voisinage de M. de.........

§. VI. — *Protestans et Juifs.*

Du 8 août 1733.

Les héritiers du feu sieur de......... m'exposent qu'ils ont une affaire au parlement de Bretagne, au sujet d'un brevet par lequel le roi confirme l'acquisition que leur père avoit fait, d'un bien appartenant à un religionnaire, et que vous avez donné des conclusions dans cette affaire qui tendent à rejeter le brevet, parce qu'il n'est pas revêtu de lettres-patentes. Comme il n'est point d'usage que l'on expédie des lettres-patentes sur ces sortes de brevets, vous ne pouvez rien faire de mieux que de réformer vos conclusions, si vous n'avez point d'autres raisons pour demander que le brevet dont il s'agit soit rejeté.

Du 14 *juin* 1734.

Sans m'arrêter à vous expliquer ici ce qui a retardé la réponse que je devois faire à la lettre que vous m'avez écrite sur les synagogues des juifs de Bordeaux, et sur les autres abus qu'ils font de la trop grande tolérance dont on a usé depuis quelque temps à leur égard; je me contenterai de vous marquer à quoi se réduit ce que vous avez à faire, quant à présent, sur ce sujet.

Après avoir bien examiné les faits contenus dans votre lettre, il a paru ici qu'avant que de rendre une ordonnance en forme pour renfermer les juifs dans les bornes dont on n'auroit pas dû les laisser sortir, il falloit commencer par les avertir de ce qu'on exige d'eux, afin que, s'ils défèrent à cet avis, les abus cessent d'une manière qui ne cause point de trouble ou de dérangement dans le commerce de Bordeaux, auquel vous savez combien les juifs ont de part. S'il arrive, au contraire, qu'ils ne se conforment pas à l'ordre que vous leur prescrirez, il sera temps alors de s'expliquer à leur égard avec plus d'autorité, par une ordonnance telle que vous l'avez proposée.

Vous prendrez donc, s'il vous plaît, la peine d'envoyer chercher ceux qui ont le plus de crédit parmi les juifs, pour leur dire que le roi a été informé de leurs entreprises, et que Sa Majesté a fort désapprouvé la tolérance dont ceux qui sont chargés de veiller à la police publique ont usé à leur égard ; qu'ainsi son intention est que, n'ayant aucun titre pour faire l'exercice de leur religion dans la ville de Bordeaux, ils cessent absolument de s'assembler dans les différentes maisons où ils tiennent leur synagogue avec un éclat qui n'est pas excusable, et qu'ils en retirent incessamment tous les ornemens, les vases et lampes d'argent qui y sont, sans quoi vous les ferez saisir incessamment pour en ordonner la confiscation.

Vous leur défendrez aussi d'avoir des rabbins, ou autres personnes autorisées parmi eux pour faire des instructions ou des cérémonies de la religion judaïque, et vous ordonnerez à ceux de ce caractère qui se trouvent actuellement à Bordeaux d'en sortir incessamment, s'ils ne veulent pas s'exposer à être enfermés par ordre du roi dans tel lieu que Sa Majesté jugera convenable.

Vous défendrez pareillement aux juifs de prendre des catholiques pour domestiques, de fermer leurs boutiques les jours de sabbat et autres solennités de leur religion ; et vous leur recommanderez de les fermer les jours de dimanche et de fêtes ordonnées par l'église, de se retirer dans leurs maisons dans le temps des processions du Saint-Sacrement, ou, s'ils se trouvent dans les rues, de se mettre à genoux comme les catholiques, et d'en user de la même manière lorsqu'ils rencontreront le saint Viatique qu'on porte aux malades.

Vous aurez soin, s'il vous plaît, de leur faire connoître que c'est par un excès de bonté que l'on n'a pas voulu se porter d'abord à de plus grandes extrémités, en les traitant avec toute la rigueur que la témérité de leur conduite avoit méritée ; mais que, s'ils ne se conforment exactement aux ordres que vous leur donnerez, le roi sera obligé d'en user, à leur égard, avec d'autant plus de sévérité, qu'ils auront plus abusé de son indulgence.

Vous aurez soin, après cela, de veiller sur leur conduite, afin que, s'il falloit en effet aller plus loin, on soit en état de le faire sur le compte que vous m'en rendrez, mais je ne sais si en ce cas il ne seroit pas mieux de faire agir le parlement par voie de police et de discipline générale, que d'employer le nom du roi dans cette affaire.

Au surplus, vous ne ferez ce que je vous écris que supposé que l'arrêt du 21 janvier soit exécuté ; ce qui doit être fait, suivant toutes les apparences, sans doute, depuis le temps que cet arrêt a été rendu.

Du 29 septembre 1737.

Les difficultés qui paroissent avoir fait quelqu'impression sur l'esprit de MM. les commissaires du parlement, par rapport au réquisitoire que M......, avocat-général, a cru devoir faire à l'égard des juifs de Bordeaux, me paroissent aller trop loin ; il ne s'agit point, en cette occasion, d'examiner les priviléges qui ont été accordés aux juifs, ni d'y donner atteinte en aucune manière ; et il est fort inutile de

prévoir des inconvéniens par rapport au bien du
commerce, qui n'ont rien de commun avec ce qui
forme le véritable objet du réquisitoire des gens du
roi ; quelque jugement que l'on porte sur les privilèges
dont les juifs de Bordeaux sont en possession, il n'en
est pas moins vrai qu'ils sont soumis aux lois du
royaume et assujettis aux réglemens de police, qui
concernent le respect dû à la religion, comme à tous
les autres. On voit d'ailleurs, par plusieurs exemples,
que les juifs ont besoin d'être contenus dans cette
matière, et qu'il est à craindre qu'ils n'abusent souvent de la protection que la faveur du commerce leur
a fait accorder ; cette protection doit avoir ses bornes,
et elle n'a d'ailleurs rien d'incompatible, comme je
viens de le dire, avec les règles de discipline et de
police auxquelles les juifs doivent se conformer exactement, s'ils veulent mériter, par leur conduite, la
conservation de leurs privilèges ; ainsi je ne saurois
vous dissimuler que je n'ai pas trouvé, dans les réflexions dont vous m'avz fait part au sujet du réquisitoire de M.............., toute la solidité qui
régne ordinairement dans vos lettres ; et je suis persuadé que, quand MM. les commissaires du parlement auront donné une nouvelle attention à ce réquisitoire, après la Saint-Martin, ils penseront comme
le parlement, qu'il est de l'honneur et de la dignité
de cette compagnie, aussi-bien que de l'ordre et
intérêt public, qu'on ait égard à ce réquisitoire ; on
peut, à la vérité, se contenter de faire aux juifs de
Bordeaux les injonctions générales qui sont demandées par le ministère public, à peine de punition
exemplaire, et d'être procédé contr'eux extraordi-
nairement, sans y employer la menace d'être chassés
du royaume, qui donneroit peut-être quelque atteinte
à leur crédit, et à laquelle d'ailleurs on pourroit
appliquer ce qui est dit dans votre lettre, que le
parlement n'a pas le pouvoir de déroger à des lettres
patentes et de révoquer des privilèges qu'il a plu au
roi d'accorder ; mais avec cet adoucissement, le réquisitoire des gens du roi n'a rien qu'il ne soit non-

seulement important mais nécessaire de faire autoriser par le parlement. Les punitions particulières, quoique nécessaires en certains cas, ne font pas toujours tout l'effet qu'on en doit attendre, au lieu qu'un réglement général excitera également l'attention de tous les juifs ; et il est de leur intérêt même qu'on prévienne le mal avant qu'il arrive, plutôt que d'être forcé à le punir quand il est arrivé.

Du 9 mars 1739.

IL me revient de toutes parts que les religionnaires du Périgord contractent journellement des mariages également contraires aux lois de l'église et de l'état, et il y en a deux entr'autres, comme vous le verrez par l'extrait que je joins à cette lettre, qui ont excité justement l'attention de M. l'évêque de Périgueux. Comme rien n'est plus important que de remédier à un si grand désordre, en punissant sévèrement les parties contractantes et les prêtres qui leur prêtent leur ministère. Vous aurez soin, s'il vous plaît, de réveiller l'attention de vos substituts sur cette matière, afin qu'ils fassent de leur part toutes les poursuites nécessaires pour réprimer ces abus, conformément à la disposition de la déclaration du 15 juin 1697, et je ne doute pas que vous ne veillez exactement à la faire bien exécuter.

Du 17 août 1739.

JE vous envoie la lettre que votre substitut au siége de Périgueux m'a écrite sur une affaire dont il vous a rendu compte, et qui est d'une si grande importance, que je suis persuadé que vous y donnerez la plus grande attention, pour y faire faire un exemple qui devient plus nécessaire que jamais, par la multitude des mauvais mariages qui se font entre les religionnaires mal convertis; vous pouvez même aller beaucoup plus loin que votre substitut dans cette matière, puisque vous êtes en droit d'interjeter appel comme d'abus du mariage qui a excité le zèle de M. l'évêque de Périgueux et le sien.

Du 14 juin 1741.

Monsieur le procureur-général m'avoit déjà informé de l'ordonnance rendue par M. l'évêque....... dont vous m'envoyez la copie par votre lettre du 5 de ce mois, en me marquant les dispositions du parlement de Pau à cet égard. Cette ordonnance est en effet très-extraordinaire, et capable de produire de fort mauvais effets par l'excès des épreuves qu'elle exige des nouveaux convertis, avant que de les admettre au sacrement de mariage. Mais comme il y a eu beaucoup d'inconvéniens à la rendre, il y en auroit aussi beaucoup à la supprimer ou à la déclarer abusive par un arrêt du parlement, parce que, s'il ne faut pas inspirer trop de crainte aux nouveaux convertis, il ne seroit pas moins dangereux de leur donner trop de confiance. Ainsi, après avoir eu l'honneur d'en conférer avec M. le cardinal de........., j'ai pris le parti d'écrire à M. l'évêque......... que ce qu'il pouvoit faire de mieux étoit de retirer son ordonnance des mains des curés à qui il l'avoit envoyée, en leur marquant qu'il avoit intention de s'expliquer de nouveau sur cette matière, et que cependant ils pouvoient le consulter sur les cas particuliers qui se présenteroient, afin qu'il fût en état de leur donner les instructions ou les ordres dont ils auroient besoin; qu'il y avoit même une occasion naturelle de tenir tout en suspens, parce qu'on travailloit depuis long-temps à dresser une nouvelle déclaration du roi sur les mariages des nouveaux convertis; que l'on étoit sur le point de mettre la dernière main à cette déclaration, et qu'il n'y avoit qu'à attendre qu'elle parût pour se conformer ensuite à ses dispositions.

Vous comprenez aisément que les mêmes raisons suffisent pour empêcher aussi que le parlement de Pau n'aille plus loin, au sujet de l'ordonnance de M. l'évêque. . . . ., qui, étant donnée il y a deux ans, est peut-être oubliée à présent dans son diocèse, et dont les mauvaises suites ne seront plus à craindre, dès le moment que ce prélat aura eu soin de la retirer des mains de ses curés, comme je ne doute pas qu'il ne le fasse. J'écris dans le même esprit à M. le procureur-général, afin qu'il ne fasse aucune nouvelle démarche contre cette ordonnance, et qu'il se contente d'avoir assez marqué son improbation et celle du parlement, par l'arrêt qui a été rendu sur sa réquisition.

Du 14 mars 1743.

Le cas sur lequel vous me consultez par votre lettre du 10 de ce mois peut être embarrassant, surtout dans la conjoncture présente. Pour mieux juger du parti qu'il convient de prendre en cette occasion, il faudroit savoir s'il a été d'usage jusqu'à présent, dans votre pays, de suivre à la rigueur les dispositions des édits et déclarations du roi, qui défendent à ses sujets, et notamment à ceux qui ont fait profession de la religion prétendue réformée, de sortir du royaume sans la permission de Sa Majesté, à peine de confiscation de corps et de biens; ou, si l'on a usé de tolérance ou de dissimulation dans des cas semblables, attendu que, s'il passe quelques sujets du roi dans les villes de Flandre, il sort aussi des étrangers des mêmes lieux pour venir s'établir dans le royaume; vous prendrez donc, s'il vous plaît, la peine de m'expliquer la conduite que l'on a gardée jusqu'à présent sur ce sujet, et cependant rien n'empêche qu'il ne soit procédé par-devant le juge de

Saint-Amand, à l'élection d'un tuteur ou d'un curateur, pour les enfans de la nommée.........., qui
sont demeurés dans le royaume, sans savoir dans la
suite si l'on fera une procédure extraordinaire au
sujet de l'évasion de celui des enfans qui est à Tournay, ou de la fille, qui s'est retirée, il y a long-temps,
en Hollande.

Du 16 *décembre* 1743.

LE sentiment de ceux qui croient qu'un fils majeur
de ving-cinq ans, dont le père est sorti du royaume
pour cause de religion, peut se marier librement,
sans observer aucune formalité qui puisse suppléer à
l'absence de son père, est fondé sur deux raisons, qui
sont toutes deux susceptibles de difficultés :

La première est qu'il suppose que l'édit de 1669,
qui défend aux sujets du roi de sortir du royaume,
sans sa permission, à peine de confiscation de corps
et de biens, et les déclarations qui l'ont suivi, emporte de plein droit la peine de la mort civile contre
ceux qui désobéissent à ces lois ; mais c'est une supposition qui est contraire aux véritables principes de
l'ordre public. On ne connoît point, en France, de
peines encourues *ipso facto ;* la loi qui les impose
établit bien la règle qui doit être suivie dans les jugemens ; mais il faut que les juges en fassent l'application à la personne du coupable, après qu'il a été
fait une procédure régulière contre lui. Ce fut par
cette raison que la déclaration de l'année 1699, par
laquelle le feu roi renouvela les défenses qu'il avoit
déjà faites aux religionnaires et aux nouveaux convertis, de sortir du royaume sans sa permission expresse, ordonna que le procès seroit fait et parfait
à ceux qui contreviendroient à ses défenses, après
quoi ils seroient condamnés aux peines portées par la
même déclaration ; ainsi ceux qui sortent du royaume
contre la prohibition du roi peuvent bien être privés

de la possession et de la jouissance de leurs biens ; mais ils sont si peu regardés comme morts civilement, que, s'ils reviennent dans le royaume, et qu'ils y fassent abjuration de la religion protestante, en prêtant un nouveau serment de fidélité au roi, ils rentreront de plein droit dans l'état de citoyen, sans être obligés d'obtenir aucune lettre d'abolition ou de réhabilitation, et sans qu'aucun juge soit en droit de leur faire leur procès pour une faute qu'ils doivent réparer quand il leur plaît, lorsqu'il n'y a point eu de procédures judiciaires ni de jugement rendu contre eux.

La seconde raison du sentiment que vous m'expliquez par votre lettre est beaucoup plus apparente, parce qu'elle est fondée sur l'impossibilité dans laquelle le fils de famille majeur se trouve de rapporter le consentement de son père, ou de lui faire des sommations respectueuses, lorsque ce père est sorti du royaume pour aller s'établir dans des pays étrangers ; mais, quelque spécieuse que soit cette raison, et quoiqu'elle ait porté les jurisconsultes romains à décider que le fils de famille, lorsque son père étoit absent, et qu'on ignoroit le lieu de sa demeure, pouvoit se marier sans en obtenir le consentement ; ils y ont ajouté néanmoins cette restriction, qu'il falloit que la condition de celle que le fils vouloit épouser, fût telle qu'on ne pût pas douter qu'elle ne parût convenable au père, s'il en avoit connoissance ; c'est ce qui fait que je vous ai écrit, qu'il étoit du devoir du fils en pareil cas, d'avoir recours au magistrat, comme au père commun, pour se faire autoriser à contracter le mariage qu'on lui propose, sans avoir le consentement de son père ; et que, si le magistrat avoit quelque doute sur la qualité de l'alliance dans laquelle le fils vouloit s'engager, il pourroit prendre l'avis des parens, qui, suivant la déclaration de 1686, sont censés représenter la personne du père absent.

C'est le parti qui me paroît toujours le plus régulier et le plus sûr dans cette matière ; je dis le plus sûr, parce que, si le père absent revenoit dans le

royaume, et qu'il se trouvât que son fils eût contracté
un mariage inégal et déshonorant pour sa famille, on
pourroit fort bien soutenir que le père seroit en droit
de prononcer contre lui la peine de l'exhérédation ;
l'impossibilité de consulter le père avant la célébration du mariage, ne seroit pas en cela une excuse
suffisante, parce qu'on pourroit objecter au fils qu'il
n'a pas pris la précaution de faire suppléer à l'absence
de son père, par l'autorité et l'approbation du magistrat ; objection qui seroit d'autant plus considérable,
que le fondement des lois, qui permettent aux pères
de déshériter leurs enfans qui se marient sans leur
consentement, est l'injure qu'ils font par là à leurs
parens ; en effet, le mépris de l'autorité paternelle,
dans une matière si importante, a été regardé dans
nos mœurs pour une de ces injures graves que la
novelle 115 a mise au nombre de ces causes légitimes
d'exhérédation ; ainsi, malgré le prétexte tiré de l'impossibilité d'obtenir le consentement du père absent,
les juges pourroient penser que, par l'indignité de
l'alliance qui auroit été contractée par le fils, il auroit
fait une injure assez atroce pour avoir mérité de
porter la peine prononcée par la loi.

Toutes ces considérations concourent donc à m'affermir dans ma première pensée, qui consiste principalement dans l'obligation de s'adresser au magistrat
pour en obtenir la permission de contracter un mariage sans le consentement du père absent. C'est ce
qui paroît le plus essentiel ; et, au surplus, il dépend
de la prudence du magistrat de s'assurer de la convenance du mariage, ou en obligeant le fils à rapporter l'approbation de ses principaux parens, ou en les
entendant lui-même, s'il croit que cette précaution
soit nécessaire.

Du 30 mars 1746.

JE ne vois rien d'absolument répréhensible dans la précaution que le curé de Nérac a prise avant que de marier les particuliers qui sont dénommés dans l'acte dont vous m'avez envoyé la copie ; et l'on peut dire que si le curé a été trompé, il l'a été dans les règles ; mais il seroit fort difficile, dans le temps présent, de remédier au mal qui en résulte ; on ne pourroit le faire que par une loi générale ; mais il seroit à craindre qu'elle n'excitât des mouvemens dangereux, non-seulement dans votre ressort, mais dans plusieurs autres provinces ; ainsi le plus sûr est d'attendre que Dieu ait accordé à nos vœux une paix qui nous mette en état de reprendre le travail qui a été commencé, il y a long-temps, sur ce qui regarde les religionnaires, et qu'on a cru devoir interrompre pendant la guerre. Tout ce qu'on pourroit faire de plus sur ce qui s'est passé à Nérac, seroit que M. l'intendant fît parler à ceux qui ont manqué aux engagemens qu'ils avoient pris avec le curé, pour les exciter à rentrer dans leur devoir, et leur faire craindre que, si l'on étoit instruit en ce pays-ci de leur conduite, on ne se crût obligé de les punir autant qu'ils le méritent.

Du 3 juillet 1746.

PUISQUE la prudence de M. de.......... a déjà empêché l'assemblée des religionnaires, qui avoit été annoncée avant son départ, et que la terreur commence à se répandre parmi eux, il y a tout lieu d'espérer que les suites de sa commission seront encore plus heureuses que les commencemens. Il s'agit d'une matière où l'on doit chercher à faire plus de peur que de mal ; et , quand on ne trouveroit pas assez de preuves pour pouvoir prononcer des condamnations rigoureuses , la prison même dans laquelle il sera bon de laisser pendant quelque temps les accusés , peut servir beaucoup à rendre les religionnaires plus sages à l'avenir.

<hr>

Du 16 juillet 1746.

J'ai reçu l'extrait que vous m'avez envoyé , des preuves qui résultent de la procédure commencée par un commissaire du parlement , au sujet de plusieurs assemblées de religionnaires qui se sont tenues dans l'étendue de la juridiction de Sainte-Foy ; je vois , par cet extrait , que le fait de ces assemblées sera suffisamment prouvé , aussi bien que la faute de ceux qui ont été décrétés pour y avoir assisté ; mais je ne remarque encore rien , ni dans cet extrait ni dans votre lettre , qui puisse faire espérer que l'on parviendra à mieux connoître et à faire arrêter les prédicans qui ont présidé ou prêché à ces sortes d'assemblées. C'est cependant ce qui doit être l'objet principal des poursuites et des procédures que l'on fait en pareille matière ; mais il n'y a guère que les officiers de la maréchaussée qui puissent servir utilement la justice et le public dans des recherches de cette nature. Je ne doute pas que vous n'ayez soin d'y exciter leur zèle , et que M. de . . . . ne se joigne volontiers à vous pour les animer à remplir un devoir si important.

Quand même on ne pourroit réussir à faire des captures plus importantes que celles dont vous m'avez rendu compte , ce seroit toujours un grand bien , et dont on seroit redevable au parlement de Bordeaux , d'avoir au moins fait cesser des assemblées si nombreuses , et ce bien sera encore affermi par les exemples que votre compagnie croira pouvoir faire lorsque l'instruction , qui se fait actuellement , sera entièrement achevée ; ces exemples cependant ne devront pas être aussi grands que si l'on avoit pu arrêter ceux qui ont fait le personnage de prédicans dans les assemblées ; mais ce sera aux juges d'examiner si les faits qui seront prouvés sont assez graves pour aller jusqu'à la peine des galères, ou s'il faudra se contenter de prononcer de moindres peines.

Au surplus, si les avis qu'on vous a donnés d'assemblées tenues dans la Saintonge, sont véritables, vous ne devez pas hésiter à prendre la même voie qui vous a réussi en partie à l'égard de celles qui ont été tenues du côté de Sainte-Foy, et je ne doute pas que le parlement ne se porte très-volontiers à envoyer un autre commissaire en Saintonge, où il faut espérer que la prudence de ce commissaire produira au moins le bon effet de contenir les religionnaires et de faire cesser leurs assemblées.

Du 31 juillet 1746.

J'apprends par votre lettre du............ que M. de........ a achevé de remplir toute l'étendue de la commission importante dont le parlement l'avoit chargé, et qu'il est revenu à Bordeaux, en y faisant amener les neuf accusés qu'il a cru devoir décréter de prise de corps.

Je ne vois pas de quelle nature pourroient être les ordres que vous voudriez recevoir du roi sur ce sujet, Sa Majesté ne juge jamais par elle-même les procès criminels; elle se contente de faire les lois qui doivent servir de règle aux juges, et c'est sur ces lois qu'ils doivent former leur jugement; ainsi le roi ne peut que s'en rapporter à la conscience et à la justice des juges, sur les peines que les accusés leur paroissent avoir méritées; c'est à eux de bien peser toutes les circonstances qui peuvent rendre le crime plus ou moins grave, afin d'y proportionner la mesure des peines; et, tout ce que je peux ajouter ici à ces règles générales, c'est que, quoiqu'à la rigueur il y eut lieu de punir rigoureusement tous ceux qui ont assisté aux assemblées dont il s'agit, il faut cependant examiner s'ils l'ont fait dans un véritable esprit de révolte et de sédition, ou s'ils se sont laissé entraîner par l'opinion qu'on leur avoit inspirée, que le roi ne désapprouvoit point qu'ils fissent cette espèce d'exercice de leur religion ; c'est donc sur ceux qui les ont trompés à cet égard que doit tomber toute la sévérité des peines prononcées par les ordonnances, qui défendent les assemblées de religionnaires ; et le point le plus essentiel, comme je vous l'ai déjà marqué plus d'une fois, est de s'attacher à faire de grands exemples dans la personne des prédicans et des chefs de parti ; à l'égard des autres, les peines peuvent être regardées comme arbitraires, et laissées à la prudence des juges, selon la diversité des circonstances.

Les avis que M. de............ m'a donnés des assemblées de religionnaires qui se sont faites dans la Saintonge s'accordent fort avec ceux que vous avez reçus, excepté que les faits en sont encore plus graves ; comme il est parvenu heureusement à faire arrêter deux des prédicans qui y ont assisté, et qu'il est à la suite du troisième, le roi a jugé à propos de lui attribuer la connoissance du procès qu'il faudra faire aussi bien qu'aux autres coupables qui ont eu le plus de part aux autres assemblées ; et, comme il vous a paru très-disposé à seconder les soins de votre ministère dans les poursuites que vous faites au parlement, je ne doute pas que vous ne l'aidiez aussi de vos connoissances dans le procès que le roi a renvoyé pardevant lui, et il est fort bon qu'il règne un concert parfait dans cette matière entre les cours supérieures et MM. les intendans, afin qu'ils ne se nuisent point réciproquement par des procédures contraires, et que les religionnaires voient qu'ils n'ont aucune ressource, puisque la justice ordinaire et le pouvoir qu'il plaît au roi de confier aux intendans agissent également contre eux.

Du 20 mai 1747.

L'ARRÊT que le parlement de Bordeaux a rendu sur le procès criminel instruit au sujet de plusieurs mauvais mariages, contractés par des religionnaires mal convertis, me paroît conforme à toutes les règles établies en cette matière, et la juste sévérité dont on a usé à l'égard du curé de Brasalem, conformément à la disposition de l'édit du mois de mars 1697, est un exemple qui pourra être fort utile pour contenir des ecclésiastiques capables de prêter leur ministère à de pareils mariages; je ne doute pas que vous ne poursuiviez avec la même attention les accusés de faits semblables qui ne sont pas encore jugés; et il est fort nécessaire de tenir toujours la main exactement à l'exécution des lois qui ont été faites sur un objet si important.

Pour ce qui est des procédures que vous avez commencées au sujet des mariages qui ont été contractés frauduleusement et abusivement à Paris par des personnes domiciliées à Bordeaux, vous avez fait tout ce qui pouvoit dépendre de vous, en priant M. le procureur-général au parlement de Paris de faire signifier les décrets d'ajournement personnel que vous avez fait rendre contre une partie des accusés, et il eût été à souhaiter que vous eussiez pris plus tôt les mêmes mesures.

Du   août 1747.

J'AI lu et relu avec beaucoup d'attention les motifs qui m'ont été envoyés pour justifier l'arrêt que le parlement de Bordeaux a rendu en faveur du sieur..........; et, quoiqu'ils soient très-bien écrits et tournés avec beaucoup d'esprit, je suis néanmoins obligé de vous dire que je les ai trouvés remplis de

distinctions plus subtiles que solides, et du nombre
de celles dont on se sert quelquefois, pour se dispenser de suivre une loi que l'on veut regarder
comme trop rigoureuse.

La différence singulière qu'on a cherché à y mettre
entre les lois antérieures à la révocation de l'édit de
Nantes, et les lois postérieures à cette révocation,
est une espèce de paradoxe en matière de jurisprudence.

Personne n'ignore que l'abolition de tout exercice
de la religion prétendue réformée n'a pas produit
des conversions bien sincères, et qu'on a été malheureusement forcé de distinguer dans le royaume deux
sortes de nouveaux convertis ; les uns, qui l'étoient
de bonne foi ; les autres, en beaucoup plus grand
nombre, qui ne l'étoient qu'en apparence, et qu'on
pouvoit reconnoître aisément par des signes extérieurs
et sensibles, c'est-à-dire, par le défaut d'exercice
de la religion catholique. Toutes les déclarations
qui ont été faites depuis la révocation de l'édit de
Nantes sont évidemment fondées sur cette distinction, et elle est d'ailleurs si notoire qu'aucun juge ne
peut l'ignorer.

Comment donc seroit-il possible d'imaginer que,
parce que le feu roi a porté son zèle pour la religion
jusqu'à proscrire entièrement celle qui se donnoit le
titre de réformée, il ait voulu en même temps prendre moins de précautions qu'auparavant pour faire
en sorte que ses sujets fussent élevés dans la religion
catholique, et déroger, au moins tacitement, aux lois
précédentes, qui avoient exclu les religionnaires de
la tutelle des enfans dont les pères auroient fait profession de la religion prétendue réformée.

Non-seulement les intentions du feu roi et celle
de Sa Majesté ne pouvoient être douteuses sur ce
point ; mais elles ne l'étoient pas en effet ; toutes les
déclarations postérieures en sont la preuve ; celle du
13 décembre 1698 est si claire et si expresse à cet
égard, qu'on ne sauroit comprendre comment un
parlement, aussi éclairé que celui de Bordeaux,

a pu se former encore des nuages sur cette déclaration, après des termes aussi précis que ceux dont elle
s'est servie pour défendre de nommer des tuteurs ou
des protecteurs qui ne rempliroient pas exactement
les devoirs de la religion catholique.

Enfin, Sa Majesté, qui n'a pas moins succédé aux
sentimens qu'à la couronne du roi son bisaïeul, a
confirmé expressément cette même déclaration par
celle du 14 mai 1724; et il n'y a point de disposition
d'ordonnance dont la certitude soit plus reconnue en
ce pays-ci, que celle qui exclut de toute tutelle ceux
qui ne font pas profession de la religion catholique;
en effet, et indépendamment de tout ce qu'on vient
de dire, quand on voit que le roi a porté son attention jusqu'à exiger, par la déclaration de 1724, qu'on
ne reçût aucun chirurgien, aucun apothicaire qui ne
fît profession de notre religion, peut-on jamais penser
que cette précaution ait été regardée comme moins
nécessaire à l'égard des tuteurs, dont la fonction est,
sans comparaison, beaucoup plus importante dans la
matière dont il s'agit?

A la vérité, on est exposé à s'y tromper, ou à y
être trompé dans le fait, et il est même vraisemblable
que cela arrive souvent dans les provinces où il reste
encore beaucoup de religionnaires; mais on ne pouvoit pas l'être dans l'occasion présente, puisque le
sieur.......... a toujours eu et a encore la bonne
foi de reconnoître qu'il est attaché aux erreurs de ses
pères. J'ai fait même ce que j'ai pu depuis qu'il est
en ce pays-ci, pour l'engager à entrer en conférence
avec des personnes aussi sages qu'éclairées; mais, par
l'effet d'une ancienne prévention, il a toujours refusé
constamment de prendre de nouveaux éclaircissemens, parce qu'il a le malheur de n'avoir pas même
aucun doute sur son état.

La seconde distinction qu'on a voulu faire au parlement n'est pas plus solide que la première. Cette
compagnie est trop instruite des règles communes du
droit pour ne pas savoir qu'une de ces règles est de
ne point distinguer, lorsque la loi ne distingue pas.

Il n'y a rien dans toutes les déclarations du roi qui réduise au seul point de l'éducation des mineurs, la prohibition de leur donner des religionnaires pour tuteurs ; elles ont suivi ce principe général du droit romain, que le tuteur est donné à la personne et non pas seulement aux biens.

Il est vrai qu'il y a des cas où l'on peut séparer l'éducation de la tutelle, et suivant ce même droit et suivant notre jurisprudence ; mais c'est ce qui n'arrive que dans des cas particuliers, comme lorsque le père ou la mère, ou d'autres ascendans se trouvent encore en vie, ou même lorsqu'il y a des parens collatéraux à qui l'on croit que l'éducation des mineurs doit être confiée préférablement au tuteur ; mais il n'y avoit rien de semblable dans le cas présent, et il étoit bien visible que l'intention du testateur avoit été de mettre l'éducation de son fils entre les mains de celui qu'il lui avoit donné pour tuteur, avec des marques si singulières de sa confiance.

S'il y a des déclarations du roi, comme celle de 1698, qui parlent de l'éducation des enfans mineurs, c'est parce que ces lois étant relatives à la religion, elles ont regardé avec raison cet objet comme un des motifs les plus importans pour exclure les religionnaires des tutelles ; mais cette considération fortifie, bien loin d'affoiblir, la disposition générale, par laquelle elles défendent à tous les parens de nommer d'autres tuteurs que ceux qui font profession de la religion catholique.

C'est par ces vues supérieures, et non par de légères observations critiques, qui tombent seulement sur des mots, qu'on doit juger de l'esprit et de l'intention des lois, en se souvenant toujours de cette grande règle du droit romain : *scire leges non hoc est verba earum tenere, sed vim ac potestatem.*

Je passe légèrement, après cela, sur deux autres articles, qui sont dans les motifs du parlement.

Le premier est ce qui regarde le sieur.........; et qui ne mérite aucun examen. Personne n'a pensé à lui faire donner la tutelle du sieur........., et il ne paroît pas en effet qu'elle fut trop bien entre ses mains; mais l'exclusion de l'un n'a rien de commun avec l'admission de l'autre, parce qu'il étoit fort possible de ne nommer aucun des deux sujets dont il s'agit.

Le second est la validité du testament fait par le père du mineur, mais c'est de quoi il ne s'agit point, quant à présent; les doutes qu'on peut former sur ce sujet, seroient la matière d'une question problématique si ce testament étoit attaqué : il ne l'est point encore.

Ce sera au mineur, lorsqu'il sera sorti de l'âge de pupillarité, ou à son tuteur, en cas qu'on lui en donnât un autre dans la suite, de voir s'il doit se pourvoir par les voies de la justice, contre les dernières dispositions de son père; mais, encore une fois, il seroit prématuré d'entrer aujourd'hui dans la discussion de cet objet, et je reviens à celui dont il s'agit véritablement.

Toutes les considérations que j'ai faites sur les motifs du parlement conduiroient naturellement à croire qu'il y a lieu de réformer son jugement; on peut dire même que l'autorité du roi y est intéressée en quelque manière, non-seulement parce qu'elle doit maintenir l'exacte observation des ordonnances qui en sont émanées, mais parce que le bien de l'état paroît exiger qu'on ne laisse pas subsister un arrêt qui peut avoir de si grandes conséquences dans tous les tribunaux inférieurs au parlement, qui se croiront autorisés par son exemple à ne plus exclure les religionnaires mal convertis de la tutelle de ceux dont les pères ont professé la religion prétendue réformée.

Ainsi la cassation de l'arrêt du parlement est le premier objet qui se présente de lui-même à l'esprit, lorsqu'on examine cette affaire, et plus les juges ont cherché à donner des couleurs apparentes à leur décision, plus il semble qu'on doive en craindre les suites par l'impression que ces couleurs même pourroient faire sur ceux qui voudroient en abuser.

Mais, d'un autre côté, j'ai considéré qu'il n'y a

point ici de partie qui réclame la justice du roi
contre l'arrêt du parlement, et que, par conséquent,
rien ne force à prendre actuellement un parti décisif
sur la question présente; qu'à la vérité il seroit aisé
de suppléer au défaut de demande formée par une
partie intéressée, en rendant un arrêt d'office et du
propre mouvement du roi, mais que ce seroit donner
une grande mortification à une compagnie pour laquelle j'ai tous les égards qu'elle mérite, et qui a
même rempli en cette occasion le devoir le plus essentiel, en pourvoyant à l'éducation du pupille dont
il s'agit, dans les principes de la seule véritable religion; et qu'encore que, selon la lettre et l'esprit des
déclarations du roi, le sieur.........., eut dû être
déclaré incapable d'avoir la tutelle du sieur........;
il paroissoit néanmoins que l'administration des biens
de ce mineur ne pouvoit être remise en de meilleures
mains que celles de ce particulier, qui, si l'on excepte
sa prévention pour la secte dans laquelle il a eu le
malheur de naître, est d'une probité généralement
reconnue, et qui, jusqu'à présent, en a donné des
preuves dans tout ce qu'il a fait par rapport à son
pupille; qu'enfin on peut être touché jusqu'à un certain point en cette occasion de ce qui a été dit par
un jurisconsulte romain, que ce qui a été introduit
en faveur des mineurs ne doit pas être tourné à leur
préjudice.

Telles sont toutes les réflexions que j'ai faites sur
ce sujet; et, après avoir balancé long-temps les
deux partis contraires, l'un de laisser subsister l'arrêt,
l'autre de le détruire, j'ai cru que ce qui valoit encore mieux dans une affaire qui, comme je l'ai déjà
dit, n'exige point une prompte décision, étoit de la
tenir encore en suspens, et dans un état où l'on ne
sauroit craindre que, ni l'éducation, ni les biens du
pupille, puissent souffrir aucun préjudice du retardement.

C'est dans cet esprit que j'ai dit au sieur........,
que je différois encore de prendre une résolution décisive sur ce qui le regarde, et qu'elle dépendroit

beaucoup de la conduite qu'il auroit à l'égard de son mineur, que j'aurois soin de m'en faire rendre compte exactement, pour être en état d'y pourvoir, ainsi que le véritable avantage de ce mineur pourroit le demander; il m'a donné, sur cela, des assurances que je crois sincères, et auxquelles il y a lieu d'espérer que les effets répondront.

Il me reste à présent de m'expliquer sur cet objet, le plus important de tous; je veux dire sur les moyens de prévenir les conséquences qu'on pourroit tirer dans votre ressort, du préjugé trop favorable aux religionnaires mal convertis qui résulte de l'arrêt du parlement.

C'est, de toutes les réflexions, celle dont j'ai été le plus occupé dans l'examen de cette affaire ; et le moyen qui me paroît le plus naturel, pour éviter cet inconvénient, est qu'en conséquence de la lettre que je vous écris, et dont je compte que vous ferez part à la grand'chambre du parlement, elle fasse une délibération qui portera, en peu de mots, qu'ayant été instruite par moi des intentions de Sa Majesté sur l'exécution des édits et déclarations qui regardent la tutelle des enfans de ceux dont les pères ont fait profession de la religion protestante, elle a arrêté qu'il ne pourra être nommé pour tuteurs aux enfans de ceux qui ont professé la religion prétendue réformée, que ceux qui rapporteront des preuves suffisantes de l'exercice public qu'ils font de la religion catholique, apostolique et romaine.

Mais, comme cet arrêté ne sera pas de nature à être imprimé et publié, il sera à propos que M. le procureur-général écrive à tous ses substituts d'avoir attention à faire observer exactement cette règle dans toutes les nominations des tuteurs qui se feront à l'avenir.

Ce sont les précautions les plus naturelles que l'on puisse prendre pour empêcher les abus que l'on voudroit faire de l'arrêt du parlement, et il pourra même en résulter une espèce de bien, par l'affermissement d'une règle dont les circonstances particulières avoient proté le parlement à s'écarter.

***

Du 30 novembre 1747.

Comme il paroît que le sieur........ n'a point fait un refus absolu de recevoir les sacremens de l'église, ni déclaré qu'il vouloit vivre et mourir dans la religion protestante; que d'ailleurs sa déclaration, telle qu'elle soit, n'a été faite en présence d'aucun autre témoin que le curé de la paroisse, votre substitut en la sénéchaussée de Bordeaux a eu raison de ne pas commencer une poursuite qui n'auroit pu avoir aucun effet; ainsi on ne peut que laisser tomber cette affaire dans l'oubli, et il y a bien de la témérité à la dame de........., de demander la confiscation des biens d'un homme qui, bien loin d'avoir été condamné, n'a pas même été accusé.

***

Du 4 décembre 1747.

J'ai reçu depuis peu une lettre du sieur........, qui me marque que les parens du mineur........, dont il est tuteur, semblent avoir encore quelques inquiétudes sur son compte, et c'est pour les faire cesser entièrement, qu'il m'offre, comme il l'avoit déja fait pendant qu'il étoit à Paris, de consentir qu'on mette cet enfant au collége de Louis-le-Grand à Paris; mais comme l'arrêt du parlement de Bordeaux, en vertu duquel son neveu est au collége des jésuites de cette ville, peut mettre un obstacle à ce changement, il seroit bien aisé, si vous approuviez la pensée du sieur........, de lever cette difficulté par votre ministère; vous pourriez représenter au parlement, que les parens catholiques de ce mineur ayant toujours quelque crainte des mauvaises impressions ou des conseils dangereux qu'il pourroit recevoir dans la suite de ceux de sa famille qui ont des sentimens contraires, il pourroit être à propos de les rassurer pleinement en envoyant cet enfant à Paris, pour y être élevé au collége des jésuites ; ce qui seroit d'autant plus convenable, que l'éducation qu'il recevroit en ce lieu le mettroit plus en état de parvenir un jour aux emplois que sa fortune, qui est considérable, le mettroit à portée de remplir : sur quoi vous vous en rapporterez cependant à la prudence de la cour ; on ordonneroit alors que le sieur . . . . seroit appelé et entendu en votre présence ; on ne peut pas douter qu'il ne s'en rapporte aussi de son côté à la sagesse des juges, et le parlement lui permettroit ensuite de faire conduire ou de conduire lui-même son mineur à Paris, pour être mis au collége de Louis-le-Grand ; et c'est sur quoi vous prendrez avec lui les mesures ou les précautions que vous jugerez convenables.

Telle est à peu près la forme qu'on pourroit donner à cette affaire, sur laquelle cependant j'attendrai cet avis avant que de prendre une dernière résolution.

Du 15 juin 1750.

LES dispositions de la déclaration du 16 juin 1685, doivent être observées dans la province d'Alsace comme dans le reste du royaume, et les défenses portées par cette loi ne regardent pas moins les luthériens que les catholiques. Ainsi, il est sans difficulté que le sieur . . . . . ne peut, sans une permission expresse du roi, faire contracter par sa fille un mariage avec le sieur de . . . . . qui fait sa résidence dans le canton de Berne. Mais je ne vois aucun motif qui puisse engager Sa Majesté à accorder une pareille permission pour le mariage d'une fille de seize ans, qui est fort en état d'attendre, et et qui peut espérer dans le royaume un parti qui lui

convienne. Le sieur . . . . a tort de prétendre
qu'il ne contreviendroit pas à la loi en faisant ce mariage, parce que son intention est de le faire célébrer
dans la ville de Colmar : mais il ne s'agit point en
cette matière du lieu de la célébration; il est question
du pays dans lequel le mari a son domicile, l'objet du
législateur ayant été que ses sujets ne sortissent point
du royaume, soit après avoir contracté, soit pour contracter mariage avec des étrangers. Le sieur . . . .
s'exposeroit donc à toutes les peines prononcées par
la déclaration du feu roi, s'il suivoit les mauvais avis
qu'on lui inspire sur ce sujet, et vous aurez soin,
s'il vous plaît, de le lui faire savoir, en lui marquant
que vous seriez obligé de lui faire éprouver toute la
rigueur de votre ministère, s'il étoit capable de contrevenir aux défenses du roi.

§. VII. — *Hôpitaux et Mendicité.*

Du 29 mai 1729.

J'APPRENDS que le sieur . . . . , enfermé à
cause de sa démence dans l'hôpital de Rennes, est à
la charge de cet hôpital; et que son frère, qui est
clerc d'un procureur dans la même ville, se trouve
dans un grand besoin et a beaucoup de peine à subsister, quoique ces deux frères appartiennent à des magistrats puissans de votre parlement, à qui vous en
avez déjà parlé; il seroit cependant très-convenable
qu'ils secourussent des personnes qui sont leurs parens
d'assez près, suivant les certificats dont on m'a envoyé
des copies; et surtout qu'ils payassent une pension
pour celui des deux que sa démence a fait enfermer,
l'hôpital où il est ne devant supporter une pareille
dépense que pour des personnes qui n'ont pas le
moyen, soit par elles-mêmes, soit par leur famille,
de payer leur pension. La modicité de celle qui est
demandée par les administrateurs de Rennes pour le

sieur..........., fait regarder avec encore plus de
peine la répugnance que des parens, tels que ceux
qu'il a à Toulouse, ont à la fournir. M........,pro-
cureur-général au parlement de Bretagne, m'écrit et
me marque que ce n'est qu'après vous avoir écrit deux
lettres sur le même sujet, et parce que vous ne lui
avez pas fait de réponse à la dernière, qu'il prend
le parti de s'adresser à moi. Prenez donc la peine de
renouveler vos instances auprès des parens de ces
deux frères malheureux, et de tâcher de déterminer
leur famille à une bonne œuvre, dans laquelle ils
rempliront en même temps les devoirs de la bienséance et de la charité.

Du 10 octobre 1733.

Je suis informé depuis quelque temps que, par une
suite du libertinage qui ne règne que trop dans la
ville de Rennes, comme dans la plupart des villes
considérables de la Bretagne, le nombre des enfans
qu'on y expose croît tous les jours, et que souvent ils
n'y trouvent pas les secours nécessaires, ensorte qu'il
en périt une grande partie ; comme cette matière est
forte importante et que vous en êtes sans doute parfaitement instruit, vous prendrez, s'il vous plaît, la
peine, lorsque vous serez à Rennes, de voir avec les
officiers de police et avec les administrateurs des hôpitaux, sur lesquels cette charge retombe ordinairement, ce que l'on pourroit faire pour établir en cette
matière, un ordre plus efficace et plus propre à conserver la vie à des enfans que le crime qui leur donne
la naissance, n'empêche pas de naître sujets du roi,
et de pouvoir se rendre un jour utiles à leur patrie.

Du 25 février 1735.

La lettre que vous m'avez écrite le 12 de ce mois, est la première par laquelle j'ai été instruit directement de ce qui s'est passé depuis quelque temps entre vous et M. le président.........., au sujet du lieu où le bureau de l'hôpital de la manufacture doit se tenir, lorsque le mauvais temps empêche qu'il ne se tienne dans cet hôpital. M. le président............ et MM. du parlement ont gardé jusqu'à présent le silence, par rapport à moi sur cette matière; ainsi je ne saurois leur en écrire qu'en leur parlant de votre lettre, et j'ai peur qu'ils ne disent que l'affaire étant en quelque manière terminée par un tempérament que vous avez approuvé, ils ne s'attendoient pas que vous chercheriez à renouveler la contestation, sans leur en avoir rien dit auparavant. Je vois bien que depuis l'accommodement, il y a eu un discours tenu par M. le président........., qui ne vous a pas plû; mais comme vous l'avez relevé sur-le-champ et que la chose n'a pas été portée plus loin, je ne sais s'il convient que je vous commette en quelque manière avec MM. du parlement, en leur faisant entendre que vous demandez une décision, pendant que vous ne paroissez point avoir de difficulté à faire régler avec eux, au moins dans le moment présent : je ferai pourtant sur cela ce que vous jugerez à propos ; mais j'ai cru devoir vous faire faire réflexion auparavant sur l'effet que ma lettre pourra produire, afin que vous examiniez s'il ne conviendroit pas mieux que vous prissiez occasion du dernier discours de M. le président........., pour lui dire que, comme vous voyez qu'il a toujours quelque prétention sur ce sujet, vous le priez de s'expliquer nettement, afin que, soit par voie de conciliation, ou, si l'on ne peut y parvenir, par une décision du roi, il ne reste aucune matière de difficulté à cet égard, entre vous et MM. du parlement.

Si, après cela, vous ne pouvez vous concilier, ce seroit alors le moment où je pourrois faire usage de votre lettre pour demander à M. le président......, quelle est précisément sa prétention et quelles sont les raisons.

Du 10 juin 1735.

J'avois écrit à M. le président......, sur la lettre que je reçus de vous, au mois d'avril dernier, au sujet de la convocation des bureaux extraordinaires de l'hôpital de la manufacture; et ma lettre lui ayant été renvoyée de Bordeaux à sa campagne, lorsqu'il étoit sur le point d'en partir pour venir en ce pays-ci, il a différé d'y répondre jusqu'à ce qu'il y fût arrivé; je l'ai prié de le faire par écrit, afin que vous puissiez en être mieux instruit, et il y a satisfait par le mémoire que je joins à cette lettre. Il me semble qu'en supposant la vérité des faits tels qu'ils sont expliqués dans ce mémoire, vous pouvez être content de tous les égards et de toutes les attentions que M. le président........ paroît avoir eus pour vous, en vous faisant informer exactement de tout ce qui se passera en votre absence au bureau de l'hôpital dont il s'agit. Il seroit assez difficile d'exiger que lorsque vous n'y étiez pas, celui qui préside ne pût pas assigner le jour qu'il trouve convenable pour la tenue d'un bureau extraordinaire, pourvu que vous en soyez averti sur-le-champ, et qu'en cas qu'un autre jour vous fût plus convenable pour vous trouver au bureau extraordinaire, on se concerte sur ce point avec vous. Il me semble que vous ne pouvez rien désirer de plus, et je suis persuadé qu'en effet vous n'en demandez pas davantage, personne n'ayant plus d'attention que vous à ne pas retarder, pour un simple cérémonial, l'expédition des affaires, et surtout de celles qui regardent les pauvres; cependant, comme vous êtes mieux instruit que moi de ce qui se passe à Bordeaux, si vous avez quelque chose de nouveau à représenter sur ce sujet, je recevrai toujours ce qui viendra de votre part avec beaucoup de plaisir, et désire de contribuer à entretenir entre vous et MM. du parlement de Bordeaux l'union et la bonne intelligence que je souhaite d'y voir toujours régner, pour le bien de l'église et le service du roi.

J'ai touché aussi avec M. le président..........le point qui regarde le lieu où le bureau de l'hôpital et de la manufacture devroit se tenir, si l'on ne pouvoit pas s'assembler dans cet hôpital même; mais comme il y a eu sur ce point une espèce d'accommodement concerté entre vous et le parlement, il seroit assez difficile que je puisse traiter la matière plus à fond avec M. le président..........seul. Il m'a cependant proposé un tempérament que je puis vous expliquer dès-à-présent; ce seroit de convenir, qu'en cas que le mauvais temps empêchât de tenir le bureau dans le lieu ordinaire, on le tînt dans l'hôpital des enfans-trouvés, qui est dans la ville, et où l'on peut s'assembler également dans toutes les saisons.

Comme c'est une simple pensée qui est venue dans l'esprit de M. le président.........., vous avez le temps d'y faire vos réflexions, et de me marquer si elle vous convient.

Du 2 mai 1736.

J'écris à M. l'archevêque de Bordeaux à peu près dans l'esprit que vous le désirez, suivant votre lettre du 14 de ce mois, et je finis ma lettre en lui disant que si le parlement me demandoit conseil, je serois d'avis qu'il donnât à son archevêque la satisfaction qu'il désire; et que si c'étoit l'archevêque qui me consultât, je lui conseillerois de ne pas désirer une décision sur ce sujet, ou de ne la désirer au moins qu'autant qu'il pourroit l'obtenir avec l'agrément du parlement.

En effet, je trouve que vous êtes dans un de ces cas où celui qui demande et celui qui refuse peuvent avoir

également tort; je me soucierois peu, à la place de
M. l'archevêque, de la décision qu'il demande; et à
la place du parlement, j'aurois encore moins de répugnance à y consentir. Un archevêché ne doit point être
regardé comme une maison privée; c'est le lieu naturellement destiné à toute assemblée dont la charité
est l'unique objet; il n'est point question dans tout
cela d'acte de juridiction ou d'autorité. Un bureau
d'administration n'est pas un tribunal, et dès le moment que l'édit de 1695 et la possession y donnent la
première place à l'archevêque, je ne vois pas pourquoi des officiers du parlement seroient plus blessés
d'aller à l'archevêché, quand le bureau ne peut pas
se tenir commodément ailleurs, que de se voir pré-
sidés par l'archevêque dans le lieu ordinaire du bureau; c'est aussi par cette raison que les chefs des trois
cours supérieures de Paris n'ont fait aucune difficulté
à l'établissement fixe et perpétuel du bureau de l'Hôtel-Dieu et de celui de l'hôpital-général à l'archevêché; mais il faut avouer que ces sortes d'objets sont
regardés bien différemment à Paris et dans les provinces. Quoi qu'il en soit, j'espère que ma lettre donnera lieu à M. l'archevêque de Bordeaux de faire de
nouvelles réflexions, et je souhaite fort que rien n'al-
tère à l'avenir la bonne intelligence, qu'il est important, pour le bien du service, de voir toujours régner
entre le parlement et M. l'archevêque.

Du 4 mai 1736.

Je n'ai point perdu de vue les deux difficultés qui
furent agitées, l'année dernière, entre vous et M. le
président.........., par rapport à la convocation
des bureaux extraordinaires des hôpitaux, et au lieu
où les bureaux ordinaires ou extraordinaires doivent
être tenus, quand il y a des raisons qui empêchent
qu'on ne les tienne, suivant l'usage commun, dans
les hôpitaux mêmes; pendant que M. le président

étoit en ce pays-ci, j'ai traité plus d'une fois la matière avec lui, et il est parti dans la résolution de prendre tous les tempéramens possibles pour se concilier avec vous sur ce sujet.

Je lui écrivis, il n'y a pas long-temps encore, pour savoir ce qu'il avoit fait en conséquence, et je vois par sa réponse que le premier point, c'est-à-dire, ce qui regarde la convocation dss bureaux extraordinaires, ne peut plus souffrir de difficulté. Vous convenez avec lui, que les occasions de cette convocation sont assez rares et qu'elle doit se faire de concert dans ces occasions, en sorte que, si c'est vous qui êtes averti le premier de la nécessité d'un bureau extraordinaire, vous en fassiez avertir M. le premier président, et que dans le cas contraire, il en use de même à votre égard ; rien n'est plus sage et plus naturel qu'une pareille convention : ainsi je ne vois pas qu'on puisse rien faire de mieux sur ce premier point.

Le second n'est pas aussi aisé à finir. Vous insistez toujours à demander qu'on décide que, lorsque la crainte des maladies contagieuses, ou d'autres raisons semblables empêchent que l'on ne puisse tenir le bureau dans l'hôpital même, comme l'on a accoutumé de le faire, c'est à l'archevêché qu'il doit être tenu, et cette demande paroît assez susceptible d'une assez grande difficulté. Il n'est pas douteux que vous ne soyez à la tête de l'administration des hôpitaux, vous en êtes le premier chef, vous y avez la première place ; l'édit de 1695, et l'usage sont entièrement pour vous à cet égard, et personne même ne vous dispute cette prérogative. S'il étoit établi que les bureaux se tinssent à l'archevêché, vous y conserveriez votre droit comme ailleurs, et ce droit ne dépend en aucune manière du lieu de la séance du bureau.

Mais aucune loi n'ordonne qu'il se tiendra au palais épiscopal. Il y a des villes comme Paris, où le dernier usage l'a ainsi établi, et la commodité de tous ceux qui entrent dans l'administration y a beaucoup contribué ; mais cela s'est fait volontairement, et sans aucun mélange d'autorité.

Si les cours supérieures de Bordeaux pensoient donc sur ce sujet comme celles de Paris, et s'il leur paroissoit plus commode de fixer la séance des bureaux à l'archevêché, il faudroit sans doute déférer à leur vœu commun, et un tel changement se feroit aussi aisément à Bordeaux qu'il s'est fait à Paris, il y a un peu plus de quarante ans.

Mais la question est de savoir si, le parlement se trouvant dans la disposition de conserver l'ancien usage, il est à propos d'user d'autorité pour l'obliger à en introduire un nouveau.

La règle la plus simple, dans les matières arbitraires, est de laisser les choses dans l'état où elles sont, plutôt que de faire des changemens qui font souvent plus de mal, par le trouble qui les suit, qu'ils ne font de bien par leur utilité. Cette règle cesse, à la vérité, lorsqu'il se trouve des raisons essentielles qui rendent ces changemens nécessaires, ou du moins si convenables, que l'avantage qui en résulte surpasse de beaucoup les inconvéniens que l'on en peut craindre.

Tout se réduit donc à savoir, si vous êtes véritablement dans ce cas.

Je ne vois d'autres raisons, pour transférer dans certains cas la séance du bureau à l'archevêché, que la crainte des maladies contagieuses, comme le pourpre et la petite vérole ; mais le parlement ne pourroit-il pas vous répondre à cet égard :

1.º Que ce n'est pas d'aujourd'hui que ces sortes de maladies se répandent dans les hôpitaux, et que cependant on n'a pas cru jusqu'à présent que ce fût une raison suffisante pour n'y pas tenir les bureaux, sans qu'il en soit encore arrivé aucun inconvénient.

2.º Que l'hôpital de Saint-André est très-souvent rempli de ces sortes de maladies, et beaucoup plus que celui de la manufacture, d'où l'on a même accoutumé de transporter les malades à l'hôpital de Saint-André, et qu'on n'a jamais pensé à tenir le bureau ailleurs que dans cet hôpital, outre que la chambre où le bureau se tient est séparée de la salle des pauvres par une cour qui est d'une très-grande étendue, et c'est apparemment ce qui fait que jusqu'ici on n'y a point craint la communication du mauvais air.

3.º Qu'enfin, si malheureusement il s'agissoit de la peste, ou de quelqu'autre maladie si contagieuse, qu'elle fît presque autant de ravages, on n'auroit pas besoin de rien forcer pour faire transférer ailleurs les séances du bureau. Tous les administrateurs s'y porteroient également, et alors les hôpitaux devenant en quelque manière hors du commerce, si ce n'est pour ceux qui auroient le courage d'y aller servir les pauvres, ce seroit à l'archevêché qu'il faudroit s'assembler; mais que, dans le temps présent, n'y ayant rien de nouveau dans les hôpitaux, ni qui n'y soit arrivé une infinité de fois, et peut-être toutes les années, il n'y a aussi aucune raison esssentielle de changement.

Indépendamment de toutes ces réflexions, et quand le droit seroit évidemment en votre faveur, je ne sais si la grande répugnance du parlement, et l'indisposition où une décision nouvelle sur cette matière le mettroit à votre égard, ne seroit pas une raison suffisante pour vous engager à ne vouloir rien obtenir par voie d'autorité, dans un cas où il ne paroît aucune nécessité évidente de changer l'ancien usage, et où la possibilité de le suivre sans inconvénient est prouvée par cet usage même.

Ce sont toutes ces raisons, monsieur, qui m'ont arrêté et qui m'arrêtent encore à présent sur la décision que vous continuez de demander. Vous y ferez vos réflexions avec votre sagesse et votre prudence ordinaire; si vous voulez même que je réduise les miennes comme en un seul point, je vous dirai naturellement que, si je donnois conseil au parlement suivant ma manière de penser, je serois d'avis qu'il déférât sans peine à ce que vous désirez; et si vous me demandez mon sentiment par rapport à vous, je vous conseillerois de ne pas le désirer, ou du moins de ne le désirer qu'autant que cela pourroit se faire d'un commun concert.

Voilà bien simplement, monsieur, ce que je pense sur ce sujet, et vous devez regarder la confiance avec laquelle je vous parle, comme une preuve de l'estime et de la parfaite considération avec laquelle je suis, etc.

Du 12 avril 1737.

La cour des Aides de Bordeaux me presse toujours de faire cesser une aussi mince difficulté que celle qui se réduit à savoir, si l'on fera une quatrième clef du trésor de l'hôpital de Saint-André, pour la donner aux commissaires de la cour des Aides, qui ont part à l'administration de cet hôpital? En relisant la lettre que vous m'écrivîtes sur ce sujet le 30 juin dernier, je vois que M. le président.........., qui étoit au bureau avec vous, et M. l'archevêque de Bordeaux, lorsque cette difficulté y fut agitée, prétendit qu'il falloit que MM. de la cour des Aides donnassent un mémoire sur cette difficulté et que MM. du parlement, ou le bureau de l'hôpital, y répondroient ensuite; mais comme les raisons de la proposition de MM. de la cour des aides s'entendent d'elles-mêmes, et qu'il ne convient point de laisser subsister entre deux compagnies une contestation sur une matière si légère, je vous prie de dire à M. le président........., que s'il croit faire un mémoire pour combattre la prétention de la cour des Aides, dont il a trop d'esprit pour ne pas sentir les raisons, il prenne la peine d'y travailler incessamment et de vous remettre son mémoire pour me l'envoyer; sinon, comme rien n'est plus aisé que de concevoir tout ce qu'on peut dire de part et d'autre sur le point dont il s'agit, je serai obligé de recevoir les ordres du roi, et de vous faire savoir ses intentions sur une difficulté qu'on veut faire dépendre de l'interprétation de la déclaration donnée par Sa Majesté en 1734, pour servir de réglement entre le parlement et la cour des Aides de Bordeaux.

Du 30 juillet 1738.

IL est digne de vous de représenter les besoins de votre province, aussi bien que la nécessité de prendre des mesures efficaces pour faire cesser la mendicité autant qu'il est possible, et il est digne de la bonté du roi d'avoir égard à vos représentations sur une matière si importante; mais comme elle dépend d'un arrangement général que quelques difficultés particulières ont différé, je ne puis que vous assurer, comme je l'ai écrit à M. le procureur-général, de l'attention que j'aurai à les aplanir autant qu'il pourra dépendre de mon ministère, et d'entrer dans des vues aussi sages que les vôtres sur ce sujet.

Du 21 mars 1744.

LA distinction nouvelle qu'on a voulu mettre entre des lettres qui ont une cause lucrative et celles qui n'en ont point, pour réduire aux derniers le privilége ou l'exemption des droits du sceau dont l'hôpital général doit jouir, n'est venue que dans l'esprit d'un seul des secrétaires du roi, et elle a été abandonnée par tous ses confrères. L'hôpital des enfans-trouvés, dont l'administration fait d'ailleurs partie de celle de l'hôpital, ne mérite pas moins de faveur. Ainsi vous pouvez être assuré qu'il ne sera plus question d'une distinction qui n'est pas soutenable, et je serai toujours également disposé à seconder votre zèle et votre charité pour des établissemens plus utiles et plus nécessaires que jamais.

Du 3o *mars* 1744.

Je me suis informé très-exactement de toute la
suite de votre conduite à l'égard de M. l'évêque de
Bazas, et je sais que vous avez comblé la mesure de
vos fautes, par le refus opiniâtre que vous avez fait
de vous conformer aux ordres de M. le procureur-
général au parlement de Bordeaux, votre supérieur
immédiat ; ainsi sans entrer dans aucun détail, ni
sur la prétention insoutenable, en toutes manières,
que vous avez eue d'exiger que le bureau d'administration de l'hôpital se tînt dans cet hôpital même,
contre l'usage et la bienséance, ni sur les actes et
les discours qui vous sont échappés à cette occasion,
ni sur les procédés encore plus blâmables que vous
y avez joints, je me contenterai de vous ordonner
de vous rendre à Bordeaux, aussitôt que vous aurez
reçu cette lettre pour y faire vos excuses à M. le
procureur-général, du peu d'égard que vous avez
eu pour ses ordres, de remettre entre ses mains les
originaux des significations que vous avez fait faire
au syndic de l'hôpital, pour les faire supprimer avec
la copie qui en a été donnée, et recevoir en même
temps de M....... la réprimande et les avis dont
vous avez eu grand besoin. Je lui envoie la copie
de cette lettre, aussi bien qu'à M. l'évêque de Bazas,
à qui vous irez aussi demander pardon de toutes
les fautes que vous avez commises à son égard, et
que vous avez aggravées plutôt que diminuées par
la satisfaction très-indécente dont vous auriez voulu
qu'il se fût contenté. Travaillez, en vous conformant exactement à ce que je vous prescris, à me
faire oublier le passé, et à mériter que je sois, etc.

Du 15 juillet 1744.

Je suis touché, comme vous, du mauvais état où est l'hôpital des enfans-trouvés de la ville de Bordeaux, et je voudrois qu'il fût possible de venir à son secours; mais ce que les administrateurs proposent dans cette vue ne me paroît pas praticable, il n'y a déjà que trop de priviléges dans le royaume; et si l'on examinoit bien celui qui a été accordé pour favoriser les quêtes qui servent à la rédemption des captifs, on se porteroit plutôt à le révoquer qu'à le confirmer; il seroit peut-être plus facile de procurer à un hôpital, d'ailleurs si favorable, quelque exemption de droit d'entrée ou d'octroi pour en diminuer la dépense, et se contenter, pour ce qui regarde les aumônes, d'établir des troncs dans les différentes églises du diocèse, et de faire faire des quêtes de temps en temps, par des personnes charitables; mais par rapport aux exemptions, il faudroit se concerter et avec les jurats de Bordeaux, et avec M. l'intendant, avant que cette affaire pût être portée au conseil.

Du 2 mars 1747.

Le mémoire que je joins à cette lettre m'a été envoyé par les administrateurs de l'hôpital de Thiviers; ils voudroient bien pouvoir se dispenser de plaider au grand-conseil sur l'affaire dont il s'agit; mais, après m'être fait rendre un compte exact de ce qui s'est passé dans ce tribunal, soit avec les précédens titulaires du prieuré de saint Jean-de-Colle, soit avec celui qui a succédé au testateur, dont l'hôpital de Thiviers veut exercer les droits, il ne me paroît pas que l'on puisse porter ailleurs qu'en ce tribunal,

la contestation qui naît à l'occasion de la demande
formée par les administrateurs contre les chanoines
réguliers du même prieuré ; c'est ce qu'il vous sera
aisé de reconnoître par un autre mémoire que je
vous envoie, et par l'extrait d'un arrêt du grand-
conseil qui y est joint. Vous prendrez, s'il vous plaît,
la peine de faire savoir aux administrateurs qu'ils
n'ont point d'autre parti à prendre, que de consulter un procureur au grand-conseil pour y soutenir
leurs droits ; et que M. le procureur-général en ce
tribunal, à qui j'ai parlé de cette affaire, aura une
grande attention à faire en sorte qu'il obtienne une
prompte expédition, et à moins de frais qu'il sera
possible.

Du 28 juin 1747.

J'apprends que le chapitre de l'église cathédrale
d'Aix étant en possession de toutes les dîmes, dans
le territoire qui dépend de cette ville, il y a eu d'anciennes conventions faites entre ce corps et les archevêques, par lesquelles le chapitre est tenu de leur
fournir tous les ans vingt-quatre charges de blé, dont
la moitié est sujette à ce que l'on appelle la pointe,
lorsque les archevêques n'assistent pas au service
canonial ; leur usage est depuis long-temps d'appliquer cette espèce de redevance aux pauvres de
l'hôpital général d'Aix, par forme d'aumône volontaire, *et sans tirer à conséquence ;* ce sont ces derniers termes dont on dit que les administrateurs de
cet hôpital sont blessés, en sorte qu'ils voudroient
convertir une simple libéralité, toujours dépendante
de la volonté de celui qui la fait, en une prestation
forcée, sous prétexte qu'il y a eu quelques arrêts
du parlement rendus sur simple requête, qui ont
ordonné que, par provision, la quantité du blé dont
il s'agit seroit remise au receveur de l'hôpital, quoique M. l'archevêque d'Aix ait fait les propositions

les plus convenables aux administrateurs, pour faire régler à l'amiable une contestation qui paroît si extraordinaire; il m'assure néanmoins que ces administrateurs veulent l'obliger à entrer véritablement en procès avec eux sur ce sujet. Comme je ne saurois prévoir quelles peuvent être leurs raisons, et sur le fond de leur prétention, et sur la manière d'y pourvoir, je vous prie de me donner sur ce sujet les éclaircissemens nécessaires, afin que cela ne devienne pas encore une nouvelle matière de querelle entre M. l'archevêque et le parlement.

Du 13 décembre 1747.

J'ai examiné les mémoires qui m'ont été envoyés, soit par vous, soit par les recteurs de l'hôpital général ou par M. de. . . . ., sur la difficulté qui est à régler entre vous et cet hôpital; mais avant que d'expliquer mon sentiment sur cette difficulté, comme vous m'en avez prié, je crois qu'il est bon que je voie les principaux titres ou arrêts que les recteurs ont cités dans leurs mémoires, et auxquels vous n'avez fait qu'une réponse bien générale; j'écris à Aix pour me les faire envoyer, et je compte les recevoir incessamment.

Il seroit triste cependant que, dans l'état présent où est votre province, les pauvres demeurassent plus long-temps privés d'un secours que vous êtes bien éloigné de leur refuser, puisqu'il ne s'agit que de savoir si on doit le regarder comme une aumône volontaire, ou comme une prestation forcée; c'est ce qui est très-indifférent pour les pauvres, qui vivront du blé que vous êtes tout prêt de leur donner. Mais comme il n'en est pas de même de leur subsistance, qu'il est nécessaire de leur assurer par provision, je crois que, sans attendre la décision que vous m'avez prié de donner, votre grande charité vous portera à faire remettre, dès-à-présent, au receveur de l'hôpital, la quantité de blé qui fait l'objet de la difficulté présente; et afin de ne rien préjuger par les termes de la quittance qui vous sera donnée, je crois qu'il suffira qu'elle consiste dans un simple récépissé, par lequel le receveur déclarera seulement que cette quantité de blé lui a été remise par votre ordre pour la nourriture des pauvres de l'hôpital, sans préjudice de faire régler, ainsi qu'il appartiendra, de quelle nature est le secours que vous donnez à cette maison.

<hr/>

Du 1.er juin 1748.

Depuis la lettre que vous m'avez écrite, le 21 février dernier, au sujet de la très-légère difficulté qui est à régler entre M. l'archevêque d'Aix et l'hôpital de cette ville, sur l'aumône que vous voulez rendre forcée, pendant qu'il est prêt à la faire volontairement, j'ai eu tant d'occupations différentes, qu'il m'a été impossible de trouver le temps de lire votre dernier mémoire, et d'examiner les pièces que vous y avez jointes; mais, après y avoir jeté les yeux, je ne crois pas pouvoir me dispenser de les communiquer à M. l'archevêque, afin qu'il puisse y faire sa réponse; en attendant, je ne sais pas pourquoi on fait difficulté de recevoir, par provision, l'aumône dont il s'agit, sans préjudicier aux prétentions respectives de M. l'archevêque et de l'hôpital. Ce prélat m'avoit paru fort disposé à suivre, sur ce point, les mouvemens de sa charité, et je lui écris encore pour savoir s'il est toujours dans les mêmes sentimens. Il règne malheureusement trop de vivacité dans une affaire où l'on ne devroit être occupé que du bien des pauvres, auxquels il est bien indifférent qu'il s'agisse du paiement d'une dette ou d'une aumône volontaire, pourvu qu'ils la reçoivent.

Du 1.er *juin* 1748.

IL y a déjà quelque temps que j'ai reçu de M. de.......... un dernier mémoire de l'hôpital d'Aix, sur une prestation si difficile à qualifier, qui fait la matière d'une espèce de contestation entre vous et cet hôpital. Il y avoit joint plusieurs pièces pour me donner les éclaircissemens nécessaires sur les apostilles que j'avois mises à côté de son premier mémoire, et auxquelles il avoit répondu par des notes fort abrégées ; mais le grand nombre d'occupations dont j'ai été chargé depuis deux ou trois mois ne m'a pas permis de trouver le temps de travailler sur cette affaire, et, après y avoir jeté les yeux, j'ai cru qu'il ne convenoit pas de la terminer sans vous avoir communiqué tout ce que j'ai reçu en dernier lieu, afin que vous puissiez y faire les réponses que vous jugeriez à propos. Je vous envoie donc, dans cet esprit, tout ce que j'ai rassemblé de plus important sur le point dont il s'agit, et j'espère que vous ne me ferez pas attendre long-temps votre réponse.

Il me semble que vous êtes très-disposé à faire donner, par provision, aux pauvres, ce que vous regardez comme une aumône volontaire, et dont il y a trois années qu'ils n'ont rien reçu ; mais la difficulté qui s'est formée sur la manière de tourner le récépissé qui vous en seroit délivré, a suspendu l'effet de votre bonne volonté. Il seroit cependant bien aisé de faire cesser cette difficulté, en laissant insérer dans ce récépissé toutes les réserves contraires ; c'est un secours dont il est naturel de penser que les pauvres peuvent avoir un grand besoin, dans l'état où est encore la Provence, et je ne peux, sur ce sujet, que que m'en rapporter aux conseils que votre charité vous donnera.

Du 9 juillet 1749.

LES lettres que je vous écrivis, aussi bien qu'à
M. de.........., au mois d'octobre dernier, avoient
deux objets :

Le premier étoit la difficulté qui s'étoit élevée,
pour savoir si la charge de la nourriture des enfans
exposés devoit tomber sur la communauté de la ville
de Pau, ou si elle devoit être supportée par l'hôpital
général ;

Le second étoit l'administration de cet hôpital, et
il étoit question d'examiner, à cet égard, s'il y avoit
lieu d'y distinguer deux parties différentes, dont l'une
étoit le soin habituel des pauvres renfermés dans cette
maison, l'autre étoit ce qu'on appeloit la manufacture
ou la conduite du travail auquel on employoit les
pauvres valides.

J'avois eu lieu de croire, par ce qu'on m'avoit exposé sur le premier point, que la justice et tout ce
qui en dépend appartenoit au corps de ville, et c'est
ce qui m'avoit fait penser qu'il étoit naturellement
tenu de fournir à la subsistance des enfans exposés ;
mais les nouveaux éclaircissemens que vous m'avez
donnés sur ce sujet m'ont fait reconnoître qu'on avoit
confondu deux choses qui n'ont rien de commun,
c'est-à-dire, l'administration de la justice, et les droits
ou les émolumens qui en dépendent ; qu'à la vérité
c'est au nom du roi que la justice se rend dans la
ville de Pau, et qu'elle y est exercée par les jurats,
mais qu'ils ne jouissent point des profits de la justice ;
que c'est par cette raison qu'ils n'ont jamais été tenus
de l'entretien des enfans exposés, et qu'au contraire
il a été rendu un arrêt au parlement de Navarre en
l'année 1729, par lequel il a été réglé que cette charge
tomberoit sur l'hôpital général. Il n'y a donc rien à
changer à cet égard, et l'arrêt du parlement doit continuer d'avoir son exécution, comme il l'avoit avant

mes lettres de l'année passée , jusqu'à ce qu'il ait plu au roi d'expliquer autrement ses intentions.

A l'égard du second objet de mes lettres, vous êtes plus en état que personne d'instruire les administrateurs de l'hôpital général de ce qui s'est passé sur cet article , puisque vous avez assisté à la conférence qui a été tenue chez moi, en présence de M. de........ et de M.........., pour vérifier les faits qui avoient servi de fondement aux décisions de l'année dernière, et qui, étant mieux éclaircis, pouvoient donner lieu de les changer.

Vous savez qu'il y a été reconnu : 1.º que ce qu'on avoit appelé une manufacture ne consiste que dans les travaux dont on a accoutumé d'occuper les pauvres qui sont dans les hôpitaux, lorsqu'ils sont en état d'y être employés, et de produire par là une espèce de revenu à ces sortes d'établissemens ;

2.º Que la direction des ouvrages a toujours été entre les mains des administrateurs , comme faisant un des objets de leurs soins , et qu'aucun intendant, avant M. de.........., n'en avoit jamais pris connoissance ;

3.º Que c'étoit aux seuls administrateurs que la supérieure des sœurs de la charité, qui étoient établies dans cet hôpital, rendoit compte de tout ce qui regardoit cette petite manufacture, dont le détail leur étoit confié, et que c'est ce qui a été prouvé par la suite de tous les comptes, suivant les pièces qui étoient entre vos mains ;

4.º Qu'il est vrai qu'en l'année 1741 cette supérieure porta d'elle-même à M. de........., peu de temps après qu'il fût arrivé dans l'intendance d'Auch et de Béarn , une espèce de résultat ou de récapitulation très-informe des comptes qu'elle avoit rendus pendant quinze ou seize années aux administrateurs de l'hôpital-général , et qu'elle le pria de signer ce résultat, ce qu'il eut la facilité de faire , sans savoir trop, comme il me l'a dit lui-même, pourquoi on lui demandoit cette espèce d'arrêté , et ne croyant pas que cela pût être d'aucune conséquence. C'est à son

exemple qu'on a engagé depuis M. de............,
successeur de M. de..........., à donner une pareille signature, et il est convenu que c'étoit aussi ce
qui lui avoit donné lieu de croire que les intendans
qui l'avoient précédé étoient en possession de pourvoir à ce qui regardoit la manufacture ; mais ce fait
étoit si peu véritable, que M. de.............,
prédécesseur immédiat de M. de..........., a assuré qu'il ne s'en étoit jamais mêlé, ni directement ni
indirectement : ainsi il a paru clairement que la sœur
de la charité, qui avoit prié M. de.......... de
signer le résultat de ses comptes, avoit eu en vue de
se soustraire par là à l'inspection des administrateurs,
en faisant entrer les intendans dans cette partie de
l'administration ;

5.º Qu'on a d'ailleurs reconnu, dans la même conférence, qu'il n'étoit pas possible d'autoriser cette
espèce de partage ou de séparation que l'on avoit
voulu faire, et de former par là comme deux administrations dans une seule. Les profits qu'un hôpital
peut faire par les travaux auxquels on applique les
pauvres qui en sont capables, font, dans toutes les
maisons de cette qualité, une partie des revenus destinés à l'entretien et au soulagement des pauvres qu'on
y renferme. Il faudroit, pour en user autrement, faire
une séparation réelle des biens ou des revenus d'un
hôpital, et cette séparation, très-inutile en elle-même,
causeroit une incertitude perpétuelle pour savoir sur
qui doit tomber la charge de la nourriture des pauvres, selon qu'ils sont sains ou qu'ils sont malades.
Il en seroit de même de ce qui regarde l'entretien
des bâtimens et les autres charges semblables. De
quelle utilité pourroit être un partage si singulier
entre deux administrations qui seroient toujours en
querelle l'une avec l'autre, au lieu que dans les hôpitaux où l'on suit une règle contraire, ceux qui les
gouvernent concourent tous également à la même fin,
soit par les revenus ordinaires qui sont attachés à ces
maisons, soit par les profits qu'on y peut retirer du
travail des pauvres.

D'Aguesseau. Tome X.   13

M. de............, présent et à la vérification des
faits et aux réflexions dont elle fut suivie, n'eut aucune peine à avouer qu'il avoit été mal informé de
ce·qui s'étoit passé avant qu'il entrât dans son intendance, et M............, son successeur, qui en étoit
témoin, fut convaincu qu'il n'y avoit rien de mieux
à faire que de rétablir l'administration de l'hôpital,
telle qu'elle étoit avant l'arrivée de M. de...........,
en renonçant à l'idée d'une séparation qui étoit im-
praticable et contraire au véritable bien des pauvres.

M. le contrôleur-général, qui a été informé de ce
qui s'étoit passé en ma présence, a pensé, sur ce
sujet, de la même manière que moi, et il doit l'écrire
ainsi à M............, qui est parti depuis peu pour
se rendre dans son intendance, comme je le ferai aussi
de mon côté.

Les intentions du roi n'étant donc plus les mêmes
sur ce sujet qu'elles l'avoient été avant que les faits
eussent été éclaircis, autant qu'ils le sont aujourd'hui,
l'ordre que M. de............ avoit adressé aux jurats
au mois d'octobre dernier, et que M. le maire seul
avoit fait transcrire dans le registre de l'hôtel-de-
ville, avec la copie de la lettre que j'avois écrite sur
le même sujet, ne doit plus avoir son effet, et il
faudra insérer dans le même registre, la copie de la
lettre présente, en mettant une note à la marge
de la copie des deux lettres de l'année dernière, où il
sera marqué que ce qu'elles contenoient a été changé
depuis, avec un renvoi à la feuille du registre où
cette nouvelle lettre sera transcrite.

Il ne me reste plus que de vous dire un mot sur
la résolution que la supérieure générale des sœurs
de la charité me paroît avoir prise de retirer celles
qui sont actuellement dans l'hôpital de Pau; j'ai cru
d'abord devoir l'en détourner, et lui conseiller de se
contenter, si elle le vouloit, d'envoyer ailleurs la
sœur............, qui peut avoir eu de bonnes intentions, mais qui s'est trop commise avec les administrateurs pour demeurer dans cette maison, et j'en ai
usé ainsi, parce que les sœurs de la charité sont de

saintes filles dont on se loue en beaucoup d'endroits ; mais il y a tout lieu de penser que la supérieure générale persistera dans sa résolution, et vous pouvez, dès à présent, prendre les mesures que vous jugerez convenables pour trouver d'autres personnes charitables qui soient propres à prendre soin des pauvres et de leur travail, et qui s'en chargent sous les conditions dont on conviendra avec elles.

Je compte que vous ferez part de ce qui est contenu dans cette lettre, soit au maire et aux jurats, soit au bureau de l'hôpital-général, chacun pour ce qui les regarde, et je ne doute pas que la justice que le roi a rendue à MM. les administrateurs ne redouble leur zèle et leur application pour rendre l'établissement de cet hôpital le plus utile qu'il sera possible. Je suis bien sûr que vous leur en donnerez toujours l'exemple.

Du 12 décembre 1749.

Rien n'est plus favorable que le marché qu'il paroît par votre lettre du 7 de ce mois, que l'hôpital de la manufacture de Bordeaux se propose de faire pour se décharger d'une ancienne maison, et acquérir une rente dont le fonds paroît bien assuré ; mais, soit qu'on regarde cette rente comme foncière et non rachetable, soit qu'on la considère comme une rente constituée pour tenir lieu du prix dans la maison ; l'une et l'autre sont également comprises dans la prohibition portée par l'article 14 de l'édit du mois d'août 1749 ; la lettre de la loi est donc contraire à une pareille convention ; mais le roi s'est réservé la liberté d'en dispenser, et je suis persuadé que Sa Majesté se portera très-volontiers à faire cette grâce par des lettres-patentes à un hôpital aussi utile au public que celui dont il s'agit ; moyennant quoi il sera en état de consommer entièrement et sûrement son marché.

Du 12 février 1750.

J'ai reçu la copie que vous m'avez envoyée de la délibération qui a été prise dans le bureau de l'hôpital-général de Pau, au sujet du nombre et du choix des administrateurs de cette maison, avec le projet de lettres-patentes que vous y avez joint.

Quoiqu'à la rigueur on puisse soutenir que l'hôpital de Pau n'est pas compris dans la disposition de l'édit du mois de décembre 1666, puisque son établissement subsistoit avant l'année 1636, je crois cependant qu'il seroit à propos de mettre, dans les lettres-patentes qui seront accordées par le roi, que Sa Majesté y confirme cet établissement, en tant que besoin seroit, sans quoi il seroit à craindre que des parties de mauvais humeur ne voulussent disputer à cet hôpital la capacité de recevoir des dons et legs.

A l'égard du choix ou de la nomination du trésorier, puisque les jurats ont renoncé eux-mêmes au droit qu'ils avoient voulu s'attribuer sur ce point, il n'y a rien de plus naturel que d'y pourvoir, ainsi que le bureau d'administration le propose.

La pensée de nommer les nouveaux directeurs à vie peut avoir ses raisons, comme elle a ses exemples. Je ne sais cependant s'il ne seroit peut-être pas encore mieux de commencer par ne les nommer que pour trois ans, avec pouvoir de les continuer pendant trois autres années, après quoi on pourroit le faire pour le reste de leur vie, lorsqu'ils l'auroient mérité par leur zèle, par l'exactitude avec laquelle ils auroient rempli leurs fonctions ; mais, comme la chose peut dépendre beaucoup de la connoissance du caractère des habitans du pays et de leur manière de penser, je ne peux que m'en rapporter à votre avis sur ce sujet.

Enfin, pour ce qui est des sujets qui sont désignés dans le projet de lettres-patentes que vous m'avez envoyé, je n'entrerai ici dans aucun détail à cet égard, parce que vous trouverez tout ce que j'ai pensé sur le nombre et la qualité de ces sujets, soit dans les notes que j'ai mises à la marge de leurs noms, dont j'ai fait copier la liste, soit dans les remarques générales qui sont au bas de ces notes.

§. VIII. — *Universités.*

Du 28 octobre 1720.

LORSQUE je vous ai écrit au sujet de la chaire de médecine, vacante par la mort du sieur..........., j'ignorois que les dernières chaires de cette faculté n'eussent pas d'appointemens attachés, et je croyois que la condition de tous les professeurs étant égale, il ne falloit pas envier au sieur.........., la faculté d'opter la chaire de chimie, suivant le droit que lui donne son ancienneté; cependant je vois, par votre lettre du 17 octobre, que, si l'on suit cet ordre, on ne fera pas un grand présent au sieur ...., en lui donnant la dernière place de professeur, qui dans le temps présent, ne lui produira aucune utilité. Je recevrai donc encore de nouveau les ordres de son Altesse Royale sur ce sujet; mais pour le faire avec plus de connoissance, il seroit bon que vous me fissiez savoir à quoi montent les appointemens des professeurs qui en ont. S'il est vrai, comme le sieur de.........., me l'a écrit que lui et les autres professeurs aient fait leur devoir et visitent exactement les malades, quoiqu'ils ne soient pas attachés au service des infirmeries en particulier, il semble que, pour priver le sieur.......... d'un droit qui lui est acquis suivant les réglemens de l'université, il faudroit non-seulement que le sieur.......... ait mieux fait que lui en cette occasion, mais que le sieur.......... eût mal fait de négliger son devoir. C'est sur quoi j'attendrai les éclaircissemens que vous prendrez la peine de me donner. Il y auroit encore un expédient pour les contenter tous, ce seroit que la ville d'Aix voulût bien se charger de payer au sieur ...., les mêmes appointemens que la chaire de chimie lui produiroit, en attendant qu'il fût au rang de remplir cette chaire, et cela seroit d'autant plus naturel, que le sieur .... n'a pas reçu ni même demandé aucune récompense ; mais comme l'état des affaires de la ville d'Aix ne lui permettra peut-être pas d'entrer dans cet expédient, j'attendrai sur tout cela les éclaircissemens que vous pourrez me donner.

Du 1.er novembre 1729.

Si le sieur.........., professeur institutaire dans l'université d'Aix, n'est pas en état d'exercer ses fonctions, ni même de choisir un docteur agrégé qui puisse les remplir à sa décharge; c'est à la faculté de droit, suivant les règles ordinaires, à commettre un de ses docteurs agregés pour y suppléer. Il seroit d'un dangereux exemple de s'accoutumer à regarder comme morts ceux à qui leurs infirmités ne permettent plus d'exercer leurs fonctions publiques, et les règles du droit public y résident également dans la jurisprudence civile et canonique. Quand même la place du sieur .... seroit véritablement vacante, mon sentiment seroit de la remettre à la dispute, que le sieur .... ne doit pas craindre, s'il a autant de mérite que je le dois croire sur le témoignage que vous m'en rendez.

Je suis bien éloigné de penser que la voie de la dispute ne soit pas la meilleure en général, quoiqu'il arrive quelquefois que la brigue a plus de part que le mérite au choix de certains sujets. C'est le malheur de toutes les lois humaines, de ne pouvoir prévenir tous les inconvéniens; mais celle qui en a le moins est préférable à toutes les autres, et je ne vois pas qu'en général on fasse de meilleur choix, quand c'est la recommandation qui en décide, que quand on suit l'avis donné dans les formes par toute une faculté. Rien n'est d'ailleurs plus capable d'éteindre toute émulation entre ceux qui se destinent à enseigner la jurisprudence, que de se dispenser de remettre les places vacantes à un concours, qui fait toujours un grand bien, quand ce ne seroit que par la nécessité où il met tous les aspirans de s'y préparer de longue main, pour être en état de s'y distinguer.

Au surplus, le sieur.......... ne me paroît pas avoir besoin de ma permission pour soutenir sa thèse de doctorat. Je dois encore moins influer dans le choix que l'université fera de celui qu'elle jugera le plus digne de remplir les fonctions du sieur.........., si ce professeur n'est pas même en état de choisir celui qui les excercera au lieu de lui.

Je suis bien fâché que des règles, dont je ne m'écarte jamais qu'à regret, ne me permettent pas d'entrer davantage dans ce que vous désirez de moi sur ce sujet, et je souhaite de trouver d'autres occasions où je sois plus libre de vous témoigner que je suis, etc.

Du 19 octobre 1730.

J'ai profité d'un temps où j'ai un peu plus de loisir que dans le reste de l'année, pour examiner les mémoires de la faculté des arts et de celle de droit, sur la question qui s'est formée entre ces deux facultés, pour savoir si les docteurs de la première ont droit d'assister aux élections des professeurs de la seconde, et d'y donner leur suffrage.

Quoique la règle générale et l'usage le plus commun paroissent être favorables aux professeurs en droit, et qu'on puisse même tirer des argumens fort considérables en leur faveur, des termes de l'article des statuts qui règlent les formalités du concours et des élections, je ne veux pas cependant me déterminer sur ce sujet, sans savoir votre avis : il sera d'un poids d'autant plus grand auprès de moi, que vous êtes plus à portée que personne, d'être instruit et des usages du pays que vous habitez, et de ce qui peut lui être plus avantageux dans la matière présente. Je ne demande encore cet avis qu'à vous seul, peut-être conviendra-t-il dans la suite que je consulte aussi les autres directeurs; mais si je prends ce parti, je serai plus en état de le faire avec toutes les précautions convenables pour le bien de la chose, lorsque je saurai par avance ce que vous en pensez, et vous-même vous vous expliquerez plus librement et plus naturellement, quand vous le ferez seul et avec une entière assurance que vous ne parlerez aussi qu'à moi seul. Je vous prie donc de m'envoyer l'avis que je vous demande, aussi promptement qu'il vous sera possible de le faire, afin que j'aie le temps de vous faire savoir les intentions du roi, avant qu'il faille procéder à la nomination du professeur qui doit succéder au sieur de . . . . ; nomination qui a fait naître, comme vous me l'avez écrit, la contestation sur laquelle je suis bien aise de savoir votre sentiment.

Du 2 janvier 1731.

DEPUIS la lettre que vous m'avez écrite le 5 novembre dernier, j'ai examiné avec beaucoup d'attention les mémoires qui m'ont été donnés, soit de la part de la faculté des docteurs aux arts, soit du côté des professeurs en droit civil et canonique de l'université de Pau, sur la question qui consiste à savoir, si les premiers peuvent assister avec droit de suffrage aux élections de ceux qui sont nommés pour remplir les places des professeurs ou d'agrégés dans la faculté de droit; et j'ai eu l'honneur de recevoir les ordres du roi sur ce sujet.

La règle générale et l'usage le plus commun des universités du royaume, les termes précis de l'article 21 du réglement général fait pour l'université

de Pau, par la déclaration du 4 décembre 1725 ;
l'induction que l'on peut tirer de l'article 24 du même
réglement comme de plusieurs autres, ont paru à Sa
Majesté former des titres si décisifs en faveur des professeurs et des docteurs agrégés de la faculté de droit,
contre la prétention des docteurs aux arts, qu'ils excluent tout sujet de doute sur la question dont il
s'agit. On n'est donc point ici dans le cas d'avoir
recours aux usages des universités voisines, puisque
le texte du réglement particulier de celle de Pau est
si clair ; et d'ailleurs ces usages, dont on voudroit
se servir ici, ont plutôt besoin d'être réformés qu'ils
ne méritent d'être suivis.

La raison qui m'a servi de motif, et au réglement
de la faculté de Pau, et à ce qu'on peut regarder
comme le droit commun en cette matière, est aussi
décisive que la lettre même de ce réglement. On ne
peut supposer que les docteurs de la faculté des arts,
quoique d'une capacité distinguée, aient les connoissances nécessaires pour juger du mérite d'un docteur,
dans une science dont il leur est permis d'ignorer les
principes, sans manquer à tout ce qui forme l'essentiel de leur profession, et il en est de même que si,
dans les universités qui sont composées de quatre facultés, les docteurs en médecine vouloient avoir part
à l'adjudication des chaires de professeurs en droit,
ou si les derniers vouloient être juges de l'incapacité
de ceux qui aspirent aux places de professeurs en
médecine. C'est sur ce fondement que tous les édits
et déclarations qui ont été faits par le feu roi sur l'é-
tude du droit civil et canonique, et qui doivent être
regardés comme les véritables lois dans la matière
présente, ont toujours également supposé, que l'é-
lection des professeurs et des docteurs agrégés se
feront par les seuls membres de la faculté de droit,
sans que celles de théologie, de médecine ou des
arts y eussent aucune part ; ainsi le roi m'ordonne
de vous faire savoir, que son intention est, que les
directeurs de l'université et les professeurs de la faculté de droit soient les seuls juges du concours qui

va s'ouvrir à Pau, pour remplir la chaire de droit qui y est vacante, et Sa Majesté n'a pas même jugé à propos d'y admettre le recteur de l'université, comme cela lui avoit été proposé, parce que n'étant que docteur de la faculté des arts, et s'agissant d'une chaire de la faculté de droit, il n'est pas censé pouvoir être juge compétent en pareille matière, quoiqu'il puisse d'ailleurs avoir assez de capacité personnelle pour en être digne; mais on ne fait attention en pareil cas, qu'à la présomption de capacité qui résulte du degré obtenu dans la faculté dont les places sont à remplir.

Du 25 août 1733.

LE roi n'a pas cru devoir entrer dans la proposition que vous m'avez faite, de réunir la place de professeur en droit français aux quatre chaires de professeur en droit civil et canonique, qui ont été établies dans l'université de Pau. Il ne convient point de diminuer le nombre des places destinées au service du public, et celles que vous remplissez demandant tant de connoissances et d'application, qu'il seroit très-difficile que vous puissiez en allier l'exercice avec le soin d'enseigner les principes d'une jurisprudence difficile. Ainsi Sa Majesté a trouvé qu'il étoit à propos de laisser les choses dans l'état où elles sont, et ce n'est pas trop de quatre chaires, qui soient uniquement occupées à former la jeunesse dans la science du droit civil et canonique.

Du 22 juillet 1734.

J'AI reçu la réponse que vous m'avez faite au sujet de la délibération de l'université de Pau, et je pense comme vous sur la première des propositions qui y sont contenues, qu'il n'y a rien à changer dans la règle établie par la déclaration du 4 décembre 1725, sur l'obligation de présenter trois sujets au roi, entre lesquels Sa Majesté en choisit un.

La seconde proposition vous a paru, avec raison, mériter plus d'attention. Il paroît étrange, en effet, d'exiger des épreuves plus rigoureuses de ceux qui aspirent à une place d'agrégé, que de ceux qui disputent une chaire de professeur, et il faut qu'il y ait eu quelque méprise à cet égard, dans la rédaction de la déclaration de 1725.

Je crois donc que, pour mettre une différence entre les places d'agrégé et celles de professeur, et exiger une preuve suffisante dans l'un ou dans l'autre cas, en faisant attention, jusqu'à un certain point, à l'état de votre université, il faudroit régler, par provision seulement, que les aspirans aux chaires de professeur seront tenus de faire deux leçons publiques, l'une sur le droit civil, l'autre sur le droit canonique, et de soutenir aussi deux thèses publiques à des jours différens, l'une sur la première des deux jurisprudences, et l'autre sur la seconde.

A l'égard des aspirans aux places d'agrégé, on peut se contenter, par provision, d'une seule leçon sur le droit civil, et d'une seule sur le droit canonique, en y joignant aussi une seule thèse soutenue le matin sur la première espèce de droit, et l'après-midi sur la seconde.

Il reste à régler la dernière difficulté qui vous regarde aussi bien que les autres directeurs en titre, qui sont officiers de votre compagnie.

Je comprends qu'il seroit difficile de les assujettir à l'obligation d'assister à tous les actes de la dispute; ce qui n'est presque pas compatible avec leurs autres fonctions.

Mais, d'un autre côté, comment pourroient-ils donner leurs suffrages avec quelque connoissance, s'ils n'assistoient qu'à l'ouverture et à la clôture du concours; ce qui les réduiroit à ne pouvoir juger du mérite des aspirans que sur le rapport d'autrui.

Ainsi, pour prendre un juste milieu dans cette matière, je crois qu'il peut suffire que ceux qui sont directeurs en titre assistent à une des leçons de chaque aspirant, soit sur le droit civil, ou sur le droit canonique, et à quatre argumens au moins de chacune des thèses qu'ils soutiennent, moyennant quoi ils ne seront point réduits à une assiduité incompatible avec leurs autres occupations, et cependant ils auront assez entendu chacun des aspirans pour pouvoir juger par eux-mêmes de leurs talens pour remplir la place qu'ils désirent.

Vous pouvez donc faire prendre dans l'université une délibération conforme à ce que je viens de vous marquer; et vous me l'enverrez ensuite, afin que je la fasse autoriser par un arrêt du conseil, qui en ordonnera l'exécution par provision, et sur lequel on expédiera des lettres-patentes pour déroger à ce qui peut y être contraire.

A l'égard des autres articles de la déclaration de 1725, qui vous paroissent avoir besoin d'être retouchés, vous pouvez m'en envoyer un mémoire quand vous le jugerez à propos.

Du 20 septembre 1734.

En relisant la délibération de l'université de Pau que vous m'avez envoyée avec votre lettre du 24 août dernier, je me suis aperçu d'une équivoque à laquelle je n'avois pas fait attention, dans la lettre que je vous ai écrite le 24 juillet dernier.

Je vous y avois marqué qu'on pourroit régler, par provision seulement, que les aspirans aux chaires de professeurs, seroient tenus de faire deux leçons publiques, l'une sur le droit civil, l'autre sur le droit canonique; il auroit fallu dire, pour mieux expliquer ma véritable pensée, les unes sur le droit civil, et les autres sur le droit canonique; et je ne sais comment il m'a échappé de mettre l'une et l'autre

ou singulier, apparemment parce que dans mon esprit, j'ai rapporté alors ces termes à la matière, ou à
l'espèce de jurisprudence, et non pas au nombre des
leçons qu'on feroit sur chacune.

Quoi qu'il en soit, mon intention a toujours été
que les aspirans aux chaires de professeurs fissent
deux leçons publiques sur chaque genre de jurisprudence, c'est-à-dire, deux sur le droit civil, deux
sur le droit canonique; et il étoit aisé de reconnoître que c'étoit-là mon esprit, soit parce qu'en
passant aux épreuves des aspirans aux places de docteurs agrégés, j'ai marqué expressément qu'on pourroit se contenter *d'une seule leçon sur le droit civil
et d'une seule sur le droit canonique*, termes qui
faisoient entendre qu'il en faudroit deux sur chaque
droit pour les aspirans aux chaires de professeurs,
soit parce que sans cela il n'y auroit aucune différence, au moins pour les leçons, entre les épreuves
qu'on exigeroit des aspirans aux chaires de professeurs, et celles qu'on exigeroit des aspirans aux places
de docteurs agrégés, ce qui répugne en général à
tout l'esprit de ma lettre.

Ainsi, pour rectifier cette erreur fondée sur l'équivoque de l'expression dont je me suis servi, vous
prendrez, s'il vous plaît, la peine de faire réformer
la délibération de l'université, pour y marquer bien
clairement, que ceux qui disputeront une chaire de
professeurs feront deux leçons publiques sur le droit
civil, et deux leçons publiques sur le droit canonique. C'est en exiger même bien peu et avoir peut-
être trop d'indulgence pour les aspirans; mais cela
n'aura lieu aussi que par provision, et il faut espérer
que dans quelque temps on pourra mettre les choses
sur un meilleur pied.

On peut ajouter aussi à la délibération ce que vous
me proposez, je veux dire, que les jours des leçons et
des thèses seront indiqués par le directeur né, à moins
qu'il ne vous paroisse encore mieux de le marquer
dans l'arrêt qui sera donné par le roi, sans en faire
mention dans la délibération de l'université.

Du 12 décembre 1734.

La différence des lieux où le roi fait son séjour, et le retardement qui est presqu'inséparable d'un changement de demeure, qui oblige à transporter et à mettre en ordre les papiers dont on a besoin, m'ont fait différer de répondre à la dernière lettre que vous m'avez écrite, au sujet de la chaire de professeur en droit, qui est vacante dans l'université de Strasbourg.

Après y avoir fait les réflexions nécessaires, je crois qu'on ne peut rien faire de mieux sur ce sujet, que de bien entendre et de bien exécuter des statuts, qu'on doit présumer n'avoir été faits qu'après une mûre délibération.

Ces statuts ne renferment, ni une exclusion formelle des docteurs étrangers, ni une préférence absolue des membres de l'université. Ils exigent que ceux sur qui l'élection doit tomber, aient les conditions requises, c'est-à-dire, sans doute, la sagesse, la capacité et les talens nécessaires pour remplir dignement la place de professeur. Ainsi, aux termes de ces statuts, un étranger, qui auroit les conditions requises, devroit être préféré à un membre de l'université qui ne les auroit pas, et à qui, suivant les mêmes statuts, la préférence n'est due que *cæteris paribus*, c'est-à-dire, qu'en cas de concours entre deux sujets qui seroient également en état de bien servir le public, celui qui seroit du corps de l'université devroit l'emporter sur celui qui n'auroit pas le même avantage.

C'est ainsi que les statuts doivent être entendus, et c'est aussi de la même manière qu'ils doivent être exécutés.

Le premier objet de ceux qui ont part à l'élection doit être d'examiner si tous ceux qui aspirent à la place vacante ont les qualités ou les conditions requises.

Le second est de faire un bon choix entre ceux qui les ont, et la règle qu'ils doivent suivre dans ce choix leur est marquée par les statuts.

Si celui qui est du corps de l'université n'a pas les conditions requises, l'étranger doit lui être préféré.

S'il a ces conditions et que des étrangers les aient aussi, alors, entre deux concurrens qui ont le mérite suffisant pour remplir la place vacante, le statut décide en faveur du membre de l'université.

Mais quels seront les juges de ce mérite suffisant? Ce sont, sans doute, ceux à qui le droit d'élire appartient. Les lois ne peuvent qu'établir des règles générales, et c'est à ceux qui les exécutent d'en faire une juste application aux cas particuliers qui se présentent.

Je ne puis, tant sur tout ce qui regarde les qualités personnelles et le mérite de ceux qui aspirent à remplir la place de feu M. . . . ., que m'en rapporter à la conscience, à l'honneur et aux lumières des électeurs. Leur choix doit être entièrement libre; mais ils ne doivent faire usage de leur liberté, que pour se déterminer en faveur de celui qui leur paroîtra le plus digne, sans avoir aucun égard aux recommandations et aux raisons de faveur ou de protection qui ne sont quelquefois que trop écoutées dans des occasions semblables; mais qui, pour l'ordinaire, sont les plus grands ennemis du bien public.

Je crois donc devoir me renfermer dans ces avis généraux, sans prendre aucun parti entre les différens sujets qui sont aujourd'hui sur les rangs. Pourvu que l'élection soit fondée sur la connoissance que chacun aura du mérite de ces sujets, et qu'elle se fasse sans aucune acceptation de personne, je présumerai avec plaisir que la seule vue du bien public y aura présidé. Je ne doute pas que vous n'entriez parfaitement dans la même vue, et je compte que vous ferez part à l'université de ce que je vous écris,

afin que tous ceux qui doivent donner leurs suffrages en cette occasion s'élèvent au-dessus de toute
autre considération que celle de leur devoir, et qu'ils
ne pensent qu'à faire un choix approuvé du public,
honorable à l'université et utile à l'instruction de
la jeunesse, qui est le principal objet de l'élection
dont il s'agit.

Du 7 mars 1735.

J'ai eu l'honneur de rendre compte au roi de la
délibération qui a été prise dans l'université de Pau,
sur l'ordre dans lequel les trois seuls sujets qui ont
concouru à la dispute pour une chaire vacante dans
cette université, ont été présentés à Sa Majesté, et
elle a cru devoir se déterminer à donner la préférence au sieur. . . . ., conformément à votre
avis et à celui des autres magistrats qui sont directeurs de la même université, quoique le roi n'ait
pas ignoré que les professeurs avoient été d'un avis
contraire. Mais il lui a paru juste de suivre le vœu
des directeurs, comme devant l'emporter sur celui
des professeurs, non-seulement par le nombre, mais
par la qualité et le poids des suffrages.

Ce n'est pas qu'on n'eût pu penser différemment,
surtout après avoir lu, comme je l'ai fait, le procès-
verbal très-exact qu'un des professeurs a dressé de
tout ce qui s'étoit passé dans le cours de la dispute
et dont il vous a fait le rapport. Il paroît, en effet,
par ce procès-verbal, que le sieur. . . . . a
montré dans la dispute autant de pénétration d'esprit
et d'érudition qu'aucun autre, et que le sieur. . . . .
y a fait voir aussi une justesse d'esprit qui le rendoit digne, dans un âge plus avancé, de concourir
avec ses anciens. Mais Sa Majesté a cru, comme vous,
que, comme dans un pareil choix, l'âge, les services et les qualités personnelles des sujets devoient
être mis dans la balance avec les talens de la place

qu'il s'agit de donner, le sieur. . . . . ayant un mérite suffisant pour la bien remplir, y joignoit des avantages qui devoient le faire préférer à ses concurrens. Il est docteur agrégé, au lieu que les autres ne sont que de simples docteurs.

Il en exerce les fonctions depuis l'établissement de l'université.

Il a rempli, pendant trois ans, pendant l'absence du sieur. . . . ., les fonctions de la chaire même qui est à présent vacante.

Il a d'ailleurs plus d'âge, de maturité et d'expérience que ses compétiteurs, qui n'ont été admis que par grâce à la dispute, et il auroit été assez extraordinaire de préférer ceux qui auroient besoin de dispense pour obtenir la place dont il s'agit, à un sujet à qui il ne manque aucune des qualités requises pour en être pourvu.

Telles sont les raisons qui ont déterminé le choix du roi en faveur du sieur. . . . . Ses compétiteurs peuvent y trouver des sujets de consolation, et en même temps des motifs pour redoubler leur émulation et leur application à l'étude de la jurisprudence ; ce qui est différé n'est pas perdu, et le sieur. . . . ., en particulier, gagnera beaucoup au retardement de ce qui fait l'objet de ses désirs, s'il en profite pour tempérer un feu et une vivacité dont l'âge et les réflexions lui apprendront à devenir entièrement le maître, pour rendre ses talens aussi utiles qu'ils le peuvent être au public.

A l'égard du sieur. . . . . le jugement qu'on en a porté pendant la dispute, me fait voir qu'il ne lui manque que des années, et que la solidité de son esprit donne lieu d'espérer qu'il excellera un jour dans la science du droit, et dans l'art de le bien enseigner.

Vous prendrez, s'il vous plaît, la peine de faire part au sieur. . . . . de la préférence qu'il a obtenue, afin qu'il prenne les mesures nécessaires pour se faire pourvoir, en la manière accoutumée, de la place qui est le prix de ses travaux.

D'Aguesseau. Tome X.   14

Du 15 avril 1735.

Je ne mérite point de remercîmens de la part de MM les directeurs de l'université, pour n'avoir fait que ce que je devois, en préférant leur jugement à celui de deux professeurs de l'université.

Comme le rapport d'un de ces professeurs ne contenoit rien d'assez fort pour empêcher la préférence qui m'a paru due au sieur. . . . ., je n'ai pas cru devoir perdre du temps à m'informer si ce rapport étoit exempt de tout soupçon de partialité ; mais ce que vous m'écrivez sur ce sujet, me fait voir que j'ai encore mieux fait que je ne le croyois, lorsque j'y ai eu beaucoup moins d'égard qu'à votre sentiment, et à celui des magistrats qui sont directeurs de l'université.

Au surplus, si les rapports de cette espèce étoient faits par une bonne main, et qui s'expliquât sans prévention et sans partialité, il seroit utile de me les envoyer avec les procès-verbaux de nomination, parce que je serois plus en état de mieux juger, par de tels rapports, du degré de mérite que chacun des aspirans a montré dans la dispute ; mais comme il est difficile de compter absolument sur l'indifférence et l'impartialité de ceux qui font le rapport de la dispute, et qu'il seroit fâcheux que ceux qui pensent d'une manière différente, et surtout des magistrats qui sont directeurs de l'université, fussent obligés de faire des contredits contre un rapport qui me seroit envoyé ; je crois que c'est un point qu'il faut laisser entièrement à votre discrétion, et à celle de MM. les directeurs, pour en user, à cet égard, ainsi que vous le jugerez à propos, dans les élections qui se feront à l'avenir.

Du 22 juin 1735.

Vous m'avez écrit plusieurs lettres au sujet du refus que vous avez fait au sieur. . . . ., de lui faire délivrer des lettres testimoniales de son temps d'étude, et des délibérations qui ont été prises par l'université sur cette matière. Ce n'est point par un défaut d'attention pour ce qui regarde votre université, pour laquelle, au contraire, j'ai beaucoup d'estime, que j'ai différé de répondre à ces lettres; mais mon silence a été fondé d'abord, sur ce que j'ai voulu être instruit plus exactement de cette affaire par ceux qui pouvoient m'en donner une plus grande connoissance; et, ensuite, parce qu'ayant appris que le sieur. . . . . s'étoit pourvu au parlement, juge très-compétent sur un fait de police et de discipline dans l'université, j'ai attendu que cette compagnie eût prononcé, sauf à examiner dans la suite s'il y avoit lieu de faire un réglement général sur cette matière.

J'ai été informé en dernier lieu de ce que le parlement avoit décidé, et j'ai appris en même temps ce qui s'étoit passé depuis son arrêt. J'ai reconnu par là, d'un côté, que la décision du parlement étoit entièrement conforme à la lettre du concordat, aussi bien qu'à la manière dont il a été jusqu'à présent entendu dans le reste du royaume; et de l'autre, j'ai vu une affectation marquée de la part de l'université, et une résistance indécente à se conformer de bonne foi à ce que le parlement, son supérieur, avoit reglé; j'apprends même que cette résistance a été portée jusqu'à n'accorder des lettres testimoniales que d'une manière équivoque, et qui pourroit faire dans la suite la matière d'un procès. Il est temps de faire cesser des difficultés qui ont dû céder absolument à l'autorité de la chose jugée; ainsi ne manquez point aussitôt que vous aurez reçu cette lettre,

14*

de faire délivrer au sieur. . . . . des lettres testimoniales dans le style ordinaire, où vous pouvez faire marquer seulement, que c'est en exécution de l'arrêt du parlement qu'elles sont expédiées, afin que l'on puisse voir que si elles ne sont pas entièrement conformes à l'usage que vous prétendez avoir été observé depuis long-temps, par rapport à l'examen de ceux qui demandent des lettres de *quinquennium*, c'est parce que vous déférez, comme vous le devez, à l'arrêt du parlement.

Au surplus, comme cet usage, quoique singulier, pourroit avoir son utilité, pour obliger ceux qui veulent obtenir des lettres de *quinquennium* à faire des études plus sérieuses qu'ils n'en font ordinairement, le roi fera examiner, s'il conviendroit de faire un réglement général sur ce sujet, soit pour autoriser votre usage, soit pour y suppléer par d'autres précautions, et d'adresser ce réglement à toutes les universités du royaume, dont les lois ou les règles doivent être uniformes sur cette matière. Si vous avez même quelques nouveaux mémoires à m'envoyer, par rapport à cet objet, je les recevrai très-volontiers, pourvu que l'université de Toulouse m'édifie autant par la subordination dans laquelle elle doit toujours être à l'égard du parlement, que par son zèle pour faire fleurir les études qui ont besoin, en effet, d'une attention d'autant plus grande, qu'elles semblent tomber à présent dans une langueur qui m'afflige.

Du 4 mai 1736.

J'APPRENDS, par votre lettre du 21 avril dernier, que des deux points qui faisoient le sujet de la lettre des professeurs de l'université de Pau, que je vous avois renvoyée, il y en a un qui est réglé par un arrêt d'expédient. A l'égard du second, vous croyez qu'il peut se régler par une délibération de l'université homologuée au parlement; c'est, en effet,

la meilleure manière de terminer une difficulté aussi
légère que celle qui se forme sur les droits que les
étudians doivent payer pour les lettres testimoniales;
et l'on ne peut rien faire de mieux à cet égard,
que de suivre l'usage des universités voisines, en attendant qu'il y ait été pourvu par le roi, comme cela
pourra se faire dans la suite.

<hr>

Du 4 mai 1736.

La pensée que vous avez eue de faire donner à
celui qui est actuellement doyen du parlement, la
place de directeur de l'université qui a vaqué par la
mort du dernier doyen, pouvoit être fort convenable
par rapport à la droiture et aux bonnes intentions de
M. de . . . .; mais le roi a considéré que si l'on
faisoit passer cette place successivement de doyen en
doyen on s'accoutumeroit peut-être à la regarder comme
attachée par une espèce de droit à l'ancienneté, au
lieu qu'elle doit dépendre absolument de la volonté
et du choix de Sa Majesté : ainsi elle a jugé à propos de l'accorder à M . . . ., qui, comme vous
le savez, a toutes les qualités nécessaires pour remplir des fonctions encore plus importantes que celles
de directeur de l'université. Je lui écris pour l'informer de la grâce que le roi lui fait, et je ne doute
pas que vous ne soyez content d'un choix dont il m'a
paru d'autant plus digne, qu'il n'a fait aucune démarche pour y parvenir.

<hr>

Du 7 décembre 1736.

Je vous envoie le placet du sieur . . . ., qui
demande une dispense d'âge et d'interstices pour
pouvoir être admis à la dispute d'une place d'agrégé,
qui vaque dans la faculté de droit à Rennes. Il peut

se trouver encore une autre difficulté à son égard,
parce qu'il ne s'est pas présenté au jour que la faculté
avoit assigné pour donner aux aspirans les matières
des leçons probatoires. Mais cette dernière difficulté
pourroit être levée, s'il est vrai qu'aucun des aspirans
n'ait encore commencé ses leçons, et il n'y auroit qu'à
lui donner séparément les matières qu'il auroit à faire,
en lui prescrivant un délai pareil à celui qu'on a
donné à ses concurrens ; mais comme la difficulté du
défaut d'âge et des interstices est beaucoup plus considérable, je n'ai rien voulu faire sur ce sujet sans
savoir votre avis : je crois seulement que s'il est vrai
qu'un des aspirans renonce au concours, et qu'il ne
reste que deux sujets pour disputer, on peut avoir
la facilité d'y admettre le sieur . . . ., et je vous
laisse le maître, en ce cas, de le dire à la faculté si
vous le jugez à propos, en les avertissant que s'il se
trouvoit que le sieur . . . . parût le plus digne,
je serois disposé, sur le compte qui m'en seroit rendu,
à lui procurer les dispenses sans lesquelles son élection
ne pourroit être entièrement consommée. Tout ce que
la faculté peut faire auparavant se réduisant à m'envoyer une délibération par laquelle elle marqueroit
que le sieur . . . . ayant été trouvé le plus
digne, elle n'a pas cru devoir procéder à son élection, à moins qu'il ne plût au roi de lui accorder les
dispenses dont il auroit besoin.

Du 20 janvier 1737.

J'ai examiné le projet de déclaration pour la faculté de droit établie à Rennes, que vous avez dressé
de concert avec MM. les gens du roi, et je n'y trouve
que deux articles qui seront susceptibles de quelques
difficultés, ou du moins qui puissent avoir besoin
d'une plus grande explication.

L'un est l'article 3 où il s'agit de l'établissement
d'un juge conservateur des priviléges de la faculté.

Cet article est rédigé de telle manière, qu'il semble que ce soit le sénéchal de Rennes qui doive être le seul juge des causes des membres et suppôts de la faculté. Ce n'est pas votre intention, qui est sans doute conforme à l'usage qu'on observe au Châtelet de Paris et ailleurs, mais comme il faut tâcher de prévenir même les mauvaises difficultés, l'article me paroîtroit mieux rédigé de la manière suivante :

Avons établi et établissons par ces présentes le sénéchal de Rennes, juge conservateur des priviléges de ladite faculté, et en conséquence, voulons que les causes des professeurs, docteurs, agrégés, étudians, membres et suppôts de ladite faculté, soient portées en première instance par-devant les *officiers de la sénéchaussée de Rennes* qui en connoîtront privativement à tous autres juges, à la charge de l'appel en notredite cour de parlement ; et sera le contenu au présent article exécuté, en se conformant à ce qui est porté par les articles 29, 30, et 31 du titre des *committimus* de l'ordonnance du mois d'août 1669.

L'autre article qui a besoin de quelques éclaircissemens, est le dernier où il est dit que les receveurs des revenus communs de l'université de Nantes compteront à la faculté de Rennes des deux cinquièmes de ces revenus.

Il seroit bon de savoir à quoi monte ces deux cinquièmes ; si l'objet est peu considérable, comme je me l'imagine, ne seroit-il pas mieux de les abandonner à l'université de Nantes ? on éviteroit par là une discussion qui peut faire naître des contestations entre les deux corps, et qui consommeroit en frais de voyages et de procédures le léger bénéfice qu'on veut conserver aux professeurs : ce seroit d'ailleurs une espèce de dédommagement qu'on accorderoit à l'université de Nantes pour le démembrement qu'elle a souffert ; et il faut espérer que les états venant dans la suite au secours du nouvel établissement de la faculté de Rennes, la condition des professeurs deviendra meilleure qu'elle n'auroit été à Nantes, ou en leur conservant à Rennes leur droit dans les deux cinquièmes des revenus de l'université de Nantes.

Mais comme je ne suis pas assez au fait de la conséquence de ce droit, je vous prie de m'en instruire plus exactement, afin que je sois en état incessamment de mettre la dernière main à votre projet.

Du 1.er août 1737.

Le parlement de Bretagne en a usé bien honnêtement à l'égard des professeurs en droit, lorsqu'il a trouvé bon que ceux de ces professeurs qui assistent aux audiences, se missent sur le banc des officiers royaux. A Paris, ils n'avoient point d'autres places que celles qui sont destinées aux avocats ; mais l'honnêteté qu'on a eue pour eux à Rennes, ne les autorise pas à empêcher que les officiers royaux, à qui ce banc est véritablement destiné, ne s'y placent au-dessus d'eux, et il seroit fort extraordinaire que celui qui n'a une place que par tolérance, voulût disputer la préséance à celui à qui cette place appartient de droit ; ainsi la prétention du sieur .... me paroît destituée de tout fondement ; et si l'officier royal qui s'est assis au-dessus de lui a manqué à une certaine politesse à son égard, ce n'est pas un fait qui puisse mériter mon attention ; au surplus, le meilleur conseil que vous puissiez donner au sieur......... et à ses confrères, est d'user sagement de l'honneur dont ils ne jouissent, comme je l'ai déjà dit, que par tolérance, parce que s'ils vouloient l'exiger en droit, ils s'exposeroient peut-être à le perdre entièrement ; et le discours qu'on prétend avoir été tenu par quelques-uns de MM. du parlement, doit leur faire faire cette réflexion.

Du 14 août 1737.

Dans un établissement aussi nouveau que celui de la faculté de droit de Rennes, il ne seroit pas de bon exemple qu'on se relâchât de la règle générale dans la manière de donner les places de docteur agrégé ; et en général la loi du concours a été établie par de si bonnes raisons, qu'il est du bien public d'en préférer l'exécution à des considérations personnelles qui ne manquent presque jamais quand on veut sortir de la règle commune. Ainsi le sieur . . . . n'a qu'à conserver la place de docteur agrégé , et si sa santé ne lui permet pas toujours d'en remplir les fonctions, je suis persuadé que ses confrères y suppléeront très-volontiers.

Du 17 août 1737.

Je vous envoie le projet de la déclaration qui regarde la faculté de droit établie à Rennes, tel que j'ai cru devoir le réformer et vous n'y trouverez aucun changement de quelque importance, que dans l'article qui regarde le nouveau sceau de cette faculté. Tout bien considéré, il ne me paroît pas trop décent que le roi entre dans le détail de ce qui regarde ce sceau, dont on lui faisoit faire une espèce de description dans l'article 4 de votre projet ; et je crois qu'il vaut mieux que vous en fassiez faire un dessin enluminé tel qu'on le donnera au graveur, et qui sera attaché sous le contre-scel de la déclaration : c'est dans cet esprit que j'ai fait tourner l'article 4 comme vous le verrez dans le nouveau projet, à moins que ce ne soit parce que le sceau de l'université de Nantes est dans cette forme, auquel cas, il n'y a qu'à la suivre, la faculté de Rennes étant un démembrement de cette université ; mais si cela n'étoit pas, il ne conviendroit pas

de mêler ici les armes de Bretagne avec celles de
France, et il ne faudroit employer que les dernières.
C'est sur tout cela que vous prendrez la peine de me
donner les éclaircissemens que vous jugerez nécessaires, avant que de faire part à personne de cette
difficulté.

Du 28 octobre 1737.

Je vous ai averti plus d'une fois qu'il me paroissoit
qu'on n'observoit guère exactement à Bordeaux les
règles prescrites par les édits et les déclarations du feu
roi sur les études de droit, sur la manière d'obtenir
les degrés et sur le temps d'être admis au serment
d'avocat; j'ai appris un nouveau fait qui augmente
encore le doute que j'ai eu sur ce sujet; on prétend
que MM. de.......... et de.........., tous deux
fils de conseillers au parlement de Bordeaux, n'ont
pris leur douzième inscription que le premier août
dernier, et qu'ils ont cependant été reçus avocats le
cinq du même mois; j'ai de la peine à concevoir comment ils ont pu satisfaire avant ce temps aux formalités
qui doivent être remplies pour être en état d'entrer
dans le barreau : ainsi je vous prie de me faire savoir
en quel temps ils ont soutenu leur thèse de licence et
subi l'examen public sur le droit français, sans quoi
il ne seroit pas possible que vous eussiez consenti à
leur réception au serment d'avocat.

Du 25 décembre 1737.

Je n'entends point ce qu'on veut dire dans la
lettre que je vous envoie, et où vous verrez qu'on
me marque que la faculté de médecine a choisi deux
sujets pour remplir deux places de professeurs qui
sont vacantes dans cette faculté, j'ai d'autant plus lieu

d'être surpris d'une nomination qui paroît si préci-
pitée et si contraire aux règles établies par l'édit du
mois de mars 1707, que je crois avoir écrit à la faculté de médecine, lorsqu'elle m'informa de la vacance de la première de ces places, devoit être mise
au concours, suivant la disposition de cet édit, et je
me disposois à lui écrire la même chose à l'occasion
de la mort du sieur de........dont je n'ai été encore
instruit que par une lettre de son fils; mais quoique
rien ne paroisse plus nul que l'élection qui vient
d'être faite, j'ai cru néanmoins que comme M. l'archevêque d'Aix semble y avoir eu une grande part,
à en juger par la lettre qu'on m'a écrite, je devois,
avant toutes choses, vous prier d'en conférer avec ce
prélat, pour savoir de lui ce qu'il y a de vrai dans ce
qu'on m'expose, et quelles sont les raisons qui peuvent
avoir donné lieu de s'écarter en cette occasion des
règles ordinaires; il en est trop instruit pour ne pas
savoir qu'il n'y a que le roi seul qui puisse en accorder la dispense; et c'est par cette raison que je
présume, quant à présent, qu'il faut qu'il y ait du
plus ou du moins dans le récit qu'on me fait par la
lettre que je vous envoie, et dont je vous prie de
ne pas faire connoître l'auteur.

Du 11 avril 1738.

Quoiqu'il m'eût été facile de répondre sur-le-
champ à la lettre que vous m'écrivîtes le 5 du mois
dernier, au sujet de l'installation du sénéchal de
Rennes, en qualité de juge-conservateur des priviléges de la faculté de droit, j'ai cru cependant qu'il
étoit encore plus sûr de m'informer auparavant de
l'usage qui s'observe dans les universités qui sont le
moins éloignées de la Bretagne, qui ont aussi des
juges-conservateurs de leurs priviléges; et je vois que
des cinq universités, dont l'exemple doit être d'un
plus grand poids en cette occasion, il y en a trois

dans lesquelles il n'y a aucun cérémonial établi pour l'installation du juge-conservateur qui entre en possession de tous les droits attachés à cette qualité, en vertu de sa seule réception au parlement et au bailliage, ou à la sénéchaussée, dont il est officier ; tels sont entr'autres le juge-conservateur des priviléges de l'université de Paris, qui est la capitale du royaume, et celui de l'université d'Angers, qui est la plus proche de la ville de Rennes.

Il y en a deux, à la vérité, où il y a un cérémonial établi pour l'installation du juge-conservateur, mais bien différent de celui qu'il paroît qu'on a observé autrefois dans l'université de Nantes, et qui se ressent beaucoup du peu de connoissance qu'on avoit des règles de l'ordre public et de la bienséance, dans les temps reculés où ce cérémonial a été introduit.

Il faut d'ailleurs considérer qu'il y a deux différences importantes à observer entre l'université de Nantes et la faculté de droit, qui est à présent établie à Rennes.

Premièrement, il ne s'agit ici que d'une seule faculté, ou tout au plus de deux, au lieu qu'à Nantes il étoit question d'une université complète, et il n'est pas singulier qu'on rende plus d'honneur au corps entier qu'à deux de ses membres.

Secondement, le juge-conservateur des priviléges de l'université de Nantes n'étoit qu'un prévôt royal, et par conséquent un juge subalterne et subordonné au juge de la sénéchaussée, au lieu que celui qui doit remplir à Rennes les fonctions de juge-conservateur est le sénéchal, c'est-à-dire, le chef d'une juridiction supérieure à la prévôté, et soumise immédiatement au parlement. Ainsi, d'un côté, il est moins dû d'honneur à deux facultés qu'il n'en pouvoit être dû à cinq, qui composoient à Nantes le corps entier de l'université, et de l'autre, on doit moins exiger de celui qui est revêtu d'une dignité de sénéchal que de celui qui n'avoit que le titre et la fonction de prévôt.

J'ai remarqué d'ailleurs qu'à Nantes même le prétendu cérémonial qui s'y observoit pour l'installation du juge-conservateur, auroit pu souffrir beaucoup de difficulté, si on avoit voulu l'attaquer sérieusement.

Les preuves en sont fort récentes, puisqu'elles ne remontent pas plus haut qu'en l'année 1660.

Cet usage même ne s'accorde pas exactement avec les termes de l'article 11 des lettres données par le duc François II, pour l'élection de l'université de Nantes. Cet article porte seulement que *le juge-conservateur, au commencement de l'exercice de cette fonction, existant en son siége en présence du recteur, docteurs et écoliers qui voudront y comparoir, jurera tenir et garder les priviléges, libertés et franchises de ladite université, etc.*

Il n'y est donc fait mention que de la présence du recteur et des membres de l'université, lors de la prestation du serment qui se fait par le juge-conservateur, et on n'y ajoute point que le juge-conservateur cédera dans son propre siége la première place au recteur, ni que les facultés y siégeront aussi à ses côtés. Ainsi il y a tout lieu de présumer que l'extension qu'on a voulu donner aux lettres-patentes d'érection, et dont on ne rapporte point de vestiges avant l'année 1660, est un abus qui n'a été toléré que parce que personne ne s'en est plaint, et qu'il n'est pas venu à la connoissance du roi.

Enfin, quand l'université de Nantes auroit eu une possession plus longue et plus ancienne sur ce sujet, Sa Majesté ne pourroit jamais l'autoriser expressément; il est non-seulement indécent, mais contraire à toutes les règles de l'ordre public, qu'un recteur, sans titre et sans provision du roi, vienne remplir la première place, et présider, en quelque manière, dans un siége royal, qu'il y fasse asseoir des docteurs à ses côtés, comme s'ils pouvoient y remplir la place de juges. Quoiqu'ils n'en aient point le caractère, et qu'il n'y ait que le procureur-général de l'université qui fasse fonction dans cette cérémonie, comme si le siége royal étoit devenu le tribunal de cette université.

Je trouve donc que vous vous étiez trop relâché avec MM. les gens du roi, en faveur de la faculté de droit, et que la meilleure règle qu'on pourroit établir sur ce qui fait la matière de la contestation présente, seroit de suivre ce qui se pratique dans d'autres universités, où le juge-conservateur acquierre de plein droit l'exercice des fonctions attachées à cette qualité, par le seul serment qu'il prête au parlement, comme sénéchal ou comme lieutenant-général, et par son installation dans le siége, dont il est le chef ou un des principaux membres, et cela seroit même d'autant plus convenable à l'égard du sénéchal de Rennes, que comme il a été nommé juge-conservateur par une déclaration du roi, il n'a besoin d'aucun autre titre pour en remplir toutes les fonctions, sans être obligé de s'y faire autoriser en quelque manière par la faculté de droit.

Cependant, comme il y a des universités où l'on observe une cérémonie particulière pour l'installation du juge-conservateur, et que d'ailleurs il faut respecter jusqu'à un certain point les anciens usages, en les rapprochant des règles de l'ordre public; je crois que, pour entrer dans cet esprit, il faut prendre le tempérament de suivre à Rennes, par rapport à la faculté de droit, ce qui se pratique dans l'université de Poitiers, qui n'est pas bien éloignée de celle de Nantes ou de Rennes. L'usage est, à Poitiers, que le juge-conservateur est seulement installé à l'audience de la conservation dans la même forme que les officiers des siéges royaux, après quoi il se fait agréger en l'université, et, pour cet effet, il en va voir le chef et les membres; le recteur lui donne un jour pour s'y faire recevoir, et, après le paiement des droits d'entrée, qui sont de 50 livres, le procureur-général de l'université le présente au corps de l'assemblée, en faisant un discours latin; le recteur et les docteurs des quatre facultés parlent ensuite chacun à leur tour; le juge-conservateur prête alors le serment de garder les statuts de l'université, il prend place immédiatement après le chancelier, moyennant

quoi il a droit d'assister à toutes les assemblées, avec
voix délibérative ; il a part dans les distributions, et
donne le pain béni à son tour.

Cet usage me paroît d'autant plus convenable à
établir dans la faculté de droit de Rennes, qu'on y
sauve tout ce qui peut faire quelque peine dans l'obligation de prêter un serment particulier à l'université,
par l'expédient d'y faire recevoir le juge-conservateur
comme agrégé, et cela peut même servir à faire qu'il
s'intéresse davantage aux droits et aux priviléges de
l'université.

Au surplus, comme tout n'est pas également essentiel dans la cérémonie que je viens de vous expliquer,
vous pouvez seulement en prendre la substance, en
y faisant les changemens qui conviendront le mieux
des deux côtés, comme, par exemple, sur les droits
d'entrée qui se paient par le juge-conservateur, sur
la part qu'on lui donne à Poitiers dans les distributions, et sur l'obligation de rendre à son tour le pain
béni. A l'égard de la place qui sera donnée au juge-
conservateur dans l'assemblée de la faculté, comme
il me semble qu'on n'y a point établi de chancelier,
c'est immédiatement après le recteur que le sénéchal
doit prendre sa séance lorsqu'il s'y fera agréger ; et
si vous pensez qu'il soit nécessaire de donner une
nouvelle déclaration du roi pour régler plus authen-
tiquement ce cérémonial, vous n'avez qu'à prendre
la peine d'en dresser un projet, et j'aurai soin de le
faire expédier, lorsqu'il aura été approuvé par Sa
Majesté.

Du 17 mai 1738.

J'AI reçu le mémoire du sieur............, professeur en droit français, que vous m'avez envoyé,
avec la lettre par laquelle vous me marquez que les
représentations de ce professeur vous paroissent favorables ; elles n'ont pas fait entièrement le même effet

sur mon esprit. Le sieur............. ne fait qu'y argumenter contre les termes d'une loi générale, qui a servi de fondement à la dernière déclaration du 22 février 1738.

L'article 5 de cette loi générale, c'est-à-dire, de la déclaration du 18 janvier 1700, porte que les examens publics sur le droit français se feront depuis le 1.er juillet jusqu'au 7 septembre de la même année ; et, comme cette déclaration fut faite sur mon avis, je sais qu'on ne voulut pas faire commencer plus tôt le temps de ces examens, afin qu'ils ne concourussent pas avec les thèses de licence, et que chacun des actes probatoires des différens genres fût placé dans un temps qui pût donner lieu aux étudians de ne s'y présenter qu'après une préparation suffisante. On n'a fait, dans la dernière déclaration qui a été envoyée au parlement de Bordeaux, que se conformer à la même règle, et pour donner atteinte à cette déclaration, il faudroit commencer par renverser celle du 18 janvier 1700.

Les inconvéniens que le sieur.......... relève dans son mémoire, ne méritent point d'attention. Il n'y auroit aucun des termes fixés par les déclarations du roi, sur le temps dans lequel chacun des actes probatoires doit être soutenu, qu'on ne pût entreprendre de faire changer sous des prétextes pareils à ceux qui sont allégués par le sieur..........., si une maladie ou un autre empêchement semblable ne permet pas à un étudiant de soutenir ses thèses ou de subir l'examen sur le droit français dans le temps prescrit, il peut s'en faire relever par des lettres du roi ; et des inconvéniens réparables qui arrivent dans des cas rares et singuliers, ne sont pas une raison de détruire les règles générales qui ont été sagement établies.

C'est mal à propos que le sieur.......... craint qu'on ne veuille imposer aux étudians qui n'auroient pu subir leur examen à la fin de leur troisième année, la nécessité d'en faire une quatrième pour pouvoir se présenter à l'examen dans le mois de juillet suivant ; il est défendu de le faire avant le terme dans la troisième année, mais il ne l'est point de le faire après ce terme. Ainsi ceux qui n'ont pu subir l'examen à la fin de la troisième année, peuvent le subir aussitôt que les écoles sont vacantes l'année suivante, et dans tel temps qu'il leur plaît, sans être obligés de recommencer une nouvelle année d'étude.

A l'égard de ceux qui obtiennent des degrés par bénéfice d'âge, il est sans difficulté que, comme le cours de leurs études est renfermé dans le cercle de six mois, et qu'ils peuvent le placer dans tel temps de l'année qu'il leur plaît, ils ne sont point assujettis à ne pouvoir subir leur examen sur le droit français avant le 1.er juillet d'une troisième année d'étude, jusqu'à laquelle ils ne vont jamais ; ainsi, pourvu que ceux qui obtiennent des degrés par bénéfice d'âge, satisfassent exactement à l'article 9 de la déclaration du 18 janvier 1700, qui les oblige à prendre, au moins pendant deux mois, la leçon de droit français, ils peuvent, à la fin des six mois, en quelque temps de l'année que ce soit, subir leur examen sur cette partie de la jurisprudence. Vous ferez part, s'il vous plaît, de ce que je vous écris au sieur.........., afin qu'il s'y conforme exactement, moyennant quoi toutes les difficultés qui lui faisoient de la peine seront entièrement levées.

Du 10 décembre 1738.

Il ne paroît pas possible que le roi accorde des provisions d'une chaire de professeur à un homme qui est dans l'état où vous me marquez, par votre dernière lettre, que le sieur.......... est tombé, et dont il n'y a nulle espérance qu'il puisse se relever. A l'âge où il est, ce seroit exposer la grâce du roi à une espèce de mépris, et en pareille matière on doit toujours respecter l'opinion publique ; ainsi je ne vois point d'autre parti à prendre que celui de vous prier de faire dire au sieur.........., dans un des momens où il aura le plus de liberté d'esprit, que le roi lui avoit donné la préférence sur ses concurrens; mais que Sa Majesté, ayant appris que son infirmité le mettoit absolument hors d'état de remplir aucune fonction de la place dont il s'agit, elle a été obligée, quoiqu'à regret, d'en disposer en faveur du sieur.......... Pour adoucir la chose, on pourroit engager le dernier à céder une partie des émolumens de la chaire au sieur........, pour le secourir dans la triste situation où il se trouve, et ce seroit alors qu'il faudroit faire parler au sieur..........., afin qu'en apprenant le choix du sieur.........., il en fût moins touché, en apprenant aussi que le roi trouve bon qu'une partie des appointemens de la place lui soit assurée pendant sa vie; et il suffiroit, pour consommer la chose, que le sieur........... remît entre vos mains un écrit par lequel il s'engageroit à partager ces émolumens avec le sieur........, suivant ce qui seroit réglé par vous, après quoi le roi déclareroit son choix en la manière accoutumée, qui ne m'est pas trop connue, et sur laquelle je vous prie de me faire savoir s'il est d'usage, en pareil cas, que l'on expédie un simple brevet ou des provisions en faveur du professeur en la faculté des arts, auquel le roi donne la préférence; c'est tout ce qui se présente à mon esprit sur ce sujet, et que je vous laisse le soin de traiter avec la sagesse et la prudence qui vous sont naturelles.

Du 5 mars 1739.

Vous êtes instruit sans doute du décret qui a été fait dans l'université de Bordeaux, au sujet de la place de docteur aux arts, qui a vaqué par la mort du sieur abbé............, et vous savez qu'elle a jugé à propos d'élire, par voie de postulation, le

sieur............, professeur en théologie, pour
remplir cette place. Quoique les lettres que l'université et les jurats de Bordeaux m'ont écrites, pour
demander qu'il plaise au roi de confirmer le décret
dont je viens de vous parler, me paroissent donner
tous les éclaircissemens qu'on peut désirer sur ce
sujet, je n'ai pas voulu néanmoins en rendre compte
au roi et recevoir ses ordres, sans vous avoir demandé auparavant si vous ne trouvez aucun inconvénient à autoriser la délibération de l'université, soit
par rapport à la forme qu'elle a suivie en cette occasion, soit à l'égard du mérite de celui qui est l'objet
de sa postulation. Vous prendrez donc, s'il vous plaît,
la peine de m'expliquer incessamment ce que vous
en pensez, et je vous prie d'être toujours persuadé
que je suis, etc.

Du 10 mars 1739.

J'AI reçu la lettre par laquelle vous me proposez
de faire avoir aux sieurs .... et ....
des provisions en survivance, pour remplir les chaires
de professeurs en droit, qui sont actuellement entre
les mains du sieur .... et du sieur ....,
que leur grand âge et leurs infirmités mettent hors
d'état d'en exercer les fonctions ; j'ai vu aussi les deux
exemples de pareille grâce que vous avez joints à votre
lettre. Mais on en trouve plus de mauvais que de bons
dans le pays où nous vivons, et il n'y a guère d'infraction des règles générales qu'on ne pût autoriser
par de semblables exemples ; c'est un inconvénient,
à la vérité, de laisser à deux jeunes agrégés, d'une
très-médiocre capacité, le soin d'instruire la jeunesse,
au lieu des deux professeurs qui ne peuvent plus le
faire eux-mêmes ; mais ne pourroit-on pas y remédier,
en choisissant de meilleurs sujets parmi les agrégés
pour remplir ce devoir ; et je trouve, d'ailleurs, qu'il
y a encore plus d'inconvénient à se relâcher de la

15*

nécessité du concours et de la dispute, quand il s'agit
de disposer des places de professeurs en droit, et le
goût de l'étude se refroidit tellement, de tous côtés ;
qu'il est à craindre, qu'en s'accoutumant à regarder
les chaires de professeurs comme des bénéfices dont
le roi peut disposer à son gré, on achève d'éteindre
cette application et cette émulation, dont l'obligation
de paroître dans une dispute conserve encore quelques
restes.

Ce qu'il y auroit donc de mieux à faire, seroit d'engager les sieurs .... et .... à se démettre, dès à présent, de leurs places de professeurs,
en se réservant, du consentement de l'université,
la moitié de leurs émolumens, à quoi en effet on
pourroit les réduire, si on le vouloit, parce que l'autre
moitié devroit être donnée à ceux qui exercent leurs
fonctions, suivant la règle établie par les déclarations
du roi, dans le cas de la vacance des chaires ; s'il
falloit même aller un peu plus loin, et leur permettre de conserver jusqu'aux deux tiers de leurs
émolumens, je n'y entrevois pas beaucoup d'inconvéniens ; il faudroit après cela mettre les deux places
de professeurs au concours ; on ne peut guère douter que les sieurs .... et .... n'y
eussent la meilleure part, et ils entreroient ainsi dans
ces places par une voie plus honorable que celle d'une
grâce, qu'on regarde souvent comme accordée à la
faveur plutôt qu'au mérite.

Du 18 mars 1739.

Je ne peux qu'approuver entièrement le dessein
que vous avez de faire ensorte que les études qui se
font dans votre séminaire puissent être regardées
comme académiques, et c'est même par mon avis
que le roi a bien voulu donner le premier exemple
d'une agrégation pareille à celle que vous désirez ;
mais je ne sais si vous n'auriez pas pu trouver une

université plus à la portée de votre diocèse que celle de Valence, et avec laquelle l'agrégation de votre séminaire auroit été peut-être plus naturelle et plus convenable; je crois d'ailleurs que dans celles qui ont été faites jusqu'à présent, on a toujours commencé par demander au roi si Sa Majesté agréeroit que l'on fît des démarches pour y parvenir, et c'est ce qui n'a pas été observé par votre séminaire; ensorte que son agrégation à l'université de Valence se trouve avoir été faite sans que le roi en ait entendu parler : enfin, il y a actuellement des circonstances dans lesquelles il ne conviendroit peut-être pas que Sa Majesté expliquât ses intentions sur ce sujet, et c'est une nouvelle raison pour me faire désirer qu'on eût pris la précaution de s'adresser d'abord au roi avant que d'engager une affaire de cette nature : ainsi quelque désir que j'aie toujours de seconder des intentions aussi pieuses que les vôtres, je suis obligé de différer encore pendant quelque temps d'entrer dans ce que vous désirez : j'espère que le retardement ne sera pas long, et que la chose étant bonne en elle-même, on trouvera le moyen de la terminer aussi favorablement que vous le désirez. Personne ne sauroit être avec plus de considération que moi, etc.

Du 13 *avril* 1739.

LE sieur de ...., qui depuis cinquante années remplit avec distinction une chaire de droit en l'université de Toulouse, a demandé au roi qu'il plût à Sa Majesté agréer la démission qu'il offre de faire de sa chaire en faveur de son fils, qui en remplit une pareille à Pau depuis l'année 1731. Je ne suis pas naturellement porté à donner les mains à ces sortes d'arrangemens pour des places qui doivent, suivant les règles, être mises au concours; cependant les longs services du père, et ceux même du fils, rendent cette demande fort favorable, si c'est d'ailleurs un sujet de mérite, et qui puisse dignement remplacer son père dans l'université de Toulouse. Je vous prie donc de m'instruire de ce que vous savez sur les talens et sur la capacité du sieur.......... fils, afin que, sur le compte que vous m'en rendrez, je sois en état de décider si on peut lui accorder la place de son père.

Du 19 septembre 1739.

Il étoit assez inutile que vous prissiez la peine de m'envoyer les mémoires du sieur.......... et des médecins du collége de Rennes.

L'édit de 1707 fixant à 150 livres les droits que le sieur.......... doit payer, je ne puis décider que conformément à cet édit. A l'égard de la crainte que les médecins ont qu'on ne répète contre eux ce qu'ils ont reçu au-delà des droits fixés par l'édit, c'est à eux de s'imputer de s'être exposés volontairement à la répétition de ce qu'ils ont exigé sans aucun droit. Il faut bien, d'ailleurs, revenir enfin à la règle, sans quoi on perpétueroit toujours le même abus, sous prétexte qu'en le réformant on donneroit lieu à ceux qui ont été déjà reçus de demander la restitution de ce qu'ils ont payé de trop.

Du 20 juillet 1740.

Les raisons que vous m'expliquez par votre lettre du 12 de ce mois, pour engager le roi à disposer par autorité de la place de professeur en droit civil qui vient de vaquer à Bordeaux, prouvent trop, par ce qu'on en pourroit conclure, qu'il faut abolir en général la voie du concours pour remplir les chaires

de professeurs en droit ; il est cependant plus nécessaire que jamais d'en maintenir l'usage, dans un
temps où le goût de l'étude a un si grand besoin
d'être ranimé ; il faut seulement travailler à diminuer
la longueur du concours, et cela n'est pas bien difficile. Si vous voulez bien y penser, et m'envoyer votre
avis sur ce sujet, de concert avec M. le procureur-
général, et, après avoir entendu les professeurs en
droit, je serai très-disposé à entrer dans les vues que
votre sagesse m'inspirera pour faire cesser le seul inconvénient d'une dispute solennelle, qui est la longueur trop grande des exercices ou des actes probatoires qui précèdent l'élection.

Du 15 mai 1741.

Il n'étoit pas bien difficile de se déterminer sur
le choix d'un sujet propre à remplir la place de professeur en droit qui vaque dans l'université d'Aix,
après le compte exact que vous m'avez rendu du caractère de chacun de ceux qui y aspirent.

Le sieur.......... n'en est pas digne, par l'opinion qu'on a de lui dans le public.

Le sieur.......... en paroît peu capable, et
l'honnête homme ne suffit pas pour faire un bon professeur en droit.

Le sieur.......... est bien jeune, et il faut lui
laisser le temps de se faire connoître.

Le sieur.......... semble avoir de meilleures
dispositions que les autres, et pourra venir à son tour ;
mais comme il y a fort peu de temps qu'il est revenu
à Aix, le plus sûr est de se donner le loisir de le connoître encore mieux.

Il ne reste donc que le sieur..........., qui,
par les témoignages que vous lui rendez, paroisse
avoir les qualités nécessaires pour bien remplir la
place de professeur, et c'est à lui aussi que le roi a

donné la préférence, la raison qui paroît le faire exclure ayant cessé par le choix que M.........a fait
d'un autre secrétaire.

Mais, afin d'ôter tout sujet d'inquiétude à l'université sur cette espèce de domesticité qu'on a reproché
au sieur............, il est nécessaire qu'il ne demeure plus dans la maison de M. le procureur-général. Quelque honorable que puisse être pour lui
cette demeure, il faut avoir égard à l'imagination
des hommes dans les choses qui regardent la bienséance ; je l'écris ainsi à M............, et je ne
doute pas que le sieur.......... ne s'y conforme
exactement.

Du 15 mai 1741.

Je crois vous faire plaisir de vous apprendre que
le choix du roi, pour la place de professeur en droit
qui vaque dans l'université d'Aix, est tombé sur le
sieur......... Quelque prévention que vous puissiez avoir naturellement en sa faveur, par les services
qu'il vous a rendus, votre témoignage ne m'en a pas
paru plus suspect sur ce qui le regarde, par la grande
confiance que j'ai dans votre sincérité et dans votre
candeur naturelle. Les suffrages de ceux qui pouvoient en juger le mieux se sont accordés avec le
vôtre ; mais il doit user avec sagesse de la préférence
que le roi a bien voulu lui donner sur ses concurrens.
Il n'a plus, à la vérité, la qualité de votre secrétaire ;
mais comme il continue de demeurer chez vous, il
est prévenu que cela est regardé dans l'université
comme une espèce de domesticité qui feroit de la
peine aux membres de ce corps ; ainsi la condition
que le roi attache à sa grâce est que le sieur.........
se logera ailleurs : j'en suis fâché pour l'amour de lui,
parce qu'il perdra beaucoup, sans doute, à ce changement ; mais il peut s'éloigner si peu de votre maison, que la différence ne sera presque pas sensible ;

et vous savez qu'il faut avoir égard, jusqu'à un certain point, à l'imagination des hommes, dans ce qui regarde la bienséance.

Du 1.er juillet 1741.

Je trouve fort étrange que l'université de Bordeaux, au lieu de vous remettre le mémoire que vous lui aviez demandé de ma part, ait pris le parti de me l'envoyer directement, comme si elle vouloit éviter de passer par vos mains. Ainsi, pour remettre les choses dans leur ordre naturel, je vous renvoie les mémoires des trois professeurs que vous avez déjà vus, avec la réponse que l'université y a faite, afin qu'après avoir examiné cette réponse, et l'avoir communiquée à M. le premier président, vous voyiez avec lui si l'on peut terminer cette affaire par voie de conciliation, et que, si l'université ne veut pas entrer dans ce qui vous aura paru raisonnable pour la finir, vous y fassiez pourvoir sur votre réquisition.

Du 21 août 1741.

Si le concours n'étoit pas encore ouvert pour remplir la chaire de professeur en droit qui a vaqué au mois de juillet 1740, je serois fort d'avis qu'on l'ouvrît en même temps, et pour cette chaire et pour celle qui vient de vaquer par la mort du..........;
mais ce concours étant déjà fort avancé, puisque toutes les préleçons des aspirans sont achevées, et qu'il ne leur reste plus que de soutenir leurs thèses, je trouve beaucoup plus de difficulté à adjuger les deux chaires en même temps sur le concours qui a été fait pour une seule.

Premièrement, on privera par là tous ceux qui

pourroient se présenter pour être admis à disputer la dernière chaire qui a vaqué, d'un droit qui leur est acquis à chaque vacance ; et secondement, il est toujours à craindre que lorsqu'on donne deux chaires en même temps sans en avoir averti tous ceux qui pourroient y prétendre, il n'y en ait une des deux qui soit adjugée à un sujet médiocre, parce qu'il est assez rare d'en trouver deux dans la même dispute qui soient dignes d'être choisis ; à quoi on peut ajouter que les intrigues, qui ne sont que trop ordinaires en tout genre d'élection, sont encore plus à craindre, et peuvent avoir plus de succès lorsqu'il y a deux bénéfices à donner en même temps, que lorsqu'il n'y en a qu'un.

Cependant, comme ces considérations dépendent beaucoup des qualités de ceux qui sont entrés dans la carrière présente, il faudroit, pour être en état de prendre un parti décisif sur la proposition que vous me faites, être plus instruit que je ne le suis, soit du nombre des concurrens, soit de leur mérite ; parce que, s'il y en avoit un nombre considérable, et tel qu'on ne pût guère espérer de le voir augmenter, en annonçant un nouveau concours pour la chaire qui vient de vaquer ; si, d'un autre côté, parmi ceux qui ont concouru pour une autre chaire, il y avoit plusieurs sujets qui, par leur capacité et par leurs talens, parussent presque également dignes d'être élus, on pourroit alors s'écarter de la règle ordinaire, et permettre à l'université de faire son choix entre ceux qui se sont présentés à la dispute, sans qu'il fût nécessaire d'indiquer un nouveau concours. Vous prendrez donc, s'il vous plaît, la peine de me donner les éclaircissemens nécessaires sur les deux points que je viens de marquer, et vous me mettrez par là en état de vous faire une réponse plus précise et avec plus de connoissance.

Du 22 avril 1742.

Je crains bien que, s'il ne s'est présenté qu'un seul sujet pour aspirer à remplir la chaire de professeur en droit, qui est vacante dans l'université de Pau, ce ne soit à cause des bruits qu'on a répandus, de la suppression prochaine d'une des quatre chaires, ou parce que les professeurs ont travaillé, peut-être secrètement, à détourner d'autres sujets de se présenter au concours, se flattant de parvenir par là à rendre en quelque manière nécessaire la suppression qu'ils désirent; mais, en vérité, il vaudroit presque autant supprimer l'université entière, que de la réduire à trois professeurs, qu'un si petit nombre mettroit dans une entière impossibilité de remplir les obligations qui leur sont imposées par les édits et déclarations du roi. Je vois d'ailleurs que, dans les disputes précédentes, il s'est présenté un nombre suffisant de sujets pour entrer dans le concours, et cependant les chaires de professeurs n'étoient pas alors d'une plus grande utilité pour le revenu, qu'elles le sont aujourd'hui. Il y a donc ici quelque chose d'extraordinaire que je n'entends pas bien, et qui pourra s'éclaircir dans la suite.

Au reste, il n'est pas absolument nouveau qu'un seul aspirant se soit présenté pour disputer une chaire vacante; il y en a eu des exemples dans des universités où les émolumens des professeurs sont plus considérables que dans celle de Pau, et la règle, en ce cas, est de donner des matières à l'aspirant, d'abord pour faire ses leçons et ensuite pour soutenir ses thèses; mais comme il n'a point de concurrent qui puisse y disputer, ce sont, en ce cas, les professeurs et les docteurs agrégés de la faculté qui en prennent la place, et qui argumentent contre le répondant; moyennant quoi, si l'on ne peut juger de son mérite, relativement et par comparaison avec celui de quelques autres aspirans, on est au moins en état de décider s'il a le mérite absolu, c'est-à-dire, une capacité suffisante pour remplir la place de professeur.

C'est ce que je crois qu'il y a lieu de faire dans l'occasion présente, en prenant seulement la précaution de faire afficher un nouvel avertissement public par lequel l'université fera savoir, que, quoiqu'il ne se soit encore présenté qu'un seul docteur pour se mettre sur les rangs par rapport à la chaire vacante, il sera procédé dans un mois à lui assigner les matières sur lesquelles il fera ses leçons, après quoi il lui en sera donné d'autres pour soutenir ses thèses; et que, si dans les premiers quinze jours qui suivront le nouveau délai d'un mois, il se présente d'autres sujets pour entrer dans le concours, l'université se réserve le pouvoir de les y admettre. Ce nouvel avertissement réveillera peut-être ceux qui ne se sont abstenus jusqu'à présent de se présenter, que parce qu'on leur avoit fait croire qu'il n'y auroit point de dispute. En tout cas, les actes probatoires qu'on exigera de l'aspirant dont il s'agit, s'il demeure toujours seul dans la carrière, feront voir qu'on ne pense point à supprimer la chaire, et attireront, vraisemblablement, dans la suite, un plus grand nombre de sujets pour concourir à la première chaire qui viendra à vaquer.

Je ne laisse pas cependant d'être touché du peu de profit que les professeurs de l'université de Pau retirent de leurs travaux; mais il vaudroit mieux chercher à y remédier, en augmentant de quelque chose leurs émolumens, que de faire une suppression qui priveroit les étudians d'une grande partie de l'instruction qu'ils viennent chercher dans cette université. C'est sur quoi j'aurois besoin d'avoir de plus grands éclaircissemens que ceux qui m'ont été donnés jusqu'à présent.

Il faudroit donc m'envoyer un extrait exact des registres des inscriptions qui ont été faites depuis dix ans au moins, comme aussi des lettres de degré de bachelier et de licencié qui ont été expédiées dans le même temps; me marquer pareillement ce que les étudians sont obligés de donner lors de chaque inscription, et à quoi montent les autres droits pour les examens et pour les thèses du droit civil et canonique.

La même opération doit être faite aussi par rapport aux émolumens du professeur en droit français, pendant le cours des mêmes dix années.

Ces états du casuel joints à celui des gages fixes que chaque professeur reçoit tous les ans, me mettront en état de juger si l'on ne pourroit pas leur accorder une légère augmentation de droits qui seroit avantageuse aux professeurs, sans être nuisible aux étudians.

Du 25 juillet 1742.

JE vous envoie un mémoire que l'université de Douai m'a adressé au sujet d'un procès intenté en complainte, de la part des échevins de la même ville, afin que vous preniez, s'il vous plaît, la peine d'examiner ce mémoire, et de m'envoyer votre avis.

J'ai examiné, suivant vos ordres, le mémoire qui vous a été adressé par l'université de Douai, au sujet d'un procès intenté en complainte contre son promoteur, par les échevins de la même ville; et pour vous rendre sur les demandes qu'il contient, l'avis que vous me demandez, j'aurai l'honneur de vous dire, Monsieur, que ce n'est point principalement sur les articles 3 et 8 du chapitre 18 de la coutume de Douai, que les échevins appuient leur action, mais sur la nature même de la juridiction de l'université de Douai et sur la possession. Les termes généraux, équivoques et indéterminés de la concession de juridiction faite par Philippe II, roi d'Espagne, à l'université, ont de tout temps donné lieu à de grandes contestations entre ce corps et les juges ordinaires ; mais on est toujours convenu, de part et d'autre, que cette juridiction n'étoit que personnelle et sans aucun territoire ; de sorte que pour l'exercer, le *pareatis* du juge du lieu est absolument nécessaire. L'université aime à comparer sa juridiction à celle des officiaux, et c'est sur le principe de la prétendue ressemblance, qu'elle n'a, pendant plus d'un siècle et demi, voulu reconnoître d'autre juge supérieur et d'appel, que le pape et ses nonces. Or, les officiaux, en Flandre, ne peuvent exécuter aucun de leurs jugemens, ni faire aucun acte de juridiction hors leur auditoire, sans le *pareatis* du juge ordinaire du lieu. Un des articles de l'édit de 1695, sur la juridiction ecclésiastique, qui a rencontré les plus fortes oppositions dans ces provinces, de la part du parlement et des états, est le quarante-quatrième qui ordonne l'exécution des sentences, jugemens et décrets décernés par les juges d'église, sans qu'il soit besoin de *pareatis*, et ce sont les remontrances faites sur cet article, qui ont le plus contribué à la suspension de l'exécution de cet édit en Flandre ; et si les officiaux ne peuvent, sans *pareatis* du juge ordinaire, exercer aucune juridiction hors leur auditoire, lors même qu'il ne s'agit que de l'exécution d'un jugement par décret par eux valablement decerné, seroit-il naturel de permettre à l'université, dont la juridiction n'est pas plus respectable ni plus privilégiée, d'exercer la sienne sans un pareil *pareatis*, lors même qu'il n'y auroit ni jugement, ni décret préalable ? Les échevins tolèrent que le promoteur fasse, quand bon lui semble, une espèce de patrouille par toutes les rues de la ville, et y arrête les écoliers qui s'y trouvent après l'heure ; cette précaution a paru nécessaire, mais en même temps suffisante, pour arrêter les désordres les plus contraires à la bonne police. Quant à ceux qui peuvent se passer dans les maisons

particulières, ou dans les cabarets et cafés, les échevins sont en possession avouée par l'université, d'empêcher les promoteurs d'y faire aucune visite où arrêt ;
sans leur *pareatis* ou l'assistance de l'un d'entr'eux ;
et il paroît d'autant plus indispensable de laisser les
choses sur ce pied, que les sergens même de la ville
ne peuvent faire aucune visite dans les maisons, qu'ils
ne soient autorisés par la présence de deux échevins.
Cet usage, expressément fondé sur les termes de la
coutume, est fondé sur l'inviolabilité de l'asile des
maisons, et sur la crainte que des officiers subalternes,
toujours avides et souvent passionnés, ne se servissent
du prétexte de faire observer la police pour autoriser
des excès. Or, quel contraste n'y auroit-il pas, que
l'officier de l'université fît, sans assistance d'échevins,
ce que les officiers même du juge ordinaire ne peuvent faire sans cela ? Il me paroît donc suffisant de
laisser au promoteur le droit d'arrêter les écoliers
qui se trouvent dans les rues après l'heure, et de
faire sa visite dans les maisons suspectes ou publiques,
avec le *pareatis* ou assistance d'échevins. Ce que l'u-
niversité demande de plus introduiroit des abus contraires à la juridiction ordinaire, aux maximes générales du pays, à la tranquillité publique, qu'il seroit
à craindre que ce promoteur, qui ne vit que des
amendes qu'il exige des écoliers, ne troublât mal-
à-propos, par des visites trop fréquentes et quelquefois plus dangereuses que les désordres qu'il voudroit
empêcher. D'ailleurs, si le promoteur trouve trop de
difficulté à prendre l'assistance des échevins, ce qu'il
ne paroît pas qu'il ait éprouvé jusqu'ici, il peut,
lorsqu'il est averti de la débauche de quelque écolier,
le faire assigner par-devant le recteur, pour le faire
condamner à l'amende ; les personnes qui l'ont averti
de la débauche, peuvent, en ce cas, en servir de
témoins.

Je n'entre point dans la discussion du cas particulier, dont les circonstances rapportées diversement
par les deux parties, et par le promoteur lui-même,
sont d'une espèce si équivoque et si singulière, qu'il

ne paroît pas pouvoir entrer dans la thèse générale, et je ne crois rien de mieux que d'en laisser la décision au juge royal, devant qui la contestation est pendante.

Du 16 avril 1743.

J'ai reçu la lettre par laquelle vous m'avez fait part de la délibération prise par l'université de Pau, pour donner au sieur.......... la chaire de professeur en droit, qui est vacante depuis deux ans; quoiqu'il ait obtenu cette chaire sans combat, puisqu'il n'a point eu de concurrens, les preuves qu'il a données de sa capacité et les témoignages que vous lui rendez peuvent le dédommager de l'honneur qu'il se seroit acquis apparemment, si d'autres aspirans avoient concouru avec lui.

Du 2 juin 1743.

J'ai reçu l'avis que vous m'avez donné de la mort du sieur.......... et des différentes places qui vaquent par son décès; celle de prévôt de Saint-Amé est importante par les droits qui y sont attachés; et l'on ne doit pas douter que le roi n'ait attention à ne pourvoir de cette dignité qu'un sujet à qui l'on puisse confier sûrement la collation des canonicats et bénéfices qui en dépendent. A l'égard de la chaire de professeur en théologie, qui étoit remplie aussi par le sieur.........., la règle générale est de la mettre au concours, et l'université suivra, sans doute, sur ce sujet les usages ordinaires.

Il paroît, par votre lettre, que la collation de la place de principal du collége de la Torre, appartient à l'évêque de Bruges; mais je vous prie de me faire savoir, s'il a été jusqu'à présent en possession d'user de son droit, quoique ce soit un évêque étranger, ou si cette qualité y a mis quelque obstacle.

Du 5 juin 1743.

LES proviseurs de la dot de l'université de Douai m'ont écrit pour me faire savoir que le sieur........, professeur de théologie, étant décédé, ils avoient procédé à la promotion des chaires, et que la cinquième chaire de théologie, qu'on nomme du catéchisme, devenant vacante, il importe d'y pourvoir; comme ils me demandent, s'ils peuvent indiquer un concours à cet effet, je vous prie de me faire savoir votre avis sur ce sujet.

Du 30 juin 1743.

VOTRE lettre du 24 de ce mois me fait voir que c'est le sieur........., grand bailli et sujet du roi, qui a la nomination de la place de président ou de principal du séminaire de la Torre à Douai. Vous m'assurez d'ailleurs que celui qu'il a choisi est un sujet estimé, et qu'à l'égard de la disposition des bourses de ce séminaire, à laquelle M. l'évêque de Bruges a beaucoup de part, il seroit dangereux de vouloir y mettre plus d'ordre dans le temps présent. Vos réflexions me paroissent si justes sur ce sujet, que je crois qu'en effet il faut laisser les choses dans l'état où elles sont, jusqu'à ce qu'on puisse mieux faire.

Du 9 août 1743.

On a bien fait d'admettre au concours à la place d'agrégé, qui est vacante dans la faculté de droit à Pau, ceux même des trois aspirans à qui il manque encore quelque chose pour être véritablement éligibles, en prenant la précaution d'arrêter, en même temps, que la délibération prise sur ce sujet par l'université n'auroit lieu qu'en cas qu'elle fût approuvée par le roi avant l'élection. On a évité par là l'inconvénient de retarder le commencement de la dispute. Il n'y a donc qu'à la continuer; et si l'un des deux sujets à qui l'on reproche le plus léger de tous les défauts en pareille matière, étoit jugé le plus digne, il n'y aura en ce cas qu'à m'en informer, et je suis persuadé que Sa Majesté se portera volontiers à lui accorder la dispense dont il aura besoin.

Du 23 septembre 1743.

J'apprends par votre lettre du 15 de ce mois, que, dans la dispute qui vient de se faire pour remplir une place de docteur agrégé dans l'université de Pau, la pluralité des suffrages s'est déclarée pour le sieur.........., quoiqu'il n'eût pas l'âge requis pour pouvoir être élu, mais sous la condition d'obtenir du roi les dispenses qui lui étoient nécessaires. Je les lui procurerai très-volontiers, et il en a besoin, parce que, quoiqu'il ait acquis à présent l'âge porté par les réglemens, il ne l'avoit pas dans le temps qu'il a été nommé; ainsi son élection ne peut être regardée que comme une postulation qui ne peut avoir son effet que lorsqu'elle aura été confirmée par les lettres de dispense qui seront expédiées en sa faveur, et il n'a qu'à les faire présenter au sceau par un secrétaire du roi.

Du 5 octobre 1743.

Vous n'ignorez pas, sans doute, l'ancienne contestation qui s'est formée entre les gradués de l'université de Paris et les collateurs de bénéfices situés en Flandre, pour savoir si ces bénéfices étoient sujets à l'expectative de ces gradués; l'université de Douai est intervenue dans ces contestations, pour prétendre que c'étoit à ses gradués que ces bénéfices devoient être réservés, si leur nomination avoit lieu en Flandre, et non pas à ceux de l'université de Paris; il y a plus de cinquante ans que cette contestation est pendante au conseil du roi : on a voulu la juger plusieurs fois; mais différentes raisons en ont toujours fait différer la décision; ainsi ce n'est pas encore sur ce sujet que j'ai de nouveaux éclaircissemens à vous demander; mais j'apprends qu'il se forme une nouvelle question à l'égard des bénéfices situés dans votre province, où l'on dit qu'il s'agit de savoir si les gradués peuvent exercer leur droit sur ceux qui vaquent pendant les mois réservés au pape. J'ai de la peine à comprendre comment cette question à pu naître, parce qu'elle dépend en partie de la première, qui est encore indécise, et qu'avant que de pouvoir prétendre que le pape même doit reconnoître la nomination des gradués, il faudroit qu'il eût été décidé que leur droit a lieu en Flandre; mais comme je n'ai encore qu'une notion confuse de la question qu'on prétend s'être formée sur le point que je viens de vous marquer, je vous prie de m'expliquer ce qui peut être de votre connoissance sur ce sujet, et de me faire savoir s'il est vrai qu'il y ait quelque gradué qui ait voulu obtenir un bénéfice en vertu de ses degrés dans un des mois réservés au pape; supposé que le fait soit vrai, vous prendrez la peine de me marquer en même temps par quelle voie ce gradué a cru pouvoir parvenir à son but, ce qui me paroît

16 *

fort difficile, parce qu'il n'aura pu , en ce cas, que
s'adresser à un collateur ordinaire, n'espérant pas,
sans doute, de pouvoir rien obtenir du pape, et
qu'il est peu vraisemblable qu'il se soit trouvé quelque collateur ordinaire en Flandre qui ait voulu
premièrement reconnoître le droit des gradués, et
secondement se commettre avec le saint Siége, en
accordant des provisions dans un des mois réservés
au pape. Il ne seroit peut-être pas impossible que,
d'après le refus du collateur ordinaire, il se fût pourvu
au parlement de Flandre; mais il n'est guère pro-
bable que cette compagnie ait eu égard à sa prétention , et, en tout cas, personne, si cela étoit, n'auroit plus de connoissance que vous des démarches
qu'il auroit faites.

C'est sur tout cela que j'attends les éclaircissemens
que vous pouvez me donner ; et si vous avez fait
d'ailleurs quelques recherches sur la nature dont il
s'agit, ou si vous en trouvez dans les papiers de
M. de . . . ., votre prédécesseur, vous me ferez
plaisir de me les communiquer.

Du 3 novembre 1743.

JE vois par votre lettre du premier octobre dernier,
que ce n'étoit pas l'âge qui manquoit au sieur . . . .
pour être élu docteur agrégé, et que c'étoit seulement le temps d'assiduité aux thèses de la faculté
que la déclaration de 1700 exige de ceux qui aspirent à être agrégés; mais il lui manquoit si peu
de jours pour avoir satisfait à la disposition de cette
loi, qu'un pareil défaut ne mérite pas d'être réparé
par des lettres patentes de sa majesté; ainsi vous
pouvez dire à l'université que je veux bien fermer
les yeux sur ce défaut, et qu'elle peut mettre le
sieur . . . . en possession de son état aussitôt
que vous lui aurez fait part de cette lettre.

Du 9 novembre 1744.

LA conquête que le roi a faite de la ville d'Ypres, ne peut avoir un effet rétroactif pour valider des degrés obtenus dans une université étrangère, qui ne doivent avoir aucun effet au-dedans du royaume, suivant les déclarations qui servent de réglement dans les universités sujettes à la domination de Sa Majesté. Si cependant il s'agit d'un sujet à qui on rend de bons témoignages, et qui a acquis la capacité né-cessaire par les études qu'il a faites à Louvain, la seule grâce qu'on pourra lui accorder, sera d'abréger le temps des nouvelles études qu'il sera obligé de faire dans l'université de Douai, et de le mettre en état d'obtenir promptement des degrés plus utiles que les premiers.

Du 6 avril 1745.

JE vous prie de me faire savoir quand vous avez reçu la déclaration par laquelle il a plu au roi de confirmer le privilége de l'université de Louvain, pour la nomination des gradués aux bénéfices situés dans les pays nouvellement conquis, et si cette dé-claration a été enregistrée au parlement de Flandre. Il est fort important pour l'université de Louvain, à laquelle le roi a bien voulu donner cette marque de protection, que l'enregistrement se fasse prompte-ment, parce que la confirmation de Sa Majesté ne doit avoir lieu que du jour que la déclaration aura été enregistrée, soit au parlement de Flandre, soit dans les conseils de Mons et de Bruxelles auxquels elle a aussi été adressée.

Du 11 juillet 1745.

C'est par un défaut d'attention que la déclaration du 27 avril dernier a été envoyée à M. le procureur général au parlement de Besançon. Comme la loi du concordat n'est point connue dans votre province, cette déclaration y seroit absolument inutile, si ce n'est dans le cas où des procès, nés dans des pays où l'expectative des gradués a lieu, seroient renvoyés par évocation à votre compagnie; mais il suffiroit alors que des parties lui représentassent cette déclaration enregistrée dans le parlement où l'affaire auroit été d'abord portée, parce qu'il y a un article dans l'ordonnance des évocations qui oblige les cours où les affaires évoquées sont renvoyées, à les juger suivant les lois et usages qui sont observés dans le lieu où elles ont pris naissance; ainsi M. le procureur général peut me renvoyer l'expédition de la déclaration dont il s'agit.

Du 13 juillet 1745.

Il est vrai qu'on prétend, en Flandre, que l'expectative des gradués ne doit point y avoir lieu; mais l'université de Paris a, depuis long-temps, une prétention contraire, qui est pendante devant le roi, et dans laquelle l'université de Douai soutient que si les gradués de l'université de Paris pouvoient, en vertu de leurs grades, obtenir des bénéfices dans le ressort du parlement de Flandre, ceux de l'université de Douai devroient avoir le même droit, par rapport aux bénéfices situés dans le ressort du parlement de Paris : ainsi la solution du doute qui s'est formée sur l'enregistrement de la déclaration du 27 avril dernier, dépend de l'événement qu'aura cette contestation, et vous n'avez qu'à la garder entre vos mains (c'est-à-dire, la déclaration) jusqu'à ce que le roi ait expliqué ses intentions définitivement ou par provision sur la prétention des gradués par rapport aux bénéfices de Flandre; s'ils ne peuvent le faire autoriser par Sa Majesté, la déclaration vous deviendra inutile; si, au contraire, ils obtiennent la confirmation du droit qu'ils prétendent, la loi nouvelle qu'il a plu à Sa Majesté de faire devra être enregistrée dans votre parlement, comme dans tous ceux des provinces où l'expectative des gradués est reconnue.

Du 6 septembre 1745.

L'OBJET de la consultation que vous me faites par votre lettre du 21 du mois dernier, est si léger, qu'il ne devroit pas faire la matière d'une contestation entre les membres de l'université de Pau. Je ne vois pas sur quel fondement on pourroit restraindre aux seuls directeurs et aux professeurs en droit, la faculté de nommer aux places de bedeau. Leur service regarde l'université en général, et non pas seulement la faculté de droit en particulier. C'est par cette raison que la lettre que j'écrivis à M. votre père, au mois de janvier 1731, ne peut avoir ici aucune application. Il s'agissoit alors de l'élection des professeurs ou des agrégés de la faculté de droit, et c'étoit une matière qui n'avoit rapport qu'à cette seule faculté.

Il est question à présent de places beaucoup moins importantes, mais dont la fonction a pour objet tout le corps de l'université.

Le recteur, qui en est le chef, doit y avoir, sans doute, une part principale, et il n'y a point de raison pour en exclure les professeurs aux arts. On ne peut leur contester cette qualité qu'ils ont constamment, suivant les termes de l'édit de 1724 et la déclaration de 1725. Leur emploi même qui consiste à donner des leçons à la jeunesse, suffiroit pour leur assurer ce titre, comme appartenant de droit commun à tous ceux qui sont chargés d'enseigner dans les écoles publiques.

Il n'en est pas de même du préfet des classes qui n'a point la qualité de professeur. Il paroit aussi bien difficile d'admettre à l'élection dont il s'agit, le professeur de mathématiques, qui n'entre pas naturellement dans l'ordre académique, et qui est comme une espèce de professeur surnuméraire, dont on n'est pas obligé de prendre les leçons pour parvenir aux degrés; ainsi, par provision et jusqu'à ce que les droits de ce professeur soient plus éclaircis, il suffira d'assembler les directeurs, le recteur de l'université, les professeurs en droit, et les deux professeurs de philosophie, pour faire le choix du sujet qui remplira la place vacante de bedeau, sauf à y statuer plus exactement dans la suite, lorsqu'on aura une plus grande connoissance; et le meilleur parti sera peut-être de diminuer encore le nombre de ceux qui avoient part à une élection si peu importante.

<hr>

Du 6 février 1746.

La demande du sieur......... pourroit être favorable, si son intention étoit de s'établir à Douai ou dans quelqu'autre ville du royaume; mais je vois par votre lettre que son dessein est de n'obtenir des degrés à Douai, que pour en aller faire usage à Gand. Je souhaite que cette ville demeure toujours sous la domination du roi; mais comme cet événement demeurera incertain jusqu'à la paix, il seroit prématuré d'accorder des degrés à un homme qui veut faire sa demeure dans une ville qui peut redevenir étrangère; je doute même que dans ce cas, il pût mettre à profit la grâce qu'il auroit obtenue pendant la guerre, et qu'on y eût beaucoup d'égard sous une autre domination; ainsi c'est à lui à prendre son parti, s'il veut demeurer toujours sujet du roi, et renoncer à établir son domicile à Gand, en cas que cette ville soit rendue à la reine d'Hongrie. Je serois fort d'avis de lui accorder la grâce de réduire son temps d'étude à six mois, sans le dispenser des interstices ; mais s'il hésite à contracter cette espèce d'engagement, il n'y a qu'à attendre que l'état de la ville de Gand soit entièrement fixé.

<hr />

Du 23 février 1746.

La grâce que le sieur........, ancien professeur dans l'université de Pau, demande par la lettre que je vous envoie, est très-favorable en elle-même, et on peut dire qu'il a une espèce de droit acquis pour l'obtenir par ses longs services, et par la disposition de l'édit et de la déclaration qu'il cite ; mais la nature singulière des siéges inférieurs de votre ressort dans le pays de Béarn, me met presque hors d'état d'appliquer à sa place et à sa personne le privilége que ses titres lui donnent. Il faudroit pour y suppléer, lui accorder plus qu'il ne demande, et qu'à la rigueur il n'est en droit de demander. Ce seroit de lui donner une séance dans le parlement même, avec rang seulement du jour qu'il y auroit pris place, et l'on pourroit même y ajouter la condition de servir pendant cinq ans au second bureau, pour mettre une différence entre lui et ceux qui sont pourvus de charges de conseillers au parlement. Mais je crains que cette pensée ne fût fort mal reçue dans le parlement, quoiqu'elle ne tendît qu'à faire honneur aux lettres, et sur-tout à ceux qui enseignent la jurisprudence ; ce qui seroit fort propre à exciter une plus grande émulation entre ceux qui aspirent aux chaires de professeurs par le nouveau lustre qui y seroit attaché. On pourroit même modifier encore plus cette proposition pour ménager la délicatesse des conseillers au parlement, en ordonnant que le sieur........ n'occuperoit jamais que la dernière place, et ne pourroit servir ni à la chambre de la tournelle, ni à celle des finances. Avec ces conditions mêmes, ce seroit toujours faire un grand honneur au sieur......... et à ceux qui se trouveront dans le même cas que lui, de les admettre dans une cour supérieure, au lieu que, suivant les édits et les déclarations du roi, ils ne doivent avoir séance que dans les siéges qui lui sont subordonnés. Vous prendrez, s'il vous plaît, la peine de me faire savoir votre avis sur ce sujet, avant que d'en laisser rien entrevoir ni au sieur...., ni à aucun des officiers de votre compagnie.

<hr>

Du 1.er décembre 1746.

Après avoir fait plusieurs réflexions sur la lettre que vous m'avez écrite le 17 octobre dernier, au sujet du concours aux chaires de professeurs en médecine dans l'université de Douai, je crois qu'il faut distinguer dans cette matière le présent et l'avenir.

A l'égard du présent, l'état de ces chaires est tel, qu'il n'y en a qu'une qui soit remplie; la seconde est vacante, et la troisième n'existe pas encore; par conséquent la voie du concours doit être regardée comme impossible dans le moment présent, parce qu'on ne rendra pas un seul homme arbitre de la dispute, et juge du degré de mérite de chacun des aspirans. Quand on commenceroit, suivant votre pensée, par créer une troisième chaire de professeur en médecine, il n'y auroit encore que deux juges du concours, et s'ils étoient d'avis différens, on auroit autant de peine à trouver un juge capable de vider leur partage, qu'à faire le choix d'un professeur par l'autorité du roi.

Ainsi, non-seulement le service du public exige que Sa Majesté donne la troisième chaire en la créant, mais qu'elle pourvoie aussi à la seconde, et c'est à quoi se réduit tout ce qui regarde l'objet présent.

Je passe à ce qui regarde l'avenir, et je pense entièrement comme vous, qu'il y a lieu d'ordonner que la voie du concours sera dorénavant observée inviolablement ; à la vérité, il seroit fort à désirer que l'on pût augmenter le nombre des juges ou des électeurs, et le porter au moins jusqu'à cinq ; mais les grandes difficultés que vous y trouvez, et l'exemple de ce qui se pratique dans les autres facultés de la même université, me détermine à être aussi de votre sentiment sur la suffisance du nombre de trois juges du concours : je m'y porte d'autant plus volontiers que l'inconvénient d'un si petit nombre d'électeurs est réparé en quelque manière, parce que leur choix n'est pas fixé à une seule personne. Ils ne font que présenter trois sujets au roi, entre lesquels Sa Majesté préfère celui qu'elle juge le plus digne de la place vacante, et comme elle ne s'y détermine qu'après s'être fait rendre compte par des personnes d'un ordre supérieur, de la capacité et du mérite de chacun des trois sujets qui lui sont présentés, on peut dire que ce n'est plus le jugement seul de trois personnes qui décide de la préférence.

Vous avez prévu, avec raison, que tant qu'il n'y aura que trois professeurs en médecine, il ne pourra jamais rester que deux juges du concours, lorsqu'il s'agira de remplir la chaire qui aura vaqué par la mort d'un des trois. Vous proposez d'ordonner qu'il sera nommé par le roi un troisième médecin pour faire le nombre de trois, avec les deux qui seront juges de droit ; mais ne vaudroit-il pas mieux que ce tiers fut désigné dès-à-présent par le nouveau réglement qui doit être fait, que d'obliger la faculté à avoir recours au roi toutes les fois qu'il vaquera une chaire de professeur, pour demander à Sa Majesté la nomination d'une espèce de commissaire qui assisteroit au concours. J'avois pensé qu'on pourroit choisir pour cela, en général, le médecin de l'Hôtel-Dieu, ou de l'hôpital général de la ville de Douai, et il est assez difficile de présumer que ce médecin soit chargé d'un assez grand nombre de malades pour

ne pas trouver le temps d'assister aux actes probatoires des aspirans. C'est cependant un point dont on
ne peut bien juger, que quand on est, comme vous,
sur les lieux.

Si vous y trouvez de la difficulté il faudra bien revenir à votre pensée, et prendre le parti de choisir à
chaque vacance, un des médecins les plus estimés de
la ville de Douay, pour assister au concours.

Il me reste de vous dire un mot sur ce qui regarde
le sieur.........en particulier. Je ne vois point
d'inconvénient à lui donner la troisième chaire qui
sera créée par le roi, si cela lui est plus avantageux
que de lui conférer la seconde chaire qui est actuellement vacante. Il n'aura en ce cas, qu'à renvoyer ici
le brevet qui avoit été expédié en sa faveur, et il faudra en faire donner un autre à celui à qui il plaira
au roi de faire expédier la seconde chaire. Mais quel
sera cet autre sujet? Il paroît que vous inclinez fort
pour le sieur ...., et c'est aussi l'avis de
M. de.........; ainsi il y a bien de l'apparence que
ce sera sur lui que le choix de Sa Majesté tombera.

J'attends la réponse que vous ferez à cette lettre,
pour achever de prendre une dernière résolution sur
l'arrangement dont il s'agit.

Du 20 mai 1747.

J'AI profité des remarques que vous avez faites sur
le projet d'édit par lequel le roi crée une troisième
chaire de professeur dans la faculté de médecine de
Douay, et confirme la disposition que Sa Majesté avoit
faite pour cette fois seulement, et sans tirer à conséquence, de la chaire actuellement vacante dans la
même faculté en faveur du sieur.........; ainsi,
n'y ayant plus aucune difficulté à finir cette affaire,
l'édit a été expédié, et vous le trouverez dans le paquet
que je joins à cette lettre : il ne reste plus que de le
faire enregistrer dans votre compagnie, où il n'éprou-
vera, sans doute, aucune contradiction.

Au surplus, j'ai écrit à l'université en lui faisant part de l'expédition de cet édit, qu'elle n'étoit pas en droit d'exiger aucune espèce d'épreuve du sieur........, qui, comme docteur de l'université de Montpellier, avoit toutes les qualités nécessaires pour être admis à remplir les fonctions de professeur dans une autre université, et qu'il n'étoit question que de l'installer dans la place que le roi avoit eu la bonté de lui donner.

Du 24 août 1747.

J'AI appris, comme vous me le faites savoir par votre lettre du 14 de ce mois, que le concours qui avoit été annoncé pour les chaires de professeurs en droit dans l'université de Besançon, a été ouvert, et que l'on a commencé par y applanir une assez mauvaise difficulté qui s'étoit formée au sujet de l'exclusion de ceux des électeurs qui, parmi les aspirans, ont des parens au degré marqué par la déclaration du roi.

Il est vrai que par cette déclaration, le nombre des électeurs a été porté jusqu'à neuf, mais elle ne contient rien d'où l'on puisse conclure que ce nombre soit absolument nécessaire pour faire une élection valable; il ne seroit pas même possible de l'exiger, parce que, si quelqu'un des neuf électeurs venoit à manquer ou à être récusé, ou s'il lui survenoit quelqu'autre empêchement semblable, il faudroit ou recommencer les actes probatoires, ou donner aux aspirans un nouveau juge qui n'auroit pas assisté à tous ces actes; ainsi, quoiqu'il soit à souhaiter qu'il y ait toujours neuf électeurs qui donnent leur voix à la fin des concours, il faudra bien se contenter d'un moindre nombre s'il survient des cas imprévus qui empêchent quelques-uns des électeurs d'assister aux actes probatoires jusqu'au temps de l'élection.

Du 20 octobre 1747.

Je ne saurois vous faire mieux connoître à quoi je me suis fixé sur l'agrégation du séminaire de Perigueux à l'université de Bordeaux, qui avoit été d'abord agréée par une partie de cette université, et combattue ensuite par celle qui mérite le plus d'attention, qu'en vous envoyant la copie de la lettre que j'écris sur ce sujet à M. l'évêque de Perigueux. Vous y trouverez à la fin une première idée d'un projet qui pourroit concilier les différentes vues qui se présentent naturellement à l'esprit sur cette matière ; et si vous croyez pouvoir contribuer au succès de ce projet, ce sera une bonne œuvre, dont l'exemple pourroit être fort utile pour former de pareils établissemens dans toutes les villes où il y a des universités.

J'écris la même chose à M. le procureur-général qui m'avoit aussi écrit en cette occasion, et lorsque vous serez revenu à Bordeaux, vous pourrez faire part à l'université, ainsi que vous le jugerez à propos, du refus que j'ai fait d'employer l'autorité du roi, pour obliger cette université à consentir à l'agrégation proposée.

Du 20 octobre 1747.

Après avoir fait bien des réflexions sur la pensée qui vous étoit venue dans l'esprit de demander l'agrégation de votre séminaire à l'université de Bordeaux, afin que les études qui y seroient faites puissent être réputées académiques, je crois devoir m'expliquer sur ce sujet d'une manière plus décisive que je ne l'ai fait jusqu'à présent.

Cette agrégation se présente d'abord à l'esprit sous

une face favorable, et c'est ainsi que vous l'avez envisagée, soit par l'esprit de charité dont vous êtes rempli pour les pauvres ecclésiastiques de votre diocèse, soit par votre attention continuelle à veiller sur les mœurs de ceux qui se consacrent au service de l'église : vous aviez même trois exemples de pareilles grâces accordées par le roi, et dont il vous avoit paru naturel de faire l'application à un diocèse qui sembloit avoir les mêmes raisons que ceux de Vivier, du Puy et de Lyon qui ont été agrégés à l'université de Valence.

Mais, d'un autre côté, il y a des considérations au moins aussi fortes qui forment un grand obstacle à l'exécution du dessein que vous vous êtes proposé.

Il est juste, à la vérité, de faire attention à la pauvreté d'une partie de ceux qui entrent dans l'état ecclésiastique ; mais outre qu'il n'est pas nécessaire qu'ils obtiennent tous des grades dans les universités, la médiocrité de leur fortune n'est pas une raison suffisante pour empêcher qu'on ne prenne tous les soins possibles pour leur instruction ; et il est bien difficile de croire qu'ils puissent trouver dans un séminaire des professeurs aussi habiles et aussi éclairés qu'il y en a dans les universités. L'émulation est d'ailleurs renfermée dans des bornes bien plus étroites lorsqu'elle n'a lieu qu'entre les ecclésiastiques qui sont élevés dans un séminaire, que lorsqu'elle est excitée par le concours de ceux qui étudient dans les universités. Il y a enfin une dernière ressource pour ceux qui n'ayant pas été en état d'obtenir des degrés en théologie, se trouvent dans la suite avoir des talens propres à remplir une cure dans des villes murées, et c'est-là l'objet qui intéresse véritablement messieurs les évêques. Je ne leur refuse point, en ce cas, d'accorder des lettres de dispense aux sujets qu'ils veulent placer dans ces sortes de cures, pour les mettre en état d'obtenir des degrés en droit qui leur suffisent pour y être admis.

Il n'y a donc rien dans cette matière qui puisse empêcher qu'on n'ait égard à l'intérêt commun des universités, ou plutôt au bien général des études qui s'y font. Elles n'ont pas tort de craindre les conséquences de la grâce que vous demandez. Presque tous les évêques du ressort du parlement de Bordeaux auroient les mêmes raisons que vous pour en désirer une semblable, et vous comprenez aisément qu'il seroit bien difficile de refuser à l'un ce que l'on auroit accordé à l'autre. Il arriveroit donc à la fin que l'université de Bordeaux se trouveroit dépeuplée d'un grand nombre de sujets qui y viennent y faire leurs études. Les écoles de la faculté des arts et celles de la faculté de théologie ne seroient fréquentées que par un petit nombre de personnes ; ce qui seroit contraire, non-seulement aux droits des membres de ces deux facultés, mais au bien et au progrès des études qui ne languissent déjà que trop dans le temps présent.

L'exemple des trois diocèses dont les séminaires ont été agrégés à l'université de Valence, ne sauroit être appliqué à celui de Perigueux. Rien ne s'opposoit à cette agrégation lorsque le roi voulut bien l'autoriser. L'université de Valence étoit entièrement d'accord avec messieurs les évêques de ces trois diocèses, et Sa Majesté ne fit qu'approuver l'ouvrage de leur consentement réciproque. Ici, tout au contraire, la plus grande partie de l'université de Bordeaux réclame contre la proposition d'y agréger votre séminaire, et elle le fait par des raisons aussi fortes que le sont celles dont je viens de vous parler. Ainsi, quelque favorablement que je l'aie envisagé d'abord, et en supposant que la chose se passeroit de concert, comme dans l'université de Valence, je ne saurois prendre sur moi de vaincre, par voie d'autorité absolue, l'opposition de la partie de l'université de Bordeaux, qui est seule intéressée à combattre l'agrégation dont il s'agit.

Il faut avouer d'ailleurs que les exemples mêmes qui vous sont favorables en un sens, peuvent aussi vous être contraires en un autre. Outre qu'il n'y a point de comparaison à faire entre la distance de Perigueux à Bordeaux, et celle où les diocèses de Viviers, du Puy et de Lyon se trouvoient de toute autre université que celle de Valence, il est aisé de sentir, que, plus les exemples se multiplient en pareille matière, plus les conséquences en deviennent dangereuses pour les universités. Il n'y a que l'extrême distance où quelques diocèses en sont qui puisse justifier une grâce si contraire au droit commun, et plus elle est singulière, moins elle doit être étendue.

Je suis fort touché de l'objet principal de votre demande, qui est de conserver l'innocence des mœurs dans ceux qui se destinent au culte des autels : mais il y a un moyen de concilier, dans cette matière, l'intérêt de la religion avec celui des universités et des études : c'est de suivre l'exemple de l'établissement qui a été fait à Toulouse. On y a fondé, il y a déjà du temps, un séminaire pour y recevoir les ecclésiastiques des différens diocèses du Languedoc qui veulent étudier et prendre des degrés dans l'université de cette ville. Rien ne seroit plus digne de la piété de tous les évêques du ressort du parlement de Bordeaux, qui donnent d'ailleurs de si grands exemples de vertu, que de se réunir pour former de concert un pareil établissement, et cela ne seroit peut-être pas bien difficile par des unions de bénéfices peu considérables et situés dans ces diocèses. Je me contente de vous donner ici une première idée de ce projet. Le zèle dont vous êtes animé, pourra vous porter à en faire part à MM. les évêques du même ressort, et entrer avec eux dans les détails nécessaires pour bien juger si un pareil établissement seroit aussi possible qu'il seroit utile, parce qu'il réuniroit les deux vues principales que l'on doit avoir dans cette matière ; je veux dire l'instruction des clercs et la conservation de leur innocence.

Du 20 novembre 1747.

VOTRE dernière lettre m'apprend que M. l'abbé de.......... a fait vaquer, par sa mort, une place d'une nature différente de celle dont je vous ai parlé ailleurs; c'est celle de directeur dans l'université. Je ne doute pas que M. l'abbé de.......... que vous me proposez, n'ait toutes les qualités nécessaires pour bien remplir cette place. Mais, comme il me semble que M. l'abbé de............ avoit une charge de conseiller-clerc, ne vaudroit-il pas mieux attendre qu'elle fût remplie, afin que ce fût toujours un des membres du parlement qui occupât une des places de directeur perpétuel; et votre compagnie ne murmurera-t-elle point, si elle voit entrer dans cette place un ecclésiastique qui ne soit pas de son corps. Il faudroit, pour en bien juger, revoir les termes de l'édit d'établissement de l'université de Pau, et de la déclaration qui a été donnée en conséquence de cet édit. Je croyois les avoir ici, mais comme je n'ai pu les retrouver, vous me ferez le plaisir de m'en envoyer une copie.

Du 17 décembre 1747.

IL est vrai que vous avez eu des objets d'occupation plus importans que ce qui regarde la police ou la discipline de l'université de Pau, quoique cependant il ne faille pas négliger d'y pourvoir, c'est ce qu'il vous sera aisé de faire en rassemblant toutes les lettres que je vous ai écrites au sujet de quelques abus qui s'étoient glissés dans cette université. Vous trouverez dans ces lettres les matériaux dont vous avez besoin pour dresser un nouveau réglement. Vous n'aurez, après cela, qu'à m'en envoyer le projet, et vous prendrez, s'il vous plaît, la peine de me faire savoir en même temps si la forme de lettres-patentes ne vaudroit pas mieux, en cette occasion, que celle d'un arrêt du conseil.

Du 17 août 1748.

Je vous envoie une lettre que les sieurs de........ et.........., professeurs en l'université de Pau, m'ont écrite, avec le mémoire qu'il y ont joint, afin que vous preniez, s'il vous plaît, la peine de me faire savoir votre avis sur la demande qu'ils font.

Extrait du Mémoire.

Le placet que les sieurs de......... et......... ont eu l'honneur de vous adresser, contient deux demandes : la première concerne l'augmentation de deux places de docteur agrégé en la faculté de droit, et ils proposent chacun leurs fils pour les remplir sans gages. La seconde regarde le droit que ces nouveaux agrégés auroient de monter à leur tour par rang d'ancienneté, en cas de vacance, aux places d'agrégé, auxquelles le roi a attribué des gages.

L'une et l'autre de ces demandes, Monseigneur, me paroissent également peu favorables. Il y a, dans cette université, deux places de docteur agrégé, dont les appointemens sont si modiques, qu'on a eu beaucoup de peine à trouver deux sujets pour mettre à la dispute celle de ces places qui a vaqué il y a quelque temps. Que seroit-ce, si on en détachoit les émolumens casuels que les nouveaux agrégés voudroient sans doute partager avec les anciens ?

D'ailleurs l'ordre établi pour le concours aux places d'agrégé seroit anéanti en faveur de ces jeunes gens, dès qu'ils pourroient y parvenir sans épreuve, et il ne seroit pas impossible que ces professeurs eussent pensé à procurer cette distinction à leur fils pour se soulager sur eux du soin de remplir leurs fonctions.

Le bien des études, dans cette université, Monseigneur, ne dépend point d'un plus grand nombre de professeurs et de docteurs, mais de la manière dont les uns et les autres remplissent leurs devoirs. C'est à cet objet que je me suis principalement attaché dans le projet de réglement que j'ai eu l'honneur de vous envoyer, suivant vos ordres, le 24 du mois de février dernier.

Du 19 *novembre* 1748.

LE nouvel examen que je viens de faire de la
demande formée, il y a long-temps, par M. l'évêque
de Périgueux, pour l'agrégation de son séminaire
à l'université de Bordeaux, et des raisons qui s'opposent à ses désirs, n'a servi qu'à augmenter encore
les difficultés que j'ai trouvées d'abord dans cette demande.

Elle est devenue un objet général pour toutes les
universités du royaume, et celle de Paris leur en a
donné un exemple qu'elles ne manqueroient pas sans
doute de suivre.

Je suis toujours d'ailleurs également frappé de
la crainte des conséquences de l'agrégation demandée
par M. l'évêque de Périgueux. Tous les autres évêques de votre ressort voudroient, sans doute obtenir
la même grâce, et comment le roi pourroit-il leur
refuser ce qu'il auroit accordé à un autre évêque?
Je sais que M. l'évêque de Périgueux prétend être
dans un cas singulier, soit par la distance des lieux,
soit par la pauvreté du plus grand nombre de ses
diocésains qui aspirent à l'état ecclésiastique; mais
les différences qui peuvent se trouver sur ce point,
entre lui et les autres évêques, ne sont pas assez
sensibles et assez marquées pour empêcher les suites
de l'exemple qui seroit fait en sa faveur; et il faut
avouer que la meilleure de toutes les raisons qui
peuvent favoriser les agrégations semblables à celle
dont il s'agit, est commune à ce prélat avec tous les
évêques, non-seulement de la Guyenne, mais de tout
le royaume, qui n'ont point d'université établie dans
leur ville épiscopale.

Cette raison est la crainte de la corruption des
mœurs, qui n'est souvent que trop commune dans
les grandes villes, et du danger auquel elle expose
les ecclésiastiques qu'on y envoie pour faire leurs

études et obtenir des degrés. Il n'est point d'évêque qui ne puisse employer justement cette raison, pour soutenir une prétention pareille à celle de M. l'évêque de Périgueux, et ce n'est pas la distance des lieux qui doit servir de principal motif dans la concession de ces sortes de grâces.

Je ne peux donc que revenir à une pensée dont je vous ai fait part il y a déjà du temps, et plus j'y réfléchis, plus je suis porté à croire que le véritable dénouement de toutes les difficultés, dont cette matière est susceptible, ne peut se trouver que dans l'établissement qui seroit fait à Bordeaux d'un séminaire commun à tous les diocèses de votre ressort, pour les ecclésiastiques de ces diocèses qui voudroient obtenir des degrés, ou dans une convention que les évêques de votre province pourroient faire avec M. l'archevêque de Bordeaux, pour en obtenir qu'il reçût dans son séminaire tous ceux des autres séminaires qui viendroient faire leurs études à Bordeaux.

Je vous ai déjà marqué qu'il y avoit à Toulouse l'exemple d'un pareil établissement, toute la difficulté seroit de trouver des fonds suffisans pour en faire un semblable dans votre ville ; mais c'est ce qui ne paroît pas absolument impossible.

1.º On pourroit en trouver des moyens par la voie des unions de bénéfices situés dans chacun des diocèses auxquels le nouveau séminaire seroit commun, et je suis persuadé que le roi se porteroit très-volontiers à autoriser des unions qui seroient faites pour procurer un si grand bien. Il y a bien des églises collégiales, qui sont d'un revenu si médiocre, que ceux qui y sont pourvus de canonicats, n'y résident point, ou y font le service divin avec une extrême négligence, et n'édifient pas souvent l'église par leurs mœurs. La suppression du plus grand nombre de ces petites communautés, seroit utile en elle-même. Il y a de très-dignes prélats qui la désirent, et l'on ne pourroit faire un meilleur usage des biens de ces églises, qu'en les appliquant à l'établissement d'un séminaire commun dans la ville de Bordeaux.

2.° Quand même, en attendant des unions de bénéfices ou de chapitres collégiaux, il faudroit faire une légère imposition sur chaque diocèse pour parvenir à un pareil établissement, il en résulteroit un si grand avantage pour le clergé, qu'on ne devroit pas supporter avec peine une charge qui seroit si médiocre.

Je ne sais si tous les évêques de votre ressort ont des séminaires particuliers pour leur diocèse, et s'il y en a qui n'en aient pas encore établi, ils doivent recevoir avec plaisir un projet qui les dispenseroit de le faire. Peut-être même qu'entre les séminaires particuliers qui existent, il y en a de si mal fondés et de si peu remplis, qu'il seroit beaucoup mieux de les supprimer, auquel cas les revenus dont ils jouissent serviroient tout d'un coup à former en partie un établissement si désirable. La fondation des séminaires a paru autrefois très-favorable ; mais la grande multiplication qui s'en est faite a donné lieu d'en connoître les inconvéniens ; et je vois que les prélats qui ont le plus de sens et d'expérience, désireroient que de semblables établissemens n'eussent lieu que dans les villes les plus considérables, et surtout dans celles qui sont le centre de chaque métropole.

Le second moyen que j'ai indiqué d'abord, c'est-à-dire, une espèce de traité qui seroit passé entre M. l'archevêque de Bordeaux et les évêques de sa métropole, par lequel il consentiroit que les ecclésiastiques de leur diocèse fussent admis dans son séminaire pour y faire leurs études, et prendre des degrés dans l'université, quoique plus simple et plus facile à exécuter que le premier, peut souffrir néanmoins deux difficultés.

La première est, qu'il exigeroit apparemment une augmentation de logement pour les séminaristes étrangers ; mais ce ne peut pas être un objet d'une grande dépense, et il seroit bien juste que chacun des diocèses qui en profiteroit, y contribuât pour la part dont on conviendroit :

La seconde est la pension qu'il faudroit payer pour la nourriture de chaque séminariste; mais cette obligation ne tomberoit que sur les ecclésiastiques dont les familles ne seroient pas en état de payer les pensions. Ce seroit encore une charge très-modique, et elle se réduiroit presque à la différence qui se trouve entre le prix des vivres à Bordeaux, et celui qu'ils ont à Périgueux, ou dans d'autres villes de votre ressort, et je ne saurois douter que la charité des évêques ne trouve des moyens de satisfaire à cette obligation.

Je ne fais encore que vous indiquer les premières vues qui s'offrent à mon esprit sur ce sujet; vous êtes plus à portée et plus capable que personne de les discuter avec M. l'archevêque de Bordeaux, et d'en examiner la possibilité. J'attendrai donc, pour en bien juger, que vous m'ayez fait part des éclaircissemens que vous aurez pris, aussi bien que des réflexions qu'ils vous auront donné lieu de faire.

<hr>

Du 11 juin 1749.

Vous savez que l'on propose depuis long-temps d'établir un professeur en droit français dans l'université de Douai, et qu'après bien des difficultés, les choses sont à présent dans un état où l'on peut espérer de consommer bientôt cet établissement. Le sieur ...., procureur du roi de la ville d'Avennes, qui en a entendu parler, se présente pour demander la nouvelle chaire, à laquelle on est convenu que le roi nommeroit pour la première fois, après quoi elle seroit mise au concours.

Pour rendre sa demande plus favorable, le sieur.... expose qu'il s'est appliqué, depuis plusieurs années, à acquérir la connoissance des ordonnances tant anciennes que nouvelles, comme aussi des coutumes de la Flandre, et particulièrement de celles du Hainaut; qu'il a redigé ces ordonnances et ces coutumes dans leur ordre naturel, suivant la méthode dont M. .... lui a donné l'exemple par rapport aux lois civiles; qu'il vous a remis cet ouvrage entre les mains, et que vous lui aviez témoigné que vous en étiez content.

Au surplus, il paroît disposé à abandonner sa charge de procureur du roi au siége d'Avennes, et d'aller s'établir à Douai, si on lui accorde la place qu'il demande.

Je n'ai point voulu lui donner aucune espérance sur ce sujet, sans savoir de vous auparavant, s'il est vrai que vous connoissiez le mérite du sieur....., si vous le croyez propre, soit par ses mœurs, soit par sa capacité, à remplir la place à laquelle il aspire, et s'il n'y a point de sujet qui vous paroisse encore plus digne d'être nommé par le roi.

Du 10 *juillet* 1749.

Après le concours qui vient d'être fait dans la faculté de médecine de Douai pour le choix d'un professeur, les proviseurs de la dot ont présenté au roi les trois sujets qui ont été jugés les plus dignes par le décret dont je vous envoie la copie ; et comme je n'en connois aucun, et que ce n'est pas toujours le mérite qui décide du rang que l'on donne à ceux qui sont proposés à Sa Majesté, je vous prie de vous informer exactement de la capacité et des talens des trois docteurs dont il s'agit. M. le premier médecin, à qui on a envoyé leurs thèses, a trouvé que celles du sieur.......... étoient supérieures aux autres pour le style, mais il n'a pas plus de connoissance que moi du fond de leur doctrine. Il seroit bon aussi de savoir s'ils ont exercé la profession de médecin dans la ville de Douai, ou dans quelqu'autre ville de votre ressort, et si cela est, lequel des trois y est le plus estimé.

Vous prendrez la peine de m'envoyer, s'il vous plaît, le plus tôt qu'il vous sera possible, les éclair-

cissemens que je vous demande, afin que je sois en
état de juger plus sûrement du mérite des trois sujets
entre lesquels le roi doit en nommer un.

Du 20 juillet 1749.

J'AI reçu la lettre que vous m'avez écrite avec
MM. les distributeurs de l'université de Besançon
et les professeurs de la faculté de droit, au sujet
du concours qui doit s'ouvrir le 31 de ce mois,
pour remplir une chaire vacante dans cette faculté,
et j'ai été surpris de voir que les avocats du Parlement connoissent assez peu leurs véritables intérêts, pour ne pas s'empresser de jouir de l'honneur
que le roi a bien voulu leur faire en les admettant
au nombre des électeurs, à la tête desquels vous
êtes avec des conseillers au même parlement. Ils
mériteroient bien que Sa Majesté révoquât à leur
égard l'article 4 de sa déclaration du 15 avril 1747,
en ordonnant qu'on appelleroit d'autres sujets pour
remplir le nombre des neuf électeurs, au défaut de
ceux qui le sont de droit; mais c'est ce que l'on
examinera avec plus de loisir dans la suite.

A l'égard du cas présent auquel il faut pourvoir
promptement, il seroit difficile de se contenter du
nombre des six électeurs, qui se trouvent seuls en
état d'en remplir les fonctions dans le concours prochain; ce seroit aller contre l'esprit et la lettre de
la loi, qui a fixé ce nombre à neuf, et il peut y
avoir d'ailleurs de l'inconvénient dans le nombre pair
auquel les électeurs présens sont réduits.

Le parti le plus naturel seroit donc d'inviter trois
de MM. les officiers du parlement à assister à ce concours avec droit d'élection. On pourra en prendre
deux dans l'ordre des conseillers, et y joindre un
de MM. les avocats-généraux; c'est ce qui paroîtroit

d'autant plus convenable, qu'il s'agit en cette occasion de remplacer trois conseillers de la même compagnie.

Tout ce que l'ont peut craindre par rapport à cette vue, est que ceux à qui l'on en fera la proposition ne trouvent étrange qu'on les appelle à cette fonction, sur le refus des avocats qui leur sont bien inférieurs ; mais c'est précisément par cette raison même, qu'ils devroient s'y porter plus volontiers, parce que rien ne seroit plus propre que leur exemple à mettre les avocats dans leur tort ; moyennant quoi, ce qui se passera en cette occasion ne pourroit être tiré à aucune conséquence, parce qu'en tout cas, on seroit toujours en état de revenir à ce que j'ai pensé d'abord, je veux dire, à exclure les avocats d'un honneur dont ils se privent d'eux-mêmes, et à n'appeler plus dorénavant que des officiers du parlement, pour remplir le nombre de neuf électeurs.

Si cependant vous aviez trop de peine à faire goûter ces raisons à ceux de votre compagnie, qui seroient les meilleurs juges du concours, ne pourroit-on pas trouver dans le baillage de Besançon, des officiers capables d'y suppléer par leur science et leur expérience dans les affaires?

C'est ce que vous pourrez savoir mieux que personne, et je ne saurois prendre aucun parti décisif sur ce sujet, qu'après avoir reçu la réponse que vous ferez à cette lettre.

En cas que MM. du parlement ne fassent pas difficulté de se prêter au parti qui me paroît le plus convenable, vous prendrez, s'il vous plaît, la peine de m'indiquer plusieurs de ceux que l'on pourroit choisir entre les officiers qui se sont le plus appliqués à l'étude de la jurisprudence ; et si l'on en pouvoit trouver de ce caractère dans le nombre des conseillers honoraires, il conviendroit de leur donner la préférence, parce qu'ayant moins d'occupation que les autres, il leur seroit plus aisé d'assister avec assiduité au concours.

S'il faut se réduire aux officiers du bailliage, vous m'indiquerez aussi les sujets sur lesquels le choix pourroit tomber, et dans ce cas, comme dans le premier, il suffira que je vous écrive une simple lettre pour vous faire savoir que Sa Majesté trouve bon que vous invitiez tous ceux que je vous marquerai par cette lettre, pour suppléer au défaut des Electeurs qui sont absens, ou hors d'état de remplir leurs fonctions.

Je ne suis cependant pas d'avis que l'on remette l'ouverture du concours jusqu'à la Saint-Martin; il suffira de la différer de huit ou dix jours, et il restera encore assez de temps pour mettre les aspirans en état d'achever, avant les vacances, leurs leçons probatoires sur le droit canonique. Il est fort à propos de ne pas prolonger, sans nécessité, la durée du concours. Vous ne sauriez donc me donner trop promptement les éclaircissemens nécessaires sur cette lettre, et je ne vous ferai pas attendre ma réponse.

Je compte que vous ferez part de ce que je vous écris à tous ceux qui ont concouru à la lettre que j'ai reçue.

Du 22 juillet 1749.

Je reçois, dans ce moment, une lettre des avocats au parlement de Besançon, par laquelle ils désavouent hautement la mauvaise disposition où l'on vous avoit dit qu'ils étoient par rapport à l'assistance au concours qui doit s'ouvrir incessamment dans la Faculté de droit, et je vous envoie la délibération qu'ils ont jointe à leur lettre. Vous y reconnoîtrez qu'ils regardent comme un grand honneur d'être appelés à remplacer les électeurs qui sont absens ou hors d'état d'en exercer la fonction; ainsi, la difficulté que vous m'aviez proposée avec MM. les distributeurs et d'autres membres de l'université, tombe d'elle-même; et j'en suis d'autant plus satisfait, qu'après une telle déclaration de la part des avocats, rien ne pourra plus empêcher que l'ouverture du concours ne se fasse le 31 de ce mois, ainsi qu'il avoit d'abord été résolu.

Du 24 juillet 1749.

J'ai déjà eu lieu de reconnoître en différentes occasions, qu'il n'y a guère d'universités aussi orageuses que celle de ...., et où on prenne feu si aisément. La légèreté du sujet qui la divise aujourd'hui en est une nouvelle preuve. Rien n'étoit moins propre à émouvoir les esprits que la correction d'un écolier, que le régent avoit fait sortir de sa classe ; et le recteur de l'université, qui est prêtre de l'Oratoire, m'a assuré, dans la lettre qu'il m'a écrite, que cette correction même n'avoit été faite que pour un temps. Le juge de police, qui est en même temps conservateur des priviléges de l'université, et à qui le professeur s'étoit adressé, avoit donc trop voulu solenniser une pareille affaire, en exigeant qu'on lui présentât une requête et qu'elle fût communiquée à votre substitut. Si le professeur lui a demandé une ordonnance, comme cet officier l'expose, il auroit dû lui répondre, que ce n'étoit pas le cas d'en rendre une, et qu'il enverroit chercher l'écolier, ou ses parens, pour le rendre plus sage, et le menacer d'aller en prison, s'il ne se corrigeoit pas ; s'il avoit pris ce parti, on n'auroit jamais entendu parler d'une affaire de cette nature, et le bruit auroit été appaisé tout d'un coup.

Le mouvement qu'on a voulu exciter ensuite à cette occasion dans l'université, n'est pas plus régulier. On a cherché à faire d'un objet si médiocre, une affaire de corps, et à y mêler les facultés de théologie et de médecine, que cet objet ne regardoit nullement. Chaque faculté doit veiller à ce qui regarde sa discipline particulière, surtout dans des cas de la qualité de celui dont il s'agissoit ; et il est

inoui que, quand même on auroit imposé le châtiment du fouet, on ait assemblé l'université entière
pour délibérer gravement sur une semblable matière.
Si un étudiant, dans la faculté de théologie ou dans
celle de médecine, s'étoit révolté contre son professeur, ou lui auroit dit des injures, je suis persuadé
que les deux facultés trouveroient très-mauvais que
celle des arts en voulût prendre connoissance. Il ne
s'agissoit pas d'ailleurs de chasser l'écolier qui étoit
en faute, il n'étoit question que de lui défendre l'entrée de sa classe jusqu'à ce qu'il ait réparé son tort.
Il est bien peu vraisemblable que ce qui s'est passé
dégoûte les pères et mères d'envoyer leurs enfans au
collége de Saint-Clément, ni qu'ils prennent le parti
de les faire étudier dans d'autres villes. S'il y avoit
des parens capables d'une pareille conduite, ils mériteroient fort peu d'attention, et ils en seroient bientôt punis par les frais qu'ils seroient obligés de faire;
je ne vois pas d'ailleurs comment on a pu faire dire
à l'université, dans la lettre qu'elle m'a écrite, que
les prêtres de l'Oratoire manquoient aux engagemens
qu'ils avoient contractés en entrant dans le collége de
Saint-Clément; s'étoient-ils obligés à ne châtier jamais
aucun des écoliers qui étudieroient dans le collége?
Je n'entends pas non plus pourquoi on a avancé dans
la lettre qu'on m'a écrite au nom de l'université, que
les prêtres de l'Oratoire n'y avoient été admis qu'à
condition de n'y pouvoir prendre de degré; le texte
de la convention qui a rapport à cet objet, et qu'on
prétend avoir été d'abord mal lu dans l'assemblée de
l'université, contient ces mots, suivant la lettre dont
je viens de parler : *sans qu'ils puissent prendre de
degré ni avoir séance qu'en la faculté des arts.* Mais
le sens naturel que ces termes présentent à l'esprit,
est que c'est dans cette seule faculté qu'ils peuvent
prendre des degrés et avoir séance; ce qui les exclut
d'obtenir des degrés dans les facultés de théologie et
de médecine; il y a tout lieu de croire qu'on l'a entendu
ainsi, puisque c'est un prêtre de l'Oratoire qui est à
présent recteur de l'université, et qu'il n'y a aucune

université dans le royaume où la place de recteur soit remplie par un sujet qui ne soit pas gradué dans aucune des facultés dont elle est composée ; au surplus, le recteur de la faculté de .... a eu raison de refuser de faire voir la lettre que je lui avois écrite, elle lui étoit particulière, et je ne l'avois pas chargé de la communiquer à l'université.

Je crains donc bien que la lettre qui m'a été écrite de ce corps, ne soit excitée par quelque animosité secrète ; et le véritable moyen de conserver la paix et l'union dans cette université, est de laisser à chaque faculté la liberté d'exercer les fonctions qui lui sont propres, et surtout dans des détails de discipline et de correction, tel que celui dans lequel on a voulu faire entrer tout le corps de l'université sans aucun prétexte suffisant.

Vous aurez, s'il vous plaît, soin de faire savoir ce que je vous écris aux trois facultés qui subsistent encore dans l'université de ...., et d'en donner aussi connoissance aux recteurs, en les exhortant tous également à éviter des discussions qui ne font honneur ni au corps ni aux membres ; et il seroit bon, en vérité, que vous veillassiez avec plus de soin sur ce qui se passe dans cette université ; vous m'épargneriez la peine, par là, d'interrompre des occupations plus importantes, pour m'expliquer sur des minuties de cette nature.

Du 25 octobre 1749.

J'APPRENDS par votre lettre du 23 de ce mois, que le parlement a ordonné l'enregistrement du grand réglement que le roi a fait pour l'université de Douai, en se réservant néanmoins de faire des représentations à Sa Majesté sur quelques articles de ce réglement ; et vous y ajoutez que, dans l'expédition qui vous en a été envoyée, il se trouve plusieurs fautes d'écriture, par l'ignorance ou la négligence du copiste.

À l'égard du premier point, il est fort à propos que le parlement se presse d'envoyer ses représentations, parce que, s'il y avoit des changemens à faire en conséquence dans quelques-unes des dispositions de ce réglement, il faudroit y pourvoir avant que de le faire inscrire dans les registres de l'université. Vous aurez donc soin, de concert avec M. le premier président, de faire avancer, autant qu'il sera possible, la rédaction des remontrances du parlement, et il y a apparence que l'ouvrage ne sera pas long, parce que l'objet n'en peut être que médiocre.

Pour ce qui est des fautes d'écriture dont vous avez été blessé, la liste que vous m'en avez envoyée me fait voir qu'elles sont si apparentes et si grossières, qu'il pourroit suffire de les corriger dans l'impression qui en sera faite; mais comme il y en a cependant quelques-unes qui pourroient altérer ou obscurcir le sens de la disposition, et que d'ailleurs il n'est pas décent de laisser de pareils défauts dans le texte d'un réglement envoyé par le roi; vous n'avez qu'à me le renvoyer, je ferai corriger sur-le-champ toutes les fautes qui s'y trouvent, afin qu'on puisse, après cela, le transcrire dans vos registres, et en faire part à l'université; mais encore une fois, ce qui presse le plus, c'est l'envoi des représentations du parlement.

Du 8 *janvier* 1750.

J'ai examiné les observations que le parlement de Flandre a faites sur quelques-unes des dispositions de l'édit qui contient un réglement général pour l'université de Douai, et afin d'y répondre de la manière la plus courte et la plus précise, j'ai fait copier ces observations à mi-marge. Vous y trouverez deux sortes d'apostilles ou de remarques de ma part.

Les unes ne servent qu'à indiquer les dispositions

qui m'ont paru n'avoir besoin d'aucun changement; j'y en ai marqué les raisons.

Les autres ont été mises à côté des endroits qui, n'ayant pas été bien rédigés, ont mérité véritablement d'être réformés, comme ils l'ont été en effet dans le nouvel exemplaire de cet édit que je vous envoie.

Ainsi, toutes les difficultés étant à présent aplanies, et les fautes même d'ortographe ayant été corrigées, je ne doute pas que le parlement ne procède incessamment à l'enregistrement de cet édit, sur lequel le roi a bien voulu avoir égard à toutes les représentations de cette compagnie, qui lui ont paru mériter quelque attention.

Vous m'enverrez, s'il vous plaît, le plus tôt qu'il vous sera possible, la copie de l'arrêt d'enregistrement qui sera rendu au parlement, afin que je le fasse imprimer au Louvre, et qu'il y en ait par là une édition entièrement correcte; ce qui arrive rarement dans celles qui se font en province.

Du 2 avril 1750.

Vous savez combien il y a de temps qu'il s'est formé un grand procès au conseil, entre l'université de Paris et celle de Douai, au sujet des droits que les gradués de la première de ces universités vouloient exercer sur les bénéfices situés dans la Flandre, dans les Pays-Bas, soumis à la domination du roi; le parlement même de Douai avoit jugé autrefois à propos d'intervenir dans ce procès, aussi bien que les états de ce pays. On en a repris de temps en temps l'instruction, mais il n'en a résulté qu'un grand nombre de mémoires imprimés sans aucune décision. C'est en cet état que les deux universités ont cru ne pouvoir prendre une voie plus convenable pour terminer une contestation qui subsiste depuis plus de soixante ans, que celle de former entr'elles une association, dont le plus grand avantage paroît être du côté de celle de Douai, puisque les gradués de cette université y acquerront le droit de pouvoir parvenir à tous les bénéfices du royaume, pendant que les gradués de l'université de Paris n'y acquerront de nouveau que la faculté d'exercer leurs droits sur les bénéfices situés dans le pays-Bas, qui sont sous l'obéissance du roi.

Il a été dressé, dans cette vue, un projet d'association contenu dans quatorze articles, qui en expliquent les conditions, et je vous en envoie la copie avec la note que l'université de Douai a mise au bas de ces articles, dans le temps de la dernière communication qu'elle en a eue. Quand le parlement de Flandre ne se seroit pas rendu partie dans le procès qu'il est question de finir, je me porterois toujours très-volontiers à lui faire part du projet dont il s'agit, avant que d'en rendre compte au roi; mais je dois encore plus cette attention, dans un cas où il s'agit de terminer par un accommodement un procès où cette compagnie est intervenue, et qui ne doit pas finir, même par cette voie, sans qu'elle en ait connoissance.

Je vous prie donc de lui communiquer ce que je vous envoie, et sur quoi j'attends incessamment son avis, pour être en état de mieux juger de ce qui a été proposé entre les deux universités, et d'avoir l'honneur d'en rendre compte au roi, pour vous faire savoir les intentions de Sa Majesté sur ce sujet. Les circonstances dans lesquelles cette affaire se trouve, exigent que vous m'envoyiez cet avis le plus promptement qu'il sera possible.

Du 5 mai 1750.

J'AI reçu la lettre que vous m'avez écrite le 21 du mois dernier, au sujet des associations des universités de Paris et de Douai, dont je vous ai envoyé le projet. S'il étoit question de juger le grand procès qui dure depuis soixante ans entre ces deux universités, et que le parlement voulût faire un nouveau mémoire sur ce sujet, il seroit fort juste de lui donner la communication de toutes les pièces qui ont été produites dans le cours de l'instruction ; mais c'est de quoi il ne s'agit point aujourd'hui. La grande difficulté qui s'est trouvée à statuer sur ce procès, par voie de jugement, a inspiré aux deux universités la pensée louable de le terminer par un accommodedement fait de concert entre les deux corps. Il seroit fort inutile, dans cette vue, de faire passer entre les mains du parlement un procès composé de vingt-six sacs, tous fort chargés de pièces et d'écritures ; il se passeroit peut-être plus d'une année avant que votre compagnie en pût faire un examen qui pourroit ne produire que de nouvelles difficultés, au lieu de résoudre les anciennes. Il ne s'agit donc à présent que d'examiner l'association telle qu'elle est proposée, et de voir s'il y a quelque chose à y réformer ou à y ajouter ; c'est l'unique objet de sa communication que j'ai cru devoir donner au parlement de Douai, et il n'a besoin que des connoissances qui lui sont acquises pour faire les remarques nécessaires sur le projet qui est entre vos mains. C'est ce que je vous prie de faire savoir aux commissaires qui l'ont examiné avec vous, afin que je puisse recevoir incessamment leurs observations ; faute de quoi il faudra bien s'en passer, et prendre les ordres du roi, pour finir un ouvrage déjà si avancé.

§. IX. — *Pays d'état.*

Du 24 octobre 1720.

Vous aurez la satisfaction, en finissant les états, de laisser les affaires de la province en meilleur état qu'elles n'ont été il y a long-temps. Comme je ne doute pas que vous n'ayez beaucoup contribué de votre part à la tranquillité qui a régné dans cette assemblée, et que vous ne retourniez dans le même esprit à Rennes, pour reprendre vos fonctions de premier président, je vois, avec peine, par une autre lettre que vous m'avez écrite, que vous y aurez moins de juges que d'affaires; il faut espérer que l'argent devenant plus commun, par les arrangemens que l'on prend, et le prix des denrées venant à diminuer, toutes choses reviendront insensiblement en leur premier état.

Du 30 octobre 1720.

J'ai appris avec plaisir l'heureuse conclusion de vos états; rien n'est plus propre à faire régner la tranquillité dans toute la province, et à y ranimer le zèle et l'obéissance de ses habitans; je suis persuadé que vous n'aurez pas moins d'application à rendre la justice à la tête de votre compagnie, que vous venez d'en avoir aux états, pour le bien de la province, et pour le service du roi.

Du 11 novembre 1730.

La prompte et unanime délibération des états de Bretagne sur le don gratuit, est due, en grande partie, à l'exemple de votre zèle pour le service du roi, et à la sagesse avec laquelle vous exercez l'autorité qu'il vous a confiée dans cette grande province. Les suites des états répondront sans doute à de si heureux commencemens, et vous y aurez toujours une part considérable; il ne me reste donc que de vous assurer de l'attention que j'aurai toujours à faire valoir vos services dans cette occasion, comme dans toute autre, et à vous donner des marques de l'estime avec laquelle je suis.

Du 11 novembre 1730.

Vous êtes accoutumé, Monsieur, à communiquer aux états de votre province le zèle dont vous êtes rempli pour le service du roi, et ils viennent d'en donner une nouvelle preuve par l'empressement avec lequel ils se sont portés unanimement à accorder le don gratuit qui leur a été demandé; je compte de vous mettre bientôt en état de leur apprendre l'enregistrement des deux nouvelles lois qu'ils attendent avec une juste impatience; je voudrois pouvoir trouver des occasions plus importantes de montrer à toute la province, combien je suis occupé de ses intérêts, et de vous témoigner en particulier, jusqu'où vont les sentimens que vous méritez de ma part à tant de titres, Monsieur, et surtout par l'amitié dont vous m'honorez.

Du 26 novembre 1732.

M. le......... a eu très-grande raison, comme MM. les autres commissaires du roi, de ne pas souffrir qu'on fît aucun changement dans l'ancien style du contrat qui se passe entre Sa Majesté et les états de Bretagne, et le prétendu enregistrement qu'on avoit fait faire à ces états, contre toutes sortes de règles, de l'arrêt rendu au conseil le 15 juillet dernier, ne méritoit aucune attention. Au surplus, les états étant séparés, l'enregistrement qui sera fait au parlement de la déclaration par laquelle le roi a rectifié et perfectionné cet arrêt, couvrira tout le passé et remettra les choses en règle pour l'avenir.

Du 29 juillet 1734.

Quoique la demande que le syndic des états de Navarre a formée par la requête qu'il a présentée au roi, et qui est jointe à cette lettre, paroisse fondée en grande raison, et tendre uniquement à l'utilité publique, je n'ai pas voulu néanmoins en rendre compte à Sa Majesté et recevoir ses ordres sur ce sujet, sans avoir su auparavant votre avis. Je laisse à votre prudence d'examiner si vous devez me le donner seul, ou s'il convient mieux que vous confériez sur cette requête avec des commissaires de votre compagnie; ce dernier parti seroit peut-être le meilleur, parce qu'on ne peut établir solidement la règle qui est proposée par le syndic des états de Navarre, que par des lettres-patentes qui soient enregistrées au parlement.

Du 19 *décembre* 1743.

La lettre que vous m'avez fait l'honneur de m'écrire le 10 de ce mois, Monsieur, m'apprend que l'assemblée des communautés de Provence vient d'accorder unanimement au roi le don gratuit de 700,000 livres, et je crois qu'il faut les féliciter de vous avoir pour témoin de leur zèle en cette occasion; vous continuez de faire voir que vous savez remplir également toutes les fonctions qui regardent le service de Sa Majesté: personne n'en est plus persuadé que moi, et ne sauroit vous honorer, Monsieur, plus véritablement et plus parfaitement que je le fais.

Du 26 *novembre* 1745.

L'unanimité avec laquelle l'assemblée des communes de Provence a accordé le don gratuit de sept cent mille livres, que vous lui avez demandé au nom du roi, est une nouvelle preuve du zèle de cette province pour le service de Sa Majesté, et sa délibération ne vous fait pas moins d'honneur, puisque vous contribuez, plus que personne, à lui inspirer des sentimens dont vous lui donnez toujours l'exemple.

§. X. — *Encouragemens à des Ouvrages utiles.*

Du 8 *novembre* 1737.

Je comprends aisément toute la difficulté que vous avez eue à trouver un homme capable de suivre vos vues dans l'ouvrage que vous avez bien voulu entreprendre pour me faire plaisir, et qui ne peut être bien exécuté que sous vos yeux ; je serai pleinement dédommagé de l'attente par la perfection que vous saurez lui donner, et il ne me reste que de vous assurer d'une reconnoissance qui égale l'estime et la considération avec laquelle je suis.

Du 7 février 1742.

LE recueil des édits, déclarations et arrêts de réglement concernant le parlement de Flandre, que feu M. de.............. fit imprimer avec tant de zèle et de diligence, sur une lettre que je lui avois écrite, pour l'engager à entreprendre ce travail, n'a pu être porté par lui que jusqu'au 18 octobre 1729, puisqu'il le fit paroître en 1730. Il s'est écoulé plus de douze ans depuis ce temps-là ; ainsi cet ouvrage auroit besoin d'être continué, afin que l'on pût y trouver tout ce qui est propre au parlement de Flandre, depuis le mois où finit le recueil de M. de.......... jusqu'au 1.er décembre dernier. Par exemple, ce qui feroit un supplément de douze années, vos occupations vous permettroient-elles d'entreprendre cet ouvrage ? Je ne suis pas en peine de votre zèle ni de votre talent pour y réussir, mais il est question de savoir si vous pourriez concilier ce travail, avec ce que vous devez par préférence aux fonctions publiques de votre ministère, ou s'il n'y auroit point quelqu'un que vous puissiez en charger pour faire la recherche des pièces qui doivent en être l'objet, et pour les rassembler sous vos yeux, en sorte que vous fussiez au moins le réviseur exact de ce recueil. Faites-moi savoir, s'il vous plaît, ce que l'on peut attendre de vous sur ce sujet, et soyez toujours persuadé que je suis véritablement.

Du 17 février 1742.

Votre lettre du 12 de ce mois me fait voir le zèle et la bonne volonté avec laquelle vous entrez dans la vue que je vous ai proposée, et qui est de donner au public la continuation du recueil fait par feu M. de............, des édits, déclarations et arrêts de réglement qui regardent le parlement de Flandre en particulier.

Il est vrai que, comme il ne s'est écoulé qu'environ douze années, depuis celle où le recueil de M. de........ finit, la continuation de ce que vous donneriez ne pourroit former un volume égal à celui dont il seroit la suite; mais il n'est point nécessaire que tous les volumes d'un pareil recueil soient égaux; on s'en sert même plus commodément quand ils sont moins épais, et d'ailleurs l'appendix ou le supplément que vous donneriez du recueil de M. de........... diminueroit beaucoup l'inégalité que vous craignez. Vous pourriez encore joindre à votre ouvrage les remontrances ou les représentations de votre compagnie, auxquelles nos rois ont bien voulu avoir égard, comme, par exemple, celles qui furent faites, il n'y a pas long-temps, au sujet de la manière de pourvoir aux bénéfices de Flandre, auxquels le roi nomme, et qui vous firent tant d'honneur dans mon esprit.

Je sais que toute recherche du passé a ses difficultés, quoiqu'elle ne remonte pas bien haut; mais, après tout, ce qui est de nature à être mis dans le supplément de l'ouvrage de M. de........, doit se trouver dans les registres du parlement ou dans d'autres dépôts publics; ainsi la collection qu'on en fera peut être longue, mais elle ne me paroît pas impossible.

Il est à souhaiter que vous puissiez trouver quelqu'un qui vous épargne la peine de faire vous-même une telle recherche, afin de concilier cette vue avec les occupations nécessaires de votre charge; ce sera toujours beaucoup d'avoir mis la matière en mouvement ; et la seule connoissance du dessein que vous vous proposerez , pourra exciter plusieurs personnes à concourir avec vous dans cette espèce d'ouvrage.

Du 6 avril 1743.

J'AI retrouvé dans mes papiers le plan que M. de........... m'avoit envoyé autrefois du travail qu'il avoit bien voulu se charger de faire sur les registres du parlement d'Aix, pour en recueillir tout ce qui pourroit regarder l'ordre et le droit public. Je croyois lui avoir rendu ce plan, et je suis fort aise de l'avoir gardé, parce qu'il auroit fort bien pu se perdre sans retour, si je le lui avois renvoyé. Vous le trouverez sans doute aussi bon et aussi bien digéré qu'il est possible ; ainsi vous ne sauriez rien faire de mieux, puisque vous voulez bien remplacer M. de......... à cet égard, que de suivre une route si bien tracée ; il ne seroit question, pour cela, que de faire copier sur chacun des titres du plan de M. de.......... les pièces qui y auront rapport, et qui vous paroîtront mériter d'être transcrites en entier, et de ne faire qu'une simple note de celles qui ne vous en paroîtront pas dignes, ou qui seront semblables à d'autres qu'on aura déjà copiées.

Je conçois qu'un pareil travail sera long, et que vous pourrez avoir de la peine à le concilier avec vos autres occupations, qui doivent même y être préférées. Mais je ne vous demande, sur cela, que ce qui vous sera possible, sans vous fatiguer par une application qui pourroit vous être à charge ou nuire à votre santé.

Il me reste de vous prier de faire choix d'un copiste dont l'écriture soit non-seulement lisible, mais très-correcte, et de me faire savoir ce qu'il faudra lui donner, afin que j'aie soin de vous le faire remettre de temps en temps, à mesure que l'ouvrage avancera ;

c'est une condition si essentielle, que, sans cela, je renoncerois absolument au désir que j'ai d'avoir le recueil de ce qu'il y a de plus important dans les registres de votre compagnie.

Du 5 mai 1743.

J'ai reçu les différentes lettres que vous m'avez écrites, soit sur l'ouvrage de feu M. de............, soit sur le projet que M. de.......... m'avoit envoyé au sujet du travail qu'il s'étoit chargé de faire pour recueillir ce qu'il y avoit de plus important dans les registres du parlement d'Aix, sur ce qui regarde le droit et l'ordre public; vous me paroissez avoir des idées si justes sur cette espèce de travail, que je ne puis qu'approuver entièrement tout ce que vous me proposez de faire pour rendre l'ouvrage aussi parfait qu'il le deviendra, sans doute, entre vos mains; mais je n'accepte les effets de votre bonne volonté à cet égard que sous les conditions que je vous ai déjà marquées, c'est-à-dire, que vous n'y travaillerez qu'autant que vos autres occupations et votre santé pourront vous le permettre. Au surplus, il est indifférent que toutes les copies soient d'une seule main ou de plusieurs, pourvu qu'elles soient également correctes et lisibles; ce sera même le moyen, comme vous le remarquez, d'achever plus promptement une entreprise dont tout le plaisir sera pour moi et toute la peine pour vous; j'y répondrai par ma reconnoissance et par tous les sentimens avec lesquels vous savez combien je suis.

§. XI. — *Spectacles, réunions, bonnes mœurs.*

Du 14 juillet 1729.

Je ne saurois mieux répondre à la lettre que vous m'avez écrite le 21 juin dernier, au sujet des représentations que les magistrats de la ville de Besançon m'avoient faites au sujet de cette partie de la police, qui regarde les filles de mauvaise vie et les enfans de famille libertins, qu'en vous envoyant la copie de la lettre que j'ai écrite sur ce sujet à ces magistrats. Je me suis fait un plaisir d'y donner des marques de la considération que j'ai pour le parlement, pour la chambre de la tournelle, et pour vous, Monsieur, en particulier, qui y présidez depuis si long-temps avec tant de dignité.

Du 14 juillet 1729.

Quoique la présomption doive être toujours contre les inférieurs, j'ai bien voulu néanmoins, par considération pour vous, faire part à M. le président....... et à M. le président de........., de ce que vous m'avez écrit sur la police que vous êtes en possession d'exercer à l'égard des filles de mauvaise vie, et des enfans de famille libertins, dont les pères et les parens sont obligés de vous porter leurs plaintes, et c'est en grande connoissance de cause, et après avoir reçu tous les éclaircissemens dont je pouvois avoir besoin sur ce sujet, que je fais à présent réponse à votre lettre.

La juridiction que l'usage vous donne dans les cas que je viens de marquer, sans être nécessairement

astreints aux formes ordinaires de la justice, peut
être avantageuse au public, pourvu qu'elle soit renfermée dans de justes bornes; mais comme elle n'est
fondée sur aucune loi qui l'autorise suffisamment, et
que vous n'avez pour vous, à cet égard, qu'une juste
tolérance de la part du parlement, vous ne devez user
de votre pouvoir qu'avec une entière subordination
à cette compagnie, et une déférence respectueuse
pour ceux qui président à la tournelle; je ne saurois
donc approuver que M. le maire ne se soit pas rendu,
comme il le devoit, chez M. le président de......,
sur l'avis qu'il en avoit reçu par le procureur-syndic,
et qui l'ait obligé à le mander expressément, ce qui
même étoit moins honorable pour cet officier, que
de déférer au premier avertissement du syndic; au
surplus, toutes les délibérations que la chambre de
la tournelle a prises en cette occasion, et dont j'ai
vu les copies, soit pour obliger le maire à rendre une
visite dans le commencement de chaque semestre, à
celui de MM. les présidens qui est à la tête de la
tournelle, et à se faire confirmer la permission de
suivre l'usage introduit dans cette partie de la police,
soit sur ce qui regarde la nécessité de rendre compte
au même président de tous les emprisonnemens qui
se font successivement par une suite de la même police, me paroissent également sages, conformes aux
véritables règles, utiles au public et favorables à
votre juridiction même, qui ne peut être conservée
ni autorisée qu'autant que vous aurez soin de vous assujettir à des conditions si essentielles, et qui ont toujours été observées, comme M. le président........
et M. le président de......... me l'attestent également.

   Je ne saurois donc trop vous recommander de
vous conformer exactement aux délibérations de la
Chambre de la tournelle, bien loin de supporter
avec peine la dépendance dans laquelle vous êtes à
cet égard du parlement; vous devez la regarder au
contraire comme honorable à votre ministère, puisqu'elle vous donne des occasions continuelles de re-

cevoir des marques de sa confiance, sur laquelle votre autorité est principalement fondée dans la matière dont il s'agit.

***

Du 23 juillet 1739.

L'ABUS, dont vous m'informez par votre lettre du 14 de ce mois, mérite sans doute d'être réprimé ; mais, je n'y vois rien qui exige que le roi le fasse par une loi générale ; c'est aux juges de police à y mettre ordre, chacun dans leur département, et si l'on craint qu'ils n'aient pas assez d'autorité pour faire cesser un pareil abus, le parlement peut y pourvoir sur votre réquisition ; il ne paroît guère vraisemblable que son arrêt porte les compagnons des différens métiers à quitter leur pays, pour passer dans le ressort d'un autre parlement. En tout cas, il seroit bien aisé de faire rendre de pareils arrêts par les parlemens voisins ; mais la matière est trop légère pour demander que le roi s'explique lui-même sur ce sujet.

***

Du 1.er juillet 1742.

J'AI reçu un avis, par lequel il paroît que la passion du jeu est portée à l'excès dans la ville d'Aix, qu'on y joue publiquement à des jeux défendus, et entr'autres, à un jeu qu'on appelle *le jeu de reste*, et qui cause la ruine de plusieurs familles, et qui devient souvent une source de divisions domestiques ; on nomme même plusieurs des maisons où l'on joue avec plus de licence , comme celles de MM. . . . . Je ne connois point l'auteur de cet avis, et quoiqu'il ait signé la lettre où il me le donne, il ne conviendroit pas que je le nommasse sans son aveu ; j'ai cependant assez de peine à croire que ce qu'il dit puisse être véritable ; vous ne souffririez pas, sans doute, sous vos yeux un si grand abus, et d'ailleurs si déplacé dans une ville aussi peu riche que celle d'Aix. Je vous prie cependant de me faire savoir ce qui peut avoir donné lieu à l'avis que j'ai reçu, et je suis persuadé que vous avez déjà fait ce que vous ferez encore, tout ce qui peut dépendre de vos soins et de votre autorité, pour renfermer les jeux dans des bornes raisonnables.

Du 11 novembre 1742.

Vous avez déjà entendu parler du fait contenu dans l'extrait que je vous envoie, et il est vraisemblable qu'il vous a paru difficile de remédier, par les voies ordinaires de la justice, au scandale dont on se plaint; mais comme il seroit fâcheux de le laisser durer plus long-temps, je crois que le meilleur moyen de le faire cesser est que vous chargiez quelque officier de poids et de considération, comme votre substitut au siége de Basas, ou le lieutenant de la maréchaussée, d'avertir très-sérieusement le nommé.......... et sa concubine de se séparer entièrement, en y ajoutant que, s'il ne défère pas à cet avertissement, il sera expédié un ordre pour faire arrêter cette créature et l'enfermer dans une maison de force à Bordeaux; c'est la voie la plus courte d'interrompre le cours d'un pareil désordre.

Du 14 mai 1743.

Il auroit été à désirer que vous m'eussiez informé plus tôt de l'affaire du nommé........., et de tout ce qui s'est passé à cette occasion; j'aurois pu être en état d'épargner à votre compagnie un désagrément qui paroît lui avoir été fort sensible; mais lorsque je suis revenu de Versailles, après avoir passé quelques

jours à la campagne, pendant le dernier séjour que
le roi a fait à Choisy, j'ai trouvé que tout étoit fini,
par une lettre que M. de.......... avoit écrite à
M. de.........., pour lui marquer la résolution
que le roi avoit prise sur ce sujet; je ne doute pas
que cette lettre ne vous soit connue lorsque vous
recevrez la mienne; le parlement aura eu au moins
la consolation d'y apprendre, qu'après avoir vu les
motifs de la conduite qu'il avoit tenue par rapport
au nommé.........., Sa Majesté en avoit été satis-
faite. C'est le meilleur effet que les représentations de
cette compagnie pussent produire; et ce qui en étoit
le principal objet, vous comprendrez aisément pourquoi Sa Majesté, par un effet de sa sagesse ordinaire,
a jugé à propos d'ordonner elle-même la punition
du nommé........ı..., et c'est un tempérament
que l'on a souvent pris dans de pareilles occasions,
pour éviter les suites de ces sortes de questions de
compétence, et ne pas altérer le concert qui doit
régner entre ceux qui exercent l'autorité de Sa Majesté, et qui ont également l'honneur de la représenter, quoique dans des genres différens. Au surplus,
pour ne vous pas laisser ignorer ce qui avoit pu faire
quelqu'impression sur l'esprit du roi, avant que votre
compagnie lui eût rendu compte des raisons de sa
conduite, c'est une espèce de tolérance qui semble
que le parlement ait eu pendant quelque temps pour
la licence des jeux, quoique l'attention que cette matière exige de lui eût été réveillée par plusieurs lettres
différentes ; et comme cette compagnie paroissoit
avoir pris avec beaucoup de vivacité l'affaire du
nommé.........., on a craint que ce n'eût été
la connoissance de l'ordre donné par le Marquis
de.........., qui eût excité sa sévérité en cette occasion; la persévérance du zèle que le parlement vient
de faire paroître contre les joueurs, est plus capable,
que toute autre chose, d'effacer ces premières impressions, et la passion du jeu est si grande en Provence,
et surtout à Aix et à Marseille, que vous ne sauriez
employer plus utilement votre ministère, qu'en vous

appliquant continuellement à réprimer un abus qui cause souvent des désordres encore plus grands que la ruine des familles.

Du 15 octobre 1745.

JE vous envoie l'extrait d'un mémoire qui m'a été adressé par une personne digne de foi, sur la conduite scandaleuse de la nommée......... de la ville de Mées, afin que vous fassiez mettre ordre à ce qu'on y expose suivant les règles ordinaires.

Du 26 mars 1747.

JE reçois dans ce moment une lettre, par laquelle on m'écrit que la grand'chambre a refusé d'ordonner la suspension des spectacles de cette ville, à commencer au dimanche de la Passion jusqu'au lendemain de la quinzaine de Pâque, comme cela s'observe inviolablement dans ce pays. Prenez, s'il vous plaît, la peine de me faire savoir pourquoi on ne suit pas un usage si convenable, et sur quel fondement la grand'chambre peut avoir fait difficulté de s'y conformer. Je compte au moins, qu'aussitôt que vous aurez reçu cette lettre, vous prendrez les mesures nécessaires pour faire cesser les spectacles jusqu'après le dimanche de *Quasimodo.*

Du 12 octobre 1747.

JE suis persuadé que vous avez rempli dignement la fonction de président de la chambre des vacations du parlement d'Aix, et que vous y avez donné de nouvelles preuves de votre zèle pour la justice, et pour le maintien de l'ordre public.

Le soin de réprimer l'abus des jeux défendus, qui n'est que trop commun dans la ville d'Aix, ne regarde pas les officiers ou cavaliers de la maréchaussée, qui n'ont pas même le droit de connoître d'aucuns délits dans la ville où ils font leur résidence ; c'est par le ministère des officiers de police qu'il faut veiller sur cette matière, et on ne remédiera jamais à un abus si dangereux, que par des exemples de rigueur donnés par le parlement, dans les occasions qui s'en présenteront.

TROISIÈME DIVISION.

LETTRES SUR L'ADMINISTRATION DE LA JUSTICE ET LA LÉGISLATION.

§. I. — *Provisions, réceptions, suppressions, réunions d'offices de judicature.*

Du 3 février 1728.

J'ai reçu la lettre que vous avez pris la peine de m'écrire pour m'informer de la difficulté qui s'est formée dans l'assemblée des chambres de votre compagnie, au sujet de la réception d'un conseiller au parlement. Je ne saurois m'empêcher de vous dire que cette difficulté m'a paru fort nouvelle, et que j'ai eu d'abord de la peine à concevoir qu'elle ait pu arrêter une grande partie d'un parlement aussi éclairé que celui de Rouen. On ne connoît que deux sortes d'oppositions en matière de charges; les unes sont les oppositions au titre, les autres ne sont que des oppositions afin de conserver sur le prix de l'office les hypothèques des créanciers du vendeur. Il est sans difficulté que les premières empêchent non-seulement la réception de l'acquéreur de la charge, mais le sceau même de ses provisions, qui ne sont jamais expédiées qu'après le jugement de l'opposition au titre, parce qu'il s'agit alors de la propriété même de la charge, et que, comme on ne peut procéder à la vente d'une terre saisie réellement qu'après avoir fait statuer sur les demandes de ceux qui prétendent que la propriété leur en appartient et non pas à la partie saisie, on ne sauroit aussi apposer le sceau du roi sur des provisions, tant que la propriété de l'office est incertaine et contestée à celui qui l'a vendue.

On n'a jamais pensé de la même manière à l'égard des oppositions afin de conserver. Comme elles ne rendent point la propriété de l'office douteuse et équivoque, et qu'elles ne tendent qu'à conserver, à ceux qui les forment, le même droit sur le prix de l'office qu'ils avoient sur l'office même, elles n'apportent aucun obstacle au sceau des provisions, et il seroit contraire au bon ordre et au bien public que l'on en usât autrement, parce que les charges demeureroient trop long-temps vacantes, et le public seroit privé trop long-temps, sans nécessité, du service que les magistrats ou les autres officiers sont obligés de lui rendre, s'il falloit attendre que l'ordre du prix eût été fait entre tous les créanciers opposans au sceau, pour pouvoir accorder des provisions à l'acquéreur de l'office.

C'est sur ces raisons qu'est fondé l'usage constant et perpétuel de sceller en ce cas les provisions à la charge des oppositions. L'effet de cette réserve regarde uniquement le prix de l'office, que l'acquéreur ne peut payer valablement qu'aux opposans suivant l'ordre ou le privilège de leurs hypothèques; mais c'est ce qui n'intéresse en aucune manière le titre de l'office, qui passe en entier des mains du roi dans celles du nouvel officier, aussitôt que ses provisions sont scellées. Or, dans le moment qu'il a ce titre et qu'il a reçu du roi la portion de la puissance publique, qui lui est confiée, selon la nature de sa charge, la circonstance des oppositions formée par les créanciers du vendeur ne sauroit mettre plus d'obstacle à sa réception qu'elle n'en a mis à l'expédition de ses provisions; et comme elle n'a point empêché qu'on n'y apposât la marque de l'autorité royale, qui donne le titre à l'officier, elle ne peut pas empêcher non plus qu'il n'acquière l'exercice de ce titre par sa réception et par son installation. L'obligation de payer le prix de la charge aux créanciers opposans est une chose aussi étrangère

19*

à l'égard de la réception qu'à l'égard du sceau des provisions. Quoique cette obligation soit imposée au nouvel acquéreur, il n'en est pas moins pour cela le véritable titulaire, et le propriétaire légitime de l'office. Il ne lui manque donc rien du côté du roi de tout ce qui lui est nécessaire pour demander sa réception, et elle n'en peut être suspendue que par des raisons personnelles à l'officier, c'est-à-dire, ou par sa mauvaise conduite, ou par son ignorance et son incapacité : c'est de quoi le parlement est véritablement juge ; au lieu que ce qui concerne les oppositions au sceau, peut souvent ne le regarder en aucune manière, soit parce qu'il n'y a point de contestation à cet égard, soit parce que s'il y en a, elle est pendante par-devant d'autres juges. Enfin, on peut ajouter ici une dernière réflexion, tirée de la comparaison qu'il est naturel de faire entre les oppositions afin de conserver, qui se forment au sceau, et les oppositions de la même nature qui se forment incidemment aux saisies réelles des terres ou des autres immeubles. Comme celles-ci n'empêchent, ni qu'on interpose le décret ou qu'on ne fasse l'adjudication du bien saisi, ni que l'adjudicataire ne s'en mette en possession, il est vrai de dire, de la même manière, que les oppositions au sceau qui ne tendent qu'à conserver l'hypothèque des créanciers n'empêchent ni l'apposition du sceau qui tient lieu de décret en cette matière, ni la demande que le nouveau pourvu peut former, quand il lui plaît, pour être mis en possession de sa charge par sa réception et son installation.

J'avoue que ce n'est pas sans quelque peine que je m'explique si longuement sur une difficulté que je ne crois pas avoir été encore formée par aucune compagnie en pareil cas, quoiqu'il soit très-commun d'y recevoir des officiers qui n'ont été pourvus par le roi qu'à la charge des oppositions ; mais la grande considération que j'ai pour le parlement de Rouen m'a fait croire, que je ne devois pas me contenter de lui marquer mon sentiment, et qu'il convenoit que je lui en expliquasse les raisons. Je ne doute pas que ceux qui ont eu d'abord des difficultés sur ce sujet, ne se rendent sans peine, lorsqu'ils auront fait plus de réflexion à la certitude des principes que je viens de vous expliquer, et je présume trop de leur sagesse pour craindre que, par une plus longue résistance, ils n'obligent le roi à interposer son autorité, dans une occasion où les notions les plus simples des règles de l'ordre public me paroissent plus que suffisantes pour réunir tous les suffrages. Vous pouvez lire ma lettre à l'assemblée des chambres, en assurant votre compagnie de l'inclination qui me portera toujours à la ménager et à lui donner des marques de ma considération. Pour vous, Monsieur, vous savez bien mes sentimens pour vous, et à quel point je suis.

Du 5 février 1728.

Je n'ai reçu que ce matin la lettre du premier de ce mois, par laquelle vous me marquez que votre compagnie vous a chargé de me consulter sur la difficulté qui s'est formée au sujet de la réception de M.......... pourvu d'un office de conseiller au parlement de Rouen, et qui consiste à savoir, si les créanciers opposans au sceau pour la conservation de leurs hypothèques sur le prix de l'office, peuvent empêcher la réception de celui qui n'a été pourvu de l'office qu'à la charge de leurs oppositions; M. le premier président, qui a été plus diligent que vous à m'instruire de ce qui s'étoit passé au parlement sur ce sujet, je lui ai fait hier une réponse qu'il seroit trop long de répéter, et à laquelle je ne puis que vous renvoyer; vous y verrez que la question m'a paru nouvelle et peu susceptible de difficulté, parce que jamais l'on n'a cru que de simples oppositions au sceau, qui n'empêchent point que les provisions ne soient scellées, puissent retarder la réception d'un officier qui a le titre de l'office émané des mains du roi, et à qui par conséquent il ne manque plus rien de la part de Sa Majesté et dans les règles de l'ordre public, pour en acquérir l'exercice par sa réception, pourvu qu'il ait d'ailleurs les qualités personnelles qui sont soumises à l'examen et au jugement du parlement. Les autres questions, qui paroissent avoir été agitées au sujet de la réception dont il s'agit et qui sont expliquées dans le mémoire que vous avez joint à votre lettre, ne regardent que la manière de payer le prix de l'office, et n'ont rien de commun avec la réception de l'officier; et, comme cette réception ne peut faire aucun préjudice, à cet égard, aux prétentions des créanciers, qui demeurent en entier et qui devront être décidées après la réception de M.........., de même qu'elles le pourroient être auparavant, ces créanciers sont ici sans intérêt, et par conséquent non-recevables à mettre un obstacle nouveau et inouï à la réception de cet officier; ce seroit à lui de la déférer s'il le jugeoit à propos, supposé que, se trouvant exposé aux poursuites des créanciers qui ne veulent pas se soumettre aux conditions qu'il a stipulées par son traité, il voulût se pourvoir contre son vendeur avant que de se faire recevoir. Mais dès le moment qu'il veut bien courir le risque des oppositions, comme il y est obligé par la condition sous laquelle les provisions ont été scellées, il seroit contraire à toutes sortes de règles de suspendre, malgré lui, sa réception, sous prétexte de l'intérêt des créanciers, auxquels elle ne peut donner aucune atteinte.

Du 4 mai 1729.

Pour bien entendre l'esprit du contrat d'échange que le roi a passé avec M. de.........., et en faire une juste application à la nomination ou aux provisions et à la réception des officiers qui exercent la justice dans les terres cédées par le roi, il faut distinguer deux sortes d'offices.

Les uns sont ceux qui subsistoient auparavant dans les siéges inférieurs et subalternes, dont l'appel étoit porté aux bailliages ressortissans au parlement.

Les autres sont ceux de ces bailliages qui forment encore à présent un corps de juridiction royale, auquel l'échange n'a donné aucune atteinte.

Les offices de la première espèce ne sont plus royaux, comme les justices où ils avoient lieu autrefois ne sont plus royales; elles sont devenues, par l'échange, des justices purement seigneuriales, et les officiers qui exercent ces justices ne peuvent être regardés que comme des juges de seigneurs, qui, par conséquent, ne doivent être pourvus que par M. de........., et qui sont sujets à être destitués de la même manière que les officiers qui exercent de pareilles fonctions dans les justices anciennement seigneuriales et patrimoniales.

A l'égard des bailliages qui sont au-dessus de ces justices, et dont l'appel est porté nûment au parlement, ils subsistent dans leur ancien état, et doivent toujours être considérés comme des siéges royaux; la seule différence que l'échange y a produite, est que la nomination aux offices de ces siéges a été accordée à M. de........., et c'est au roi qu'il doit adresser cette nomination, et c'est au roi seul qu'il appartient d'instituer les officiers que M. de.... lui présente, en leur donnant par ses provisions, le titre et le caractère de juges, sans qu'ils soient sujets à être destitués au gré de M. de........., et sans qu'ils puissent être privés de leurs charges autrement que le reste des officiers royaux.

C'est par cette distinction, entre les simples justices subalternes et les bailliages royaux, qui sont immédiatement soumis au parlement, qu'il faut expliquer et concilier les deux dispositions différentes qu'on a insérées dans le contrat d'échange fait entre le roi et M. de.......... ; la première regarde les justices inférieures et vraiment subalternes ; la seconde concerne les siéges royaux supérieurs, qui subsistent encore depuis l'échange, autrement ces deux dispositions se contrediroient et se détruiroient mutuellement ; l'usage est d'ailleurs conforme à la distinction que je viens de vous marquer, non-seulement on trouve de semblables dispositions dans presque tous les contrats d'échange, mais elles sont paisiblement exécutées, suivant cette distinction qu'on m'assure être suivie dans le comté même d'Evreux, quoique l'échange ne soit pas encore entièrement consommé. A l'égard de ce qui se passe dans le pays d'Auge, il faudroit voir les lettres de don que François I.er en fit à Louis de Bourbon, duc de Montpensier, et examiner s'il ne s'y est point réservé la provision des officiers ; mais je n'ai pas eu le loisir de faire cette recherche, qui seroit d'ailleurs assez inutile après ce que je viens de vous dire sur ce sujet.

Tout cela étant une fois supposé, il est aisé d'en faire l'application à l'espèce sur laquelle vous me consultez.

1.º Le vicomté d'Andely n'ayant été originairement qu'une justice royale subalterne, et cette justice étant devenue absolument seigneuriale par l'échange qui en a été fait, il est sans difficulté que M. de........ est en droit de donner seul des provisions à ceux qu'il choisit pour y faire la fonction de juges, et qu'il a sur cela le même pouvoir que tous les seigneurs particuliers exercent à l'égard des justices dont ils ont la pleine propriété. Il n'y a que les officiers des bailliages royaux qui doivent nécessairement avoir des provisions du roi sur la nomination de M. de....

2.º Dès le moment que les justices subalternes qui ont été cédées à M. de......... sont devenues purement seigneuriales au moyen de l'échange, et que c'est M. de.........., seul, qui y établit des officiers, il seroit contraire à toutes les règles que de pareils officiers fussent reçus au parlement, et que cette compagnie déférât à des provisions qu'aucun seigneur particulier n'est en droit de lui adresser.

L'exemple unique de ce qui s'est passé du temps de M........., est du nombre de ceux qui montrent ce qu'il faut éviter plutôt que ce que l'on doit suivre. M. de......... ne paroît pas désirer lui-même que de pareils officiers par lui pourvus soient reçus au parlement, et il prétend n'y avoir consenti, à l'égard du juge d'Andely, que parce qu'on l'avoit assuré que cette compagnie le souhaitoit.

Il est donc bien aisé de prendre un parti décisif sur la difficulté qui s'est formée à cet égard au parlement de Rouen; il n'y a qu'à rendre au juge d'Andely ses provisions et sa requête, sauf à lui de se faire recevoir au bailliage immédiatement supérieur. Vous pouvez faire part de ma réponse à votre compagnie, et je ne doute pas qu'elle n'en suive très-volontiers les principes en cette occasion, puisque ce sont ces principes mêmes qui lui ont donné lieu d'agiter la question sur laquelle elle vous a chargé de me consulter.

<hr>

Du 29 mai 1729.

La nécessité d'attendre les éclaircissemens dont j'avois besoin sur les deux lettres que vous m'avez écrites, par rapport à la réception des officiers subalternes, et des occupations plus importantes ne m'ont pas permis de répondre plus tôt à ces deux lettres sur lesquelles il m'est à présent plus facile de vous faire savoir mon sentiment.

Il n'est pas douteux que toutes les fois qu'il s'agit d'examiner un officier subalterne qui se présente au conseil d'Alsace pour y être reçu, c'est à la seconde chambre qu'il doit être renvoyé pour subir son examen; la disposition de l'article premier de l'édit du réglement de 1701 est formel sur ce point, et cette règle n'est révoquée en doute par aucun des officiers de votre compagnie.

Toute la question se réduit donc à savoir à quelle

chambre il appartient de dispenser celui qui demande à être reçu, de la formalité de l'examen, dans les cas où on peut lui accorder cette distinction, et cette question ne me paroît pas susceptible d'une grande difficulté.

Lorsqu'il s'agit d'un officier de votre corps même, comme les deux chambres doivent être assemblées en ce cas, c'est à toute la compagnie qu'il appartient, ou de l'examiner, ou de lui faire grâce sur ce sujet, ce qui ne doit avoir lieu néanmoins que rarement, et pour des causes légitimes; mais quand il n'est question que d'un officier subalterne, la première chambre est regardée comme le tribunal naturel qui doit statuer sur sa réception; c'est à elle qu'il adresse d'abord sa requête; c'est elle qui ordonne que cette requête sera montrée au procureur-général; c'est elle qui ordonne qu'il sera informé de ses vie et mœurs; c'est elle, en un mot, qui rend tous les jugemens préparatoires et définitifs qui sont nécessaires pour lui imprimer le caractère d'officier. Si son examen est renvoyé à la seconde chambre, c'est pour le soulagement de la première, et c'est à la décharge de cette chambre que la seconde examine la capacité du pourvu; c'est ce qui fait que comme en cette matière l'autorité principale réside dans la première chambre, c'est à elle, suivant le même réglement de 1701, que le président et le rapporteur, ou un autre conseiller de la seconde chambre du nombre de ceux qui ont assisté à l'examen, sont obligés d'aller certifier la suffisance et la capacité de celui qu'il s'agit de recevoir, et c'est à cette même chambre qu'il prête enfin le serment qui le rend officier.

Il est donc évident que ceux qui ont rédigé l'édit de 1701, ont eu en vue d'établir dans votre compagnie le même ordre qui s'observe sur ce point dans les parlemens, où la grand'chambre est regardée comme la seule à qui il appartient véritablement de recevoir les officiers inférieurs dont elle renvoie seulement l'examen à une des chambres des enquêtes, qui ne devient juge par là que de la capacité du sujet qui se présente avec des provisions du roi, sans prendre d'ailleurs aucune autre espèce de connoissance, ni de ses mœurs, ni de ses services, ni de toutes les autres conditions essentielles à sa réception.

Mais, avant que la seconde chambre de votre conseil, ou une chambre des enquêtes d'un autre parlement puisse avoir droit de procéder à l'examen de celui qui poursuit sa réception en la première ou en la grand'chambre, il faut qu'il y soit renvoyé à cet effet, et qu'on ait décidé qu'il subira la loi commune de l'examen, les fonctions de la chambre à laquelle vous présidez comme celles d'une chambre des enquêtes en pareil cas, ne peuvent commencer que de ce moment. Ainsi, lorsque le sujet qui se présente a des raisons qui peuvent porter les juges à le dispenser de l'examen, comme tout ce qui regarde sa réception est encore pendant dans la première chambre, c'est à elle seule qu'il appartient de juger si ces raisons sont suffisantes pour faire en sa faveur une exception à la règle générale ; et lorsqu'il se trouve dans ce cas, vous ne pouvez pas vous plaindre de la décision de la première chambre, parce que la vôtre n'est encore saisie de rien qui ait rapport à la réception de l'officier, et que vous ne commencez à en prendre connoissance jusqu'à un certain point, qu'après le renvoi qui vous est fait de son examen, et en conséquence de ce renvoi.

Proposer en ce cas de consulter la seconde chambre avant que d'accorder la dispense, ce seroit une nouveauté qui n'a aucun fondement dans l'édit de 1701, et qui ne seroit peut-être pas fort convenable d'y suppléer, parce que ce seroit égaler, au moins à cet égard, la réception d'un officier subalterne à celle d'un officier de la compagnie même, qui ne peut être reçu qu'avec le concours des deux chambres.

L'usage d'ailleurs ne paroît pas favorable à cette pensée. Quand il y a des grâces à faire sur l'examen dans les autres parlemens, c'est la grand'chambre seule qui les accorde, et on n'y a jamais cru qu'il fût nécessaire de consulter les chambres des enquêtes, avant que d'affranchir un récipiendaire de la nécessité de l'examen.

Ainsi, la règle me paroît être entièrement du côté de la première chambre, en cette matière, et je vois, même par vos lettres, que l'usage du conseil d'Alsace a été jusqu'à présent conforme à cette règle.

Il est vrai néanmoins, que si la première chambre abusoit de son pouvoir sur ce point, et qu'elle se portât à accorder la dispense de l'examen avec une facilité qui tendroit au relâchement, je recevrois en très-bonne part les avis qu'on me donneroit sur ce sujet, et que je me croirois obligé d'en rendre compte au roi, qui se porteroit sans doute à interposer son autorité, pour empêcher les progrès et les suites d'un tel abus ; mais il faudroit pour cela que j'en visse des exemples plus certains, et moins sujets à être contestés que celui du sieur.........., bailli de Delle. On m'assure que cet officier ne peut être considéré comme un jeune homme sans expérience, puisqu'il est âgé de plus de trente-six ans, qu'il a été reçu avocat dès l'année 1712, qu'il en a exercé la profession avec succès depuis ce temps-là, et qu'il avoit rempli la charge de procureur fiscal, pendant trois ans, dans la même juridiction de Delle, où il a été depuis revêtu de l'office de bailli. Suivant les principes mêmes que vous m'expliquez, par vos lettres, il paroît qu'un sujet de ce caractère pouvoit être dans le cas d'une dispense d'examen ; au surplus, s'il y a d'autres faits sur le sujet de la réception des officiers subalternes, dont vous croyez que je doive être instruit, vous pouvez me les expliquer librement, et je suis persuadé que tout ce que vous m'écrirez par rapport à la discipline de votre compagnie, ne sera jamais que l'effet de votre attention et de votre zèle sur ce qui peut intéresser l'ordre et le bien public.

Du 6 septembre 1732.

LE sieur de.......... à qui le roi a bien voulu accorder les dispenses dont il a besoin pour le faire pourvoir d'une charge de conseiller en votre compagnie qui étoit vacante aux parties casuelles, me représente que vous avez fait une opposition au titre de cette charge qui le met dans la nécessité de se pourvoir au conseil pour en demander la main-levée. Il prétend que les motifs de cette opposition sont fondés sur l'espérance que vous avez d'obtenir de Sa Majesté cette charge pour faciliter la réunion qui avoit été projetée de la prévôté du Mans à la sénéchaussée de cette ville. Si ce sont là les motifs de votre conduite à cet égard, vous ne sauriez trop promptement donner la main-levée d'une opposition que vous n'aviez aucun droit de former. Les vues que le roi peut avoir pour faire des suppressions ou des réunions de charges ne peuvent avoir leur effet que par sa volonté, et il n'est pas permis à ses officiers de la prévenir, sous prétexte qu'ils sont intéressés à une réunion. Sa Majesté même ne se porte à surseoir la vente de certaines charges, que lorsqu'il voit les choses disposées à recevoir une prompte décision, et il s'en faut bien que la proposition qui a été faite de réunir la prévôté du Mans à votre siége, ne soit encore en cet état. Il n'y a donc rien de plus irrégulier ni de plus téméraire que votre opposition; et, encore une fois, vous ne sauriez réparer trop promptement la faute que vous avez faite en la formant.

Du 29 septembre 1732.

JE vous ai déjà marqué que l'idée de la réunion très-incertaine et très-difficile du siége de la prévôté du Mans à celui de la sénéchaussée, n'avoit pu autoriser votre compagnie à former une opposition au titre pour empêcher l'expédition des provisions que le sieur.........demande au roi.

Les raisons personnelles dans lesquelles vous vous retranchez par votre lettre du 17 du présent mois, ne rendent pas l'opposition de votre compagnie plus recevable ; et, si elle a agi par de pareils motifs, elle a entrepris bien au-delà de son pouvoir et de son devoir.

Les oppositions au titre ne regardent point, et ne peuvent jamais regarder la naissance, les mœurs ou la conduite de celui qui veut faire sceller ses provisions, et elles ne sont légitimes que lorsqu'elles sont formées par ceux qui sont propriétaires, ou qui ont droit à la propriété de l'office dont il s'agit, d'expédier les provisions. Ce principe est si commun et si constant au conseil, que si votre siége étoit assez mal conseillé pour vouloir y soutenir l'opposition au titre qu'elle a formée dans le cas présent, il s'exposeroit à une condamnation de dommages et intérêts qui ne pourroient être que considérables.

Ce n'est donc pas là la voie qu'il faut prendre quand on veut mettre obstacle au sceau des provisions d'un office, par des raisons personnelles à celui qui veut se faire revêtir de cet office ; il n'y a alors que deux voies pour y parvenir, et elles sont toutes deux extrajudiciaires.

L'une est de m'informer, avant que les provisions soient scellées, des faits qui peuvent faire paroître le sujet qui se présente, indigne ou incapable de la charge qu'il désire ; et c'est alors à moi de m'instruire exactement de la vérité de ces faits, et de recevoir

ensuite les ordres du roi, pour l'admission ou l'exclusion de ce sujet.

L'autre voie, lorsque les provisions ont été expédiées, est d'envoyer des mémoires à M. le procureur-
général, afin que, s'il le juge à propos, il fasse informer à sa requête, des faits qui peuvent empêcher
la réception de celui que le roi a pourvu.

Mais, en aucun cas, il n'est permis ni à des particuliers, ni même à une compagnie, de former une opposition au titre, sur le seul fondement de l'indignité
ou de l'incapacité de celui qui demande à être pourvu
d'une charge; et encore une fois on ne peut dans ces
occasions que s'adresser aux supérieurs, ou, s'il y a
quelques poursuites judiciaires à faire sur ce sujet,
elles ne peuvent résider que dans le ministère public.

Ainsi au lieu d'insister dans une opposition au titre,
que vous avez formée sans y faire assez de réflexion,
prenez la peine de m'envoyer un mémoire exact de
tous les faits qui vous paroissent assez graves pour
devenir une raison d'exclusion contre le sieur......,
et pour empêcher le roi de l'honorer du caractère
de juge. Je donnerai à ce mémoire toute l'attention
que je dois; et, sans vous compromettre, j'en ferai
l'usage qui sera convenable pour le bien de la justice.

Du 1.er décembre 1732.

J'AI lu et relu plusieurs fois, avec la plus grande
attention, tous les mémoires que vous m'avez envoyés
sur la question qui s'est formée entre MM. les présidens à mortier et MM. les conseillers de votre compagnie, pour savoir si, dans la concurrence du fils
d'un président et du fils d'un conseiller qui pour-
suivent en même temps leur réception, la préférence
devoit être attachée, ou au degré de la dignité, ou à
l'ancienneté de la réception des pères; comme je n'ai
pas cru devoir résoudre cette question par moi-même,

j'ai eu l'honneur d'en rendre compte au roi ; et, sans
entrer dans une discussion longue et à présent inutile
de tout ce qui a été écrit de part et d'autre sur ce
sujet, je me contenterai de vous expliquer ce que
Sa Majesté a décidé.

Elle m'ordonne donc de vous faire savoir, que, soit
parce qu'il est naturel et ordinaire que les prérogatives attachées à la dignité des pères s'étendent jusqu'aux enfans, soit parce qu'il n'y a aucun exemple
dans le parlement de Bordeaux qui puisse appuyer la
prétention des conseillers, et qu'au contraire on y
en trouve des exemples favorables aux fils des présidens, qui ne sont combattus que par des raisons peu
convaincantes, soit enfin, parce que l'usage de tous
les parlemens presque du royaume est de donner en
ce cas la préférence aux fils des présidens à mortier
sur les enfans des conseillers, sans faire attention à
la date de la réception des pères ;

L'intention de Sa Majesté est que le fils de M. le
président.........soit reçu avant tous les enfans
des conseillers qui se trouvent en concurrence avec
lui, et que la même règle soit observée à l'avenir dans
les cas semblables.

J'ajouterai ici, pour vous expliquer plus parfaitement la volonté du roi, que Sa Majesté a été peu touchée de la conséquence que messieurs les conseillers
vouloient tirer de ce qui fut réglé par le feu roi, contre
le fils de M. le président de.........; les présidens
des enquêtes n'ayant que le rang de conseillers dans
votre compagnie, si ce n'est à l'égard de ceux qu'ils
président, il n'y avoit que l'ancienneté de la réception des pères qui pût être considérée dans le cas que
le feu roi avoit à décider. Il n'en est pas de même
à l'égard des présidens à mortier, parce qu'étant présidens de tout le parlement, ils ont un rang supérieur
à celui de tous les conseillers de leur compagnie,
dans les assemblées générales ou particulières, sans
aucune distinction, et il n'est pas surprenant que,
les cas étant différens, on y observe aussi des règles
différentes.

Il me reste à vous faire souvenir, qu'en vous écrivant, il y a deux ans, sur la même matière, je vous marquai que la délibération qui avoit été prise par MM. les conseillers seuls, en l'absence de MM. les présidens, sur l'ordre de réception qui seroit observé entre le fils de M. le président de.......... et le fils de M. de.........., n'avoit pas été approuvée de Sa Majesté, par les raisons que je vous en expliquai alors; ainsi elle m'ordonne de vous dire que, voulant éloigner tout ce qui pourroit être une semence de division entre MM. les présidens et MM. les conseillers du parlement, et les empêcher d'agir avec un concert qui est si nécessaire pour le bien de son service, Sa Majesté entend que, lorsqu'il se formera quelque difficulté entre les uns et les autres, sur les droits respectifs de leurs charges, sur lesquels par conséquent ils ne pourroient délibérer sans être en même temps juges et parties, ils se contentent de dresser des mémoires de part et d'autre pour soutenir leurs prétentions contraires, et de me les envoyer ensuite, afin que je puisse en rendre compte au roi, et faire savoir aux uns et aux autres ce que Sa Majesté aura jugé à propos de régler.

Je vous prie de faire part de cette lettre à messieurs les présidens à mortiers et à messieurs les conseillers, c'est-à-dire, à toute votre compagnie; je ne doute pas qu'elle ne s'y conforme avec tout le respect qu'elle a toujours témoigné pour les volontés de Sa Majesté.

Du 23 septembre 1733.

MESSIEURS, la difficulté qui s'est formée pour savoir si les récipiendaires qui vont chez vous doivent être accompagnés d'un procureur de la cour des aides, ne méritoit pas que vous m'en écrivissiez, c'est à votre compagnie à régler le cérémonial qui doit s'observer en pareil cas; ainsi, s'agissant d'un point de police ou de discipline, vous pouvez le faire régler par la délibération de la compagnie, et il ne convient point que le roi entende parler d'une difficulté si peu importante.

Au surplus, vous apprendrez, soit par un arrêt que le roi a rendu sur des difficultés plus considérables qui s'étoient élevées entre vous, aussi bien qu'entre les auditeurs et les conseillers, maîtres en la chambre des comptes, soit par les lettres patentes qui ont été expédiées sur cet arrêt, quelles sont les règles que vous devez suivre à l'avenir pour prévenir de pareils incidens. Vous y verrez le jugement que Sa Majesté a porté sur une délibération aussi nulle et aussi irrégulière que celle que vous avez prise le 21 février de cette année, de même que sur les déclarations protestations que vous avez faites, avec les auditeurs le 12 et le 13 du mois d'août dernier, contre l'arrêt que votre compagnie avoit rendu dans l'assemblée de tous les ordres. Renfermez-vous donc dorénavant avec plus de sagesse dans les bornes qui vous sont marquées, et ne troublez plus le bon ordre et la tranquillité de votre compagnie, par un défaut de subordination et par des résolutions contraires aux devoirs de vos charges, abus que le roi ne pourroit s'empêcher de réprimer avec encore plus de sévérité, si vous étiez capables de faire dans la suite de pareilles démarches. J'ai trop bonne opinion de vous, pour croire que vous vouliez vous y exposer, et je compte que vous ferez part de cette lettre à messieurs les auditeurs, avec lesquels elle doit vous être commune.

Du 10 septembre 1734.

Si vous êtes content de votre nouveau premier président, il ne l'est pas moins de vous et de tout le parlement de Bretagne, je suis très-aise de ces heureux commencemens, et j'espère que les suites y répondront de part et d'autre.

Ce n'est pas avec la même satisfaction que j'apprends la disposition où M. . . . . ; votre beau-frère paroît être de se démettre de sa charge en faveur de M. son fils ; je connois le mérite du père par réputation, et la privation d'un si digne magistrat seroit une véritable perte pour votre compagnie ; tâchez donc de l'engager, comme vous me le faites espérer, à conserver sa charge et à en chercher une autre pour M. son fils, qui est formé de trop bonne main, pour ne pas être, dans la suite, un digne sujet ; par ce moyen, le parlement acquérera et ne perdra rien. C'est le seul arrangement propre à concilier toutes les vues que l'on peut avoir en cette occasion ; vous pouvez juger par là des dispositions favorables où je suis pour tout ce qui vous appartient, et vous connoissez d'ailleurs toute l'estime avec laquelle je suis.

P. S. Je différerai d'écrire à M. . . . . jusqu'à ce que j'aie reçu votre réponse sur ce que je viens de vous marquer.

Du 15 avril 1735.

La réputation du sieur de . . . . étant aussi mauvaise que vous me l'écrivez, il semble qu'on auroit dû en être informé dès le temps qu'il s'est présenté pour obtenir des provisions, ou du moins lorsqu'on a ordonné qu'il seroit informé de ses vie et mœurs. Cela auroit donné lieu de faire une information sérieuse sur sa conduite, qui auroit pu porter les juges, ou à refuser de le recevoir, ou à l'obliger à se laver dans les formes des faits dont il étoit accusé ; mais quoiqu'on ait relevé les faits un peu tard, le parlement a toujours très-bien fait d'y donner attention, et l'avis le plus régulier étoit de différer son examen, pour se donner le temps de mieux approfondir sa conduite ; mais puisque l'avis de l'interroger a prévalu, vous jugez bien que je suis fort éloigné

20 *

de ne pas approuver le délai qu'on a résolu d'apporter à la réparation des fautes qu'il peut avoir commises, et si l'on découvroit qu'elles fussent graves,
il seroit toujours temps à M. le Procureur-général de
demander à en faire la preuve, surtout contre un
sujet d'une assez mauvaise race, du côté de la conduite et de la réputation.

Du 10 mai 1735.

J'ai différé de répondre à votre lettre du 26 mars
dernier, parce que j'étois bien aise d'être plus particulièrement informé de plusieurs faits qui regardent
l'affaire sur laquelle vous m'avez écrit, et je suis
obligé de vous dire que tous les éclaircissemens qui
m'ont été donnés sur ce sujet ne vous sont pas aussi
favorables que je l'aurois désiré, par l'ancienne considération que j'ai pour votre siége en général, et personnellement pour une partie des officiers dont il est
composé. Mais, comme il n'est pas encore temps d'entrer dans un plus grand détail à cet égard, je me
contenterai de vous dire que vous me paroissez toujours peu instruit des principes qui ont lieu dans la
matière des oppositions au titre. Vous ne vous trom-
pez pas seulement, quand vous croyez que de simples
créanciers peuvent former ces sortes d'oppositions,
au lieu qu'ils ne peuvent que s'opposer au sceau pour
les deniers, ce qui n'empêche pas qu'on ne scelle les
provisions à la charge des oppositions; mais vous êtes
encore plus dans l'erreur, lorsqu'après ce que je vous
ai écrit sur cette matière, vous persistez à prétendre
que, pour de simples raisons de bienséance qui peuvent détourner le roi d'accorder des provisions à certains sujets, ou pour des causes plus graves qui seroient tirées de la conduite personnelle de ces sujets,
il est permis aux officiers du siége où ils veulent entrer de former contre eux une opposition au titre,
quoiqu'il soit de premier principe que de pareilles

oppositions n'ont pour objet que la propriété de la charge, et non pas la capacité ou des qualités personnelles de ceux qui en demandent les provisions ; mais, pour vous instruire des règles sur ce sujet, il est bon de vous faire remarquer que ces qualités personnelles s'examinent en deux temps différens, c'est-à-dire, ou avant le sceau des provisions, ou après leur expédition.

Dans le premier temps, c'est le roi seul qui en est le juge, et il n'est permis à personne de s'opposer en forme à des provisions que Sa Majesté peut accorder ou refuser, selon qu'elle le juge à propos. Tout ce que l'on peut faire en ce cas, soit par zèle pour le bien public, soit par des raisons de convenance, qui peuvent intéresser la dignité des corps où celui qui demande des provisions veut être reçu, c'est d'adresser des mémoires à ceux que le roi honore de sa confiance dans cette matière, afin qu'ils puissent rendre compte à Sa Majesté des raisons ou des motifs d'exclusion qui peuvent la porter à refuser la grâce qu'on lui demande ; c'est la seule voie que des sujets instruits des règles puissent prendre en pareil cas ; et, non-seulement cette voie est plus régulière, mais elle peut être plus utile qu'une vaine opposition au titre, que sa forme seule doit faire rejeter.

Dans le second temps, c'est-à-dire, après le sceau des provisions, il est sans doute permis aux officiers du tribunal auquel elles sont adressées, d'informer des vie et mœurs de celui qui a été pourvu par le roi, et cela leur est même ordonné ; mais c'est ce qu'ils ne peuvent faire que parce que Sa Majesté leur en donne le pouvoir par les provisions mêmes qu'il accorde, ou par la disposition des ordonnances ; sans quoi ils seroient obligés de déférer absolument au choix et à la volonté du roi ; mais, comme je viens de le dire, il ne leur est pas permis de prévenir ce choix par des oppositions contraires au respect qui est dû au souverain, et ils doivent attendre, pour procéder en forme sur ce qui regarde la conduite du pourvu, que le roi les y ait autorisés, comme il le fait par les provisions qui sont données aux officiers de justice.

De tous ces principes certains, et dont je ne saurois croire qu'aucun chancelier de France se soit jamais écarté avec connoissance de cause, vous devez conclure que la délibération qui a été prise dans votre siége pour s'opposer au titre dont vous avez cru que le sieur.......... alloit demander l'expédition, et l'opposition qui a été formée en conséquence, sont aussi nulles qu'irrégulières ; que, par conséquent, vous devez ou supprimer cette délibération, ou en prendre une contraire, et vous désister de votre opposition au titre. C'est pour la dernière fois que je vous en avertis ; et si vous ne m'assurez pas promptement que vous vous conformerez à ce que je vous écris, le roi sera obligé d'y pourvoir par son autorité d'une manière qui ne sera pas honorable pour votre siége, et que, pour cette raison, je vous conseille de prévenir, parce qu'il faut que, d'une manière ou d'une autre, l'exemple d'une démarche si contraire aux véritables règles et au respect qui est dû au roi, soit entièrement effacé.

Au surplus, il ne s'en suivra pas de là que les provisions de la charge de lieutenant-particulier soient expédiées en faveur du sieur........ Vous pouvez m'expliquer toutes les raisons que vous avez de désirer qu'il ne les obtienne pas, j'en ferai part au sieur............, qui est ici, afin qu'il puisse se défendre ou se justifier, si vous avez quelque reproche à lui faire sur sa conduite ; c'est une règle du droit naturel, de ne condamner personne sans l'entendre, et vous pouvez être assuré que ce ne sera qu'avec une entière connoissance de cause que le roi se portera à lui accorder ou à lui refuser des provisions.

Du 20 mai 1735.

JE n'entends point ce que vous voulez dire, quand vous me marquez, par votre lettre du 10 de ce mois, que vous avez pris la résolution de former votre opposition en règle à l'expédition des provisions du sieur......... Il ne peut y avoir d'opposition en règle dans cette matière que de la part de ceux qui prétendent avoir droit à la propriété et au titre d'une charge, et tout ce qui peut concerner les qualités personnelles d'un sujet qui se présente pour être pourvu d'un office, n'est point une matière d'opposition. Le roi est le maître du choix de ceux qu'il appelle à la magistrature, et personne n'est en droit de former une opposition véritable à sa volonté. Vous pouvez, à la vérité, m'expliquer les raisons qui vous portent à désirer qu'un officier n'entre pas dans votre compagnie, et Sa Majesté peut avoir égard à vos représentations, quand j'ai l'honneur de lui en rendre compte; mais toute autre voie vous est interdite dans les choses qui ne dépendent que de la volonté et du choix du roi. Si vous avez donc pris une délibération pour faire, en cette occasion, une opposition en forme à l'expédition des provisions que vous craignez que le sieur.......... n'obtienne, vous ne sauriez vous départir trop promptement d'une pareille délibération, que le roi seroit obligé de réprimer par son autorité, si vous ne vous réformiez pas au plus tôt vous-même sur ce sujet.

Au surplus, je m'informerai avec soin du caractère, de la conduite et de la réputation du sieur........., pour pouvoir mieux juger de ce qu'il conviendra de faire à son égard. Mais vous avez d'autant plus de tort de m'avoir écrit comme vous l'avez fait, sur ce qui le regarde, qu'il vous avoit fait dire, comme vous me l'apprenez vous-même, que, puisqu'il n'étoit pas agréable à votre compagnie, la veuve étoit en état de vendre la charge à un autre. Cette démarche devoit vous engager au moins à m'écrire plus modérément que vous n'avez fait sur son sujet.

Du 9 décembre 1735.

JE vous prie de me faire savoir ce que vous pensez du sieur.........., qui demande au roi l'agrément et les dispenses dont il a besoin pour se faire pourvoir d'un office de président aux requêtes du palais du parlement de Dijon. On prétend que le père de ce jeune homme n'est pas estimé du plus grand nombre des officiers de votre compagnie, et que le fils pourroit bien être exposé à des désagrémens par rapport au père; j'attendrai, sur cela, les éclaircissemens que vous me donnerez.

Du 3 février 1736.

J'AI reçu dans son temps la lettre que vous m'écrivîtes à la fin du mois d'août dernier, et si je ne fis pas réponse sur-le-champ, ce fut en partie parce que le parlement de Rennes étoit alors séparé, et peut-être encore plus par la surprise où je fus de la délibération jointe à votre lettre, et où je vis avec déplaisir que c'étoit vous qui en aviez fait la première promotion. J'ai tant d'estime et de considération pour votre personne, qu'il m'en coûte quand il s'agit de vous répondre d'une manière qui ne vous soit pas agréable; et l'on diffère volontiers de faire ce qui est pénible.

Mais comme le parlement de Rennes est à présent entièrement rassemblé, et que l'on pourroit vous charger de m'écrire de nouveau pour me demander une réponse, je suis forcé de m'expliquer, à la fin, sur la démarche que vous avez inspirée l'année dernière à votre parlement.

C'est au roi seul qu'il appartient de mesurer les expressions qu'il trouve bon qu'on emploie dans les provisions qu'il accorde à ses officiers, pour y rappeler, ou les avantages de leur naissance, ou le mérite de leurs services et de ceux de leurs pères. Il n'y a aucune compagnie dans le royaume qui soit en droit d'entrer dans la discussion de ce qui convient ou de ce qui ne convient pas en cette matière, ni de vouloir mettre, en quelque manière, des bornes à la bonté du roi, et aux témoignages d'honneur qu'il veut bien rendre à ceux de ses sujets qu'il en juge dignes.

A la vérité, il peut arriver que l'affection ou la complaisance de ceux qui ont soin de dresser des provisions, aille un peu trop loin dans de certaines occasions, mais c'est ce qui peut tout au plus faire la matière d'un avis secret et donné avec prudence au chef de la justice. Si vous aviez donc connoissance de quelque fait particulier sur ce sujet, vous deviez m'en informer par une lettre particulière, afin que je fusse en état d'y apporter l'ordre convenable ; mais ce ne pouvoit jamais être la matière, ni d'une proposition faite de votre part aux chambres assemblées, ni d'une délibération publique du parlement.

Je ne comprends point qu'avec un aussi bon esprit que celui dont Dieu vous a fait présent, vous n'ayez pas fait de vous-même toutes ces réflexions, avant que d'engager le parlement dans une délibération que vous ne pouviez espérer de voir jamais approuvée par le roi.

Mais, après tout, comme, par ménagement pour vous je n'ai pas cru jusqu'à présent devoir en rendre compte à Sa Majesté, il n'y a rien dans ce que vous avez fait, que vous ne soyez encore en état de réparer par une seconde délibération dans laquelle il sera dit que le parlement s'étant fait représenter la première, et y ayant trouvé quelques expressions à changer, il déclare qu'il ne peut que se rapporter entièrement à la bonté et à la sagesse du roi, sur les conséquences que la liberté que les personnes qui y sont intéressées se donnent quelquefois de faire insérer dans leurs provisions des faits généalogiques qui peuvent exciter ou des jalousies, ou des contradictions parmi les nobles de la province, et y donner lieu d'agiter des questions capables de troubler la tranquillité des familles.

C'est tout ce qu'il peut être permis de faire sur ce sujet; vous prendrez, s'il vous plaît, la peine de le concerter avec M. le premier président, à qui j'écris dans le même esprit; et, avant que d'aller plus loin, vous m'enverrez le projet dont vous serez convenu avec lui.

Du 3 *février* 1736.

JE vous envoie, Monsieur, la copie d'une lettre que j'écris à M.........., comme promoteur d'une délibération que je vous ai montrée pendant que vous étiez en ce pays-ci, et qui n'a pas été plus approuvée par d'autres que par moi. Elle est, en effet, très-extraordinaire, et je ne vois pas de moyen plus doux, pour la réformer, que celui que j'indique à M.......... par ma lettre. Comme je le charge de concerter avec vous l'exécution de ce moyen, j'ai voulu vous y préparer d'avance par la connaissance que vous aurez de ce que je lui écris sur ce sujet.

Du 24 *avril* 1736.

JE compte que les provisions du successeur de M.......... seront expédiées incessamment, et il est bien juste d'avancer, autant qu'il se peut, le soulagement que vous recevrez dans votre travail par le moyen d'un collègue, qui le partagera avec vous.

A l'égard de la question dont vous devez faire le rapport à MM. du parlement, je recevrai très-volontiers les mémoires que vous jugerez à propos de m'envoyer sur ce sujet.

Du 9 septembre 1736.

M......... ne m'a point encore écrit, pour demander d'être pourvu de la charge de président aux enquêtes, qui vaque par la mort de M........... Je vous avoue que la crainte de trouver en lui un caractère semblable à celui de son père, me fait toujours beaucoup d'impression ; ainsi je vous prie de vous en bien assurer encore ; d'ailleurs, après une conduite aussi indécente que celle du père dans le procès de madame........., il est bon encore de lui faire sentir, dans le retardement de la grâce du roi pour son fils, combien Sa Majesté est mécontente d'un procédé si peu convenable à un magistrat.

Pour ce qui regarde M. votre fils, on ne peut être plus édifié que je le suis de la retenue et de la modération avec laquelle vous vous expliquez sur son sujet ; mais elles ne peuvent servir qu'à m'affermir dans les dispositions que je vous ai marquées par ma lettre du 18 avril dernier ; et je compte toujours qu'au mois de janvier prochain le roi voudra bien lui accorder la faculté de présider. Ainsi il en sera vraisemblablement en possession avant que le successeur de M. de.......... puisse être reçu. Il n'est pas possible que le fils d'un si digne premier président, qui aura toujours vos exemples devant les yeux, et qui sera conduit par vos conseils, ne soit pas capable de remplir, long-temps avant les autres, la place de président d'une chambre particulière.

Du 23 décembre 1736.

Le roi accordera volontiers au sieur de........,
avocat, les provisions qu'il demande pour remplir
la charge de conseiller, qui a vaqué par la mort de
M. de..........; son âge ne peut faire de la
peine qu'à lui seul, et il pourra être utile aux autres
magistrats avec lesquels il rendra la justice aux sujets
du roi.

Le sieur........., doyen d'Astier, peut aussi
conclure son traité pour l'acquisition de l'office de
conseiller-clerc, qui a vaqué, il y a quatre ans, par
la mort de M. de.........; mais avant que d'en
avoir des provisions, il faudra qu'il achève d'obtenir
les degrés dont il a besoin pour être reçu avocat.
Je vois avec plaisir, qu'une des charges de conseiller-
clerc au parlement de Bordeaux tombera par là entre
les mains d'un ecclésiastique capable de la remplir.

Du 28 décembre 1736.

Je serois aussi fâché que vous de la résolution
que M......... paroît avoir prise de vendre sa
charge de Conseiller au parlement de Bordeaux, si
je ne croyois pouvoir en empêcher l'effet, en lui
refusant de lui procurer des lettres de conseiller
honoraire, sur lesquelles votre lettre me fait voir
qu'il paroît compter. Ce n'est pas certainement par
mauvaise volonté que je serois si difficile à son égard,
c'est, au contraire, par un effet de la grande estime
que j'ai pour lui, et afin de conserver plus long-
temps, à la justice, un sujet si capable de la bien
servir.

J'avoue d'ailleurs, que je ne laisse pas d'être étonné
du successeur que M......... veut se donner;

je ne sais où il a été chercher un homme aussi obscur
et aussi inconnu que le sieur.......... le paroît
être ; s'il avoit au moins des talens et une capacité
qui puissent lui tenir lieu de ce qui lui manque ;
mais un homme qui, à l'âge de quarante-cinq ans,
n'a point d'autre qualité que celle de bourgeois de
Bordeaux, et qui ne sait peut-être pas même les
premiers principes du droit, me paroît un sujet
si peu propre à remplacer M..........., que le
meilleur conseil qu'on puisse lui donner est de renoncer à la pensée de traiter avec un tel sujet ; à quelque
relâchement que la vénalité des charges et la multiplication qui en a été faite, nous ait portés, il ne
faut pas croire néanmoins que, pour obtenir des
provisions du roi, il suffise d'avoir assez d'argent
pour acquérir un office de conseiller au parlement,
sans qu'il soit question ni de capacité, ni de préparation pour la remplir dignement.

M.......... essuieroit donc ici deux refus différens, s'il persistoit dans sa résolution : l'un qui le
regarderoit personnellement, par rapport aux lettres de conseiller honoraire ; l'autre qui regarderoit
celui qu'il voudroit mettre en sa place, et qui ne
paroît avoir aucune des qualités personnelles qui lui
seroient nécessaires pour être pourvu d'une charge
de conseiller au parlement, et surtout pour succéder à un magistrat du mérite de M........; c'est
ce que je vous prie de lui faire savoir, et je crois
lui rendre plus de service par mes refus, que je ne
le ferois par ma complaisance.

Du 8 juin 1738.

DÈS le moment qu'il n'y a rien de répréhensible
dans la personne et dans la conduite du sieur......,
qui rapporte même des certificats avantageux en sa
faveur, je vous prie de faire savoir au sieur........

que les raisons qu'il allègue pour empêcher la réception de cet officier sont si foibles, et qu'il entend
si mal la déclaration dont il veut se servir contre
lui, que rien ne doit l'empêcher de consentir incessamment à cette réception, sinon je serai obligé de le
rendre responsable d'un retardement qui ne pourroit
être attribué qu'à une inimitié personnelle, ou quelqu'autre motif secret qui ne lui feroit pas plus
d'honneur.

Du 8 novembre 1738.

Je me suis fait rendre compte des difficultés qui
ont arrêté jusqu'à présent la réception du sieur......,
à qui le roi a accordé, il y a plus d'un an, une
commission pour exercer l'office de receveur des consignations et de commissaire aux saisies-réelles en
la sénéchaussée de Beaufort; et, après avoir examiné
les pièces qui ont été attachées sous le contre-scel
de cette commission, je ne vois rien qui ait dû vous
empêcher de le recevoir. La dame......... est
constamment propriétaire de ces offices; et, dès l'année 1729, elle avoit consenti que le sieur.........
s'en fît pourvoir, ou tel autre que bon lui semble-
roit: ainsi le sieur......... étoit suffisamment autorisé par le consentement de sa femme, à nommer
un sujet pour exercer par commission cet office,
dont il ne jugeoit pas à propos de se faire pourvoir
lui - même ; mais pour lever toute difficulté , le
sieur......... m'a représenté la ratification que
la dame......... a faite de la nomination qui sert
de titre au sieur......... Elle se soumet aussi
par le même acte à demeurer caution, conjointement
avec son mari, de la gestion qui sera faite en conséquence de la commission accordée au sieur......,
qui joindra cet acte aux pièces que vous avez entre
les mains; et, comme on ne peut plus douter après
cela, que ce particulier n'ait été nommé par ceux

qui ont droit à la propriété de la charge de receveur des consignations, je compte que vous ne différerez pas davantage de procéder à la réception du sieur........, et que je n'entendrai plus parler de cette affaire.

Du 4 septembre 1739.

J'APPRENDS par votre lettre du 29 du mois dernier la perte inopinée que M......... a faite de monsieur son fils. Quelque disposé que je sois à le consoler dans un si grand malheur, il me paroîtroit cependant bien difficile de faire passer son second fils, sans milieu, d'une place de capitaine de cavalerie dans une charge de président à mortier, et il est fâcheux de s'accoutumer à regarder les charges les plus importantes de la magistrature, comme des biens patrimoniaux qui suivent l'ordre des successions. J'y ferai cependant encore de plus grandes réflexions; pour ce qui est de monsieur votre fils, on ne peut être plus prévenu que je le suis en sa faveur. Le seul obstacle qu'il puisse craindre, si vous demandiez l'agrément pour lui, est la difficulté de mettre le père et le fils sur le grand banc, et surtout quand le père est à la tête du parlement. Il y en a cependant quelque exemple, et si vous vous trouvez dans une situation où vous puissiez suivre la pensée que vous avez sur ce sujet, je ne manquerai pas de vous rendre tous les témoignages que vous méritez, par la manière dont vous servez le roi et le public.

Du 26 juin 1740.

IL y a long-temps que M. de............ vous a fait savoir, par mon ordre, aussi bien qu'à la famille du feu sieur............, lieutenant-général en la sénéchaussée de Gueret, que le roi avoit accordé l'agrément de cette charge au sieur............,à condition d'en payer le prix aux deux filles mineures que le sieur.......... a laissées, dont vous êtes tuteur, sur le pied qui seroit réglé par M. de........ de la manière qui conviendroit le mieux aux intérêts justes et légitimes de ces deux filles, à qui l'intention de Sa Majesté étoit qu'il ne fût fait aucun préjudice, sous prétexte de l'agrément donné au sieur........; j'apprends cependant que le sieur.........., président de l'élection à Gueret, vous ayant prié, suivant l'ordre qu'il en avoit de M. l'intendant, de vous rendre dans cette ville pour traiter avec vous de ce qui regardoit le prix de la charge dont il s'agit, vous en avez usé assez malhonnêtement à son égard, n'ayant pas même fait de réponse à la seconde lettre qu'il vous a écrite.

Je sais que vous avez cherché à réparer cette faute, en écrivant à M.......... de vous prescrire ce que vous aviez à faire, et en l'assurant que vous vous y conformeriez avec beaucoup d'exactitude; vous lui avez même écrit une autre lettre, par laquelle vous lui marquiez que celui qui se présentoit pour épouser la fille aînée du sieur............, et prendre en même temps la charge de lieutenant-général, se rendroit incessamment à Moulins, où, suivant une autre lettre de la fille aînée du sieur............, vous deviez aussi vous trouver pour lui parler de cette affaire; mais j'apprends que rien de tout cela n'a été fait, et que la famille du sieur.......... est assez mal conseillée, pour se laisser conduire par les avis d'un homme aussi décrié que le sieur de.........., qui espère toujours parvenir à la charge de lieutenant-général à Gueret, quoiqu'il ne puisse ignorer que j'ai écrit plusieurs fois que le roi ne lui en donneroit pas l'agrément; en sorte que, par ses artifices, il a fait perdre réellement aux mineurs le bénéfice qu'elles trouveroient dans la vente d'une charge, dont la propriété ne peut que leur être onéreuse, par le peu de profit qu'elles en retirent. Et, comme il n'est pas possible d'en user aussi mal que vous l'avez fait avec un intendant chargé de l'exécution des ordres du roi dans votre province, et de chercher à l'amuser par des lettres qui n'ont été suivies d'aucun effet, je ne saurois différer plus long-temps de vous faire savoir que vous ayez à vous rendre à Moulins incessamment, et dans huit jours au plus tard, après que vous aurez reçu cette lettre, afin que M............ puisse vous expliquer lui-même les intentions du roi, dont il n'a été que le canal en cette occasion, et que vous lui remettiez tous les mémoires dont il pourra avoir besoin, pour régler raisonnablement et équitablement le prix de la charge de lieutenant-général à Gueret, dont Sa Majesté a donné l'agrément au sieur.........

Ne manquez pas de m'accuser la réception de cette lettre, aussitôt qu'elle vous aura été rendue, et ne vous laissez pas assez aveugler par les mauvais conseils du sieur de.........., pour continuer d'agir contre le véritable intérêt de vos mineures, en vous exposant vous-même à recevoir des ordres plus rigoureux, et que ce particulier doit craindre encore plus pour lui, s'il continuoit à obséder, comme il fait, la famille du sieur..........

Du 29 juillet 1740.

Vous savez ce qui s'est passé en dernier lieu, par la réunion de la charge de lieutenant particulier aux offices de conseiller à la sénéchaussée d'Aix, et je vous envoie tout ce que j'ai reçu depuis peu des officiers de ce siége, au sujet de cette réunion; ils auroient dû y joindre un projet de déclaration ou des lettres patentes qui seront expédiées, si le roi le juge à propos, pour y parvenir. Vous prendrez donc, s'il vous plaît, la peine, premièrement d'examiner si la réunion proposée, et qui paroît favorable en elle-même, n'est sujette à aucun inconvénient; supposé que vous le jugiez ainsi, vous ferez savoir, s'il vous plaît, aux officiers de la sénéchaussée d'Aix, qu'ils dressent un projet des lettres patentes qui ordonneront cette réunion, et qu'ils vous le remettent entre les mains, afin que vous puissiez m'envoyer votre avis en même temps, et sur le fond de la proposition, et sur la manière de l'exécuter.

Du 27 octobre 1740.

L'ÉDIT de suppression de la charge de lieutenant particulier en la sénéchaussée d'Aix, et de réunion à ce siége a été expédié conformément au projet que vous m'aviez envoyé, à quelques changemens près, qui ne tombent que sur le style. Il n'y en a qu'un seul qui aille plus loin, c'est le retranchement du franc-salé, qui avait été attribué à l'office supprimé, et dont, par votre projet, on vouloit faire passer le bénéfice au lieutenant général de la sénéchaussée d'Aix ; mais M. le controleur général s'est fort opposé à une grâce qu'il a trouvée contraire aux règles de la finance, qui ne permettent pas que deux droits de franc-salé concourent dans la personne du même officier : ainsi cette disposition de votre projet a été retranchée, et j'ai cru devoir vous en avertir, afin que si le lieutenant général était surpris de ce changement, auquel il est seul intéressé, vous lui en expliquiez la raison.

Du   octobre 1740.

COMME les lettres patentes qui sont demandées par les officiers de la sénéchaussée d'Aix, pour réunir à leur siége l'office de lieutenant particulier, assesseur criminel et premier conseiller au civil, dont le titre sera supprimé, peuvent en partie concerner la finance, avant que de terminer cette affaire, j'ai été bien aise de savoir les dispositions de M. le contrôleur général : il m'a paru qu'il se prêteroit volontiers à l'arrangement qui est proposé pour éteindre, sans retour les contestations auxquelles cet office a donné lieu depuis sa création; mais comme le roi perdra par cette réunion, le prêt et la paulette que l'officier pourvu de cet office seroit obligé de payer et le droit de huitième denier et de marc d'or, en cas de mutation, M. le contrôleur général pense qu'il n'est pas juste de charger Sa Majesté du francsalé, et de l'attribuer au lieutenant général d'Aix, qui en jouit déjà par sa charge, et qui ne doit pas l'avoir double. Ainsi, supposé que les officiers de la sénéchaussée d'Aix veulent renoncer au francsalé qui avait été attribué à l'office dont ils demandent la réunion à leurs corps, il sera aisé de terminer cette affaire aussitôt que j'aurai reçu votre réponse.

Du 21 août 1741.

Vous avez été apparemment informé que pendant que le fils de M. . . . . , avocat général au parlement de Flandre, étoit en concurrence avec le fils de M. . . . . , conseiller au même parlement, pour la place de substitut de M. le procureur général, on proposa, pour les concilier, de faire donner au fils de M. . . . . la place d'échevin, qui étoit occupée par le fils de M. . . . . , moyennant quoi celui-ci auroit la place de substitut. M. . . . . étoit entré dans cet arrangement, et il avoit pris les mesures nécessaires pour faire assurer la place d'échevin au fils de M. . . . . ; mais comme on n'en avoit point parlé au magistrat avant que d'engager la négociation, il refuse d'accepter l'offre qu'on lui faisoit, et insiste à demander la préférence pour la place de substitut; mais comme la chose a changé de face depuis ce temps-là, parce que j'ai cru devoir donner cette préférence au fils de M. . . . . ,

21 *

M. . . . . revient à présent à demander la place
d'échevin pour son fils : il me paroît juste de lui accorder cette espèce de consolation ; je lui ai même
promis d'y contribuer, et j'espère que cela ne sera
pas bien difficile, puisqu'il ne s'agit que de remettre
les choses dans le même état où M. . . . . les
avoit mises ; je vous prie donc d'employer vos offices
en suivant l'esprit et les traces de M. . . . . ,
pour faire en sorte que la place d'échevin, dont le
fils de M. . . . . est sur le point de sortir, soit
donnée au fils de M. . . . . , et je ne doute pas
que vous ne réussissiez aisément à engager ceux qui
avoient donné leur consentement à M. . . . . à
la renouveler à présent.

Du 2 avril 1744.

Le sieur. . . . . , avocat du roi au bailliage
de Saint-Quentin, depuis vingt-cinq ans, s'est enfin
déterminé à obtenir des provisions de l'office de procureur du roi dans le même bailliage, que j'avois
pensé qu'on pouvoit réunir à l'office d'avocat du roi,
dont il est déjà pourvu ; mais il m'a fait demander que
ses provisions fussent adressées au bailliage de Saint-
Quentin, ou au présidial de Laon, afin d'éviter le
voyage de Paris, pour venir se faire recevoir au parlement ; si vous pensez qu'en faveur des longs services
de cet officier, qui a déjà été reçu au parlement en
qualité d'avocat du roi, on puisse s'écarter de la règle
commune, en cette matière, je déférerai volontiers à
votre avis.

Du 8 juillet 1745.

LE sieur.......... a obtenu de M. le duc......
une nomination pour l'office de prévôt royal de
Beaujeu, sur laquelle il a fait expédier des provisions
de ce même office ; mais les officiers du bailliage de
Beaujolois à Ville-Franche, ont prétendu que cet
office étoit purement seigneurial, et que la pleine
provision en appartient à M. le duc......... .
Le conseil de ce prince convient que c'est par erreur
que l'office a été qualifié royal, et qu'on a expédié
une nomination au lieu de donner des provisions.
Comme on m'a demandé un arrêt du conseil pour
réformer cette erreur prétendue, j'ai cru devoir
prendre des éclaircissemens qui ne m'ont pas paru
suffisans pour décider si l'office dont il s'agit est royal
ou seigneurial, parce que, d'un côté, je vois que la
que la transaction passée entre François II et M. le
duc.............., n'a été enregistrée que sous des
modifications qu'on n'a pu encore me rapporter, et
que, d'un autre côté, je ne vois point d'arrêt d'enregistrement des lettres-patentes du mois de mai 1584 ;
c'est ce qui me fait prendre le parti de vous envoyer
toutes les pièces qui m'ont été remises, et dont votre
ministère vous rend, en quelque manière, le contra-
dicteur, afin qu'après avoir examiné les modifications
qu'il vous sera aisé de voir, et après avoir vérifié s'il
y a eu enregistrement des lettres du mois de mai
1584, ou pur et simple, ou avec des réserves et des
modifications, vous preniez la peine de me faire savoir votre avis sur la prétention du conseil de M. le
duc...........

Du 2 décembre 1746.

Les charges de commissaires de police, à Pontoise,
étant vacantes aux parties casuelles, le lieutenant de
police n'a pas le droit d'y commettre, et les fonctions
n'en peuvent être exercées qu'en vertu d'une commission du grand sceau, dont les frais ne monteront
qu'à 10 livres pour chaque commission; mais il ne
seroit pas convenable d'accorder de pareilles commissions à des huissiers. Si le lieutenant de police
peut trouver d'autres sujets convenables pour les remplir, il n'aura qu'à vous les indiquer, et, sur votre
avis, je leur ferai expédier des commissions.

Du 18 février 1747.

Vous n'ignorez pas sans doute la difficulté qui s'est
formée entre M. le président des......... et madame du........., au sujet de la charge d'avocat
général en votre compagnie; et d'ailleurs les différentes
lettres que je vous envoie, vous mettront pleinement
au fait de l'état actuel où est cette affaire. Il est vrai
que j'avois fait espérer, il y a déjà du temps, à M. le
président des........., que le roi se porteroit volontiers à accorder au fils de ce président, l'agrément
nécessaire pour remplir la charge dont il s'agissoit;
mais d'un autre côté, madame.... ..... a prétendu
que sur le refus qu'elle fit de se contenter de la somme
de 29,000 livres que M......... lui offroit, il lui
dit qu'elle étoit la maîtresse de traiter de la charge
d'avocat général avec qui elle voudroit, et qu'elle avoit
usé de la liberté en profitant des offres plus avantageuses qu'on lui faisoit pour le sieur......... Non-
seulement M. le président......... ne convient
point de la réponse que madame......... lui fait

faire, mais il en appelle à la bonne foi et à la conscience de cette dame, à laquelle il offre d'ailleurs le même prix dont elle est convenue avec la famille du sieur.......... C'est donc là le point qu'il s'agit principalement d'éclaircir, et c'est ce qu'il ne vous sera pas difficile de faire par la conversation que vous aurez avec M. le président.......... et avec madame...........

Il y a un autre article qui est plus important pour le public. Vous verrez que de part et d'autre, on vante également les bonnes qualités et les heureuses dispositions des deux sujets qui sont concurrens en cette occasion. Personne n'est plus capable que vous de faire la comparaison de leur âge, de leurs talens, de leur progrès dans l'étude des lois, et de me marquer celui qui vous paroît mériter la préférence. Il faudroit cependant qu'il y eût une supériorité de génie et de mérite qui fût bien marquée en faveur du sieur........., s'il est vrai que M. le président..... n'ait point dit à madame.......... qu'elle étoit la maîtresse de vendre sa charge à qui il lui plairoit, si elle en trouvoit plus de 29,000 liv., parce qu'il n'en donneroit jamais un plus grand prix.

<hr />

Du 20 mars 1747.

Vous étiez sans doute fort digne par votre naissance, par votre amour pour la justice et par votre zèle pour le service du roi, d'être mis à la tête du parlement de Provence, si Sa Majesté avoit jugé à propos de séparer les places de premier président et d'intendant; mais, quoiqu'il pût y avoir des raisons, suivant votre lettre, pour faire cette séparation, Sa Majesté a trouvé que les considérations contraires étoient d'un plus grand poids, et que l'expérience du passé devoit la déterminer, après trois exemples consécutifs, à réunir, dans la même personne, des fonctions qui se portent un secours mutuel pour le bien de la

justice et pour le service du roi. Ainsi M. de......
ayant déjà la qualité d'intendant, et toute votre compagnie ayant désiré, comme le reste de la province,
de le voir à la tête du parlement, Sa Majesté s'est
déterminée en sa faveur vendredi dernier. Vous connoissez parfaitement et le caractère, et le mérite de
ce magistrat; je suis persuadé qu'il cherchera toujours
les occasions de vous donner des marques de toute
la considération qui vous est due; et je ne doute pas
que, de votre côté, vous ne concourriez toujours très-
volontiers avec lui, à tout ce qui pourra regarder l'administration de la justice, le bien et l'honneur du
parlement, comme il convient à un magistrat de
votre nom et de votre sagesse de le faire.

Au surplus, quoique le droit de présider au parlement et à la grand'chambre me paroisse devoir vous
appartenir, jusqu'à ce que M. de........ soit reçu
dans la place de premier président, ou dans le cas de
son absence, je ne crois pas néanmoins devoir rien
écrire sur ce sujet, sans lui en avoir fait part auparavant, puisque cela vous a paru faire quelque difficulté
lorsqu'à la dernière ouverture du parlement, vous
avez opté en même temps entre le service de la grand'-
fchambre et celui de la tournelle. M. de.........
pourra peut-être même trouver des expédiens pour
aire cesser cette difficulté par la voie de conciliation,
et je lui en écrirai incessamment.

***

Du 20 mars 1747.

L'HEURE de la poste ne me laissa pas le temps de
vous informer, par le dernier courrier, du choix que
le roi venoit de faire, en mettant à la tête de votre
compagnie le fils du digne chef qu'elle a eu le malheur de perdre; vous aviez prévu ce choix par vos
vœux, et rien ne pouvoit être plus honorable à
M. de........, que les témoignages que le parlement entier m'a rendus en sa faveur; je ne doute

pas qu'il ne réponde pleinement à votre attente dans
la place importante à laquelle le roi vient de l'élever.
Son zèle et son affection pour les intérêts et pour la
dignité de votre compagnie, seront en lui des qualités
héréditaires, et je les seconderai toujours avec plaisir
dans les occasions qui se présenteront de vous donner
des marques de toute la considération avec laquelle
je suis.

Du 7 juin 1747.

On m'a donné avis que le sieur.......... qui
sollicite des provisions de lieutenant-général au bailliage de Melun, n'étoit guère en état d'en remplir les
fonctions, par son peu de capacité. On dit qu'il sort
des mousquetaires, et qu'il a été prendre des degrés
à Orléans, où vous savez qu'on les obtient facilement. Il sait qu'avant d'être reçu dans la charge qu'il
a acquise, il sera examiné dans une chambre des enquêtes; mais vous savez aussi ce que c'est que ces
examens; et il seroit beaucoup plus sûr que vous vous
fissiez informer du défaut de toute connoissance qu'on
lui reproche, avant qu'il obtînt des provisions, et il
ne vous sera pas difficile de connoître jusqu'où va son
incapacité, en le faisant passer par quelque examen
plus sérieux que celui qu'on fait subir ordinairement
aux récipiendaires, et qui fait toujours plus d'honneur
à leur mémoire qu'à leur application à s'instruire véritablement. Je différerai jusque-là à faire expédier
les provisions du sieur......, qui n'a d'ailleurs rien
de recommandable du côté de la naissance, s'il est
vrai, comme on m'en assure, qu'il est fils d'un fermier de la Brie.

§. II. — *Dispenses de grades, d'âge et de parenté; incompatibilité.*

Du 18 août 1728.

Le roi ayant bien voulu accorder en même temps à MM.......... et.........., l'agrément et les dispenses dont ils avoient besoin, pour être chacun pourvu d'une charge de président des enquêtes, j'ai trouvé la grâce si grande à l'égard de M. de...... qui n'est pas encore majeur, que je ne lui ai fait remettre sa dispense qu'à condition qu'il ne solliciteroit sa réception qu'après que M. de......... et M. de......... auroient été reçus. Il s'est soumis de bonne grâce à cette condition, et j'ai trop bonne opinion de lui, pour ne pas croire qu'il est toujours dans la résolution de l'exécuter; cependant, comme je vois que ceux qui sont en concurrence avec lui, paroissent avoir quelque inquiétude sur ce sujet, c'est pour leur mettre l'esprit en repos, et sans avoir aucune défiance à l'égard de M. de...... que je vous écris, pour vous faire part de la condition sous laquelle j'ai consenti que ses provisions lui fussent délivrées, afin que cette condition soit pleinement exécutée.

Je profite de cette occasion pour vous prier de dire à votre compagnie que l'intention du roi n'est pas que ceux qui aspirent aux charges de président des enquêtes, ou autres charges qui demandent un agrément spécial du roi, commencent par traiter de ces charges avant que d'avoir obtenu cet agrément, qui doit précéder leur traité et non pas le suivre, afin que le roi soit entièrement le maître d'admettre ou d'exclure celui qui se présentera; je sais bien que Sa Majesté l'est toujours; mais comme il est plus dur de refuser à un sujet qui a déjà traité de la charge, et que cette raison porte quelquefois à avoir plus de facilité qu'on en auroit dans d'autres circonstances, il est du bon ordre que les choses soient entières lorsqu'on s'adresse au roi, et que ceux qui, dans la suite, pourront penser à de pareilles places, sachent, par avance, que les traités qu'ils avoient faits sans l'agrément du roi, leur nuiront bien loin de leur servir, lorsqu'ils demanderont cet agrément.

Du 18 mars 1730.

J'AI pris beaucoup de part à la grande perte que vous avez faite d'un père respectable, par la longueur de ses services et par sa grande probité; je vous souhaite l'un, mais je n'ai pas besoin de vous désirer l'autre, parce que c'est un avantage que vous avez déjà par vous-même, indépendamment des exemples domestiques; je ne saurais donc douter que vous ne remplissiez dignement les fonctions de la charge dont vous commencez l'exercice, et vous devez aussi être assuré du plaisir que j'aurai de trouver des occasions de vous témoigner que je suis véritablement.

Du 23 mars 1730.

La difficulté que l'on vous forme ne paroît pas mal fondée; la dispense de grades que vous avez obtenue ne vous rend pas gradué, elle montre, au contraire, que vous ne l'êtes pas. Le titre de conseiller honoraire, tant pour le civil que pour le criminel, peut bien vous autoriser à donner votre suffrage dans les affaires de l'un ou de l'autre genre, qui se jugent à la charge de l'appel; mais lorsqu'il s'agit de décider de ce qui se juge en dernier ressort, ou de régler ce qui doit être jugé de cette manière, la qualité de gradué est également requise par les ordonnances et par les arrêts. On ne dispense point de cette règle, et je ne vois rien, en effet, dans les lettres que vous avez obtenues qui y déroge suffisamment; quand même il il y auroit quelque doute sur ce sujet, vous devez prendre, par provision, le parti le plus sûr, qui est de vous abstenir d'assister aux jugemens de compétence.

Du 3 juillet 1732.

Je vous envoie un placet que le sieur.......... m'a fait présenter, par lequel il demande des dispenses de grades, pour se faire pourvoir de l'office de juge Châtelain au lieu de Saunière. Je vous prie de vous informer, s'il ne se trouveroit point dans ce lieu, ou aux environs, quelque gradué qui voulût penser à faire l'acquisition de cette charge, et, en cas qu'il ne s'en trouve point, vous prendrez, s'il vous plaît, la peine de me demander, si le sieur.......... est capable de remplir cette charge.

Du 23 février 1733.

On me presse toujours de procurer au sieur....... les dispenses dont il a besoin pour être pourvu d'une charge de conseiller au parlement, et il y a long-temps que M. votre père m'a écrit qu'on lui en avoit rendu d'assez bons témoignages depuis son retour à Pau; mais, comme il est encore bien jeune, et que je crains qu'il ne le soit de toute manière, je n'ai pas cru qu'il convenoit d'avancer son entrée dans la magistrature, jusqu'à ce que, par son assiduité au barreau, et par une application plus marquée à s'instruire de ses devoirs, il se fût rendu plus digne de mériter la grâce qu'il demande.

Prenez donc, s'il vous plaît, la peine de vous informer exactement de sa conduite présente, et de me marquer dans quelque temps si vous la trouvez assez affermie dans le bien pour m'engager à lui être favorable.

Du 24 octobre 1734.

JE suis fort aise de voir que mes louanges aient une si grande vertu ; je les placerai toujours bien, quand je le ferai sur votre parole ; la qualité de beau-frère ne vous rendra jamais suspect à mon égard. J'écris donc à M. de.......... que je procurerai très-volontiers à M. son fils les dispenses dont il a besoin, et que la justice, par ce moyen, aura la satisfaction d'acquérir le fils sans perdre le père. A votre égard, monsieur, l'estime que j'ai conçue pour vous, depuis bien des années, n'est pas du nombre des impressions que le temps puisse effacer ou affoiblir, et je serai toujours avec les mêmes sentimens.

Du 1.er juin 1735.

PERSONNE ne rend plus de justice que moi à la probité et aux services de M. le président de.........; le témoignage que vous rendez à ceux de son fils me prévient également en sa faveur. Tout concourt donc ici à faire obtenir au père et au fils la grâce qu'ils demandent ; il n'y a qu'un seul point qui souffre une

véritable difficulté, c'est le rang que M. le président
de.......... voudroit que monsieur son fils pût
acquérir sur le grand banc, du jour de sa réception,
et pendant que le père continuera d'exercer sa charge;
il est vrai que, pendant l'espace de dix ou douze ans,
il y a eu plusieurs exemples de pareilles grâces, soit
dans le parlement de Bretagne, ou dans d'autres parlemens, mais il en est arrivé des inconvéniens qui ont
excité des difficultés qu'on a bien eu de la peine à
terminer, et il faut convenir que, quoiqu'on ne puisse
pas mettre des bornes au pouvoir du roi, dans cette
matière, il est cependant fort contraire à la règle de
séparer le rang de l'exercice auquel il est naturellement
attaché, et de vouloir que la même charge produise
deux rang différens, l'un pour le père et l'autre pour
le fils, qui, en vertu d'un seul et unique titre d'office,
avancent en même temps sur le grand banc, lorqu'il
y vaque une place, pendant que la survivance dure.
L'ancien usage étoit directement contraire à une telle
singularité : le roi accordoit souvent la survivance
aux enfans des présidens à mortier; ils étoient reçus
et prenoient place sur le grand banc, le jour de leur
réception, mais ils n'y acquéroient par là aucun rang
pendant que leur père conservoit l'exercice de sa
charge, et c'est ce qui faisoit que, lorsqu'il venoit à
vaquer une autre place de président, les pères prenoient souvent le parti de renoncer à cet exercice
et de se retirer entièrement, afin de donner à leurs
fils un rang supérieur à celui de l'officier qui obtenoit
cette place. Comme l'usage étoit plus conforme aux
véritables règles et à l'équité naturelle, qui souffre
toutes les fois qu'on voit un sujet qui, sans avoir
exercé l'office de président, vient prendre sa place
au-dessus de celui qui l'a exercée, pendant que le premier n'étoit que conseiller; le roi a jugé à propos de
revenir aux anciennes maximes, et j'ai écrit, par l'ordre de Sa Majesté, à plusieurs compagnies, que,
dorénavant quand elle accorderoit des lettres de sur-
vivances, ce ne seroit qu'à condition que ceux qui les
obtiendroient n'auroient rang, que du jour qu'ils en-

treroient dans l'exercice actuel et ordinaire de leurs fonctions.

C'est donc à M. le président de,......... de voir si cette condition ne le détourne point de demander une survivance pour monsieur son fils; la lettre qu'il m'a écrite semble supposer que c'est principalement pour lui faire acquérir un rang qu'il se presse de demander cette grâce, à l'occasion du dessein où est M. le président de.......... de se démettre de sa charge. Il ne seroit donc pas juste de le laisser dans l'erreur sur ce sujet, et je vous prie de lui dire, qu'il ne peut prendre que deux partis en cette occasion :

L'un, de demander une survivance suivant la règle que je viens de vous marquer, et ce sera toujours un grand avantage pour lui d'assurer la dignité de président à monsieur son fils, quoique sans exercice et sans rang, quant à présent ;

L'autre, de se démettre entièrement de sa charge, pour en faire passer non-seulement le titre, mais l'exercice sur la tête de monsieur son fils ; mais j'aurois beaucoup de regret à lui voir prendre ce dernier parti, qui priveroit le parlement d'un si digne magistrat; il est vrai qu'il seroit bien remplacé par monsieur son fils, mais il vaut mieux conserver le père et le fils, pour le bien de la justice et le service du public.

Du 8 septembre 1735.

Le sieur de.......... vous aura apparemment fait part de la grâce que le roi lui a faite, en lui accordant les dispenses dont il avoit besoin pour se faire pourvoir de l'office de premier président en votre compagnie. Sa Majesté a cependant jugé à propos d'y mettre la condition, qu'il ne pourra présider qu'à l'âge de vingt-cinq ans accomplis, afin de lui donner le temps de s'instruire des fonctions de cette charge.

Mais cela n'empêche pas qu'il ne jouisse, autant qu'il est possible, de son rang, en prenant la première place après celui qui présidera. C'est ainsi que cela se pratique dans les compagnies, à l'égard des présidens qui n'y sont reçus qu'à la charge de ne pouvoir présider en chef qu'à un certain âge. Je suis bien persuadé, par la déférence dont messieurs de...... le père et le fils m'ont paru remplis pour votre compagnie, que le dernier se seroit contenté de la place qu'elle auroit voulu lui donner; mais comme la règle doit être uniforme en cette matière j'ai cru devoir m'expliquer, pour prévenir des difficultés qui naîtroient ici d'un combat d'honnêteté, plutôt que des motifs qui les excitent souvent dans d'autres compagnies.

Du 15 avril 1736.

La situation où M. votre fils peut se trouver, par rapport à l'état de M. le président.........., m'a fait une véritable peine, depuis le temps que vous m'en avez écrit. D'un autre côté, il paroît bien difficile, malgré le nom de M. votre fils et son mérite avancé, de mettre un homme de vingt-trois ans à la tête d'une chambre des enquêtes. C'est ce qui me fait hésiter depuis long-temps sur le parti que je dois prendre dans une occasion où je suis combattu, d'un côté, par le désir de vous faire plaisir, et de l'autre, par la crainte d'une nouveauté à laquelle les règles ordinaires sont si opposées.

Enfin, après en avoir parlé dernièrement à M. le cardinal de Fleury, il a paru à Son Eminence comme à moi, que le meilleur tempérament qu'on pouvoit prendre dans un cas si embarrassant, étoit d'attendre que M. votre fils eût au moins vingt-cinq ans commencés, et de lui accorder alors la permission de présider en l'absence de M.........; ainsi, supposé que la santé de ce président ne se rétablisse pas, vous pouvez compter qu'au commencement du mois de janvier prochain, cette grâce sera consommée en faveur de M. votre fils, qui, par conséquent, n'aura plus que le reste de la séance présente à passer sans pouvoir présider.

Je voudrois avoir pu aller encore plus loin pour vous donner des marques de la considération avec laquelle je suis.

Du 2 novembre 1736.

Le nom de M. votre fils, Monsieur, et les témoignages avantageux que M. le premier président du parlement de Bordeaux m'a rendus de son application et de ses heureuses dispositions, ont déterminé le roi à lui accorder son agrément et les dispenses qui lui sont nécessaires pour être pourvu d'une charge de conseiller au parlement de Bordeaux; je souhaite qu'il y fasse revivre les grands magistrats de son nom, qui ont été autrefois les principaux ornemens de cette compagnie.

Du 31 mars 1737.

Les dispenses que le roi veut bien accorder à M. votre fils, dans un âge peu avancé, d'être pourvu de la charge de conseiller au parlement de Dijon, sont une marque de distinction que le roi veut bien accorder à vos services personnels et à ceux de vos pères; j'espère que M. votre fils se montrera digne personnellement de cette grâce prématurée, par ses attentions à marcher sur vos traces, et à répondre à la bonne éducation qu'il a reçue de vous. M. le premier président m'a rendu des témoignages qui ne me permettent pas d'en douter, et, si cela est, vous jouissez du plus grand plaisir que puisse avoir un père tel que vous.

Du 31 *mars* 1737.

Quoique la grande jeunesse du fils de M.........
pût mettre obstacle à la grâce qu'il demandoit, il est
cependant de si bonne race, vous m'en avez rendu
des témoignages si avantageux, que le roi a bien
voulu lui accorder les dispenses dont il a besoin pour
entrer dans votre compagnie, et je ne doute pas qu'il
ne suive les exemples de ses pères, et ne réponde à
la bonne opinion que vous en avez.

Du 1.er *février* 1739.

Quoique j'aie fort regretté la perte que le parlement de Bordeaux et la famille de M. le président........... ont faite par sa mort, je trouve
néanmoins beaucoup de difficultés dans la proposition
qu'on fait, d'accorder sa charge à M. son fils. Outre
l'obstacle que son père peut mettre à une si grande
grâce, il se trouve, malheureusement pour lui, qu'il
n'a encore rien fait qui puisse donner lieu de juger
de son mérite, ou du moins de ses bonnes dispositions : non-seulement il n'a exercé aucune charge,
mais il n'est pas même reçu avocat. Il y a beaucoup
d'inconvéniens, et encore moins de décence, à placer
tout d'un coup un jeune homme qu'on ne connoît
point dans le nombre des présidens d'une compagnie comme la vôtre ; et, quoiqu'on en cite quelques
exemples, il faut convenir que, sans examiner s'ils
sont bons à suivre, il est certain au moins qu'il n'y
a aucun de ceux que l'on a reçus sans qu'ils eussent
passé par une charge de conseiller au parlement, qui
n'eût quelque circonstance en sa faveur, dont il seroit
difficile de faire l'application au fils de M. le président.......... J'avois donc pensé d'abord que,

supposé que vous m'en rendissiez de bons témoignages, on pourroit commencer par le faire recevoir
dans la charge de conseiller-clerc, dont vous aviez
demandé, dès le vivant de M. son père, qu'il pût
être pourvu ; laisser la charge de président vacante
pour un temps ; et, en cas que M.......... donnât
des bonnes espérances dans l'exercice de celle de conseiller, lui accorder ensuite l'agrément du roi, pour
être revêtu de la charge de M. son père, à condition
de ne l'exercer qu'à l'âge qu'il plairoit au roi de fixer.
Il ne m'a pas paru s'éloigner de cette pensée, lorsqu'il m'est venu voir ; mais je reçois une lettre de
madame la présidente..........., qui me marque
que les affaires de M. son mari ne se sont pas trouvées en aussi bon état que le public le croyoit, et
qu'elle auroit d'autant plus de peine à acheter pour
M. son fils une charge de conseiller au parlement,
que M............ ne veut plus vendre la sienne,
sur laquelle feu M. le président............ avoit
compté, comme devant être moins à charge à sa famille.

Je vous prie donc de me faire savoir s'il est vrai
que M. l'abbé.......... ait changé de sentiment
sur la vente de sa charge ; et, supposé que cela soit,
si vous ne pourriez pas le déterminer à revenir à
sa première pensée, ou, enfin, s'il n'y a pas une
autre charge de conseiller-clerc qui est actuellement
vacante, et si on ne pourroit pas en traiter pour
M.............., afin de suivre le seul plan qu'il
m'avoit paru que l'on pût faire, pour conserver à la
famille de M.......... une charge de président
qu'elle possède depuis long-temps ; j'attendrai les
éclaircissemens que vous me donnerez sur tout cela,
pour prendre une dernière résolution par rapport à
cette charge.

Du 26 novembre 1739.

J'AI reçu la lettre que vous m'avez écrite le 14 de ce mois, à l'occasion du mariage que M. de......., conseiller en la grand'chambre du parlement de Bordeaux, a contracté avec la mère de M........., président à mortier. Il n'est pas douteux qu'aux termes de la déclaration du mois de septembre 1728, de quelque manière que les qualités de beau-père et de beau-fils se trouvent établies, l'incompatibilité a lieu entre ceux qui ont ces qualités, et que leurs voix ne doivent être comptées que pour une, lorsqu'elles sont uniformes. Je rends à M.......... la justice de croire qu'il n'y a de sa part qu'un défaut d'attention, qui l'ait empêché de demander plus tôt la dispense d'alliance qui lui est nécessaire; vous pouvez lui dire qu'il peut la faire présenter, et que je la scellerai volontiers.

A l'égard de l'alliance qui se rencontre entre M..........., à cause de madame sa femme et MM.......... qui sont ses neveux, l'usage qui s'observe dans votre compagnie est conforme aux règles, et vous pouvez continuer de le suivre. L'oncle et le neveu par alliance ne forment point entr'eux une incompatibilité qui doive faire confondre leurs voix. C'est ce qui a été décidé fort clairement par la déclaration du 25 août 1708, et la lettre en est si précise sur ce point, que je ne sais par quels doutes on pourroit en obscurcir l'esprit. Ainsi, il n'y a aucun inconvénient que ces officiers se trouvent ensemble à la Tournelle.

Du 25 *février* 1741.

Le roi n'accorde point de dispenses d'âge et de parenté à ceux qui se destinent à remplir les fonctions de juges des seigneurs ; c'est à ces seigneurs de ne pourvoir que des officiers qui aient un âge convenable, ou qui n'aient point d'autre espèce d'incapacité : il n'y a aucune loi qui ait été faite sur ce sujet, et dont on doive obtenir la dispense. Je ne me suis laissé aller à en expédier pour la Bourgogne, que parce qu'il y a un arrêt de réglement donné par le parlement de Dijon, pour assujettir les officiers des seigneurs aux mêmes règles que les officiers royaux, par rapport à l'âge et l'incompatibilité fondée sur la parenté ; mais, comme il n'y a rien de semblable en Bretagne, je dois m'en tenir sur ce point à la règle qui a toujours été observée, sans vouloir introduire des nouveautés qui ne serviroient qu'à augmenter les droits du sceau.

Du 22 *mai* 1742.

Les témoignages que le sieur de ...., lieutenant particulier au siége d'Aurillac, et votre subdélégué, vous a rendus du sieur ...., conseiller au même siége, et des heureuses dispositions de son fils, m'ont fort persuadé, comme vous, que le mémoire non signé qui m'avoit été adressé contre l'un et l'autre, et que vous me renvoyez, est l'ouvrage de quelque ennemi secret, ou de quelque concurrent caché, qui a voulu abuser du nom des administrateurs de l'hôpital d'Aurillac, pour répandre des soupçons dans mon esprit contre un jeune homme qui paroît un sujet de grande espérance par tout le bien que votre subdélégué vous en dit : ainsi, il peut se présenter pour remplir la charge de procureur du roi au même siége ; et, malgré son âge peu avancé, je me porterai très-volontiers à lui en faire expédier des provisions avec les dispenses nécessaires.

Du 13 juin 1742.

Il y a quelque temps qu'on me remit un mémoire contre le sieur ...., conseiller au présidial d'Aurillac, et contre son fils, pour lequel il vouloit traiter de la charge de votre substitut en ce siége.

On disoit contre le père, qu'il ne résidoit point à Aurillac et qu'il demeuroit toujours dans sa maison de campagne, uniquement occupé de faire valoir son bien, en sorte que si l'on joignoit ensemble les différens séjours qu'il avoit faits de temps en temps à Aurillac, il ne se trouveroit pas que depuis environ quinze ans et plus qu'il est conseiller, il ait passé la valeur de deux années à Aurillac ;

Que l'hôpital général de cette ville, qui a un procès contre le lieutenant criminel d'Aurillac, a regardé comme l'effet du crédit et de l'intrigue de cet officier, la distribution qui a été faite de ce procès au sieur ...., dont il est ami intime et dont le fils va ordinairement chez lui, lorsqu'il a occasion d'aller à Aurillac, même depuis que le père est rapporteur du procès.

Que ce procès dure depuis plusieurs années ; et que par l'intelligence qui est entre le sieur ...., lieutenant criminel, et le sieur ...., il a été impossible à l'hôpital d'obtenir un jugement, quoique vous ayez écrit plusieurs fois au sieur .... ; pour faire finir cette affaire.

A l'égard de son fils, on disoit dans le même mémoire, que c'étoit un jeune homme de vingt-un ans, sans capacité, sans expérience, élevé dans le goût de son père, et par conséquent, encore moins propre à remplir les devoirs d'une charge qui est importante par l'étendue du présidial d'Aurillac.

Quoique ce mémoire, donné sous le nom des administrateurs de l'hôpital d'Aurillac, ne fût signé de personne, je crus devoir l'envoyer à M........ afin qu'il s'informât de la vérité des faits qu'on y exposoit.

M........ s'est adressé à son subdélégué, qui est lieutenant particulier au siége d'Aurillac, et dont il atteste la probité; la réponse qu'il en a reçue, et dont il m'a envoyé la copie que je joins à cette lettre, dément tous les faits du mémoire, et rend un témoignage également avantageux au père et au fils, qu'on avoit voulu me rendre suspects.

J'étois donc assez disposé à mépriser les avis qu'on m'avoit donnés contr'eux, lorsqu'une personne respectable, et pour laquelle j'ai depuis long-temps une grande considération, m'a fait assurer que le subdélégué de M........ pouvoit avoir voulu favoriser les sieurs ...., mais qu'il savoit, par les témoignages les plus dignes de foi, que les faits avancés dans le mémoire des administrateurs étoient certains, et que le fils n'étoit nullement capable de remplir les fonctions de votre substitut.

En cet état, comme on a avancé dans le même mémoire, que vous aviez été obligé d'avertir le sieur...... d'être plus exact à remplir ses fonctions, et que cela ne l'avoit point corrigé, je crois ne pouvoir mieux faire que de vous envoyer la copie de la lettre du subdélégué de M........., en vous priant de vouloir bien me faire part de ce que vous pouvez savoir sur les faits qu'on a allégués contre les sieurs .... père et fils. Si vous croyez même devoir écrire sur les lieux, afin d'être plus instruit de ce qui regarde l'un et l'autre, vous pourrez prendre le temps que vous jugerez à propos pour le faire, et le fils est si jeune qu'il n'y a pas un grand mal à différer de lui accorder des provisions, quand même on croiroit dans la suite, qu'il n'y a pas lieu de les lui refuser.

Du 19 août 1742.

On m'a demandé d'accorder la voix délibérative à
M..........., conseiller au parlement, qui doit
entrer dans sa vingt-cinquième année au mois d'octobre prochain, et qui sert dans votre chambre depuis
le mois d'avril 1738. Comme je suis dans l'usage de
ne point accorder de pareilles dispenses sans consulter
auparavant le président qui est à la tête de la chambre,
je vous prie de me faire savoir si par la manière dont
M.......... a rempli jusqu'à présent les fonctions
de sa charge, vous croyez qu'il y ait lieu d'avancer
en sa faveur le temps où l'usage lui donnera naturellement voix délibérative.

Du 27 octobre 1743.

J'avois bien prévu que la finance refuseroit de
consentir l'union de l'office d'avocat du roi à celui de
votre substitut au bailliage de Saint-Quentin, avec
les conditions désirées par le sieur ....; et
je crois qu'il doit se réduire à obtenir, ou des lettres
de compatibilité pour pouvoir posséder en même
temps ces deux charges, ou un arrêt du conseil et des
lettres-patentes, qui les réunissent en sa faveur et pour
sa vie seulement, à la charge de se pourvoir de celui
de votre substitut, et en le dispensant seulement
d'une nouvelle réception.

Du 29 janvier 1746.

Je vois par votre lettre du 23 de ce mois, que jusqu'à présent on n'a pas fait difficulté de souffrir dans
le ressort du parlement de Flandres, que les offices

des notaires et des procureurs fussent exercés par les
mêmes personnes, sans les assujettir à prendre des
lettres de compatibilité, et qu'on a eu cette tolérance
dans la ville même de Douai, et sous les yeux du
parlement; c'est ce que vous regardez comme un
abus, qui, parce qu'il est commun et ancien, doit
être encore suivi dans la personne du sieur.........
Il s'ensuivroit cependant de cette manière de raisonner, que tout abus invétéré, doit subsister toujours,
parce qu'on ne pourroit l'abolir sans mortifier celui
qui serviroit d'exemple dans la réformation de cet
abus. Il faut bien que le retour à la règle commence
par un refus fait à un de ceux qui veulent se prévaloir
d'un mauvais usage, et c'est le parti que l'on pourroit
prendre à la rigueur contre le sieur..........; mais
on peut cependant, par des motifs d'équité, le traiter
avec plus d'indulgence, et lui accorder des lettres de
compatibilité, pourvu qu'en même temps on ferme la
porte à tous ceux qui voudroient dans la suite obtenir
la même grâce, et c'est ce qu'il est aisé de faire en
rétablissant la règle par une déclaration du roi, qui
déclare les offices des notaires et des procureurs incompatibles, au moins dans la ville de Douai et dans celle
de votre ressort, où l'une des deux fonctions de notaire et de procureur peut donner assez d'occupation
à ceux qui exercent l'une des deux, pour n'avoir pas
besoin d'y en joindre une autre : c'est sur quoi vous
conférerez, s'il vous plaît, avec M. le premier président de votre compagnie, pour m'envoyer ensuite
votre avis et le sien sur cette matière.

§. III. — *Survivances, honorariats, pensions, retraites et récompenses.*

Du 10 décembre 1717.

JE donnerai toute l'attention que je dois aux raisons singulières que vous proposez dans vos remontrances, pour faire voir que votre compagnie ne doit pas être comprise dans la révocation générale des priviléges de franc-salé, portée par l'édit du mois d'août dernier; et je souhaite que l'état présent des affaires et des finances du roi, permette d'accorder à votre compagnie une distinction qui ne puisse être tirée à conséquence pour les autres priviléges.

Du 30 décembre 1720.

M. le maréchal .... m'ayant fait part hier de la perte particulière que vous faites dans le malheur commun de la ville de Rennes, nous profitâmes l'un et l'autre de cette occasion, pour parler encore en votre faveur à Son Altesse Royale, qui a bien voulu, à cette occasion, avancer la grâce qu'elle avoit remise de vous faire dans quelque temps, et augmenter jusqu'à la somme de quarante mille écus, le brevet de retenue que vous avez sur votre charge; vous avez peut-être déjà reçu cette bonne nouvelle par un courrier qu'on fit partir hier, et dont je ne pus profiter pour vous l'apprendre, à cause de quelques affaires qui me firent perdre cette occasion. Je vous félicite de la bonté que Son Altesse Royale vous témoigne, et je ne doute pas qu'elle ne vous engage à redoubler votre zèle pour son service et pour celui du public.

Du 28 février 1722.

Je suis très-affligé d'apprendre le triste état de M.......... Son Altesse Royale, que j'ai eu l'honneur d'en informer, en lui rendant la lettre qu'il lui a écrite, y a paru sensible et portée à lui donner des marques de sa bonté pour l'arrangement de ses affaires. Mais comme l'on a cru qu'il avoit déjà un brevet de retenue considérable, Son Altesse Royale a jugé à propos d'éclaircir le fait avant que de se déterminer à lui accorder la grâce qu'il demande, et M. de .... doit lui en avoir écrit. A mon égard je serai toujours prêt à lui procurer, autant qu'il sera possible, les secours dont il a besoin; je souhaite seulement que ce soit dans des circonstances moins tristes, et que le rétablissement de sa santé me mette en état de lui donner long-temps des marques de l'estime que j'ai pour lui.

Du 22 mai 1729.

Pour bien résoudre la difficulté qui est née dans votre compagnie au sujet de l'hommage du sieur...... où il a pris la qualité d'écuyer, il faudroit savoir si les procureurs de la chambre des comptes de Dijon ont le même privilége que ceux de la chambre des comptes de Paris, dont les charges ne dérogent point à noblesse, suivant plusieurs déclarations anciennes et nouvelles, et des arrêts du conseil qui ont jugé la question en leur faveur.

Si les procureurs de la chambre des comptes de Dijon, qui ont été apparemment créés à l'instar de ceux de la chambre des comptes de Paris, jouissent de la même prérogative, la difficulté que vous avez formée à l'égard du sieur .... sera levée.

Si, au contraire, les procureurs de la chambre des comptes de Dijon n'ont rien en ce point qui les distingue des autres procureurs, dont les fonctions sont regardées comme dérogeantes à noblesse, votre difficulté se trouvera bien fondée en ce cas, et la qualité d'écuyer, prise par le sieur .... dans son hommage, ne pourra plus se soutenir.

Du 16 septembre 1730.

On m'a donné avis que, quoique M.......... le fils, reçu en survivance de monsieur son père, n'ait pu obtenir encore ni séance, ni voix consultative, par les raisons que je crois vous en avoir expliquées, il a cependant paru en robe rouge, à la procession qui s'est faite le jour de l'Assomption, et y a pris rang parmi les conseillers au parlement dans l'église cathédrale; j'ai de la peine à croire qu'un tel fait puisse être véritable, et j'en doute d'autant plus qu'on m'assure que vous assistiez à la cérémonie. Si cela est, il n'est pas vraisemblable que vous ayez souffert une entreprise si irrégulière; tout ce que je pourrois présumer de mieux en votre faveur, si vous l'aviez soufferte, c'est qu'il y auroit peut-être quelque usage singulier sur ce point dans votre compagnie; mais comme je n'en ai aucune connoissance, je vous prie de m'informer exactement, et de la vérité du fait et des raisons qui vous ont porté à garder le silence, si le fait est tel qu'on me l'a exposé.

Du 30 septembre 1730.

Personne n'a intérêt, à proprement parler, d'empêcher qu'un survivancier ne prenne place parmi les conseillers dans les occasions de cérémonie; ainsi, je ne suis pas surpris qu'aucun de ceux de votre compagnie n'ait relevé sur-le-champ le fait de M........ le fils, dont le père a d'ailleurs une si grande considération et si bien fondée ; mais l'ordre public réclame suffisamment contre un usage qu'on cherche apparemment à introduire, par l'exemple d'un sujet aussi favorable que celui qui commence à le donner. Il ne s'agit point ici de ce qui se pratiquoit avant que la Franche-Comté eût été assujettie aux mêmes règles que le reste du royaume sur ce qui regarde les droits des charges ; c'est par ces règles qu'il faut juger de ce qui est permis ou de ce qui ne l'est pas ; et comme elles sont contraires à la nouveauté dont il s'agit, vous ne devez rien souffrir de semblable à l'avenir, parce qu'encore une fois, comme je crois vous l'avoir déjà écrit par rapport à M......... même, un seul office ne peut pas produire deux officiers différens, et qu'il n'y a que le roi seul qui puisse déroger à cette règle, lorsque Sa Majesté juge à propos de le faire, en accordant une survivance.

Au surplus, je ne sais ce que c'est que ce conseiller envieux, dont vous me parlez dans vôtre lettre, et ce n'est par aucune personne d'un tel caractère que j'ai été informé du fait de M.........

Du 9 novembre 1736.

J'ai été plus d'une fois sur le point de parler à M. le cardinal de......... de la pension, ou plutôt de l'augmentation de pension que vous demandez ; mais comme il me paroît que son éminence a de la peine à écouter à présent de pareilles demandes, je ne sais si vous ne feriez pas mieux d'attendre que la paix fût pleinement affermie, et qu'on eût commencé à réparer les maux de la guerre pour placer votre prière dans un moment plus favorable : cette réflexion m'a arrêté jusqu'à présent ; si cependant vous désirez absolument que je ne diffère pas davantage de parler en votre faveur, je le ferai très-volontiers, et je souhaite que ce puisse être avec succès.

Du 13 février 1737.

COMME M. le cardinal de.......... croit qu'il convient au roi d'être très-difficile à accorder des lettres de conseillers honoraires à ceux qui n'ont pas servi pendant vingt années entières, je prévois que M.......... aura bien de la peine à obtenir ce qu'il désire, et je crois qu'il feroit mieux de s'abstenir de rapporter des procès, si sa santé en peut souffrir, et de continuer encore pendant trois ans à remplir les autres fonctions de sa charge; l'opinion d'un magistrat de son mérite ne laissera pas d'être fort utile à la justice, quoiqu'il ne la donne que sur les procès rapportés par d'autres officiers.

Du 5 septembre 1737.

JE venois de signer l'arrêt qui ordonne la continuation du paiement de votre pension, lorsque j'ai reçu la lettre par laquelle vous me remerciez du léger service que je vous ai rendu à cette occasion, et je voudrois en pouvoir trouver de plus importantes afin de vous témoigner mon attention pour le nom que vous portez, et les sentimens avec lesquels je suis.

P. S. Je vous prie d'assurer M. votre fils des mêmes sentimens, puisqu'il a pris la peine de m'écrire aussi sur un sujet qui ne méritoit pas que toute votre famille se réunît pour me remercier d'une grâce si peu proportionnée à ce que je voudrois faire pour elle.

Du 16 *juillet* 1738.

J'ai fort approuvé la résolution que vous avez inspirée au sieur . . . . de renoncer au désir qu'il
avoit d'obtenir des lettres de conseiller vétéran dans
votre compagnie, dont j'aurois préféré sans doute sa
considération aux intérêts du sieur . . . . ,
quoique d'ailleurs homme de mérite, et qui a bien
servi pendant que le conseil provincial de Hainaut a subsisté ; mais il paroît fort juste de lui faire
rembourser les avances qu'il a faites dans le même
temps, en qualité de procureur du roi en ce conseil :
il est fâcheux cependant qu'il ait différé pendant
quinze ans de demander ce remboursement. J'en ai
écrit à M. de . . . . , qui craint, comme moi, que
cette demande ne souffre beaucoup de difficultés
lorsqu'il en rendra compte à M. le contrôleur-général.
Il me prie cependant de lui faire remettre les trois
états de frais que le sieur . . . . prétend avoir
été visés par M. . . . . ; ainsi vous pouvez lui
faire dire qu'il remette ces états à M. de . . . .
avec un mémoire exact de ce qui a été fait pour en
solliciter le paiement : après quoi M. de . . . .
me fera savoir ce qu'il croira pouvoir faire en faveur
de cet ancien officier.

Du 11 *mai* 1739.

J'ai différé de répondre à votre dernière lettre et
au mémoire que vous y avez joint, parce que j'aurois
voulu pouvoir le faire d'une manière encore plus
satisfaisante pour vous, mais comme il n'y a que le
temps qui puisse amener ce que j'aurois désiré d'être
en état de vous annoncer dès-à-présent, je ne dois
pas vous faire attendre davantage le résultat de ce

qui s'est passé entre M. le cardinal de Fleury et moi, au sujet des dernières propositions que vous m'avez faites.

Je ne reparlerai point ici, ni de la concurrence de service que vous désiriez qu'on accordât à monsieur votre fils avec vous, en lui donnant la survivance de votre charge, parce que cela doit être regardé comme impossible, par la crainte des conséquences; je ne dirai rien non plus de votre répugnance pour des lettres de conseiller honoraire, puisque vous ne sauriez la vaincre, quoiqu'elle me paroisse toujours mal fondée, et je viens tout d'un coup à vos deux nouvelles propositions.

Celle de vous donner un brévet de conseiller d'état, à l'exemple de M. le procureur-général au grand-conseil, n'a pas été approuvée.

Si on lui a permis de prendre ce titre, comme à plusieurs de ses prédécesseurs, c'est parce que le grand-conseil est regardé comme une émanation et une dépendance du conseil du roi. Il n'y a rien d'ailleurs de plus vain et de plus inutile qu'un pareil titre, qui ne donne ni fonctions, ni rang, ni priviléges, et qu'on avoit avili autrefois, à force de le multiplier : le feu roi fut obligé d'en réformer l'abus, et il ne convient point d'y retomber.

Il ne reste donc que votre dernière demande à laquelle on puisse avoir égard; c'est de vous accorder simplement des lettres d'avocat-général honoraire ; mais j'avoue que j'ai de la peine à comprendre que vous préfériez de pareilles lettres à celles de conseiller honoraire au parlement.

J'ai aussi parlé à M. le cardinal de Fleury de l'augmentation de vos pensions; mais je n'ai point trouvé son éminence disposée à entrer encore dans cette pensée. Je compte cependant de lui en reparler dans les momens qui pourront être les plus favorables, et je n'oublierai rien de tout ce qui pourra contribuer à votre satisfaction sur cet article. A l'égard de monsieur votre fils l'abbé, dont on m'a rendu de très-bons témoignages, M. le cardinal m'a paru mieux disposé que sur l'article de la pension, et il a trouvé bon qu'on donnât son nom à celui qui a soin, sous ses ordres, de la feuille des bénéfices, pour l'en faire souvenir dans les occasions.

C'est à quoi se réduit tout ce que j'ai pu faire depuis votre dernière lettre. Je voudrois qu'il fût encore plus conforme à vos désirs et même aux miens; mais quoi qu'il en soit, je serai toujours prêt, en attendant mieux, à faire expédier les dispenses et les provisions de monsieur votre fils, aussi bien que vos lettres d'avocat-général honoraire, quand vous jugerez à propos de vous démettre de votre charge, pour vous procurer un loisir que vous aurez acheté bien cher, par tant d'années de travail.

Du 13 juin 1739.

J'AI reçu la lettre que vous m'avez écrite le 30 mai dernier, par laquelle vous me rendez compte du placet qui m'avoit été présenté par le nommé..........Je me suis fait informer s'il étoit vrai, comme il vous l'avoit assuré, que M. le cardinal de......... lui eût promis une petite pension sur un bénéfice; on m'a assuré qu'on n'avoit point de connoissance de cette prétendue promesse; qu'il étoit vrai que plusieurs personnes avoient écrit en sa faveur. Ainsi vous pouvez lui faire dire, que comme ce qu'il demande ne dépend nullement de moi, il ne peut que renouveler ses instances auprès de son éminence, pour obtenir le secours dont il a besoin.

Du 17 juin 1743.

JE suis très-disposé à ne pas laisser perdre aux officiers du parlement de Bordeaux l'avantage, quoique médiocre, qu'ils peuvent trouver dans la conservation

des pensions modiques qui ont toujours été données
à quatre de ses officiers ; mais quelque bons que soient
les sujets auxquels vous croyez que les pensions qui
sont vacantes, pourroient être destinées, j'aurois
besoin néanmoins d'être instruit plus exactement de
ce qui s'est observé jusqu'à présent à cet égard, et
principalement de savoir si, dans le temps que ces
pensions ont été établies, il y en a eu d'affectées à
MM. les présidens, et d'autres destinées à MM. les conseillers, ou s'il a suffi d'être officier du parlement pour
obtenir cette espèce de grâce, sans aucune distinction
entre les présidens à mortier et les autres membres du
parlement. Il semble qu'il seroit à désirer que MM. les
présidens les regardassent comme un objet trop modique pour mériter leur attention, et qu'elles ne fussent accordées qu'à des conseillers qui peuvent avoir
un plus grand besoin d'un pareil secours, quelque
léger qu'il soit. Mais comme l'usage est la règle qu'on
suit ordinairement en pareille matière, et qu'il pourroit être dangereux de s'en écarter, je vous prie de
me faire savoir, avant toute chose, quelle a été la
distinction originaire de ces sortes de pensions lorsqu'elles ont été établies, et ce que l'usage postérieur
peut y avoir changé.

Du 6 juillet 1746.

Puisque votre compagnie est dans l'usage de permettre aux officiers qui n'ont été reçus qu'en survivance, de travailler à se former, en assistant aux
délibérations des juges, vous pouvez suivre cet usage
à l'égard du fils de M..........., et je ne doute pas
qu'en profitant de cette grâce pour son instruction,
il ne se croie aussi obligé à garder le secret des délibérations, que ceux qui sont en droit de les former
par leurs suffrages.

§. IV. — *Organisation et Police des Cours supérieures.*

Réflexions sur le mémoire qui a été envoyé d'Aix par rapport au projet de supprimer les trois charges de président des enquêtes du parlement, et de créer trois nouvelles charges de conseillers-clercs.

QUOIQUE les difficultés que l'on propose dans ce mémoire ne soient peut-être pas insurmontables, si l'on veut néanmoins y avoir attention jusqu'à un certain point, on pourra former un nouvel arrangement sur cette matière, qu'il seroit plus aisé de mettre en pratique.

Il consisteroit à ne supprimer, quant à présent, que deux des trois charges de présidens des enquêtes, et à ne créer aussi que deux charges de conseillers-clercs. Les deux charges, qui seroient supprimées, seroient celle de feu M. de.......... et celle de M. de......... A l'égard de la première, la suppression n'en peut souffrir aucune difficulté, parce que cette charge est vacante; et, pour ce qui est de la seconde, c'est-à-dire, de celle de M. de..........., les auteurs du mémoire ne paroissent trouver aucun inconvénient à la supprimer.

Une considération d'équité qui les a frappés par rapport à M. le président de........., c'est qu'il est encore fort jeune, et qu'il seroit triste pour lui de perdre un état qui lui est acquis, et dont il doit jouir long-temps, selon l'ordre commun de la nature.

En donnant à cette considération toute la faveur qu'elle mérite, on pourroit prendre le parti de laisser subsister cette charge pendant la vie de M. de......., sauf à la supprimer dans la suite, lorsqu'il viendra à mourir, mais à condition qu'il ne présidera dorénavant qu'aux requêtes du palais, à la décharge des

23 *

présidens à mortier, moyennant quoi la chambre des enquêtes ne seroit plus présidée que par ces derniers magistrats ; c'est ce qui est actuellement établi au parlement de Rouen, où il n'y a que deux présidens d'un ordre inférieur qui soient à la tête de la chambre des requêtes du palais, pendant que les présidens à mortier président seuls aux deux chambres des enquêtes ; et c'est ce qui a eu lieu au parlement de Besançon, jusqu'à l'édit donné, il y a près de trois ans, par lequel il a plu au roi de supprimer les deux charges de présidens particuliers des requêtes du palais.

Suivant cette idée, le remboursement des deux charges qui seroient supprimées monteroit, selon le mémoire, à la somme de 90,000 livres.

La création des deux charges de conseillers-clercs, dont chacune n'est estimée par le même mémoire que 30,000 livres, ne produiroit qu'un fonds de 60,000 livres ; ainsi il manqueroit encore la somme de 30,000 livres pour faire le remboursement des deux charges supprimées.

Mais MM. les présidens à mortier ne pourroient-ils pas se charger du supplément, puisqu'ils profiteroient seuls de la suppression. Il ne leur en coûteroit que 3000 livres à chacun, et l'on croit que, dans le temps de l'arrangement général, qui fut proposé, il y a quelques années, pour mettre le parlement en bureaux, ils s'étoient engagés à y contribuer d'une somme plus considérable.

Il y auroit encore un autre moyen plus simple et moins onéreux à leur égard, pour parvenir, dès à présent, à la suppression des trois charges de présidens des enquêtes. Ce seroit de prendre, à l'égard de M. de.........., la même voie qui fut agréée dans le temps de cet arrangement ; elle consisteroit à convertir cette charge en une charge de conseiller, qu'il exerceroit en conservant son rang et la jouissance, pendant sa vie, des gages attachés à sa charge de président, après quoi ces gages appartiendroient au parlement.

Il est vrai qu'en prenant ce parti il manqueroit encore quelque chose à l'indemnité de M. de........., attendu la différence de prix qui est entre les charges de présidens aux enquêtes et celles des conseillers au parlement; mais cette différence est un objet si médiocre, qu'il semble que MM. les présidens ne devroient faire aucune difficulté de prendre sur eux cette partie de l'indemnité qui seroit due à M. de........ A l'égard du parlement, le nombre des officiers qui le composent demeureroit toujours le même, puisqu'on ne feroit que substituer, aux trois offices supprimés, celui de conseiller laïque, qui tiendroit lieu à M. de......... d'un de ces offices, et les deux nouvelles charges de conseillers-clercs.

Si ceux qui seront pourvus de ces deux charges sont admis au partage des épices et vacations, au lieu que les trois présidens des enquêtes ne l'étoient pas, le préjudice que chacun des autres conseillers pourra souffrir à cette occasion est quelque chose de si léger, qu'on ne doit pas le mettre en parallèle avec le bien qui résultera, en toutes manières, de la création de deux charges de conseillers-clercs.

Il reste, après cela, de dire un mot des gages qui pourront leur être attribués.

Ceux qui étoient attachés aux charges de M. de....... et de M. de......... montoient, ensemble, à la somme de 2,600 liv.; mais comme on ne peut refuser au dernier la jouissance de ceux qu'il avoit comme président aux enquêtes, et qui montent à 1,100 liv., il ne restera que 1,500 livres pendant sa vie, qui, étant partagées entre les deux nouveaux conseillers-clercs, se réduiront à 750 livres pour chacun, au lieu que les auteurs du mémoire estiment que ces gages devroient être réglés sur le pied de 900 liv.; mais il faut considérer que cette différence, qui n'est que de 150 livres, cessera aussitôt après la mort de M. le président de............, ensorte que le cas arrivant, on prélèvera sur les 1,100 livres de gages dont cet officier jouissoit, la somme de 300 livres, qui, étant partagée entre les deux conseillers-clercs, assurera à chacun d'eux 900 livres de gages, après quoi l'excédant, c'est-à-dire, le bénéfice de 800 liv. sur les gages de la charge supprimée, appartiendra au corps du parlement, qui profitera encore, après la mort de M. de.........., de la différence qui est entre les gages que cet officier avoit comme président, et ceux dont son successeur jouira en qualité de conseiller.

Enfin, on peut aussi, en faisant ce nouvel arrangement, réserver à cette compagnie la facilité de rembourser la charge de conseiller qui sera sur la tête de M. de........., en cas qu'il veuille le faire après la mort de cet officier, au moyen d'une nouvelle charge de conseiller-clerc qui seroit reçu en ce cas-là, en y joignant quelque autre secours que les circonstances dans lesquelles on se trouvera alors pourroient faire procurer au parlement.

Du 17 septembre 1727.

Je voudrois bien pouvoir lui accorder ce qu'il désire ; mais comme tous ceux qui composent la chambre des vacations sont des commissaires nommés par le roi, il n'y auroit que Sa Majesté seule qui pût leur constituer d'autres conseillers, et celui qui s'offre à prendre sa place et à servir au lieu de lui, seroit un juge sans pouvoir, dont l'assistance ne serviroit qu'à faire révoquer en doute la validité des jugemens auxquels il auroit assisté. Je souhaite donc de trouver des occasions plus favorables de lui donner des marques de l'estime que j'ai pour lui, quoique ce soit lui en donner, en un sens, que de conserver un aussi bon juge que lui pour le service de la chambre des vacations.

Du 4 octobre 1727.

J'ai déjà fait réponse à M.......... sur la même difficulté, sur laquelle vous avez jugé à propos de me consulter, et qui m'a paru difficile à décider.

Le droit commun, qui s'observe dans tous les parlemens du royaume, doit être aussi la règle du vôtre, lorsqu'il n'y a rien dans les usages de votre province qui mérite qu'on y fasse une exception. Or, ici le droit commun n'est pas douteux, puisqu'il est fondé sur la disposition de l'édit de 1669, et autres donnés en conséquence, qui excluent formellement les requêtes civiles, même en matière criminelle, du nombre des causes dont la chambre des vacations peut connoître. Tout ce qu'on pourroit proposer dans cette occasion a été dit en effet par M..........., pour distinguer, s'il étoit possible, votre chambre des vacations des autres tribunaux semblables : c'est que la déclaration de 1689, qui a été faite pour le parlement de Besançon, lui donne le pouvoir de juger toutes les causes criminelles, à la réserve de quelques-unes qui y sont spécifiées, au nombre desquelles on n'a point mis les requêtes civiles ; mais cette objection ne m'a pas paru mériter beaucoup d'attention, soit parce que l'usage des requêtes civiles n'étoit pas encore reçu dans votre parlement, lorsque la déclaration de 1684 a été faite, comme les parties de M.......... ont eu raison de le remarquer, soit parce que dans l'usage, qui est souvent le meilleur interprète des lois, on n'a point encore porté de requêtes civiles à la chambre des vacations de votre parlement, comme vous l'attestez dans la consultation que vous me faites. Ainsi, n'y ayant rien dans les lois ni dans les mœurs de votre province que les mêmes règles que le roi a établies pour les autres chambres des vacations, je crois que votre chambre doit s'abstenir de prendre connoissance des lettres en forme de requêtes civiles dont il s'agit.

Du 30 mai 1728.

C'est à vous que je dois donner la première part de la décision que le roi vient de prononcer sur la question qui s'étoit formée entre M. l'abbé de.......... et M. de........., conseillers au parlement de Pau, pour savoir lequel des deux devoit monter à la dignité de doyen de cette compagnie. Cette question, pleinement discutée par plusieurs commissaires du conseil que j'avois nommés pour l'examiner sur les mémoires réciproques de ces deux magistrats, sur les exemples et les préjugés qui ont été allégués de part et d'autre, a été décidée en faveur de M. l'abbé de............, par l'arrêt du conseil, que je vous envoie, et qui est conforme à un arrêt que le feu roi rendit, en l'année 1713, sur une pareille question, agitée au parlement de Metz. Les principes sur lesquels ces deux arrêts sont fondés, aussi bien que tous ceux qui sont favorables aux ecclésiastiques, sont que cette qualité, considérée en elle-même, ne les rend point inhabiles à exercer les charges de la magistrature ; qu'au contraire il y en avoit plusieurs autrefois, et des plus importantes, qui ne pouvoient être possédées sans dispense que par des clercs ; que, s'ils sont capables d'être conseillers au parlement, ils doivent avoir part à toutes les prérogatives attachées à ces charges, et jouir de tous les droits, qui sont une suite de l'ancienneté de la réception ; que, s'il y a des parlemens où la qualité de doyen est réservée aux conseillers laïques, c'est parce qu'il y a deux sortes de charges dans ces compagnies, les unes destinées aux séculiers, les autres affectées aux clercs ; et que, comme celles des clercs, ont des avantages qui leur sont propres, comme de se vendre moins que les autres, et de donner à ceux qui en sont revêtus l'agrément de monter à la grand'chambre plus tôt que les conseillers laïques, on a cru que, par une espèce de compensation, il falloit les exclure de la dignité, de doyen ; mais que, lorsque toutes les charges sont de la même nature, et que le clerc n'a d'ailleurs aucun avantage au-dessus du laïque, il seroit injuste que celui qui est le plus ancien en réception ne pût jamais parvenir à être doyen sans qu'il y ait dans son état de clerc aucune incapacité réelle ou véritable de remplir cette place, puisque celles de présidens, et même de premier président, qui donnent de plus grands droits et une plus grande autorité que le titre de doyen, ont été souvent possédées par des clercs ; et qu'autrefois même il falloit être clerc pour être président des enquêtes au parlement de Paris C'est par une suite des même principes que la déclaration donnée, il y a quelques années, pour le parlement de Bordeaux, n'a paru former aucun préjugé à l'égard du parlement de Pau, parce que la distinction des charges laïques et des charges cléricales est établie à Bordeaux comme à Paris, au lieu que cette distinction n'ayant pas lieu au parlement de Pau, on ne peut y appliquer que les décisions données pour le parlement de Metz, ou, en remontant plus haut, pour le châtelet de Paris, et même pour le conseil du roi.

Prenez donc, s'il vous plaît, la peine de faire part du jugement de Sa Majesté à M. l'abbé de......... et à M. de.........., aussi bien qu'à votre compagnie, et d'exhorter ces deux magistrats à vivre dans la même union, et à agir avec le même concert pour le bien de la justice, que s'ils n'avoient point eu de contestation sur ce sujet. L'honnêteté avec laquelle ils l'ont traitée de part et d'autre, me donne lieu de croire qu'ils n'ont pas même besoin de cette exhortation.

P. S. Si M. l'abbé de.......... vous demande à avoir l'arrêt du conseil, que je joins à cette lettre, et qui devient à présent son titre, vous pouvez le remettre entre ses mains.

Du 31 août 1728.

L'usage a toujours été de comprendre deux présidens dans la liste de la chambre des vacations, et qu'ainsi, à la rigueur, on peut exiger que celui même qui n'y est nommé qu'en second y assiste avec autant d'assiduité que celui qui y est nommé le premier. Il n'a pas été possible de faire aucune distinction entr'eux dans la déclaration que le roi a faite en dernier lieu pour le parlement de Bretagne sur le service de la chambre des vacations ; mais comme, d'un autre côté, l'usage a tempéré la règle en cette occasion, et qu'on s'est contenté dans la pratique que le second président se tînt seulement à portée de remplacer le premier, en cas de maladie ou d'autres raisons qui l'empêchent de faire ses fonctions, l'intention du roi n'a point été de rien innover à cet égard par la nouvelle déclaration que Sa Majesté a faite. Vous pourrez donc vous conformer à l'usage et à ce qui s'est passé jusqu'à présent à l'égard de ceux qui ont été nommés pour présider en second à la chambre des vacations ; vous devez seulement, pour satisfaire à la forme prescrite par la dernière déclaration, faire part de ma lettre à cette chambre, afin qu'elle sache pourquoi vous userez de la liberté ordinaire de ne vous y trouver qu'au défaut de l'ancien président.

Du 24 septembre 1728.

Vous avez raison de croire que vous manqueriez à ce que vous devez à votre personne, et encore plus à votre dignité, si vous dissimuliez la faute que M............, conseiller de votre compagnie, a commise à votre égard, ce qui pourroit avoir des conséquences dangereuses par rapport à la subordination et au bon ordre qui doivent y régner. Mais, si j'entre dans tous vos sentimens sur ce sujet, je crois en même temps que c'est à votre compagnie de vous rendre justice de l'offense que vous avez reçue; c'est un fait de police et de discipline auquel elle doit pourvoir dans les formes ordinaires, c'est-à-dire, par la voie d'une assemblée de tous les membres, à laquelle M........... sera appelé pour rendre compte de sa conduite sur le fait dont il s'agit. S'il refuse de s'y trouver, après en avoir été averti dans la forme qui s'observe en pareil cas dans votre compagnie ou au parlement de Toulouse, supposé que vous n'en ayez point d'exemple dans votre corps, on pourra ordonner qu'il demeurera interdit de ses fonctions jusqu'à ce qu'il ait obéi. Si, au contraire, il comparoît à l'assemblée de la compagnie, elle réglera, après l'avoir entendu, la forme de la satisfaction qu'il sera obligé de vous faire. Telle est la voie naturelle qu'on doit suivre dans une affaire de cette nature, et je ne me porte pas volontiers à en prendre d'extraordinaires, lorsque celles qui sont les plus communes peuvent suffire, et conviennent même mieux à l'honneur de la magistrature. Si néanmoins il y avoit quelque difficulté que je ne prévois pas qui empêchât qu'on ne prît la route que je viens de vous marquer, vous n'aurez qu'à me le faire savoir, afin que je puisse prendre d'autres mesures pour vous faire rendre ce qui est dû à votre dignité, à laquelle je m'intéresserai toujours autant que vous le pouvez faire vous-même.

Du 5 mars 1729.

Il y a quelque temps que M. le comte de...... me fit présenter un mémoire, contenant plusieurs plaintes contre M. de.........., premier président au parlement de Rennes; il seroit inutile que

je vous expliquasse le détail, parce que vous trouverez
ce même mémoire joint à ma lettre. Je crus devoir
le communiquer à M. de.........., afin qu'il pût
me donner les éclaircissemens qu'il jugeroit nécessaires pour effacer les soupçons qu'on vouloit me
faire concevoir contre sa conduite ; il me fit une réponse le 20 janvier dernier qui ne me parut pas suffisante pour le justifier pleinement dans mon esprit ;
c'est ce qui me donna lieu de lui écrire une seconde
lettre, par laquelle je lui marquois mes principales
difficultés, auxquelles il devoit répondre d'une manière plus précise et plus exacte. Cette seconde lettre
ayant été suivie d'une seconde réponse de sa part,
elle ne m'a paru guère moins superficielle que la première, et comme j'appris presque en même temps
que M. le comte de......... offroit de prouver,
par des pièces qui sont entre les mains de M......,
ci-devant son curateur, les faits qu'il avoit avancés
par son mémoire, j'ai cru que, d'un côté, n'étant
pas pleinement satisfait des réponses de M.......,
et voyant, de l'autre côté, un homme de condition
qui me prioit de charger quelqu'un sur le lieu pour
vérifier sur les pièces l'exposé de son mémoire, je
ne pouvois mieux faire que de m'adresser à vous
pour faire cette vérification, et afin que vous soyez
pleinement au fait de ce dont il s'agit, je joins à cette
lettre, non-seulement le mémoire de M. le comte
de.........., mais la copie des trois lettres que
j'ai écrites à M. de.......... et des deux que j'ai
reçues de lui sur ce sujet ; ces copies de lettres ne
seront, s'il vous plaît, que pour vous seul, et je crois
qu'il ne convient pas que M. de.......... même
sache que je vous les ai envoyées.

Vous verrez par la dernière de mes trois lettres,
que j'ai fait part à M. de.......... du dessein que
j'avois de chercher ailleurs des éclaircissemens plus
grands que ceux qu'il m'a donnés ; mais je ne lui
ai point marqué à qui je m'adresserois pour cela, et
je l'ai fait exprès, afin que vous fussiez le maître,
suivant que vous jugerez plus à propos, ou de faire

part à M. de.......... de la commission que je vous donne, et de conférer avec lui sur les faits contenus dans le mémoire et sur les pièces qu'on vous aura représentées pour en justifier la vérité, ou de les approfondir sans lui en parler et de m'en rendre compte ensuite, afin que je puisse voir quel parti il conviendra de prendre à l'égard de M. de...; l'instruction seroit plus parfaite, si vous prenez le premier parti, et vous vous commettrez peut-être moins avec M. de.........., si vous prenez le second; mais comme dans l'un et dans l'autre cas, il est nécessaire que vous examiniez, avant toutes choses, les pièces dont M. le comte de......... prétend se servir pour appuyer son mémoire, j'écris à M. de.........., qui a été son curateur, et dont j'ai reçu plus d'une lettre sur ce sujet, de vous faire voir les pièces qui sont entre ses mains, et de vous les laisser même, si vous jugez à propos de les examiner en particulier; je vous adresse la lettre que je lui ai écrite, afin qu'en la lui remettant, vous puissiez lui recommander, de ma part et de la vôtre, de ne parler à personne de l'examen que je vous renvoie, parce qu'il est à craindre que lui et M. le comte de.......... ne fassent un trop grand bruit de la commission que je vous donne, ce qui seroit fort contraire à mon intention, qui ne sera jamais de diffamer un magistrat chef d'une grande compagnie, mais qui est aussi d'approfondir très-exactement les plaintes qu'on porte contre lui.

Je sais qu'une pareille commission peut vous faire quelque peine, soit parce que vous êtes allié de M. de.........., soit parce qu'il est du bien du service que vous viviez en bonne intelligence avec lui, et c'est par ces deux raisons que j'ai eu d'abord de la répugnance à vous charger d'une discussion si peu agréable; mais vous savez aussi bien que moi, qu'il ne conviendroit pas de consulter, sur ce qui regarde M. de.........., personne du parlement, et, après y avoir bien fait des réflexions, je n'ai trouvé que vous seul dans toute la province de Bretagne, à qui je pusse confier cet examen, sans craindre ni partialité, ni prévention; je connois assez d'ailleurs quel est votre caractère, pour être bien sûr que, s'il faut en venir à quelques éclaircissemens avec M. de..........., vous saurez le faire avec tant de sagesse, de douceur et de ménagement, qu'il n'aura qu'à se louer de votre procédé, et que je n'en serai pas moins instruit de la vérité que je cherche à connoître, et dont je suis persuadé que vous me rendrez compte avec toute la sincérité dont vous êtes capable; vous pourrez le faire d'autant plus librement, qu'il n'y aura que moi seul qui verrai ce que vous m'écrirez sur cette affaire, et que je ne prendrai aucune résolution que de concert avec vous, et en évitant, avec autant de soin que vous le pourriez faire vous-même, de vous commettre avec M. de..........., et avec toute autre personne; au surplus, je souhaite de trouver des occasions plus agréables de vous donner des marques de ma confiance, et de vous témoigner que je suis véritablement.

Du 29 *mai* 1729.

LA première lecture de votre lettre du 20 janvier m'avoit prévenu en faveur des représentations que vous m'avez faites par cette lettre sur le changement que votre compagnie a jugé à propos de faire par sa délibération du 19 janvier, dans la distribution des conseillers qui doivent servir dans chacune des deux colonnes dont elle est composée; mais, après avoir bien examiné toutes les instructions exactes et détaillées que j'ai demandées et que j'ai reçues sur ce sujet, je ne vois pas que vous ayez aucune raison de vous plaindre. Il ne vous fait aucun préjudice réel, puisque, suivant ce dernier arrangement, vous vous trouvez le septième dans la colonne à laquelle on vous fait passer, comme vous étiez le septième dans celle que vous quittez, et il vous est indifférent qu'il y ait quatre conseillers après vous dans votre colonne, ou qu'il n'y en ait que trois, ceux qui vous suivent ne pouvant jamais vous rien disputer, et ceux qui vous précèdent n'étant pas en plus grand nombre qu'ils l'étoient auparavant.

A l'égard d'un dernier projet dont vous m'avez parlé par votre lettre du 29 janvier, et sur lequel j'ai reçu aussi les éclaircissemens nécessaires, je ne vous conseille pas de le proposer, ni de demander à ce sujet une nouvelle assemblée de votre compagnie : la matière y a déjà été mise en délibération dès le 19 janvier, et le nouvel arrangement dont vous vous plaignez y a été arrêté presque unanimement; vous avez demandé depuis ce temps-là une nouvelle assemblée, on a eu la complaisance de vous l'accorder le 21 du même mois, et le projet que vous y avez présenté y a été rejeté. Il seroit bien tard à présent d'en proposer un second, il faut que les affaires d'une compagnie aient une fin comme celles des particuliers, et dans la règle il suffiroit qu'un seul officier persistât dans l'avis qui a prévalu lors de la première délibération, pour empêcher qu'on n'y fît aucun changement. Je doute fort même que si M. le président.......... est opposé à la nouvelle pensée qui vous est venue dans l'esprit, il fût le seul qui se trouvât de cet avis, lorsque la chose auroit été bien expliquée. Je vois, en effet, par le tableau qui étoit joint à votre lettre du 29 janvier, que vous vous trouveriez le septième à la première chambre, où le doyen est toujours fixe; mais que lorsque votre colonne passeroit à la seconde chambre vous y seriez le sixième, ensorte que, par cette nouvelle distribution, vous gagneriez un rang de la seconde chambre, et vous approcheriez d'un degré du privilége de décaniser. Il est juste, à la vérité, que le changement qui s'est fait dans votre compagnie ne vous fasse perdre aucun rang, quoiqu'il y ait quelques-uns de vos collégues qui aient eu la générosité de consentir à une perte semblable; mais il ne conviendroit pas que par un ordre nouveau vous prétendissiez gagner, pendant qu'il y en a d'autres qui perdent volontairement par déférence pour leur compagnie et par la vue du bien public.

Je vous conseille donc, encore une fois, d'acquiescer pleinement et sans retour, comme vous le devez, à ce qui a été résolu dans votre corps, et qui vous laisse précisément dans la même situation où vous étiez avant le changement qui est arrivé. Je fais part en deux mots à M. le premier président de ce que je vous écris, sans entrer avec lui dans aucun détail, il est juste que le chef de votre compagnie soit instruit de ce que je pense sur ce sujet.

Du 31 août 1729.

Je suis persuadé que vous remplirez la fonction de président de la chambre des vacations avec tout l'ordre, la vigilance et l'exactitude qu'on doit attendre d'un magistrat de votre caractère.

Si trois jours sont suffisans pour l'expédition des affaires qui seront portées à cette chambre, vous pouvez suivre le plan que vous vous êtes formé à cet égard, pourvu que, s'il survient dans la suite des procès criminels ou d'autres affaires qui demandent qu'on entre plus de trois jours par semaine, vous engagiez MM. les conseillers du parlement, qui servent avec vous, à se rendre au palais autant de fois dans chaque semaine que cela sera nécessaire pour le bien de la justice.

A l'égard des procès des faux-sauniers, des personnes jugées par la police, et des accusés qui sont poursuivis à la grand'chambre, c'est l'usage de votre compagnie qui doit décider si vous êtes exclus d'en prendre connoissance. Ainsi, supposé que les chambres des vacations précédentes n'aient point connu de ces sortes d'affaires, celle que vous tenez à présent doit aussi s'en abstenir, sauf à examiner dans le cours du parlement prochain, s'il ne sera pas à propos que le roi augmente à cet égard le pouvoir de la chambre des vacations.

Pour ce qui est de l'enregistrement des lettres-patentes, par lesquelles vous me marquez que le roi a accordé des priviléges à une abbaye de votre province, ce n'est pas une matière qui doive être traitée dans la chambre des vacations, parce qu'elle n'a rien de provisoire, et qui requierre célérité; il faudroit en réitérer l'enregistrement après la St.-Martin, quand même on l'auroit ordonné pendant les vacations; ce qu'on ne pourroit même faire, les lettres ne portant point la clause qu'elles pourroient être enregistrées pendant les vacations : ainsi c'est une affaire qui doit être renvoyée au parlement prochain.

<hr>

Du 29 décembre 1729.

Sur les témoignages qui m'ont été rendus de votre meilleure conduite, le roi a bien voulu vous accorder la liberté de présider, en levant la restriction qui étoit portée par vos provisions : je ne saurois trop vous exhorter à montrer que vous méritiez une si grande grâce, non-seulement par votre assiduité et par votre application à remplir les devoirs de la charge dont vous êtes revêtu, mais par une attention constante et suivie à mener une vie digne d'un premier magistrat; ce sera le moyen d'effacer entièrement le souvenir de votre jeunesse, et de m'engager à me faire un plaisir de vous donner en toute occasion des marques de la considération avec laquelle je suis.

Du 2 décembre 1730.

QUOIQUE vous n'ayez pas cru devoir prendre part jusqu'à présent à la difficulté qui s'est formée entre MM. les présidens à mortier et MM. les conseillers au parlement de Bordeaux sur l'ordre dans lequel le fils de M. le président de.......... et celui de M.......... devoient être reçus conseillers, c'est à vous néanmoins qu'il convient que j'adresse les ordres du roi sur ce sujet, soit par rapport à la place que vous remplissez, soit parce que vous êtes le seul qui, par un effet de votre sagesse ordinaire, n'avez point pris parti sur une question sur laquelle le reste de votre compagnie se trouve partagé.

Je n'entrerai point avec vous dans aucun détail sur tout ce qui s'est passé en cette occasion. Vous en êtes autant et peut-être encore plus instruit que moi. Je me contenterai de vous dire, que MM. les présidens à mortier m'ayant envoyé un mémoire pour soutenir ce qu'ils regardent comme une prérogative de leurs charges, je crus devoir en faire part à MM. les conseillers par le canal de M.........., doyen du parlement, afin qu'étant également instruit des raisons contraires, je fusse en état d'avoir l'honneur d'en rendre compte au roi. Je m'attendois bien que le temps des vacations retarderoit la réponse de MM. les conseillers, et c'est ce qui est arrivé en effet. Cette réponse ne m'ayant été envoyée par M.......... que depuis quelques jours, la règle ordinaire et la bienséance semblent exiger que MM. les présidens aient à leur tour communication du mémoire qui leur est contraire. M.........., qui l'a bien prévu, me propose de régler, dès à présent, ce qui regarde la provision; il m'est revenu que MM. les présidens le désirent aussi, et encore plus les trois sujets qui concourent en cette occasion. Il seroit en effet bien triste pour eux, que leur réception demeurât suspendue jusqu'à ce que l'affaire eût été mise en état d'être terminée par un règlement définitif.

C'est ce qui m'a déterminé, après avoir lu attentivement et le mémoire de MM. les présidens et la réponse de MM. les conseillers, à avoir l'honneur de rendre compte au roi de l'état présent de cette affaire; et Sa Majesté a jugé à propos que la réponse de MM. les conseillers fût communiquée à MM. les présidens, pour y faire la réplique qu'ils jugeront à propos, et qui sera aussi communiquée à MM. les conseillers pour y répondre de leur part, s'ils croient le devoir faire. Après quoi le roi regardera l'affaire comme suffisamment instruite, et la réglera définitivement, ainsi qu'il appartiendra; mais, en attendant sa décision, comme le droit le plus commun paroît être du côté de MM. les présidens, et que les faits qu'ils allèguent sur l'usage particulier de votre compagnie, sont combattus de l'autre côté par des raisonnemens tirés de circonstances particulières plutôt que par des exemples bien clairs et bien prouvés de faits contraires, Sa Majesté m'ordonne de vous faire savoir, et, par vous, à toute votre compagnie, que son intention est que, par provision, et sans que cela puisse préjudicier à l'une ou à l'autre des prétentions opposées, le fils de M. le président de..... soit reçu le premier, le fils de M. de......... le second, et enfin le sieur de.........

En vous expliquant les ordres que j'ai reçus du roi sur ce sujet, je voudrois pouvoir vous dissimuler qu'il a paru extraordinaire à Sa Majesté que MM. les conseillers de votre compagnie, au lieu d'imiter la sagesse et la modération de MM. les présidens qui se retirèrent, en déclarant que, dans une affaire qui les intéressoit personnellement par rapport à leur dignité, ils ne pouvoient prendre d'autre parti que celui de m'en écrire pour me prier de leur faire savoir les intentions du roi, MM. les conseillers qui avoient la même raison pour suspendre leur jugement, ayant persisté à vouloir être juges dans leur propre cause, en demeurant assemblés sans aucun

24*

de MM. les présidens à leur tête, et n'ayant que le doyen pour président ; ce que le roi ne peut jamais approuver, lorsqu'il s'agit d'une contestation entre MM. les présidens et MM. les conseillers, et qui ne sauroit être autorisé, même dans d'autres cas, que lorsque l'absence ou quelqu'autre empêchement légitime de MM. les présidens rend la présidence de l'ancien des conseillers absolument nécessaire, pour ne pas interrompre le cours de la justice.

C'est sur quoi Sa Majesté s'expliquera d'une manière plus précise, quand il sera question de juger le fond de l'affaire ; et le roi croit même donner une grande marque de bonté aux conseillers de votre compagnie, en différant jusque là d'y pourvoir. Vous prendrez, s'il vous plaît, la peine, pour mettre Sa Majesté en état de le faire, de m'envoyer un extrait en forme, du registre du parlement, qui contient la délibération prise en cette occasion par MM. les conseillers en l'absence de MM. les présidens ; et cependant Sa Majesté compte que, par un effet de votre zèle pour le bon ordre et pour l'exécution de ses volontés, vous prendrez les mesures nécessaires pour empêcher qu'il n'arrive rien de semblable à l'avenir. Je compte que vous ferez part de cette lettre à votre compagnie, et je ne doute pas qu'elle ne s'y conforme exactement avec tout le respect qu'elle a pour les ordres du roi.

Du 11 *avril* 1732.

DEPUIS les deux lettres que vous m'avez écrites au sujet des plaintes que M. le premier président de votre compagnie m'avoit portées contre vous, j'ai eu tant d'occupations et de distractions, qu'il ne m'a pas été possible de trouver plus tôt le temps de vous marquer ce que je pense de votre conduite dans l'occasion qui a donné lieu à ces plaintes.

Je connois assez votre sincérité, pour être bien assuré de la vérité des faits que vous m'avez expliqués, et pour n'avoir pas besoin de la faire confirmer par le témoignage de M. le président de........; mais je vous avoue que c'est en les supposant très-exactement véritables, que je ne saurois approuver la démarche qui a été le sujet des plaintes de M. le premier président.

Vous étiez rapporteur de la déclaration qu'il s'agissoit d'enregistrer, mais vous n'étiez point le promoteur de cet enregistrement; le procureur-général est la seule partie requérante en pareil cas, et c'est à lui seul qu'il convient de faire les diligences nécessaires pour la prompte exécution des ordres du roi; les conseillers ni les rapporteurs même ne sont chargés par aucune loi de demander l'assemblée des chambres à cette occasion; c'est au premier président que l'obligation en est imposée; c'est au procureur-général à l'y exciter quand il le juge à propos, et il n'y a que ces deux officiers qui puissent être rendus responsables d'un retardement qui seroit de quelque conséquence.

Il s'agissoit d'ailleurs d'une déclaration dont l'objet est si léger, qu'il étoit fort indifférent qu'elle fût enregistrée six jours plus tôt ou six jours plus tard. Il est même assez difficile de présumer que vous ayez ignoré l'incommodité qui avoit empêché M. le premier président de venir au palais pendant deux ou trois jours.

Enfin, je ne comprends pas bien pourquoi, pendant le temps que vous étiez de service à la chambre des eaux et forêts, vous avez été chercher M. le président de....... à la tournelle, pour lui donner un avis qui ne méritoit nullement que vous quittassiez votre service ordinaire.

Je suis persuadé que vous n'avez parlé à ce président que comme vous m'en assurez dans votre première lettre, et que vous vous êtes contenté de lui représenter, *que depuis six jours vous étiez en état*

de faire le rapport de la déclaration dont les or-
donnances ne permettoient pas de différer l'enre-
gistrement, afin qu'il prît les mesures qui étoient à
prendre pour cela, et que vous pussiez ensuite vous
acquitter de votre commission. Mais, quoique je vous
croie très-volontiers quand vous m'assurez que votre
intention n'étoit point de provoquer M. le président....... à faire assembler les chambres sans la
participation de M. le premier président, il faut avouer
néanmoins que votre représentation a pu donner
cette pensée, et que si M...... avoit assemblé les
chambres, vous en aviez fait assez pour le mettre
en droit de pouvoir dire qu'il ne les avoit assemblées
qu'à votre excitation. La réponse même qu'il vous
fit, en vous disant que M. le premier président étant
dans la ville, il attendroit son retour au palais,
marque assez qu'il avoit cru que vous vouliez l'engager à convoquer les chambres, et d'ailleurs vous
auriez dû faire par avance la même réflexion que lui
par rapport à M. le premier président : ainsi il n'est
pas surprenant qu'on ait donné un mauvais sens à
votre démarche, par son inutilité même; puisque,
sans vous adresser à M.........., il ne tenoit qu'à
vous de faire demander à M. le premier président
quel jour il comptoit d'assembler les chambres pour
la déclaration dont vous étiez le rapporteur, ce qui
auroit prévenu toutes sortes de difficultés dans cette
affaire.

Mais comme je connois toute la droiture de vos
intentions, je consens très-volontiers à interpréter
votre démarche comme vous l'expliquez vous-même,
et je me contente de vous exhorter à joindre à cette
droiture un peu plus de réflexion sur les égards qui
sont dus au chef d'une compagnie, et qui doivent
être encore plus grands de la part de ceux qui,
n'étant pas fort liés avec lui, n'en doivent être que
plus attentifs à mesurer toutes leurs démarches dans
les choses qui le regardent.

Je crois donc, qu'afin que tout ce qui s'est passé
dans cette occasion n'augmente point cette espèce de

froideur qui est entre vous et M. le premier président, et qu'on ne s'en serve, contre votre intention,
pour soutenir qu'un conseiller peut provoquer l'assemblée des chambres en l'absence de M. le premier
président, il sera fort à propos que vous l'alliez voir
pour vous expliquer aussi simplement que vous l'avez
fait à mon égard, en lui marquant que, sans avoir
aucune intention d'exciter M. le président de...... .
à assembler les chambres, sans la participation de M. le
premier président, vous avez voulu seulement lui dire,
à votre décharge, que vous étiez tout prêt à faire le
rapport de la déclaration dont il s'agissoit, et que
c'étoit à lui de prendre après cela les mesures qu'il
jugeroit convenables ; ce qui, dans votre esprit, ne
signifioit autre chose que de se concerter avec M. le
premier président sur ce sujet, et ce qui a été en effet
la seule conséquence que M. le président de.......
en ait tirée ; qu'au surplus, vous connoissez tous les
droits qui appartiennent au chef de la compagnie,
et que vous êtes bien éloigné de rien faire qui puisse
y être compromis.

J'écris à M. le premier président, qu'il doit être
content de cette explication de vos sentimens, et je
souhaite que les choses se passent de telle manière
entre vous et lui, que ce qui auroit pu vous éloigner
encore plus l'un de l'autre, serve, au contraire, à
vous rapprocher et vous rendre par là aussi utile au
bien de la justice, que vous méritez de l'être par les
qualités du cœur et l'esprit.

Du 2 juin 1732.

JE n'ai pu recevoir plus tôt les ordres du roi sur les
représentations que vous avez jugé à propos de me
faire avec MM. les commissaires de votre compagnie,
au sujet du rang qu'il a plu à Sa Majesté d'accorder
à M........., par les lettres de conseiller honoraire qui ont été expédiées en sa faveur. Quelques

égards que le roi veuille bien avoir en certaines occasions pour les délicatesses des compagnies, Sa Majesté n'a pas cru néanmoins pouvoir apporter aucun changnement à la grâce qu'elle a faite à M......... Sa naissance distinguée, l'ancienneté de ses services, la mémoire d'un père qui est mort doyen de votre compagnie, et qui y a laissé une réputation dont je me souviens d'avoir été moi-même témoin dans ma première jeunesse, ont été les motifs de l'honneur que le roi a bien voulu lui faire ; et Sa Majesté s'y est portée d'autant plus volontiers, que le feu roi avoit accordé une pareille grâce, dans les mêmes circonstances, à feu M.........., procureur-général en votre compagnie ; ou, s'il y a quelques différences entre ces deux cas, plusieurs de ces différences sont avantageuses à M........., et aucune ne lui est véritablement contraire. C'est sur toutes ces raisons que le roi s'est déterminé à le traiter aussi favorablement qu'il l'a fait ; et, comme elles subsistent toujours en leur entier, l'intention de Sa Majesté est que M......... jouisse pleinement de cette grâce, et que vous procédiez incessamment à l'enregistrement de ses lettres. Je ne doute pas que la cour des aides ne s'y conforme avec son respect et sa soumission ordinaires pour la volonté du roi ; je sais par expérience que les grâces ne font jamais de peine aux sujets les plus distingués d'une compagnie, lorsqu'elles ne tombent que sur des noms qui sont en possession d'y être honorés depuis une longue suite d'années.

Du 5 juin 1732.

Vous savez que j'ai parlé plus d'une fois à M. le cardinal de.......... sur la difficulté qui commençoit à se former entre vous et M. l'évêque de.........., pour savoir lequel des deux devoit rendre la première visite à l'autre ; les usages sont

si différens sur ce point, qu'il ne seroit pas facile d'y
établir une règle uniforme ; ainsi cette délicatesse de
cérémonial étant du nombre des difficultés qu'il vaut
souvent mieux éluder que décider, le tempérament
auquel Son Eminence a cru, aussi bien que moi,
qu'on devoit se fixer sur ce qui vous regarde, est que
lorsque M. l'évêque de............ viendra à Pau
pour la première fois, vous envoyiez au-devant de
lui avant qu'il entre dans cette ville, pour lui faire
un compliment sur son arrivée, et pour l'inviter à
venir dîner ou souper chez vous, selon l'heure à laquelle il arrivera ; moyennant quoi ce prélat, étant
venu descendre chez vous, vous irez le voir le lendemain chez lui, sans que la dignité de l'un ou de
l'autre souffre aucun préjudice véritable par un tempérament qui, pouvant être expliqué favorablement
de part et d'autre, est plus propre qu'aucun autre à
entretenir l'union et la bonne correspondance qu'il
est nécessaire, pour le bien du service, de conserver
entre vous et M. l'évêque de.........

Du 1.er août 1732.

Si la commission pour la chambre des vacations
n'est pas encore enregistrée, vous pouvez me la renvoyer avec une nouvelle liste, dans laquelle M.....
sera employé au lieu de M. le..........; je ferai
expédier de nouveau la même commission à laquelle
cette nouvelle liste seroit attachée, et vous auriez
encore le temps, lorsque je vous l'aurai envoyée, de
la faire enregistrer à la fin du parlement.

Du 1.er février 1736.

Je me souviens d'avoir réglé autrefois une difficulté qui s'étoit formée entre vous et MM. les chevaliers d'honneur au parlement de Dijon, sur l'ordre de la séance ou du rang qui devoit avoir lieu entre vous et eux ; comme la même difficulté renaît dans un autre parlement, vous me ferez plaisir si, pour m'épargner la peine de faire chercher la minute de ma lettre, dont j'ai oublié la date, vous voulez bien m'en envoyer incessamment la copie. Je profite très-volontiers de cette occasion pour vous assurer que je suis.

Du 12 mai 1736.

Si j'ai différé de vous écrire d'une manière plus précise sur la difficulté qui a été sur le point de se former entre vous et M........., chevalier d'honneur au parlement de..........., sur le rang que vous devez avoir l'un et l'autre dans ce parlement, c'est parce que je me suis souvenu d'avoir réglé, il y a environ dix-huit ans, une pareille difficulté entre un conseiller d'honneur et des chevaliers d'honneur au parlement de........... Il a fallu rechercher ce qui s'étoit passé en ce temps-là, et j'ai été même obligé d'en écrire à........... pour en avoir les éclaircissemens qui pouvoient me manquer sur ce sujet. Je les ai tous reçus, et je vois avec peine, par rapport à vous, que ma décision fut alors favorable aux chevaliers d'honneur qui s'étoient soumis à mon jugement, aussi bien que M. le président de......., conseiller d'honneur au même parlement.

Je me suis même rappelé les motifs qui m'avoient déterminé en faveur des chevaliers d'honneur, et j'en ai trouvé de deux sortes : les uns, qui étoient propres au parlement de.........., les autres, qui peuvent s'étendre également à tous les parlemens. Les premiers étoient fondés, 1.º sur ce que les chevaliers d'honneur étoient établis au parlement de......... dès le temps de sa création, pour y avoir rang au-dessus de tous les conseillers; 2.º sur ce que leur possession de préséance n'avoit jamais été troublée par aucun conseiller d'honneur.

Il est certain que ces deux considérations ne peuvent s'appliquer au parlement de Bordeaux, soit parce que les chevaliers d'honneur n'y ont été établis qu'en l'année 1702, soit parce qu'on n'y voit point qu'il y eût eu avant vous des conseillers d'honneur reçus au parlement de Bordeaux qui aient pu disputer la préséance aux chevaliers d'honneur.

Mais, indépendamment de ces deux circonstances, qui mettent une différence, en cette matière, entre le parlement de Dijon et celui de Bordeaux, les motifs de la seconde espèce, c'est-à-dire, ceux qui peuvent convenir également à tous les parlemens, m'auroient aussi paru suffisans pour me déterminer en faveur des chevaliers d'honneur.

L'édit de création de leurs places renferme trois choses qui méritent une grande attention : la première est que les nouveaux chevaliers d'honneur sont créés, dans tous les parlemens, à l'*instar* de ceux qui étoient déjà établis dans quelques-unes de ces cours ; ensorte que, par là, l'exemple de l'usage du parlement de Dijon devient un titre commun aux chevaliers d'honneur qui ont été créés dans les autres parlemens sur le modèle des premiers ; la seconde est que, dans le préambule de l'édit de 1702, le roi paroît avoir eu en vue un exemple d'un ordre qui est encore supérieur ; c'est celui de la séance que les pairs ont eue au parlement de Paris, et il n'est pas douteux qu'ils n'y soient assis au-dessus de tous les conseillers d'honneur.

La dernière est que, dans le dispositif du même

édit, le roi veut que les chevaliers d'honneur aient
rang et séance au-dessus de tous les conseillers, puisqu'il la leur donne au-dessus du doyen; et Sa Majesté marque ensuite expressément ceux que les chevaliers d'honneur ne pourroient prétendre avoir droit
de précéder, comme les gouverneurs et les lieutenans-généraux des provinces, sans faire aucune mention des conseillers d'honneur qui auroient dû être
mis dans la même classe, si le roi avoit voulu que
les chevaliers d'honneur fussent obligés de leur céder
la préséance.

J'ajoute à ces considérations que vos lettres de conseiller d'honneur étant postérieures à l'édit de création
des charges de chevaliers d'honneur au parlement de
Bordeaux, il auroit fallu y déroger au droit acquis
par cet édit aux chevaliers d'honneur, si l'on avoit
voulu vous donner la préséance sur eux. L'égalité
qu'on met, par ces lettres, entre les droits qu'on vous
attribue, et ceux des conseillers d'honneur, dans les
autres parlemens, et notamment dans celui de Paris,
n'a rien de décisif en votre faveur, soit parce que,
n'y ayant point de chevaliers d'honneur au parlement
de Paris, l'exemple de ce qui s'y passe ne peut être
appliqué au cas où vous vous trouvez, soit parce que,
si l'on a recours à l'usage des autres parlemens où il
y a des chevaliers d'honneur, il vous seroit plus contraire que favorable.

Ainsi, tout bien considéré, je crois que, comme
il seroit assez difficile de vous adjuger la préséance
sur les chevaliers d'honneur, ce que vous pouvez
faire de mieux, est d'éluder la question, en évitant
de vous trouver au parlement les jours où il s'y trouvera des *chevaliers d'honneur*; et peut-être seroit-il
bon de convenir, une fois pour tout, avec eux, qu'ils
n'y entreroient point quand vous y seriez, comme
réciproquement vous n'y prendriez pas place quand
ils y viendroient; et, si vous le désirez, j'écrirai
dans cet esprit à M. le premier président du parlement de Bordeaux, afin qu'il se rende le dépositaire
des paroles qui seront données réciproquement sur

ce sujet ; mais je ne le ferai qu'après que vous aurez bien examiné si cela n'est point sujet à quelque inconvénient.

Du 6 juin 1736.

J'ai appris qu'il pourroit se former une difficulté entre M............, comme conseiller d'honneur au parlement de Bordeaux, et M........., chevalier d'honneur au même parlement, au sujet du rang qu'ils doivent y avoir entr'eux, lorsqu'ils se trouvent en même temps dans cette compagnie. On m'a dit même que, par cette raison, ils avoient eu assez d'attention, jusqu'à présent, pour éviter l'occasion de faire naître cette difficulté, mais que M......... ayant été, il y a quelque temps, au parlement, sans savoir que M......... y fût, et l'ayant trouvé en place, il eut la sagesse de ne pas émouvoir la question, et de s'asseoir après M..........., plutôt que de donner une scène qui n'auroit été agréable ni pour l'un ni pour l'autre ; mais, comme le même cas pourroit encore arriver, et ne pas se passer aussi tranquillement, il est bon de prévenir un pareil incident, et c'est ce qui ne paroît pas bien difficile. La question, s'il s'agissoit de la décider, pourroit être susceptible de plusieurs raisonnemens qu'on ne manqueroit pas de faire de part et d'autre ; mais, comme ces sortes de questions ne se traitent guère sans quelque vivacité, et que les conseillers d'honneur des autres parlemens, et surtout celui de Paris, où il y en a plusieurs, pourroient s'y intéresser, aussi bien que les chevaliers d'honneur des autres compagnies, je crois qu'on peut mettre la difficulté dont il s'agit au nombre de celles qu'il vaut mieux éluder que de décider ; et je pense d'autant plus de cette manière, que, n'y ayant point d'autres conseillers d'honneur au parlement de Bordeaux que M.........; à qui ce titre n'a été accordé qu'à l'occasion de sa fonction d'intendant, et qui, vraisemblablement, n'en fera grand usage quand il sortira de cette fonction, il n'est point à craindre que ce qui se fera aujourd'hui sur ce sujet puisse tirer à conséquence.

Ainsi, pour laisser la question indécise, et empêcher cependant qu'il n'arrive quelque incident qui en rende le jugement nécessaire, on ne peut rien faire de mieux que d'engager M......... et M......... à ne se trouver jamais ensemble au parlement; il y a lieu de croire qu'ils y sont assez disposés d'eux-mêmes. Mais, afin que ce soit une chose fixe et arrêtée pour toujours, il est bon que vous tiriez une parole positive des deux côtés; que ces messieurs se feront avertir réciproquement, lorsqu'ils auront envie d'aller au parlement, afin que celui qui aura ainsi été averti le premier s'abstienne d'y entrer le même jour, bien entendu que si M......... étoit obligé d'y aller pour y porter quelque ordre du roi, M......... s'abstiendroit de prendre sa place ce jour-là, quand même il s'y seroit destiné, et l'auroit fait dire à M......... avant que celui-ci eût reçu l'ordre d'entrer au parlement.

J'espère qu'il ne vous sera pas difficile de réussir dans cette espèce de négociation avec des esprits si raisonnables de part et d'autre, sans qu'il soit nécessaire de faire expliquer le roi pour autoriser un tempérament si convenable.

Du 11 juillet 1736.

Il est sans difficulté, comme je l'écrivis l'année dernière à l'égard de M. le président.......... et M. le président de........., que M. de........., ne devant être employé dans la liste des officiers de la chambre des vacations de cette année que pour suppléer en cas d'absence ou autre empêchement légitime de M. le président de..........., il ne doit être porté qu'en second dans cette liste : ce qui ne déroge rien aux prérogatives que son ancienneté peut lui donner en d'autres occasions, et c'est ainsi qu'on en use à Paris, comme je le marquai dans la lettre que j'écrivis, l'année dernière, dans un cas semblable ; ainsi j'aurai soin de faire réformer la liste dans la commission qui sera expédiée pour la chambre des vacations.

Du 7 novembre 1736.

PENDANT la vie de M. de..........., votre prédécesseur, il avoit été souvent question de retoucher la déclaration du mois de janvier 1684, qui sert de réglement pour la chambre des vacations ; je lui avois envoyé des remarques sur différens articles de cette déclaration, pour indiquer les changemens qu'il me sembloit qu'on y pouvoit faire ; mais la plupart de ces changemens ne furent pas de son goût, comme vous le verrez par l'extrait que je vous envoie d'une longue lettre qu'il m'écrivit sur ce sujet en 1729. La même matière a été encore agitée depuis ce temps-là ; mais on ne s'en souvenoit guère que lorsque le temps des vacations approchoit, et il étoit trop tard alors pour le discuter de nouveau ; ensorte que M. de...... est mort avant qu'on ait pris aucun parti décisif sur ce sujet.

Il semble cependant qu'il pouvoit être utile à la justice, et convenable même, soit au chef ou aux membres du parlement de Bordeaux, qu'on fît quelques changemens dans la déclaration de 1684. C'est dans cette vue que j'ai rassemblé ce que j'avois sur ce sujet pour vous l'envoyer, et je me presse de le faire à peu près dans le temps que le parlement doit se rassembler, pour ne plus tomber dans l'inconvénient de ne traiter cette matière que lorsque la séance de votre compagnie est prête à finir.

Vous avez donc tout le temps nécessaire pour y faire vos réflexions : si vous pensez, sur ce sujet, comme M. votre prédécesseur, les changemens qui me sont venus dans l'esprit ne sont ni assez nécessaires ni assez importans pour m'engager à y insister, et je sais qu'il y a bien des occasions où l'idée d'une plus grande perfection fait plus de mal par le trouble, qui est une suite de la nouveauté, qu'elle ne fait de bien par ce qu'elle change en mieux.

Mais, comme les vues que j'avois eues sur cette matière sont susceptibles de plus et de moins, et qu'elles peuvent vous donner lieu d'en imaginer de meilleures par la connoissance que vous avez de ce qui convient le mieux, eu égard aux usages et aux dispositions de votre compagnie, je suis bien aise de remettre sous vos yeux tout ce qui avoit passé sous ceux de M. de.........., afin que votre avis me fixe entièrement sur ce sujet.

Vous pouvez m'expliquer seul votre pensée, ou en conférer avec ceux de MM. du parlement que vous jugerez à propos, et je m'en rapporte absolument à votre prudence sur ce point.

Ce qui me paroît le plus essentiel, et à quoi se bornent véritablement mes vœux en cette occasion, est de trouver le moyen de faire ensorte que la chambre des vacations ne soit pas aussi inutile à l'expédition des affaires que je vois par l'expérience qu'elle l'est presque également tous les ans : à peine est-elle formée, que le temps des vendanges disperse les juges, les procureurs, les avocats, les parties même ; et comme, après avoir recueilli son vin, on est occupé de le vendre, il arrive ordinairement que ceux qui se sont une fois séparés ne se rassemblent plus, ou le font du moins si rarement, qu'il est difficile qu'il n'y ait pas de parties qui ne souffrent. L'inconvénient paroit assez certain ; le remède en peut être difficile, et c'est sur quoi j'attendrai votre avis.

Du 11 *janvier* 1737.

JE n'ai vu votre lettre qu'après avoir répondu à celle que M. le premier président de Bordeaux m'a écrite sur le dessein que vous avez formé de vous démettre de votre charge de conseiller, et je crois ne pouvoir vous faire mieux connoître mes sentimens sur ce sujet qu'en vous renvoyant à ce que M. le premier président vous en dira ; j'ajoute seulement ici que si c'est la délicatesse de votre santé qui vous inspire la mauvaise pensée de vous défaire de votre charge, il vous est aisé de la conserver en diminuant votre travail, et en ne vous chargeant point de certaines affaires pesantes, dont le rapport ne s'accorderoit pas avec la foiblesse de votre poitrine.

En un mot, il n'y a point d'expédiens qu'il ne faille chercher, et qui ne vaillent mieux que le parti de priver le parlement d'un juge de votre mérite.

Du 16 *juin* 1737.

QUOIQUE les réflexions que j'ai faites, il y a déjà plusieurs années, sur le changement qu'il seroit convenable de faire dans la déclaration de 1684, qui régle le service de la chambre des vacations pour le parlement de Bordeaux, fassent toujours la même impression sur mon esprit, je vois bien néanmoins qu'il faut céder aux considérations que vous tirez et de la nature des biens de votre province et de la saison dans laquelle le parlement interrompt sa séance, et d'un ancien usage auquel on est attaché par une certaine convenance et par une habitude dont on auroit bien de la peine à revenir. Il faut donc laisser les choses, à cet égard, dans l'état où elles sont, et tâcher seulement de faire ensorte que le service du public en souffre le moins qu'il est possible : c'est à quoi je suis bien persuadé que personne ne peut donner plus d'attention que vous le faites.

Du 3 septembre 1738.

Il étoit inutile d'assembler tous ceux de MM. du parlement qui se sont trouvés à Rennes pour enregistrer la commission de la chambre des vacations; comme elle n'est adressée qu'à ceux qui doivent tenir cette chambre, il suffisoit qu'ils en ordonnassent l'enregistrement, et c'est ainsi qu'on en usa, il y a quelques années à Rouen, dans un contre-temps pareil à celui qui a empêché que vous n'ayez reçu la commission de la chambre des vacations avant la séparation du parlement; mais comme, après tout, ce qui abonde ne vicie pas, il n'y a pas lieu de craindre qu'on attaque, sous un pareil prétexte, les arrêts qui seront rendus par cette chambre.

Du 23 novembre 1738.

Je vous écrivis au commencement de la dernière chambre des vacations, qu'on ne devoit point y enregistrer des lettres-patentes du roi, à moins qu'elles ne portassent la clause qu'il pourroit être procédé à leur enregistrement, même *en temps de vacations* : je vois cependant qu'on y a enregistré celle dont je vous envoie la copie, et je vous prie de me faire savoir les raisons qui vous ont fait croire qu'on pouvoit s'écarter de la règle générale à cet égard.

Du 5 décembre 1738.

Je m'étois bien douté par avance que c'étoit le privilége de la matière qui avoit porté la chambre des vacations à ordonner l'enregistrement des lettres-patentes dont je vous ai envoyé la copie, parce que cet enregistrement n'auroit pu être différé sans donner lieu à de grands inconvéniens que vous avez cru devoir prévenir dans des cas qu'on n'avoit pu prévoir dans la dernière séance du parlement. Je suis encore plus convaincu de la force de ces motifs par le détail dans lequel vous êtes entré en répondant à ma lettre ; mais, quoique je ne puisse qu'approuver la conduite très-sage et très-mesurée que vous avez eue dans ces deux occasions, la nécessité étant au-dessus des lois, et surtout quand il s'agit de difficultés qui ne regardent que la forme, je crois cependant devoir faire deux réflexions sur ce sujet, plutôt dans la vue de l'avenir que par rapport au passé :

La première est que, lorsqu'il s'agit de matières qui requièrent célérité, ceux qui obtiennent des lettres-patentes doivent avoir attention d'y faire insérer qu'elles pourront être enregistrées même en temps de vacations : c'étoit ce que des fermiers-généraux, d'un côté, et, de l'autre, les habitans de Ploermel, auroient dû faire dans les lettres-patentes qu'ils avoient obtenues. Mais, comme c'est par leur faute qu'on avoit omis d'y employer les termes que je viens de vous marquer, il ne seroit pas juste d'en faire tomber le reproche sur vous ou sur la chambre des vacations, et la nécessité indispensable de procéder à l'enregistrement de ces lettres, a pu vous autoriser à y suppléer ce qui y manquoit. Il est bon cependant que vous en avertissiez surtout les fermiers ou leurs procureurs, afin que, dorénavant, dans des occasions semblables, ils aient plus d'attention qu'ils n'en ont eu dans celle-ci ;

25*

La seconde réflexion que je fais, est que régulièrement la chambre des vacations n'a pas l'autorité de prononcer un enregistrement définitif, lors même que les lettres-patentes, qu'il est question d'enregistrer, portent que cet enregistrement pourra se faire même dans le temps des vacations ; on ne doit l'ordonner dans ce cas qu'à la charge de le faire réitérer lorsque le parlement sera rassemblé, à plus forte raison doit-on en user de la même manière lorsque, dans l'étroite rigueur, les lettres-patentes ne peuvent pas être présentées à la chambre des vacations, faute d'y avoir fait mettre la clause que je viens de vous marquer, et que ce n'est qu'une nécessité urgente qui oblige les juges à y suppléer cette clause. C'est donc la seule chose qui paroisse avoir échappé en cette occasion à la chambre des vacations, et, si vous y présidez dans la suite, je suis bien persuadé que vous aurez attention à y faire suivre une règle qui n'est qu'une suite de la nature du pouvoir passager et provisoire que la chambre des vacations exerce dans les cas qui ne sont point exceptés de cette règle. Elle doit avoir encore plus lieu à l'égard de l'enregistrement des lettres-patentes du roi, que lorsqu'il ne s'agit que des jugemens à rendre entre des particuliers dans les matières civiles.

Mais, quoique j'aie dû faire ces deux réflexions pour la conservation des règles de l'ordre public, je n'en approuve pas moins, et les motifs qui vous ont déterminé à agir comme vous l'avez fait à l'égard des deux lettres-patentes sur lesquelles je vous ai demandé des éclaircissemens, et la sagesse avec laquelle vous avez su vous conduire sur ce sujet : soyez donc persuadé des sentimens avec lesquels je suis.

Du 4 octobre 1741.

L'ABSENCE de presque tous les officiers du parlement qui servent à la chambre des vacations ne lui ayant pas permis de procéder à l'enregistrement de la déclaration qui ordonne la levée du dixième, elle ne pouvoit rien faire de mieux que de faire un registre des raisons du retardement, et d'arrêter qu'elle se rassembleroit aussitôt qu'il seroit possible, pour se conformer aux intentions du roi. Vous ne pouviez mieux marquer, aussi bien que cette chambre, le zèle avec lequel vous vous portez à tout ce qui peut intéresser le bien de son service.

Du 27 août 1742.

Vous avez eu raison de vous plaindre de la nouveauté qui est arrivée le 15 de ce mois à la procession qui se fait tous les ans à pareil jour; et je ne saurois comprendre quelles raisons les officiers militaires ont pu avoir pour ne vous point rendre les honneurs dont vous avez toujours été en possession. M. de........, par qui ils doivent recevoir les ordres du roi, a écrit au sieur........, commandant à Douai, que l'usage ayant toujours été de battre aux champs, lorsque le parlement passoit en corps de cour et en robes rouges, on avoit eu tort de ne s'y pas conformer. Ainsi vous ne devez point craindre que l'on manque à l'avenir de rendre à votre compagnie les honneurs dont elle a toujours joui.

Du 27 août 1743.

JE finis hier l'affaire de M. le président de.......;
et quelque prévenu que je fusse en sa faveur, quelqu'assurance qu'il m'eût donnée de ses sentimens
d'une manière capable de dissiper jusqu'à l'ombre du
soupçon, il a fallu néanmoins faire usage des témoignages de M. l'archevêque de Narbonne et de M. l'archevêque de Toulouse, pour consommer un choix
dont ce jeune magistrat paroît si digne. Je lui écris
pour lui faire part de l'agrément que Sa Majesté lui
donna hier, et dont il vous est principalement redevable; il doit même vous en avoir d'autant plus de
reconnoissance, qu'il y a eu des occasions où vous
aviez cru n'avoir pas lieu d'être entièrement satisfait
de la conduite de M. son père à l'égard d'un de ceux
qui vous sont les plus proches ; et bien loin d'en avoir
conservé quelque souvenir, vous n'en avez été que
plus empressé à leur rendre des services essentiels dans
une affaire si importante pour lui.

Mais il y a déjà du temps que vous avez prévu
une difficulté que l'agrément qui seroit accordé à
M. de.......... ne manqueroit pas de faire naître
sur son rang par rapport à M. le président de.......
Je sais bien qu'il pourroit dépendre de moi, en un
sens, de faire évanouir cette difficulté, parce qu'il ne
faudroit pour cela que procurer à ce président de
nouvelles lettres du roi, par lesquelles, en prévenant
de trois ou quatre mois le temps auquel, suivant de
premières lettres, ce magistrat est conservé dans
l'exercice de sa charge de président, Sa Majesté lui
permettroit de commencer dès-à-présent cet exercice.
C'est ce qu'il m'a demandé aussi bien que M. l'évêque
de Grenoble, son oncle; mais je ne laisse pas d'y trouver beaucoup de difficultés.

De même, l'on peut dire pour lui qu'il a l'avantage
d'être déjà reçu dans la charge de président, qu'il a

par conséquent un titre ou un droit acquis, et que si le seul exercice de ses fonctions a été suspendu jusqu'au mois de décembre prochain, l'intervalle du temps pendant lequel cette suspension doit durer est si court, qu'il paroît très-favorable d'effacer une distance si médiocre, pour lui assurer la préférence du rang sur un officier qui n'a pas encore de provisions, et qui ne pourra guère être reçu qu'après la S. Martin prochaine, c'est-à-dire, presque dans le temps où l'exercice de M. le président......... doit commencer; à quoi l'on peut ajouter que ce magistrat a encore un autre titre de préférence sur M. de......, comme fils, et je crois même petit-fils d'un président à mortier.

D'un autre côté, on peut répondre pour M. de......, qu'il a sur M......... l'avantage de l'âge, et celui de l'ancienneté des services, qui doit faire mettre une grande différence entre un officier de plus de 29 ans, qui a neuf années d'exercice fixe dans la charge de conseiller ou dans celle de président des requêtes du palais; au lieu que son concurrent n'aura, à ce que je crois, que 24 ans accomplis au mois de décembre; et n'aura pas encore alors trois années de service dans la charge de conseiller : que si M........... est fils d'un président à mortier, M. de.......... a aussi ses avantages d'un autre genre, et que d'ailleurs, suivant l'usage du parlement de Toulouse, confirmé par l'édit que le roi vient de donner sur l'ordre des réceptions, la dignité des pères qui sont décédés, ne donne aucun titre de préférence sur les enfans des officiers, quoique d'un rang inférieur, qui sont encore vivans : que le roi a déjà fait une assez grande grâce à M. le président........., en le revêtissant si jeune d'une charge de président, et en lui permettant de l'exercer dès l'âge de 24 ans accomplis, sans qu'on y ajoute une permission anticipée d'entrer en exercice au préjudice d'un officier qui est déjà en place avant que M......... fût sorti du collège; et qu'enfin, dans le doute, c'est par la vue du bien de la justice et du service du roi qu'on doit se déterminer, et qu'on

ne sauroit douter que si l'on s'attache à ces considérations, M. de.......... mérite d'obtenir la préférence.

Quoique ces dernières raisons me paroissent bien
fortes, je ne veux point prendre sur moi la décision
de cette difficulté, et je crois au moins devoir me
consulter avant que de la résoudre ; vous pouvez
même être plus instruit que je ne le suis des exemples
que l'un ou l'autre des deux concurrens sont peut-
être en état d'alléguer en leur faveur ; vous êtes aussi
plus à portée de connoître sur cela les dispositions et
le vœu de votre compagnie.

Je suspends donc ma détermination jusqu'à ce que
vous m'ayez envoyé votre avis ; et je crois que le
retard ne doit être ici compté pour rien, non-seulement parce qu'il s'agit ici de bien décider, plutôt que
de décider promptement, mais parce qu'il me paroît
moralement impossible que M. de.......... puisse
être reçu avant la fin prochaine de la séance présente
du parlement.

Du 18 septembre 1743.

La résolution que vous avez prise de tenir la chambre des vacations, plutôt que de profiter d'un repos
que vous méritez bien par votre grande assiduité
pendant le cours du parlement, est une nouvelle
preuve de votre zèle pour le bien de la justice et pour
le service du roi, que vous préférez au soin de vos
affaires domestiques, malgré le besoin qu'elles pourroient avoir de votre attention ; et une pareille conduite
augmenteroit encore, s'il étoit possible, l'estime dont
je suis rempli pour vous.

A l'égard des discours qui se prononcent à l'ouverture du parlement, je crois qu'il seroit très-bon que
vous puissiez vous en charger toujours, parce qu'il
me paroît peu décent, que celui qui est à la tête d'une

compagnie, se repose sur un autre du soin de remplir une fonction qui paroît naturellement attachée à sa place, et qui a toujours beaucoup moins de poids et d'effet lorsqu'elle est exercée par un autre.

Du 25 septembre 1743.

Depuis votre retour en Provence, vous avez fait usage de la pensée qui m'étoit venue dans l'esprit pendant votre séjour à Paris, de supprimer trois charges de conseillers laïques au parlement d'Aix, pour en créer trois de conseillers-clercs ; et cela dans deux vues différentes, l'une de faire ensorte qu'on ne manquât point de conseillers-clercs dans ce parlement pour instruire le procès à des ecclésiastiques accusés, ce qui peut arriver souvent, tant qu'il n'y aura qu'une charge semblable dans la même compagnie ; l'autre, de faire cesser les difficultés qui se sont élevées entre le parlement et M. l'archevêque d'Aix, sur la manière de former la chambre ecclésiastique.

Ce que vous avez dit sur ce sujet à MM. les commissaires du parlement a produit le mémoire que vous m'avez envoyé, et par lequel il paroît que cette proposition peut souffrir beaucoup de difficultés dans son exécution, attendu le mauvais état où sont les affaires communes du parlement ; c'est ce qui m'a engagé à lire et à relire plus d'une fois ce mémoire, pour voir s'il ne seroit pas possible de trouver un dénouement propre à lever les obstacles qui semblent s'opposer au succès d'une vue d'ailleurs si convenable en toutes manières. J'ai cherché en effet à aplanir ces obstacles, en donnant un nouveau tour à la même pensée, ou plutôt aux moyens de la rendre praticable . et ces nouvelles réflexions ont donné lieu au mémoire que je joins à cette lettre.

Vous prendrez donc, s'il vous plaît, la peine de l'examiner en particulier ; et s'il vous paroît, comme à moi, qu'en prenant les voies qui y sont proposées, on réduise presque à rien les difficultés qui ont fait impression sur l'esprit de MM. les commissaires, vous n'aurez plus qu'à leur faire part de ce mémoire, sur lequel il leur viendra peut-être d'autres pensées dans l'esprit, qui pourront faciliter encore plus l'exécution du projet dont il s'agit.

De quelque manière qu'ils l'envisagent, ils y trouveront toujours une nouvelle preuve de la grande attention que je donne à tout ce qui peut être avantageux à leur compagnie, et contribuer au retour d'une meilleure intelligence entr'elle et M. l'archevêque d'Aix.

Du 9 novembre 1743.

J'ai reçu la copie que vous m'avez envoyée de la déclaration qui a été faite en l'année 1682 pour servir de règle à la chambre des vacations du parlement d'Aix, et j'ai encore relu attentivement la longue lettre que vous m'avez écrite sur l'affaire du nommé......, apothicaire, et qui m'avoit donné lieu de vous demander cette déclaration : comme la réponse que j'aurois pu y faire en forme de lettre auroit été aussi fort longue, j'ai pris le parti, pour abréger, de faire copier les principaux endroits de votre lettre, et de mettre à la marge les remarques que j'ai cru devoir y faire ; elles vous montreront que je n'ai pu approuver entièrement ni une partie de vos principes, ni quelques usages de la chambre des vacations ; mais ce qui m'a paru le plus difficile à excuser dans l'arrêt que cette chambre a rendu contre le nommé......, est la forme dans laquelle cet arrêt a été donné, et qui fait, comme je l'ai dit dans mes notes, qu'on ne sauroit définir cet arrêt, ni le rapporter à aucun des genres de ceux que les parlemens peuvent rendre ; c'est ce que vous trouverez expliqué plus amplement dans ces notes ; et au surplus, il faudra voir dans la suite s'il ne sera pas nécessaire de retoucher une déclaration aussi mal rédigée que celle de 1682, et de profiter de cette occasion pour fixer plus exactement la véritable compétence de la chambre des vacations de votre compagnie.

Du 22 mai 1744.

J'APPRENDS avec bien du plaisir, par votre dernière lettre, que vous cédez au désir que je vous ai témoigné de conserver un magistrat de votre mérite dans une carrière qu'il a remplie si dignement jusqu'ici, et je suis fort aise de vous avoir fait renoncer au projet d'une retraite prématurée, pendant que vous êtes encore en état de rendre long-temps vos services au roi, à la justice et au public. Les pertes même que votre compagnie a faites depuis quelque temps sont une nouvelle raison pour vous engager à ne les pas augmenter; et, s'il ne faut, pour vous affermir dans cette bonne disposition, que l'assurance de mon estime et du désir que j'aurai toujours de vous en donner des marques, vous pouvez être persuadé que je ne négligerai aucune occasion de vous témoigner combien je suis véritablement.

Du 5 octobre 1744.

JE ne peux qu'approuver la difficulté que votre compagnie a faite sur l'enregistrement demandé par le sieur............, des lettres d'honneur qui lui ont été accordées. La clause de ces lettres, qui porte qu'il aura séance et voix délibérative au bureau de la correction, est non-seulement contraire à l'usage observé dans votre compagnie, mais à celui de toutes les autres chambres des comptes du royaume, dans lesquelles les honoraires n'ont ni séance ni voix délibérative : c'est l'inadvertence du secrétaire du roi qui a dressé les lettres, qui a donné lieu à cette clause. Le sieur......... ne peut tirer aucun avantage des lettres d'honneur qu'on accorde aux présidens et maîtres de votre compagnie, parce qu'ils ne les obtiennent que comme officiers de la cour des aides, dans laquelle les correcteurs n'ont aucune fonction. J'écris donc au sieur......... de me renvoyer les lettres d'honneur expédiées en sa faveur, afin qu'on lui en expédie de nouvelles, conformes à l'usage ordinaire, et je lui marque en même temps que, comme il a manqué non-seulement à ce qu'il vous doit, mais à la discipline de votre compagnie, en faisant, sans votre aveu, une signification au greffier, qui contient une imputation faite mal à propos à M............, il ait à vous remettre l'original de cette signification, pour être supprimée, ainsi que la copie, et je ne ferai point expédier les nouvelles lettres d'honneur du sieur..........., jusqu'à ce que vous me marquiez qu'il a satisfait à ce que je lui marque à cet égard.

Du 8 octobre 1745.

M.........., qui est arrivé en ce pays-ci depuis quelque jours, vous a fait part de l'objet de son voyage, et il m'assura que vous l'aviez fort approuvé. Je n'ai aucune peine à le croire. La réunion des deux charges de procureur-général, et le rétablissement de l'uniformité sur ce point, sont fort convenables; et cette réunion ne peut être mieux placée que sur la tête d'un magistrat qui a autant de zèle, de lumières et de talens que M.......... Elle avoit été proposée du temps de feu M........, qui en étoit fort d'avis; et si elle ne put réussir alors, ce fut parce que l'affaire n'avoit pas été bien conduite, et qu'on l'avoit engagé sans la participation et sans le consentement de celui qui remplissoit une des deux charges de procureur-général. C'est un obstacle qu'on ne trouvera point aujourd'hui, puisque M . . . . est parfaitement d'accord sur ce point avec M . . . . ; mais, quoique les choses soient dans une disposition qui donne lieu d'espérer que le roi pourra se porter volontiers à ordonner une réunion si favorable, je n'ai pas cru néanmoins devoir faire aucune démarche sur ce sujet, sans avoir su auparavant par vous-même si vous n'y trouviez aucune difficulté. Non-seulement je dois remplir par là les égards qui sont dus à votre personne et à la place que vous occupez, mais je suis bien aise encore de vous mettre en état de me donner votre avis sur les attentions qu'il faudra avoir aux usages et aux dispositions de votre compagnie, en rédigeant l'édit de révocation. M . . . . me paroît persuadé que cet édit n'y trouvera aucune espèce de contradiction ; mais, comme celui qui fut donné du temps de M . . . . en souffrit beaucoup, et qu'il y eut des remontrances faites avec succès par le parlement contre cet édit, il est fort important que je sois assuré, par votre témoignage, que les sentimens de cette compagnie ne sont plus les mêmes, comme il y a lieu de le croire en effet, parce que les motifs singuliers qui excitèrent alors ces remontrances ne subsistent plus aujourd'hui, et qu'à présent tout paroît concourir à faire recevoir agréablement la réunion. S'il y a cependant quelques précautions que vous croyez qu'il convienne de prendre à cet égard, je m'en rapporterai très-volontiers à votre prudence, et je vous prie seulement de me faire réponse aussi promptement qu'il vous sera possible.

Du 16 octobre 1745.

J'ai reçu la liste que vous m'avez envoyée des officiers qui doivent servir cette année dans les différentes chambres du parlement de Flandre. Il y a déjà du temps que je suis informé de la mort de M. . . . ., et je pense, comme vous, qu'il laisse une charge qui sera fort difficile à remplir. Il me vient quelquefois dans l'esprit que vous pourriez en demander la réunion à la vôtre; et le peu de fonctions que donne cette charge, n'augmenteroit aussi que fort peu le nombre de vos occupations. On pourroit beaucoup diminuer le prix que vous en donneriez, en créant une nouvelle charge de substitut, et ce seroit encore un moyen de vous soulager dans l'exercice du double ministère qui vous seroit confié; mais, d'un côté, je ne sais si cet arrangement vous conviendroit, et, de l'autre, je doute fort qu'il fût au gré de votre compagnie, qui croiroit peut-être que la suppression d'une charge unique d'avocat-général mettroit une différence peu honorable entr'elle et les autres parlemens. L'espérance même qu'elle peut avoir d'une augmentation considérable de son ressort, la rendra apparemment encore plus susceptible de cette réflexion. Au surplus, comme j'ai déjà pris d'autres mesures pour voir s'il seroit possible de rendre la charge d'avocat-général plus aisée à vendre, j'aurai plus de temps qu'il ne m'en faudra pour recevoir votre réponse sur ce que je viens de vous marquer.

Du 4 novembre 1745.

J'ai examiné attentivement les représentations que vous m'avez faites au sujet des lettres de conseiller d'honneur que le roi a eu la bonté d'accorder à

M......... et je dois vous dire d'abord que la grâce qu'il a obtenue de Sa Majesté, n'est pas seulement fondée sur ses services passés dans la charge de procureur-général en votre compagnie, mais sur ceux qu'il a rendus depuis douze ans, et qu'il rend actuellement dans le conseil du roi en qualité de maître des requêtes, et cette dernière qualité ne permettroit pas qu'on ne lui donnât que de simples lettres d'honoraire. Je vois d'ailleurs que ceux qui ont rédigé vos représentations, font une confusion perpétuelle entre les lettres de cette dernière qualité et les lettres de conseiller d'honneur. Tout ce qu'on observe dans ces représentations ne peut s'appliquer qu'aux premières, et n'a rien de commun avec les dernières, dont l'état et les fonctions se réglent par des principes supérieurs.

Le rang des unes est fixé par les lettres mêmes d'honoraire, et elles ne permettent pas à ceux qui les obtiennent de monter jamais plus haut qu'à la place qui est au-dessous du doyen.

Les lettres de conseiller d'honneur donnent, au contraire, le droit d'avoir rang au-dessus du doyen, et il n'y en a aucune qui n'attribue cette distinction à qui il plaît au roi d'en gratifier.

C'est encore ce qui exclut la différence que les lettres de conseiller honoraire mettent entre le service dans la cour des aides, dans laquelle les vétérans même ont la voix délibérative, et le service de la chambre des comptes, où ils n'ont pas le même avantage. Le titre de conseiller d'honneur n'admet point cette différence; ils participent indistinctement à toutes les prérogatives du corps dans lequel le roi leur donne la première séance après les présidens, et ils ne sont exclus que des droits utiles.

Le roi est sans doute le maître d'accorder des lettres de conseiller d'honneur dans toutes les cours de son royaume; et, en matière de grâce, c'est sa seule volonté qui sert de règle : c'est ce qui est encore moins susceptible de doute dans les cours sou-

blables à la vôtre, que dans d'autres compagnies, après les exemples qui ont été rapportés.

Messieurs .... et ...., tous deux maîtres des requêtes, après avoir été avocats-généraux en la cour des aides de Paris, y ont rempli la place de conseiller d'honneur, en vertu des lettres que le roi leur avoit accordées.

Il y a même un exemple plus ancien dans la cour des aides de Bordeaux, où feu M.........., qui y avoit été avocat-général, a joui pendant long-temps de la place de conseiller d'honneur, quoiqu'il n'eût jamais été pourvu d'une charge de maître des requêtes.

Il seroit aisé de trouver de pareils exemples dans d'autres compagnies ; et il n'y a pas long-temps qu'on a vu feu M.........., maître des requêtes, obtenir des lettres de conseiller d'honneur, et prendre place au grand-conseil en cette qualité, après y avoir rempli d'abord la fonction de procureur-général.

Vous n'ignorez pas sans doute les exemples que le parlement de Toulouse fournit aussi de pareilles grâces, sans que cette compagnie ni aucune de celles dont je viens de parler aient jamais fait la moindre difficulté, ni même aucunes représentations à ce sujet. Vous pouvez donc bien juger qu'en cet état le roi ne peut avoir aucun égard à celles que vous m'avez adressées, ni apporter aucun changement aux lettres que M............ a obtenues de sa bonté : elles ne peuvent d'ailleurs qu'être agréables à votre compagnie, à laquelle il donne par là une preuve de l'attachement qu'il conserve pour elle, et du désir qu'il a d'être toujours un de ses membres. Je compte donc que vous ne différerez pas davantage de le mettre en état de jouir d'une qualité qu'il regarde comme précieuse pour lui, et que vous l'en mettrez en possession incessamment par l'enregistrement de ses lettres de conseiller d'honneur, qui ne peuvent pas donner la moindre atteinte aux droits de votre compagnie, et à la considération qui lui est due.

Du 30 novembre 1745.

Vous recevrez incessamment l'édit par lequel le roi a jugé à propos de réunir les deux charges de procureur-général, dont on ne trouve d'exemple que dans le seul parlement de Provence, et cette singularité même auroit pu engager le roi à donner son édit pour établir une entière conformité entre ce parlement et toutes les cours supérieures du royaume. Les autres avantages de cette réunion, soit pour le service du roi, soit pour le bien de la justice, sont si sensibles, et Sa Majesté les a expliqués si pleinement dans le préambule de son édit, qu'il seroit inutile d'y rien ajouter par cette lettre. Le roi n'a pas oublié qu'une réunion si favorable avoit déjà mérité son approbation, et que Sa Majesté même avoit fait expédier un édit pour l'ordonner; mais elle se souvient aussi qu'il n'y eut que des considérations d'équité et d'humanité qui la portèrent alors à ne pas consommer entièrement la réunion proposée, parce qu'elle l'avoit été sans le consentement et la participation d'un de ceux qui remplissoient en ce temps-là les deux charges de procureur-général. Elle fut touchée des plaintes de cet officier, comme le parlement l'avoit été le premier; et les représentations de cette compagnie, auxquelles Sa Majesté voulut bien avoir égard, étoient appuyées sur des raisons si foibles, par rapport à la réunion considérée en elle-même, qu'il n'étoit pas difficile d'y reconnoître le véritable motif qui les avoit inspirées. Les circonstances sont bien différentes aujourd'hui : non-seulement M......... consent à la réunion des deux charges, mais il la désire, et il l'a même prévenue par la démission de la sienne : le roi lui accorde d'ailleurs la faculté d'en conserver l'exercice pendant sa vie, et la suppression de sa charge se fait de la manière la plus honorable pour

lui. Je n'ai pas besoin de vous parler du mérite
de celui qui doit profiter de cette réunion ; il vous
est connu, ainsi qu'à tout le parlement, aussi bien
que son zèle pour la dignité et les intérêts de votre
compagnie, où je suis persuadé qu'on le regarde
comme digne de réunir, le premier, sur sa tête, deux
charges qui n'auroient dû jamais en former qu'une
seule. Tous les obstacles qui s'opposoient à l'exécution du premier édit, cessent donc entièrement
aujourd'hui ; et au contraire tout concourt à favoriser une réunion, dont les véritables motifs ont toujours subsisté, quoique des considérations personnelles en aient fait différer l'accomplissement. Vous le
verrez sans doute avec plaisir, aussi bien que tout le
parlement, et je vous prie d'être persuadé que je
suis très-véritablement.

Du 14 mai 1746.

Vous n'ignorez pas qu'il y a déjà plusieurs années
que j'ai été fort touché des représentations que MM. les
présidens de la chambre des enquêtes du parlement
d'Aix me faisoient sur le petit nombre d'affaires qui
se portoient en cette chambre, et qui ne pouvoient suffire, ni pour former les jeunes magistrats dont le service y étoit fixé, ni même pour engager les magistrats plus anciens à y remplir leur devoir avec
assiduité. Il auroit été bien difficile de n'avoir pas
égard enfin à des représentations fondées sur des
motifs si favorables, et le roi auroit été sans doute
obligé d'y pourvoir d'une manière avantageuse à la
chambre des enquêtes, en lui adjugeant au moins
la moitié des procès par écrit.

C'est ce qui m'a fait naître la pensée de chercher
des moyens de procurer une plus grande occupation
à cette chambre par des voies qui fussent moins
susceptibles de difficultés ; et il m'a paru que la plus
simple de toutes étoit de réunir à la chambre des

enquêtes celle des eaux et forêts, à la tête de laquelle, comme unie à la chambre des requêtes du palais, a été jusqu'à présent un de MM. les présidens à mortier.

Ce changement, le plus léger de tous ceux que l'on pouvoit faire dans votre compagnie, entraînoit nécessairement avec lui la suppression de trois charges de président des enquêtes, charges que le même défaut d'occupations suffisantes faisoit peu rechercher depuis quelque temps, et qui d'ailleurs sont moins nécessaires dans un parlement composé seulement de trois chambres principales, qu'elles ne peuvent l'être ailleurs.

On les a regardées comme inutiles dans plusieurs parlemens, et il n'y en avoit que cinq, outre le parlement d'Aix, dans lesquels ces charges fussent établies. Un de ces cinq parlemens étoit celui de Besançon; mais il y a plus de quatre ans qu'elles y ont été supprimées par un édit du roi, et il y a tout lieu de présumer qu'une pareille suppression ne sera pas moins avantageuse à votre compagnie qu'elle l'a été à ce parlement.

Comme M.........., procureur-général, s'est trouvé en ce pays-ci, je lui ai fait part, avec la confiance qu'il mérite, des vues que j'avois dans l'esprit sur ce sujet : il a travaillé sous mes yeux à faire les arrangemens et les préparations nécessaires pour parvenir à l'exécution de mon projet. Il vous a même communiqué, selon mes intentions, les premières ébauches de l'ouvrage auquel il travailloit; et, comme vous avez cru, avec raison, qu'il n'avoit rien que d'avantageux à votre compagnie, j'ai eu l'honneur d'en rendre compte au roi. Sa Majesté à donné une entière approbation à cet ouvrage, et elle m'a ordonné de faire expédier l'édit par lequel elle le revêtit de son autorité, pour être envoyé au parlement dans les formes ordinaires. Je ne doute pas qu'il n'y soit regardé, par tous les arrangemens convenables qu'il contient, comme une marque de l'attention et de la bonté du roi pour cette compagnie. J'espère

26 *

que quand les temps seront devenus plus favorables, par une heureuse paix, le roi se portera volontiers à montrer, par de nouvelles grâces, la satisfaction que Sa Majesté a des services de son parlement.

Du 7 juin 1746.

Je vous annonce encore une nouvelle preuve de l'attention que le roi donne à ce qui regarde l'administration de la justice dans son parlement de Provence.

Il y a long-temps que j'ai été surpris d'apprendre qu'il n'y avoit dans cette compagnie qu'une seule charge existante de conseiller-clerc, et cette singularité n'a pas paru moins extraordinaire au roi, lorsque j'ai eu l'honneur d'en parler à Sa Majesté; elle l'est d'autant plus, que dans la première institution du parlement d'Aix, le roi Louis XII y créa quatre charges de conseiller-clerc; et il y a lieu de croire que le nombre en fut encore augmenté par des édits particuliers, puisque, par un article de l'ordonnance de Blois, il fut réglé que ce nombre seroit réduit à celui de six. Comment et par quelle raison est-il arrivé que de six conseillers-clercs, il n'en reste plus qu'un seul? C'est ce que j'ignore, et qu'il seroit assez inutile d'approfondir aujourd'hui.

Il est aisé de sentir les mouvemens de cette réduction, soit par rapport à l'instruction des procès criminels, où la présence du juge d'église est nécessaire, soit par rapport aux autres fonctions qui doivent être remplies par des conseillers-clercs; et je n'ai pas besoin d'entrer dans un plus grand détail sur ce sujet.

Le roi n'a donc pas cru pouvoir laisser subsister plus long-temps une singularité qui est sans exemple dans son royaume, le parlement d'Aix étant le seul où il n'y ait qu'une seule charge de conseiller-clerc;

et c'est pour faire cesser cette différence que Sa Majesté a jugé à propos de créer trois nouvelles charges de conseiller-clerc, qui feront le nombre de quatre avec celle qui existe actuellement.

Mais en rappelant ainsi les choses à leur première origine, et en rétablissant une plus grande uniformité entre le parlement de Provence et les autres parlemens du royaume, le roi, qui n'envisage dans ce changement que le bien de la justice, l'honneur et la dignité de votre compagnie, est bien éloigné de vouloir s'appliquer le prix des offices nouvellement créés. De quelque secours que Sa Majesté puisse avoir besoin pour soutenir les dépenses immenses de la guerre présente, vous verrez, par son édit, qu'elle en fait don à son parlement, pour remplir la seconde vue qu'elle s'est proposée dans la création dont il s'agit.

Sa Majesté a considéré que ses parlemens voient avec peine la multiplication des charges, quoique utile, et en quelque manière nécessaire, soit parce que le nombre semble affoiblir la considération qui leur est due, en la partageant, soit parce qu'il en diminue ordinairement la valeur dans le commerce ; et c'est pour prévenir ces inconvéniens que Sa Majesté s'est portée, non-seulement à abandonner à son parlement le prix entier des trois nouvelles charges, mais à l'autoriser à prendre encore d'autres moyens que vous trouverez dans son édit, pour mettre cette compagnie en état de rembourser successivement le prix de quatre charges de conseiller-laïque ; moyennant quoi, non-seulement le nombre des charges de conseiller, dont le parlement est composé, ne sera pas augmenté par la création de trois offices de conseiller-clerc, mais il sera même diminué.

Il n'y a donc rien que d'honorable et d'avantageux à votre compagnie dans une pareille création, et les tempéramens dans lesquels le roi a bien voulu entrer en la faisant, ne me permettent pas de douter qu'elle ne soit reçue dans ce parlement, non-

seulement sans aucune peine, mais avec la recon-
noisssance que méritent les nouvelles marques que
Sa majesté lui donne par son édit, de la protection
et de la bonté dont elle honore cette compagnie.

Du 15 juin 1746.

Vous avez eu le plaisir d'être le témoin du succès
de votre ouvrage, par la promptitude, l'unanimité
et la satisfaction avec lesquelles le parlement d'Aix a
enregistré l'édit de suppression des charges de président des enquêtes. Il devroit en être de même de
l'édit de rétablissement d'un nombre suffisant de
conseillers-clercs. Je sens néanmoins qu'il pourra paroître susceptible de plus grandes difficultés; mais
j'espère que vous viendrez aisément à bout de les
lever par la sagesse de vos réflexions. Cet édit est
parti à votre adresse, il y a cinq ou six jours. Ainsi
ce secret est entre vos mains, et vous aurez tout le
temps nécessaire pour préparer les esprits à faire un
bon accueil à cet édit.

Je ne sais pas trop quelle espèce de grâces pourroit faciliter cette opération : on ne peut guère en
imaginer que de pécuniaires, et le temps présent
n'est pas trop propre à en obtenir de cette espèce.
Si vous avez cependant quelque bonne pensée sur
ce sujet, vous pouvez m'en faire part, et je verrai
s'il sera possible de réussir, pendant le séjour du roi
dans ce pays-ci où il vient d'arriver.

Je suis bien persuadé que vos sentimens pour moi
seront les mêmes en Provence qu'ils l'étoient à Paris,
et c'est ce qui a fait que je vous en ai vu partir avec
moins de regret. Je ne suis pas plus en peine du
zèle avec lequel vous remplirez les fonctions de votre
important ministère : ayez soin seulement de ménager votre santé, qui n'étoit pas trop bonne quand
vous nous avez quittés; personne ne s'y intéresse plus
que moi, et ne sauroit être avec plus d'estime.

Du 15 juin 1746.

JE ne suis point surpris qu'une compagnie, accoutumée à penser aussi noblement que vous le faites, soit disposée à sacrifier toute autre considération au bien de la justice, au service du roi et à l'honneur du corps, qui n'est pas moins distingué par son désintéressement que par ses lumières, et par le grand nombre de dignes magistrats qu'il renferme. L'édit que vous venez d'enregistrer avec tant d'unanimité et de satisfaction, ne peut qu'augmenter dans la jeunesse le désir de s'instruire, avec les occasions de travailler davantage et d'acquérir plus promptement une expérience utile à la justice et au public; je ne serai jamais plus content que lorsque je pourrai faire valoir auprès du roi les services de votre compagnie, et lui procurer des marques de la confiance et de la bonté de Sa Majesté. Il faut espérer qu'il viendra bientôt des temps plus favorables au désir que j'aurai toujours de vous montrer par des effets, beaucoup plus que par des paroles, qu'on ne peut rien ajouter à la parfaite considération avec laquelle je suis.

Du 15 juin 1746.

J'APPRENDS par votre lettre du. . . . . , que l'édit par lequel il a plu au roi de supprimer les trois charges de président des enquêtes qui avoient été établies dans votre compagnie, y a été reçu et enregistré avec plaisir. Je voudrois pouvoir trouver des occasions encore plus importantes de contribuer à ce qui peut y maintenir le bon ordre et augmenter sa dignité : c'est ce que je regarderai toujours comme un de mes principaux devoirs, et vous ne sauriez l'en trop assurer. Je ne vois aucune difficulté à accorder à M. de......... les lettres de conseiller honoraire qu'il désire, et vous avez raison de croire que c'est rendre service à la justice, de lui conserver un si bon juge.

Du 20 août 1746.

La santé de M. l'abbé de.......... ne lui permettant plus de rapporter, il étoit dans le dessein de se défaire de sa charge. M. le président de....... m'a dit qu'il désireroit fort, comme toute sa chambre, que le roi voulût bien accorder à un magistrat, qui étoit fort estimé dans cette chambre, des lettres de conseiller honoraire, qui le mettroient en état d'y être encore utile à la justice. Il n'a, à la vérité, que quatorze ans de service; mais comme c'est sa mauvaise santé qui l'oblige à se défaire de sa charge, la demande qu'il fait paroît très-favorable, et l'on n'a pas même à craindre qu'elle tire à conséquence par rapport à la transmission des priviléges. Je n'ai cependant voulu prendre aucun parti sur ce sujet, sans savoir ce que vous en pensez; et je vous prie d'être toujours persuadé que personne ne peut être à vous, monsieur, plus véritablement ni plus parfaitement que moi.

Du 20 août 1746.

De tous les partis qui ont été proposés par rapport à la charge de conseiller dont M. de........ a été revêtu, et à sa longue désertion, il n'y en a qu'un de régulier et de praticable, c'est celui de supprimer cette charge, pourvu que le parlement veuille bien en payer le prix, en prenant sur cela les arrangemens convenables avec la femme et la famille d'un si mauvais sujet; mais comme il pourra paroître singulier de donner un édit qui n'ait pour objet que la suppression d'une seule charge, sans que l'on puisse en exprimer le véritable motif, il vaudroit mieux lier cette suppression avec quelqu'arrangement général pour la compagnie. Vous me marquez par votre lettre que vous en avez de cette espèce à me proposer, et s'ils sont bons, comme je le présume, ce sera là qu'on pourra placer naturellement l'extinction de la charge dont il s'agit.

Du 22 mai 1747.

APRÈS avoir examiné la délibération par laquelle le parlement de Provence supplie le roi de vouloir bien changer l'ordre qui s'est observé jusqu'à présent par rapport aux officiers qui servoient pendant les vacations, j'ai pensé que l'on pourroit prendre un arrangement qui seroit peut-être encore meilleur que celui qui a été proposé. Il paroît juste d'affranchir les plus anciens officiers du parlement de la nécessité de servir chaque année pendant les vacations, et de diminuer le nombre des officiers qui en sont chargés, mais on ne pourroit rien faire de mieux pour cela, que de se conformer en quelque sorte à l'usage qui s'observe au parlement de Paris. La chambre des vacations y est composée d'un certain nombre d'officiers de la grand'chambre, et le surplus des conseillers des différentes chambres des enquêtes. Il faudroit, en suivant à peu près cette idée-là, réduire le nombre des officiers à quinze, sans y comprendre le président, et prendre chaque année six conseillers de la grand'chambre, six conseillers de la tournelle, et trois de la chambre des enquêtes, du nombre desquels seroit le conseiller-clerc pour remplir chaque année le service de la chambre des vacations. Il seroit aisé d'en faire un tableau suivant ce plan, et l'on pourroit, si on le jugeoit à propos, dispenser de ce service le doyen du parlement : il y auroit, moyennant cela, dix-sept conseillers de la grand'chambre qui en seroient chargés successivement, en commençant par les six premiers ou par les six derniers, selon qu'on l'aimera le mieux; moyennant quoi la révolution entière des conseillers de la grand'chambre s'accompliroit en trois ans, à un conseiller près, qu'il faudroit prendre la troisième année dans le nombre des trois premiers qui auroient déjà rempli leur tour.

A l'égard des officiers de la chambre des enquêtes, la réunion qui a été faite à cette chambre de celle des eaux et forêts ne seroit point un obstacle à cet arrangement, parce que la même déclaration qui régleroit le nombre des officiers qui serviroient à la chambre des vacations, pourroit donner le droit à cette chambre de connoître, pendant sa durée, des matières des eaux et forêts, comme cela se pratique actuellement au parlement de Besançon, ce qui feroit cesser le service ordinaire des enquêtes à la chambre des eaux et forêts; au moyen de quoi, depuis le premier juillet jusqu'au premier octobre, il n'y auroit, d'un côté, que la chambre des vacations qui seroit grand'chambre, tournelle et chambre des eaux et forêts, et de l'autre, que la chambre des requêtes du palais qui ne vaqueroit jamais. Si cet arrangement peut convenir à votre compagnie, vous n'aurez qu'à m'envoyer un projet de déclaration qui y soit conforme, et j'aurai soin de le faire expédier promptement : on pourroit même y nommer, pour cette année, les officiers qui devroient servir à la chambre des vacations; ce qui dispenseroit d'expédier une commission particulière.

Du 24 juillet 1748.

La pensée qui est venue dans l'esprit de MM. du parlement de Grenoble, suivant votre lettre du 2 de ce mois, sur la réunion de la charge du lieutenant-général de police au corps de cette compagnie, qui la feroit exercer par l'un de ses membres, me paroît susceptible de beaucoup de difficultés :

1.º Elle est nouvelle; une pareille union est sans exemple, et elle seroit unique dans tout le royaume;

2.º Elle auroit quelque chose de peu décent, puisqu'il faudroit que le conseiller, à qui le soin de la police seroit confié, se dégradât en quelque manière et se réduisît à la fonction d'officier inférieur, puisqu'il ne pourroit rendre aucun jugement, qu'à la charge de l'appel au parlement;

3.º Seroit-ce toujours le même conseiller qui exerceroit la charge de lieutenant-général de police pendant sa vie? Mais en trouveroit-on quelqu'un qui voulût s'assujettir pour toujours à un détail pénible et laborieux, qui l'obligeroit à renoncer à toutes les fonctions de sa charge de conseiller au parlement?

Prendroit-on le parti de faire passer successivement cette charge par les mains de chacun des membres du parlement, d'année en année, et suivant l'ordre du tableau? Mais rien ne seroit plus contraire au bon ordre et à l'intérêt public que ce changement continuel de lieutenant-général de police, et l'expérience a fait voir qu'elle étoit souvent mal administrée dans les villes où l'on a fait de pareilles réunions en faveur des officiers des bailliages ou des sénéchaussées. Il n'y a point de fonctions qui exigent plus que celles de la police, d'être toujours remplies dans le même esprit, et par ceux qui ont eu le temps d'acquérir une plus grande connoissance des différentes matières qui en sont l'objet;

4.º Il se forme souvent des conflits de juridiction entre les officiers de police et les juges des affaires civiles ou criminelles. Il en naît encore d'autres entre les siéges ordinaires dont la juridiction de police fait partie, et les élections, les greniers à sel et d'autres juridictions extraordinaires. C'est au parlement que la connoissance de ces sortes de conflits est attribuée; et comment pourroit-il en être juge, si la charge de lieutenant-général de police lui appartenoit? Les parties intéressées, ou les officiers des autres juridictions, ne manqueroient pas de le regarder comme prévenu en faveur d'un siége auquel un de ses membres présideroit tous les ans.

Enfin, il y a une incompatibilité, non-seulement de droit positif, mais en quelque manière de droit naturel, entre les qualités de juge supérieur et de juge inférieur qu'on voudroit cependant réunir dans le même tribunal; et il est juste d'ailleurs de ménager jusqu'à un certain point la délicatesse des plaideurs, qui craindront toujours d'avoir le parlement pour juge dans la même affaire dont le fond aura été jugé par un de ses membres.

Toutes sortes de raisons s'opposent donc à la proposition que le parlement de Grenoble vous a chargé de me faire, et je doute fort qu'elle pût jamais être approuvée par le roi.

Il est vrai cependant qu'il ne convient guère aux intérêts du public, que l'administration de la police soit confiée aux officiers des corps de ville, et cela a été presque toujours par des vues de finance et pour faciliter la vente des charges nouvellement créées, qu'on s'est porté à des réunions semblables à celle qui a été faite au corps de ville de Grenoble. Ainsi, ce seroit un grand bien de faire rentrer les choses, à cet égard, dans l'ordre naturel, qui demanderoit que la juridiction de police fût réunie au bailliage de Graisivodan, dont apparemment elle a été démembrée en l'année 1699; mais il n'est pas vraisemblable que les officiers de ce siége soient en état de rembourser la finance des charges de police qui a été payée par le corps de ville; et ce qu'il y auroit peut-être de mieux à faire, quant à présent, seroit d'obliger ce corps à présenter au roi le meilleur officier du bailliage de Graisivodan, pour exercer, par commission, la fonction de lieutenant-général de police, et d'en user ainsi à l'égard de la charge de procureur du roi; c'est même ce qui pourroit se faire du propre mouvement de Sa Majesté, après le long retardement que le corps de ville a apporté à proposer un lieutenant-général de police, quoique le parlement lui eût ordonné de le faire.

C'est à vous de voir, avec les officiers de votre compagnie, l'usage que vous pouvez faire de ce que je vous écris, et je serai toujours très-disposé à entrer dans tout ce qui lui paroîtra le plus convenable au bon ordre, sans faire des nouveautés, dont il est toujours dangereux de donner l'exemple.

Du 18 *août* 1748.

La question sur laquelle vous avez cru devoir me consulter, ne me paroît pas difficile à résoudre, soit par les termes même de l'arrêt du conseil, dont vous avez transcrit la disposition dans votre lettre, soit par les règles du droit commun.

Lorsque le roi parle en général de ceux qui président dans les différentes chambres d'un parlement, ces termes s'entendent toujours de ceux qui ont le titre et la qualité permanente de président; on ne les applique point à d'autres officiers qui n'y exercent qu'une présidence passagère, si l'on peut parler ainsi, pour suppléer à l'absence du véritable président.

A la vérité, s'il n'étoit question que d'un simple délibéré sur le registre, ou d'un appointement à mettre, comme l'usage est, en ce cas, de nommer dans l'arrêt même qui ordonne l'un ou l'autre, celui qui sera chargé de rapporter le délibéré ou l'appointement, et que ce nom fait partie du jugement, c'est au conseiller qui a présidé à l'audience, par l'absence du président, qu'il appartient de le choisir; et il n'y a rien en cela qui ait rapport à ce qui se passe dans la distribution des procès; mais, par les termes de votre lettre, il paroît que dans l'affaire qui a fait naître votre doute, on avoit prononcé à l'audience un véritable appointement en droit ou au conseil, dont la distribution devoit se faire avec celle des autres instances de pareille nature.

Quand même il pourroit rester quelques doutes sur

ce sujet, ce seroit toujours par les principes de droit commun qu'il faudroit interpréter les termes du réglement du 17 février 1695; et il est certain, suivant ces principes et l'usage ordinaire, que le droit de distribuer les procès, ou le choix des rapporteurs, est un des attributs de la charge de président, ou de celui qui est à la tête d'une chambre ou siège inférieur.

Je ne vois rien qui puisse autoriser la distribution faite dans l'affaire présente, par celui des conseillers de la grand'chambre, des eaux et forêts et requêtes du palais, qui avoit tenu l'audience en l'absence du président; et toutes sortes de raisons concourent à faire donner la préférence à celle qui a été faite par M. le président..........

Je me porte d'autant plus volontiers à prendre ce parti, que la diversité des exemples qu'on a rapportés de part et d'autre dans votre compagnie, fait voir qu'elle n'a point d'usage certain sur ce sujet, et qu'il est nécessaire d'y établir une règle fixe et uniforme pour l'avenir : c'est ce qui a engagé un parlement, aussi sage que le vôtre, à me proposer ses doutes sur cette matière; et c'est aussi une nouvelle occasion dont je profite avec plaisir pour vous assurer de la parfaite considération avec laquelle je suis.

Du 1.er octobre 1748.

Lorsque M. de......... arriva en ce pays-ci, peu de temps avant le départ du roi pour Compiègne, je le reçus assez mal, et je commençai par lui faire sentir la faute qu'il avoit faite d'abandonner l'exercice de ses fonctions, non-seulement sans la permission du roi, mais contre ce que je lui avois répondu moi-même lorsqu'il m'avoit écrit pour obtenir cette permission. Il me parut si touché de ce reproche, que, dans l'embarras où il étoit, il ne put presque me dire un seul mot. Vous jugez bien que dans cet état je ne crus pas devoir me presser de

lui donner audience, et il n'insista pas lui-même à
la demander; ainsi je le remis jusqu'après le voyage
de Compiègne; il s'y soumit sans aucune répugnance;
il s'est présenté depuis devant moi plus d'une fois,
et d'autres affaires plus pressantes m'ont obligé de
le remettre d'une semaine à l'autre; mais, comme
il n'auroit pas été juste de le faire attendre encore
plus long-temps, et que le voyage de Fontainebleau
approchoit, j'ai enfin trouvé le loisir de lui donner
deux audiences assez longues, et qui ont duré chacune près de deux heures.

Vous connoissez son extérieur, son ton et sa manière de s'énoncer ; ainsi j'avoue que je l'écoutai
d'abord avec une espèce de prévention qui ne lui
étoit nullement favorable ; mais, après lui avoir fait
plusieurs questions auxquelles il répondit assez bien,
et l'avoir mis un peu plus à son aise avec moi qu'il
n'y étoit d'abord, je reconnus qu'il n'y avoit rien
dans son caractère d'aussi singulier que je me l'étois
imaginé.

Il paroît, à la vérité, avoir une imagination vive et
ardente, qui peut quelquefois confondre ses idées et
les rendre d'abord ou plus obscures, ou moins justes
qu'elles ne devroient l'être, c'est un défaut qui est
peut-être assez commun dans le climat où il est né ;
mais, après l'avoir bien examiné, je trouve qu'il a en
lui de quoi réparer ce défaut, par la droiture de ses
intentions et par une application persévérante; il a le
langage et toutes les marques apparentes d'un cœur
simple et droit, on peut dire même qu'il a assez de
pénétration dans l'esprit; tout son malheur vient
d'avoir eu une éducation fort imparfaite, et de vivre
dans une province où l'on a très-peu de secours pour
s'instruire. Toute la science des magistrats s'y réduit
presque à la connoissance du droit romain, et des
lois locales du pays; vous éprouvez vous-même tous
les jours que l'ignorance y est extrême sur les matières ecclésiastiques, et qu'on n'y a guère commu-
nément que des notions assez confuses du droit des
décrétales; c'est ce qui a donné lieu à M. de ....

d'avancer ces propositions sauvages et contraires à nos maximes, dont je n'ai pas été moins choqué que vous ; mais je n'ai eu besoin que de lui présenter clairement ces maximes, pour lui en faire sentir la vérité et l'importance ; il a reconnu ses fautes ou ses erreurs, non-seulement sans peine, mais avec une modestie et une humilité qui m'ont paru sincères.

Je suis entré dans un assez grand détail avec lui sur ce sujet, et je l'ai fait repasser sur tous les endroits de son prodigieux avis, sur l'affaire du curé de Saint-Laurent de Cerda, que vous aviez noté, et sur ceux que j'avois marqués moi-même ; je lui ai reproché d'un côté, les dissertations étrangères et mal placées dans lesquelles il étoit entré sur le crime d'hérésie, et de l'autre, les principes qu'il avoit soutenus sur la compétence des tribunaux séculiers dans cette matière.

Il s'est excusé sur le premier point, par l'usage où il prétend que l'on est dans le conseil de Roussillon, de discuter également dans les opinions toutes les propositions bonnes ou mauvaises, qui ont été avancées par les avocats dans leurs plaidoyers, et sur le deuxième, par le défaut de bons livres où il eût pu trouver des règles plus sûres que celles qu'il s'étoit formées à lui-même.

Je ne lui ai pas laissé ignorer non plus la fausse maxime sur laquelle il s'étoit fondé, en proposant de faire informer en même temps des faits contenus dans la requête du procureur-général, et de ceux qui avoient été articulés par celle de l'accusé. Il a voulu se justifier sur cet article par la jurisprudence de votre compagnie, où il prétend qu'on est dans l'usage d'admettre en même temps deux sortes de preuves contraires ; c'est sur cela que je lui ai démêlé le sens équivoque qu'il donnoit à cette proposition générale et vraie en elle-même, que toute information doit être faite à charge et à décharge ; et je n'ai point eu de peine à lui faire entendre que ces termes signifient seulement, qu'on ne doit pas fermer la bouche aux témoins, lorsqu'ils parlent de faits qui peuvent aller à la décharge de l'accusé, mais qu'on en abuseroit extrêmement, si l'on vouloit en conclure que l'accusé peut être admis à faire des preuves en sa faveur, dans le même temps que l'accusation en feroit contre lui. Il a avoué de bonne foi qu'il étoit tombé dans cette méprise, faute d'avoir fait assez de réflexions sur la conséquence qu'il devoit tirer des dispositions de l'ordonnance de 1670, dans le titre des faits justificatifs.

Je n'ai pas oublié non plus de lui marquer combien j'avois été surpris de l'immense prolixité de l'avis dont il a relu les principaux endroits avec moi; je ne pouvois comprendre, en effet, comment il avoit pu en charger sa mémoire; mais il m'a répondu qu'il n'avoit pas eu besoin de le faire, parce que l'usage constant du conseil de Roussillon, est que chacun des conseillers y porte un avis rédigé par écrit, dont il fait la lecture; et au surplus il m'a dit que si l'avis que je lui reprochois étoit si long, c'étoit parce qu'il n'avoit pas eu le loisir de le faire plus court, cet ouvrage ayant été fini en huit jours de temps.

Il n'y a aucune apparence qu'il ait cherché à m'en imposer sur le fait de cet usage, dont je n'examine point aujourd'hui les inconvéniens; j'en ferai la matière d'une lettre séparée, où je vous parlerai aussi de quelques autres usages que j'ai eu occasion d'apprendre par les questions que j'ai faites à M. de………

Dans toute la longue discussion que j'ai eue avec lui sur les objets que je viens de rappeler, j'ai remarqué dans ses dispositions une grande avidité de s'instruire par la lecture des meilleurs livres qui aient été faits sur les matières ecclésiastiques, et qui ne sont pas connus dans le Roussillon. Il prétend même que l'on a négligé d'envoyer au conseil supérieur les principales ordonnances qui ont été faites sur cette matière; il m'a prié de lui indiquer les auteurs où il pourroit apprendre ce qu'il n'a pu étudier jusqu'à présent; je lui en ai donné une note dans la première conversation que j'ai eue avec lui; et il m'a assuré, dans la

seconde, qu'il en avoit déjà acheté la plus grande
partie.

A en juger partout ce qu'il m'a dit, il me paroît
être d'un travail assidu et infatigable; il m'a assuré
que depuis quinze ans qu'il exerce les fonctions de
conseiller, il a été chargé du rapport des affaires les
plus importantes et les plus difficiles, qui lui ont été
sans doute distribuées par vous, et il m'a même
remis une liste, signée du greffier, d'un grand nombre
de procès qu'il a expédiés, sans qu'il y en ait presqu'aucun sur lequel son avis n'avoit été suivi; il a
ajouté qu'il a souvent reçu des complimens de tous
ses confrères sur ses rapports et sur ses avis, même
sur celui que je n'ai pu approuver; il m'a prié de
m'en informer si je le jugeois à propos, et il m'a
assuré que plusieurs des meilleurs officiers du conseil
de Roussillon seroient en état de lui rendre des témoignages très-favorables, si je jugeois à propos de
les consulter.

Enfin, il m'a remis l'original d'une lettre écrite par
un témoin non suspect, puisqu'il est mort il y a
plusieurs mois (c'est feu M. le président de.......),
dont il est question à présent de remplir la place. Je
vous envoie la copie de cette lettre; et il n'y a rien
en effet de plus honorable pour un magistrat, que
le compte qu'il y rend de tout ce qu'il croit avoir
reconnu dans le caractère et dans la conduite de
M. de..........

C'est dans cet état que j'ai cru devoir faire les réflexions suivantes :

1.º On ne peut douter que M de......... n'ait
un droit incontestable à la charge de président qui
est encore sur la tête de M..........; il en est le
propriétaire; le temps de quinze années pendant
lequel l'exercice lui en avoit été accordé par la volonté du roi et par les actes passés en conséquence,
est plus qu'expiré. La justice, si M. de.........
étoit obligé d'y avoir recours, ne pourroit se dispenser de condamner M. de.......... à lui remettre

sa démission, et c'est ce qu'il préviendroit sans doute, après les engagemens qu'il a contractés.

2.º M. de........ se trouve depuis plusieurs années à la tête des conseillers du conseil supérieur; il en est le doyen, et par conséquent celui qui, au moins par la longueur de ses services, seroit le plus à portée d'aspirer à une dignité plus élevée, surtout après avoir rempli aussi assidûment et aussi laborieusément qu'il l'a fait, les fonctions de conseiller.

3.º Pour lui refuser une grâce, qui peut même être appelée une espèce de justice, il faudroit trouver en lui ou une incapacité entière, ou une véritable indignité; mais, d'un côté, il ne s'agit point ici de ce dernier sujet d'exclusion, et il n'y a rien ni dans les fonctions publiques, ni dans la vie privée de ce magistrat, qui puisse en faire naître le moindre soupçon; de l'autre, on ne peut pas le regarder non plus comme un sujet incapable, et s'il étoit tel on ne l'auroit pas chargé d'un si grand nombre d'affaires pendant le cours de quinze années. On peut lui reprocher quelque défaut de justesse dans ses opinions, ou plutôt dans une partie des raisons dont il s'est servi pour les appuyer; mais, outre qu'il peut être tombé dans ce malheur par le défaut de leçons nécessaires pour mieux connoître les véritables principes, seroit-ce une raison suffisante pour lui faire perdre un droit acquis, et pour priver encore long-temps un doyen d'une charge de président qui lui appartient?

4.º Depuis que vous m'avez proposé le retardement dont j'ai usé à son égard dans la vue de lui laisser le temps d'acquérir une plus grande maturité, les choses ont entièrement changé de face à son égard.

En demeurant conseiller, il ne courroit point alors le risque de voir passer avant lui, ou son cadet dans la compagnie, ou un étranger; mais c'est à présent qu'il se trouve dans cette situation par la mort de M. de...........; et après tout ce que je viens dire sur ses qualités personnelles, n'y auroit-il pas de la

27 *

dureté à donner un pareil dégoût à un homme d'une ancienne noblesse, qui est né dans une famille attachée au service du roi, et qui se trouve d'ailleurs à la tête des conseillers de votre compagnie, sans avoir mérité jusqu'à présent aucun reproche essentiel.

5.º Enfin, ne peut-on pas dire que le bien de la justice et l'honneur même du conseil de Roussillon favorisent aujourd'hui les instances de M. de.......? l'un et l'autre demandent que l'on conserve long-temps M. de.......... dans l'exercice de la charge de président. Les fonctions d'intendant que vous remplissez avec tant d'exactitude et de succès, ne vous permettent pas de présider à votre compagnie aussi assidûment que vous le désireriez, et vous vous reposez de ce soin avec confiance sur un ancien magistrat qui a autant de droiture et d'expérience que M. de.........; mais en admettant M. de....... à entrer dans l'exercice de la charge de président, il n'y aura qu'à mettre celle de M. de........ ou sur sa tête ou sur celle de M. de........; ce qui est fort indifférent, comme M. de........ me l'a dit lui-même dans un tribunal où les charges ne sont point venales. Par là M. de......... demeurera toujours comme le plus ancien à la tête de votre compagnie après vous; et il est assez vraisemblable qu'un des principaux motifs qui vous ont rendu contraire jusqu'ici à la demande de M. de.......... cessera par ce moyen. Vous craigniez auparavant, et la perte que le conseil de Roussillon feroit de M. de.........., et l'inconvénient de M. de.......... en état de présider souvent au conseil de Roussillon, avant que d'avoir acquis ce qui peut lui manquer encore pour le faire plus sûrement; mais en conservant M. de......., M. de.......... ne se trouvera que le troisième président; et, avec la grande volonté dont il me paroît rempli, il aura le loisir d'achever de se former par les connoissances auxquelles l'étude de nos maximes le feront parvenir, et il en aura beaucoup plus le loisir lorsqu'il ne sera plus chargé du rapport des procès.

Quelque impression que toutes ces considérations puissent faire sur mon esprit, je ne veux cependant prendre aucun parti décisif sur ce sujet, jusqu'à ce que vous y ayez fait vos réflexions dont personne ne connoît mieux la justesse ordinaire. Je vous prie de m'en faire part le plus tôt qu'il vous sera possible, parce que le séjour de Paris est si ruineux pour M. de........, qu'il faut le renvoyer promptement dans son pays, de quelque manière que son sort soit décidé.

---

§. V. — *Organisation et Police des Tribunaux inférieurs.*

Du 8 janvier 1729.

Il m'est revenu, il y a déjà du temps (et je ne sais comment il m'a échappé de vous écrire), que vous ne remplissiez pas les devoirs les plus communs et les plus indispensables à l'égard de M. le premier président de la cour des comptes, aides et finances de Montpellier ; ensorte qu'il n'en recevoit aucun de vous, ni à la S. Martin, ni au renouvellement d'année, ni même après les plus longs voyages. Je ne puis comprendre les motifs d'une conduite si extraordinaire. Quand vous ne dépendriez en rien de la compagnie dont il est le chef, il seroit toujours de la bienséance, dans l'état où vous êtes, que vous allassiez voir de temps en temps celui qui est à la tête de la seule cour supérieure qui soit établie à Montpellier; mais comme il y a plusieurs matières dans lesquelles votre sénéchaussée est subordonnée à la cour des aides, et où l'appel des jugemens que vous rendez en première instance est relevé en cette cour, il est inconcevable que vous manquiez à votre devoir à l'égard d'un magistrat qui est non-seulement le chef d'une compagnie considérable, mais encore votre supérieur en plusieurs points. Peut-être aurez-vous

réparé cette faute à la S. Martin dernière, ou au
commencement de cette année; mais si cela n'est pas
encore fait quand vous recevrez cette lettre, vous
ne manquerez pas de remplir votre devoir incessamment à cet égard : vous avez d'autant plus grand
tort d'en avoir usé ainsi, que c'est peut-être cette
affectation de votre part qui a rendu la cour des
aides si vive sur ce qui regarde la faculté de porter
la robe rouge à l'ouverture des audiences du présidial. Je ne me suis point expliqué définitivement
sur ce point; mais ce n'étoit pas une raison qui
pût vous dispenser de rendre à M. le premier président de la cour des comptes ce que vous lui devez
à toutes sortes de titres.

Du 29 août 1732.

Je ne sais si vous êtes entré dans le véritable esprit
de la difficulté proposée par le lieutenant particulier
du présidial de Vannes; il ne s'agit pas de ce qu'il
fera ou de ce qu'il pourra faire quand il sera entré
en possession des fonctions attachées à la charge de
lieutenant : toute la question, suivant sa lettre que je
vous renvoie, consiste à savoir si, pendant qu'il est
réduit, suivant ses dispenses, à n'exercer que les
fonctions de conseiller, il peut être admis, comme
les autres conseillers, à remplacer l'assesseur, lorsque
cet officier est absent, et en cela le lieutenant de
Vannes ne paroît pas avoir tort, parce que, actuellement, il ne doit être considéré que comme conseiller; mais, pour trancher absolument la difficulté,
vous prendrez, s'il vous plaît, la peine de faire savoir aux officiers du présidial de Vannes que, quand
l'assesseur est absent, ou qu'il ne peut vaquer à ses
fonctions, la règle qu'ils doivent suivre, est que le
pouvoir d'y suppléer appartienne au plus ancien conseiller, ou, à son refus, à celui qui le suit, en-

sorte que les anciens aient toujours en ce cas, lorsqu'ils le désirent, la préférence sur ceux qui le sont moins ; moyennant quoi, la difficulté du lieutenant particulier de Vannes se réduira à rien, puisqu'il ne pourra faire la fonction d'assesseur qu'au refus de tous ses anciens, et cela même jusqu'à ce qu'il soit entré dans le plein exercice de sa charge de lieutenant ; auquel cas, il devra renoncer à la fonction d'assesseur, comme vous avez raison de le croire.

Du 15 janvier 1735.

Je voudrois pouvoir penser, comme vous, sur la difficulté qui s'est formée entre le sieur de........, lieutenant principal en la sénéchaussée de Montauban, et le sieur..........., lieutenant-assesseur-criminel au même siége ; mais l'intention du roi me paroît trop clairement marquée par les lettres que le dernier de ces officiers a obtenues, pour me permettre d'entrer dans votre sentiment.

Il ne s'agit point de savoir en général si le pouvoir de recevoir des plaintes et de faire des procédures extraordinaires, dépend de la faculté de présider. Ce pouvoir, quoiqu'il appartienne en chef au premier officier criminel du siége, peut, sans doute, passer par dévolution à tous les conseillers qui ont voix délibérative, successivement, et suivant l'ordre du tableau ; mais ce n'est point le droit qui doit décider ici, c'est le fait, et ce fait ne consiste que dans ce qu'il a plu au roi de régler, quand il a accordé des dispenses au sieur.......; or, la volonté de Sa Majesté ne pouvoit être plus clairement marquée qu'elle l'a été dans les lettres de dispense.

Elles portent expressément, *qu'il ne pourra présider avant l'âge de trente ans accomplis, ni faire, avant ledit âge, aucunes fonctions, soit en corps*

ou en particulier, que celles qui peuvent être exer-
cées par les conseillers, en suivant l'ordre du tableau
dans les cas où il doit être observé.

Ainsi, suivant ces lettres, le sieur.......... est
réduit, par provision, et jusqu'à ce qu'il soit en âge
de présider, à l'état d'un simple conseiller, et la
dévolution ne peut avoir lieu en sa faveur que suivant l'ordre du tableau ou celui de la réception, sans
qu'il puisse prétendre la préférence sur les conseillers
plus anciens que lui, sous prétexte qu'il a le titre
de lieutenant-particulier assesseur-criminel, parce
que ce titre n'agit point encore à son égard, et que
jusqu'à ce qu'il ait l'âge de présider, il ne doit être
considéré que comme un simple conseiller.

Pour rendre cette raison encore plus sensible, il
faut distinguer deux sortes de dévolutions qui ont
lieu entre les officiers du même siége.

L'une est celle qui se fait suivant l'ordre des digni-
tés, et qui a lieu, par exemple, entre le lieutenant-
criminel et le lieutenant-particulier ou l'assesseur-criminel, dont la dignité est immédiatement inférieure
à celle du lieutenant-criminel.

L'autre est la dévolution qui ne se règle que par
l'ordre de la réception, comme celle qui a lieu entre
deux conseillers, dont l'un est moins ancien que
l'autre.

De ces deux différentes espèces de dévolutions, la
première n'est pas encore acquise au sieur........;
il ne peut profiter que de la dernière, parce que,
suivant la lettre et le texte précis de ses dispenses,
non-seulement il ne peut exercer que les fonctions
des conseillers, mais il ne sauroit les exercer que
suivant l'ordre du tableau. Celui de la dignité ne
doit donc pas encore lui être appliqué, et il ne peut
se prévaloir, comme les simples conseillers, que de
celui de la réception.

Voilà ce qui résulte clairement de ses lettres de
dispense, et il ne reste plus que de savoir si les lettres

de main-levée de restriction qu'il a obtenues dans la suite ont changé son état à cet égard, et c'est ce qu'on ne peut soutenir.

Ces dernières lettres ne dérogent aux premières qu'en deux points :

1.º En ce qu'elles accordent indéfiniment la voix délibérative au sieur.........

2.º En ce qu'elles avancent en sa faveur le temps où il pourra présider, qu'elles fixent à vingt-cinq ans ; au lieu que, suivant les premières lettres, il devoit être différé jusqu'à trente.

Il n'y a que ces deux articles qui soient changés, et par conséquent, à cela près, les premières lettres subsistent en leur entier. Ainsi le sieur.......... demeure toujours réduit, par provision, à l'état d'un simple conseiller, qui n'en peut exercer les fonctions que suivant l'ordre de l'ancienneté, et non pas suivant celui de la dignité ; et toute la différence que les dernières lettres ont mise dans sa situation, est que, suivant les premières, cet état devoit durer jusqu'à trente ans, au lieu que, suivant les dernières, il finira à vingt-cinq.

Vous ferez donc part, s'il vous plaît, au sieur..... et au sieur .... de ce que je vous écris, afin qu'ils s'y conforment également de part et d'autre ; et que le sieur.........., renonçant à la dévolution immédiate du lieutenant-criminel qui appartient au sieur de.........., se contente de faire les fonctions qui lui seront dévolues dans son rang de conseiller, suivant l'ordre du tableau, au défaut de ceux qui l'y précèdent.

Du 30 septembre 1736.

PAR la lettre que vous m'avez écrite le 29 de ce mois, je vois que le châtelin de Rouvre, au lieu de se plaindre de la rigueur du parlement de Dijon, doit se louer de l'indulgence de cette compagnie, et je vous prie de lui faire savoir que je suis surpris de la liberté qu'il s'est donnée de s'adresser à moi dans de telles circonstances. Il seroit bon que vous l'exhortiez en même temps de mieux profiter du ménagement avec lequel il a été traité, pour remplir dorénavant ses fonctions avec tant de circonspection, que le parlement ne soit pas obligé dans la suite à faire succéder, à son indulgence, une juste sévérité.

A l'égard du greffier, je vois que cette compagnie lui a donné des marques d'une grande commisération ; mais puisque la chose est faite, il n'y a qu'à le laisser jouir de sa bonne fortune.

Du 23 novembre 1737.

La mauvaise conduite et les mœurs déréglées du sieur.......... le rendroient presque indigne de toute protection, si l'on ne considéroit que sa personne, et non pas les règles de l'ordre public, qui ne doivent pas souffrir des défauts de ceux qui sont chargés de les faire observer ; mais comme on peut présumer aisément, que c'est la négligence de cet officier qui donne lieu aux entreprises des commandans militaires dont il se plaint, je remets très-volontiers entre vos mains le soin de rétablir la règle dans la matière dont il s'agit, lorsque vous aurez occasion d'aller à Toulon ; j'espère qu'il ne vous sera pas bien difficile d'y concilier les commandans avec les officiers de justice, et vous n'oublierez point, sans doute, d'y donner au sieur............, même en mon nom, si vous le jugez à propos, des avis dont il paroît avoir un grand besoin.

Du 9 février 1739.

Il est très-bon en effet, que vous écriviez vous-même au sieur.......... pour le faire rentrer dans son devoir, sans vous contenter des avis qui lui ont été donnés par votre substitut; mais il me paroît extraordinaire que vous ayez souffert, aussi bien que le parlement, que des officiers d'un siége inférieur se soient donnés la liberté d'exclure une partie de leurs confrères de l'exercice de leurs fonctions, et de les interdire en quelque manière, sous prétexte de ce qu'ils n'ont pas voulu souscrire à une délibération qui a été prise dans ce siége, et je ne doute pas qu'en jugeant le procès qui s'est formé au sujet de cette délibération, vous ne requerriez, et que le parlement n'ordonne ce qui sera jugé nécessaire, pour réprimer une pareille entreprise.

Du............ 1740.

J'ai reçu la lettre par laquelle vous me rendez compte des faits que les officiers de Marseille m'ont exposés contre le sieur............, lieutenant-particulier; quand il seroit vrai qu'on auroit pu concevoir quelque suspicion contre cet officier sur les faits qu'on lui reproche, il ne seroit pas possible de faire aucun usage des avis que j'ai reçus des officiers de la sénéchaussée de Marseille.

Le premier de ces faits ne paroît fondé que sur des bruits vagues et contredits par d'autres bruits plus favorables au sieur..........

A l'égard du second fait, qui seroit plus grave en lui-même, outre qu'on ne sait point, comme vous me le marquez, si c'est au fils ou au père qu'on doit l'imputer, il ne peut plus en rester aucun vestige, puisque l'acte dans lequel on prétend qu'il y avoit une addition suspecte de fausseté, a été supprimé pour rassurer la belle-mère du sieur............, fils, avec laquelle il est à présent, selon votre lettre, dans une parfaite intelligence.

J'ai donc lieu de craindre qu'il n'y ait eu plus de chaleur et de vivacité dans les démarches des officiers de la sénéchaussée de Marseille, que de fondement réel et solide ; mais comme ils peuvent avoir agi aussi par un zèle qui, quoiqu'inconsidéré, mérite toujours d'être ménagé, j'entre fort dans ce que vous me proposez pour finir cette affaire, et je vous prie de donner, d'un côté, au sieur.........., les avis que vous croirez lui être utiles, et de l'autre, de faire savoir aux officiers de la sénéchaussée que, quoique leur délicatesse soit louable dans son principe, je ne saurois néanmoins y avoir égard, en donnant à un officier qui est leur confrère, une mortification qu'il peut ne pas mériter, pour des faits dont il n'y a aucune preuve, et dont il est même impossible d'en attendre ; mais qu'en même temps vous avez recommandé, d'une part, au sieur............, comme vous le ferez en effet, d'avoir attention à se conduire avec tant d'égards et de déférence pour sa compagnie, qu'il puisse l'engager à lui donner des marques de son estime et de son amitié.

Du 9 mars 1741.

Je ne sais pas pourquoi M. de.......... a jugé à propos d'avoir recours à moi, pour une affaire aussi légère que celle qu'il a eue avec son fermier. Les plaintes qu'il m'a portées contre le présidial d'Agen me paroissent aussi mal fondées qu'à vous, et je vous prie de le lui faire savoir, afin qu'il ne m'écrive plus sur ce sujet ; il y a un seul point sur lequel je ne saurois entrer dans votre sentiment ; c'est ce qui regarde la conduite du sieur.......... conseiller au présidial d'Agen, qui, après s'être déporté de la qualité de

juge, a travaillé comme avocat, pour le fermier de
M. de............ Il a contrevenu par là aux ordonnances, qui n'interdisent pas, à la vérité, aux
conseillers des sièges inférieurs de faire la fonction
d'avocat, mais qui leur défendent de prêter leur ministère en cette qualité aux parties qui ont des affaires
dans leur siège; ainsi vous devez avertir le sieur......
de se conformer exactement à cette règle.

***

Du 17 février 1742.

PAR le compte que vous me rendez de ce qui s'est
passé, soit entre le sieur.........., procureur du
roi, et le corps-de-garde d'une des portes de la ville
de Toulon, soit entre M. de......... commandant
en cette ville, et le sieur......... le père, il me
paroît que dans le premier fait il y a eu des torts des
deux côtés, le sieur.......... ayant insulté la garde
en quelque manière, et la garde, de son côté, l'ayant
traité trop brutalement; le dernier tort paroît cependant être du côté du sieur.........., puisqu'après
que la porte lui eût été ouverte, il se retourna vers
la garde pour la menacer, et c'est apparemment ce
qui vous a donné lieu principalement de le faire
mettre dans une prison où il n'a pas fait un long séjour. A l'égard du second fait, tout le tort paroît être
du côté du sieur......... père; il pouvoit bien, à
la vérité, porter ses plaintes à M. de.........., sur
la manière dont son fils avoit été traité par le corps-
de-garde; mais lorsque ce commandant lui eut dit que
son fils avoit insulté la garde, comme cela étoit vrai,
il auroit dû changer de ton, demander grâce pour son
fils, et en même temps prier M. de........... de
vouloir bien aussi punir ceux qui avoient maltraité ce
fils, pour lequel ils devoient aussi avoir plus d'égard
de leur côté, comme pour un homme revêtu d'une
charge considérable dans la ville de Toulon.

Pour ce qui est de M. de........, on peut tout au

plus, lui reprocher quelques légers mouvemens d'impatience, sur les mauvais propos qui lui furent tenus par le sieur.......... le père; mais il est bien difficile que de pareils mouvemens n'échappent pas à un ancien militaire, et qui joint une naissance distinguée à la qualité de commandant; ainsi, je crois que ce qu'il y a de mieux à faire sur tout cela, est de laisser les choses dans l'état où elles sont; il seroit bon néanmoins de faire mettre pour vingt-quatre heures en prison les soldats qui ont bourré et maltraité le sieur.........., procureur du roi, afin de leur apprendre à savoir exécuter les ordres qu'on leur donne, sans y joindre une brutalité très-mal placée, contre la personne d'un officier de justice; mais cela a peut-être déjà été fait. Je vous prie de faire savoir ce que je vous écris et à M. de.......... et aux sieurs..., père et fils, afin que cela m'épargne la peine de leur écrire des lettres où il seroit assez difficile de proportionner la mesure des termes et celle des torts.

Du 16 mars 1743.

Vous avez raison de croire que le sieur........, lieutenant-général au présidial de Bailleul, n'est nullement dans le cas d'avoir un logement par l'autorité du roi; l'on ne pourroit user de cette voie en sa faveur, sans donner un très-mauvais exemple, contre lequel la ville de Bailleul ne manqueroit pas de réclamer; et il ne seroit presque pas possible de refuser d'avoir égard à ses représentations. Ainsi je vous prie de faire savoir au sieur.........., que c'est à lui de tâcher de se ménager, par les voies ordinaires, un logement convenable, et que le roi auroit trop d'affaires, s'il falloit que Sa Majesté entrât dans ce qui regarde le logement de tous les officiers qui rendent la justice dans les bailliages de son royaume.

Du 15 novembre 1743.

Par le compte que vous m'avez rendu par votre lettre du 4 de ce mois, des faits nouveaux que les officiers de l'élection de Tours ont opposés au sieur..., je vois, à la vérité, que ces officiers ne sont pas excusables d'avoir avancé les deux faits que vous avez approfondis, et surtout celui du testament, qu'on accusoit le sieur.......... d'avoir altéré; mais comme il s'est mal justifié sur le premier fait qui avoit été originairement allégué contre lui, je crois que ce qu'on peut faire de plus favorable à son égard est de lui laisser l'exercice de sa fonction de juge de Montbason, sans lui permettre d'y ajouter la charge d'élu, qui d'ailleurs ne seroit pas compatible avec celle de bailli du duché de Montbason; c'est ce que vous prendrez, s'il vous plaît, la peine de lui faire savoir de ma part; mais il sera aussi fort à propos que vous fassiez aux officiers de l'élection de Tours la réprimande qu'ils n'ont que trop méritée, pour la témérité de leur dernière supposition.

Du 5 mars 1747.

Je vous envoie un placet que le nommé........ et sa sœur m'ont adressé, afin que vous fassiez rendre compte de ce qu'ils y exposent par le lieutenant général de Périgueux, pour savoir qu'elles peuvent être ses raisons pour les forcer à plaider contre lui, pendant que d'un autre, il les empêche, par les mesures qu'il prend pour leur fermer les portes de la justice. Une telle conduite seroit si indigne du caractère d'un juge qui est à la tête d'une sénéchaussée, que je ne saurois croire qu'il en soit capable ; mais il faut au moins qu'il s'explique sur ce sujet d'une manière qui ne laisse aucun doute dans l'esprit.

***

Du 16 juin 1747.

La lettre du sieur........., lieutenant-général de police au Port-Sainte-Marie, que je vous envoie, vous fera connoître les trois points sur lesquels il me demande une décision.

Le premier ne souffre aucune difficulté, la parenté qui est entre le juge et le procureur du roi, n'empêchant en aucune manière que le dernier n'exerce librement ses fonctions, et c'est ce que vous pouvez bien savoir dès à présent.

Le doute qui regarde le second point, ne paroît fondé que sur l'arrêt du parlement de Bordeaux, que cet officier cite dans sa lettre. Je ne sais quel a pu en être le motif ; la règle générale établie par l'édit de création des offices de police, est que les fonctions de lieutenant-général sont dévolues de droit, en son absence, au procureur du roi : par quelle raison donc le parlement a-t-il jugé qu'elles seroient remplies par le lieutenant-général du siége ? c'est ce que vous prendrez, s'il vous plaît, la peine de m'expliquer.

A l'égard du troisième point, la difficulté est fort aisée à lever ; il n'y a qu'à expédier une commission en faveur du greffier ordinaire de la juridiction, pour le mettre en état d'exercer le même office dans celle de la police, à moins que vous ne croyiez qu'on peut choisir un meilleur sujet pour ce service ; en ce cas, vous auriez soin de me l'indiquer.

Du 15 août 1747.

JE vois par votre lettre du..........., que des trois points sur lesquels rouloit la lettre du sieur......., lieutenant-général de police du Port-Sainte-Marie, que je vous avois renvoyée, il y en a deux qui sont actuellement terminés ; mais que le troisième, qui regarde l'exercice de la juridiction de police au Port-Sainte-Marie, souffre beaucoup de difficulté.

Il me paroît que ce qui la forme est la disposition singulière des arrêts du parlement de Bordeaux ; j'ai de la peine à comprendre quel a pu être le motif de sa décision, et tout l'embarras qu'elle cause dans son exécution, ne semble venir que de ce que le parlement a donné trop, ou trop peu, aux consuls du Port-Sainte-Marie.

Il leur a donné trop, s'il a voulu suivre les principes du droit commun, et les règles générales de l'ordre des juridictions, parce que, suivant ces règles, c'est aux officiers du même siége, que le lieutenant-général de police, à le remplacer en son absence et à exercer ses fonctions, lorsqu'il n'est pas en état de les remplir ; ou si l'on vouloit suivre ce qui est prescrit par les édits, déclaration des charges de lieutenant-général et de procureur du roi pour la police, c'est au dernier que la juridiction, en cette matière, devoit être déclarée dévolue, en cas d'absence ou d'autre empêchement du premier.

D'un autre côté, on peut dire, que le parlement a donné trop peu aux consuls du Port-Sainte-Marie, s'il a voulu se conformer à l'ancienne transaction qui a été passée entre ces consuls et un de vos prédécesseurs, aussi bien que le chapitre de Saint-Caprais, co-seigneur, avec le roi, du Port-Sainte-Marie ; selon cet acte, c'auroit été non-seulement le droit de remplacer le lieutenant-général de police, absent ou

malade, mais l'exercice entier de la juridiction de police, qu'il auroit fallu laisser aux consuls.

Ainsi, il est bien difficile de concevoir quel a pu
être le fondement de deux arrêts, qui n'ont pris
pour règle ni le droit commun ni les titres particuliers qui étoient produits au procès.

Peut-être le parlement a-t-il cru que l'usage et la
possession avoient expliqué la transaction de 1520, et
avoient réduit le pouvoir des consuls à la seule faculté de suppléer à l'absence, ou autre empêchement
du lieutenant-général de police; mais c'est ce que
vous ne marquez point par votre lettre, et qu'il seroit
bon de savoir plus exactement. On peut néanmoins
se dispenser d'approfondir ce fait, et trouver un dé-
noûment plus court dans la difficulté qu'il s'agit de
résoudre, s'il est vrai, comme on le prétend, que les
consuls du Port-Sainte-Marie ne sont point jaloux
du droit d'exercer la police en l'absence du lieutenant-général; c'est ce qui vous sera fort aisé de savoir
d'eux-mêmes, et, en ce cas, on pourroit établir une
règle générale et beaucoup plus simple dans cette
matière, en rendant un arrêt qui, sur l'abdication
que les consuls du Port-Sainte-Marie auroient faite du
droit que les arrêts du parlement leur ont déféré,
ordonneroit qu'il seroit suppléé à l'absence du lieutenant-général par le procureur du roi, si son office
est de nouvelle création, ou par le plus ancien conseiller du siége, si le lieutenant-général et le procureur du roi n'ont fait que conserver d'anciennes
charges, sans en acquérir de nouvelles, en conséquence de l'édit de l'année 1699. Mais avant que de
prendre ce parti, il faut être absolument sûr de la
disposition où la communauté et les consuls du Port-
Sainte-Marie sont, sur le point dont il s'agit.

Du 26 mai 1748.

COMME vous n'avez travaillé avec M. de......., pour terminer les différends qui sont nés dans le siége de la sénéchaussée de Marseille, que dans un esprit de paix et par voie de conciliation, sans avoir le caractère de juge, ni même celui d'arbitre, je ne vois pas par quel moyen vous pourriez obliger le lieutenant criminel à entrer dans les tempéramens qui vous ont paru les plus équitables ; peut-être en viendrez-vous à bout par le secours du temps et par la persévérance de votre médiation ; mais si cet officier persiste toujours à ne vouloir pas se départir du bénéfice des arrêts qu'il a obtenus au parlement, ce sera au lieutenant-général et aux autres officiers du même siége, de voir s'ils peuvent faire rétracter ces arrêts par les voies de droit ; et il ne seroit pas convenable que je décidasse de pareilles contestations par une lettre.

Du 4 septembre 1750.

LA proposition qui m'avoit été faite par le sieur.... me paroissoit déjà susceptible d'une grande difficulté, lorsque je vous renvoyai sa lettre ; et, comme je vois par votre réponse, que l'usage qui s'observe en Flandre à l'égard des officiers des autres prévôtés, n'est pas plus favorable à cet officier que les règles du droit commun, il n'est pas possible d'avoir égard à sa demande.

Il est vrai cependant qu'il y a de l'inconvénient à souffrir que le prévôt et le procureur du roi soient seuls juges respectivement l'un de l'autre, et que cela peut donner beaucoup d'inquiétude à ceux qui plaident contre l'un ou l'autre. C'est, en effet, comme

vous le remarquez, la seule bonne raison que le
sieur.......... ait pu alléguer, pour soutenir la
prétention; mais sans rien changer dans l'ordre des
dégrès de juridictions, ne pourroit-on pas prendre
un tempérament pour diminuer au moins le danger
de cette espèce de réciprocité de jugement? ce seroit
d'établir que, lorsqu'il arriveroit que le prévôt seroit
juge du procureur du roi, ou le procureur du roi
du prévôt, l'un ou l'autre seroit obligé d'appeler deux
gradués pour juger l'affaire avec lui, à la pluralité
des voix. C'est ce que vous pourriez faire ordonner
par un arrêt du parlement, non-seulement pour la
prévôté de Maubeuge, mais pour toutes les prévôtés
semblables de votre ressort. Vous prendrez, s'il vous
plaît, la peine d'en conférer avec M. le premier président de votre compagnie, et de me faire savoir
votre avis et le sien sur ce sujet.

§. VI. — *Gens du Roi et leurs Substituts.*

Du 2 janvier 1728.

Le droit commun résiste entièrement à la grâce
que vous demandez pour M. votre fils aux officiers
de la sénéchaussée d'Aix, les procureurs du roi
n'ayant jamais voix délibérative dans le siége où
ils sont établis, à moins qu'ils n'aient un office de
conseiller réuni à leur charge, ce qui est extrêmement rare. Je sais que l'usage de la Provence n'est
pas conforme à cette règle générale, et que l'on y
tolère depuis long-temps, dans plusieurs sénéchaussées, que les procureurs du roi exercent les fonctions de juges dans les affaires où leur ministère
n'est pas nécessaire; mais je sais en même temps,
que cette exception de la règle générale n'a point
lieu dans la sénéchaussée d'Aix, et que les procureurs du roi y ont toujours été assujettis en cette

matière à l'ordre commun. Ainsi, quelque considération que vous méritiez, il seroit bien difficile d'admettre M. votre fils à une fonction dont il est exclu par le titre même de sa charge. Le consentement des officiers de la sénéchaussée d'Aix ne lui suffiroit pas pour cela, parce qu'ils n'ont pas le pouvoir de donner le caractère de juge à qui leur plaît. Les exemples que vous tirez de ce qui s'est passé sur ce sujet dans votre famille, sont si irréguliers qu'ils ne peuvent être tirés à conséquence. Il faudroit donc que vous eussiez recours au roi pour obtenir ce que vous désirez; mais comment le roi même le pourroit-il faire, sans créer en faveur de M. votre fils une nouvelle charge de conseiller; et quand Sa Majesté voudroit bien prendre ce parti, l'âge de M. votre fils y mettroit un nouvel obstacle; la grâce seroit trop grande si on lui accordoit en même-temps la voix délibérative, et si on ne la lui accordoit pas, elle lui seroit presque inutile. Ainsi, de quelque côté qu'on regarde la proposition dont il s'agit, on n'y trouve qu'une source de difficultés qu'on ne pourroit vaincre sans passer par dessus toutes les règles ordinaires. Je l'écris ainsi aux officiers de la sénéchaussée d'Aix. Je serai toujours très-aise de vous donner, d'ailleurs, des marques de ma considération dans les cas où je serai plus libre de le faire.

Du 31 mai 1728.

QUOIQUE je sois persuadé qu'il n'y a eu aucune affectation de votre part, et que, sans y faire beaucoup de réflexion, vous avez cru pouvoir m'envoyer, en l'absence de M. le procureur-général, les motifs de l'arrêt rendu contre le sieur.........., sénéchal de Mortagne; il est bon néanmoins que lorsque M. le procureur-général n'est absent que pour peu de jours, et qu'il n'y a rien qui exige une prompte expédition, vous vous absteniez de signer pour lui des motifs et de me les envoyer, mon intention étant toujours de conserver à chacun les fonctions qui lui appartiennent suivant l'ordre public.

Du 29 août 1728.

J'ai reçu la lettre qu'il m'a écrite sur le cérémonial des lettres qu'il reçoit de M. de.........; vous avez bien prévu qu'il ne me convenoit pas d'entrer dans cette discussion; ainsi je vous laisse à examiner de quelle voie vous devez vous servir pour obtenir de M. de .... le même traitement que vous recevez de MM. les autres sécretaires d'état; et je vous avertis seulement que vous ne sauriez traiter cette affaire avec trop de prudence et de ménagement, pour tâcher d'y réussir plutôt par le consentement de M. de......... que par une décision, qui souffriroit peut-être plus de difficulté que vous ne le croyez.

Il s'agissoit de *votre très-affectionné serviteur*, que M. le comte de......... lui avoit seulement donné, depuis que le procureur-général lui avoit refusé le *Monseigneur*, comme aux autres sécretaires d'état, qui lui donnoient *le très-humble et très affectionné*, ou même *obéissant serviteur*.

Du 19 janvier 1729.

Toutes les raisons que vous m'avez expliquées en différens temps sur la prétention que vous avez de vous faire précéder dans le palais par un huissier, ne m'ont pas convaincu que la règle et le droit fussent de votre côté. Il m'a paru au contraire que bien loin d'être en état de vous appuyer au moins sur la possession, vous ne pouviez pas même en avoir aucune, puisqu'il n'y a que quatre ans que vous avez un huissier attaché au service du Parquet; ainsi, voyant que vous étiez réduit à des raisons de bienséance, et à l'exemple de ce qui se pratique dans d'autres parlemens par une honnêteté purement volontaire qu'on y a eue pour les gens du roi, j'ai cru ne devoir employer pour vous en cette occasion que des voies de persuasion et d'insinuation auprès de votre compagnie; mais, quoique j'aie bien voulu faire différentes tentatives en votre faveur sur ce sujet, j'y ai toujours trouvé et j'y trouve encore une si grande répugnance à vous laisser jouir de l'honneur dont il s'agit, que je n'ai pas jugé à propos d'y insister plus fortement; et le meilleur conseil que je puisse vous donner, est de garder le silence pendant quelque temps à cet égard, et de tâcher de mériter par la distinction avec laquelle vous remplirez vos fonctions, et par les marques que vous donnerez au parlement du zèle dont vous êtes rempli pour le service de cette compagnie, que les esprits se trouvent insensiblement plus disposés à vous accorder la satisfaction que vous désirez, et qu'il est bien difficile de vous procurer tant que cela ne se fera pas du consentement des principaux membres du parlement.

Du 30 mai 1729.

J'ai reçu la lettre que vous m'avez écrite sur le droit que vous prétendez avoir de prendre communication de toutes les affaires où des mineurs sont intéressés et sur les difficultés que vous éprouvez sur ce sujet de la part de votre compagnie.

La règle générale et l'usage constant du parlement de Paris, sont contraires à votre prétention. Il est vrai qu'il y a des cas où l'intérêt des mineurs exige nécessairement des conclusions de la partie

publique, comme lorsqu'il s'agit de leur donner un
tuteur, d'entériner des lettres d'émancipation qu'ils
ont obtenues, de permettre l'aliénation de leurs immeubles, ou lorsqu'ils n'ont point encore de tuteurs qui
puissent veiller à la défense de leurs droits; mais
il n'est pas vrai qu'en général, toute affaire doive
être communiquée au parquet par cette seule raison
qu'un mineur y a intérêt, quoiqu'il ait un tuteur
qui soutienne sa cause. J'ai bien vu des arrêts de
réglement qui font la distinction que je viens de vous
marquer; mais je ne me souviens point d'en avoir vu
qui établissent la maxime générale que vous avancez,
ou s'il peut en être échappé quelques-uns qui dé-
clarent en général que les causes des mineurs sont
du nombre de celles qui doivent être communiquées
aux gens du roi, l'usage les a expliqués et en a restreint
la disposition aux cas particuliers qui sont de la
nature de ceux que je viens de vous marquer. L'ordonnance même de 1667, dont l'autorité est supérieure à tous les arrêts de réglement, n'a point compris en général les causes des mineurs dans le nombre
de celles sur lesquelles elle a décidé que la communication au parquet étoit nécessaire, et elle a réduit
ces causes à celles où le roi, l'église, le public ou la
police sont intéressés.

   Je pourrois donc m'expliquer dès à présent d'une
manière décisive sur la question que vous m'avez
proposée, et il me seroit d'autant plus aisé de le
faire, qu'il y a tout lieu de présumer par votre lettre
même que l'usage de votre compagnie est contraire à
votre prétention; mais comme vous alléguez des arrêts
que vous croyez vous être favorables, et que je n'ai
pu trouver dans aucun recueil de réglemens, je sus-
pendrai encore volontiers mon jugement, jusqu'à ce
que vous m'ayez envoyé une copie de ces arrêts,
ou que vous m'ayez indiqué les livres imprimés où
ils peuvent se trouver.

Du 31 octobre 1729.

LE malheur qui est arrivé au sieur.........
m'a dispensé de répondre à la lettre que vous m'avez
écrite sur son sujet, le premier septembre dernier;
mais cette lettre ayant repassé depuis peu par mes
mains, j'ai fait réflexion que je devois vous faciliter l'usage de commettre à l'exercice des fonctions de
vos substituts pendant la vacance des charges, en vous
écrivant que les commissions que vous donnez en ce
cas, ne sont pas sujettes à la formalité du sceau; ce
n'est point le roi qui les donne sur votre nomination, c'est vous seul qui les accordez sous le bon
plaisir de Sa Majesté; j'en ai toujours usé de cette
manière pendant le temps que j'ai exercé la charge
de procureur-général. S'il y a eu, pendant mon absence, quelque innovation sur ce sujet, on ne sauroit
trop tôt revenir à l'ancienne règle; et j'ai trop de
confiance en vous pour n'être pas persuadé que vous
mériteriez qu'on l'établît en votre faveur, si elle n'é-
toit pleinement autorisée par un usage auquel je suis
bien éloigné de vouloir donner la moindre atteinte.

Du 11 mars 1730.

LA grande considération que j'ai pour le parlement
de Rouen m'a fait souscrire avec déplaisir, quoique
avec justice, à la délibération unanime qui a été prise
dans le conseil du roi, pour détruire l'arrêt qui fut
rendu, l'année dernière, dans l'assemblée des chambres
de votre compagnie, sur les accusations et les procédures respectives de M. le président de.........
et de M. de.........; comme il est important que
vous soyez instruit des raisons qui ont porté le conseil à casser cet arrêt sur la simple requête de celui

qui s'en plaignoit, sans en demander les motifs au parlement et sans attendre M. le président de........, j'ai cru devoir vous les expliquer, non pour justifier une décision qui n'en a pas besoin, mais pour vous rappeler, à cette occasion, des maximes dont je souhaiterois fort que votre compagnie n'eût pas cru pouvoir s'écarter.

Le premier défaut qui a frappé justement le conseil est la forme aussi nouvelle qu'irrégulière, dont un conseiller au parlement a donné un exemple qui ne doit jamais être suivi, lorsqu'il a entrepris de quitter de lui-même le caractère et la fonction de juge, pour se transformer tout d'un coup en procureur-général, et faire une réquisition dans cette nouvelle qualité.

Je sais que, lorsqu'il s'agit de l'intérêt public, tous les juges, également obligés d'y veiller, peuvent être considérés en un sens comme autant de procureurs-généraux; mais cette proposition, qui est devenue une espèce de proverbe dans le palais, doit être renfermée dans ses bornes, et on ne peut en tirer que deux conséquences légitimes.

La première est que, comme toute la force des conclusions des gens du roi ne consiste que dans ce qui tend véritablement au bien public et au plus grand bien de cette nature, les juges ne sont pas obligés de les suivre et d'y conformer exactement leurs décisions; ils peuvent ou y suppléer, ou en retrancher, ou décider même le contraire de ce qui est requis par les gens du roi, s'ils croyoient y être obligés par les règles de la justice et par le zèle qu'ils ont pour l'intérêt commun de la société; ainsi, quand on dit que tous les juges sont en quelque sorte procureurs-généraux, c'est une expression qui signifie, dans ce premier sens, qu'ils sont en droit de faire d'office ce qu'ils estiment que le procureur-général auroit dû faire; mais il n'est nullement nécessaire pour cela qu'un des conseillers s'érige, de sa seule autorité, en procureur-général, et qu'il s'attire le reproche d'avoir fait ce qu'il ne pouvoit pas, au lieu de faire ce qu'il pouvoit.

Le second sens, dont la même proposition est encore susceptible, ne peut avoir lieu que dans des circonstances très-rares, et qu'il est même de la prudence d'une compagnie d'éviter autant qu'il est possible.

Quelque important que soit l'office des gens du roi, et quoiqu'ils en reçoivent le caractère des mains du prince seul, de même que les autres ministres de la justice en reçoivent celui des juges, ils ne doivent cependant regarder leurs fonctions que comme un secours qui a paru nécessaire dans nos mœurs, pour mettre les magistrats en état de tendre plus facilement au bien public. Ainsi ils manqueroient à la plus essentielle de leurs obligations, si ce ministère, qui ne leur est confié que pour aider la justice, devenoit entre leurs mains un instrument dangereux, dont ils se serviroient pour en retarder ou pour en empêcher l'administration. S'il arrivoit donc, par une supposition qui doit presque être regardée comme impossible, que les gens du roi différassent avec affectation, ou qu'ils allassent même jusqu'à refuser de prendre des conclusions dans une affaire où ils sont obligés d'en donner, ce seroit alors qu'au défaut ou au refus, non-seulement des avocats et des procureurs-généraux, mais de tous leurs substituts, on pourroit soutenir avec plus de raison, qu'après qu'ils auroient été avertis de remplir leur devoir, il ne seroit pas juste que leur négligence affectée, ou leur refus opiniâtre, pût arrêter le cours de la justice, et que, dans ces cas, il seroit permis à une compagnie de commettre un des conseillers pour exercer des fonctions que les gens du roi n'auroient pas voulu remplir.

C'est cependant une grande question de savoir si, dans ces cas même, il n'est pas de la prudence et de la sagesse d'une compagnie d'avoir recours au roi avant que d'entreprendre de commettre un procureur-général ; et c'est, sans doute, le parti le plus

régulier qu'un parlement puisse prendre dans une
pareille conjoncture, soit parce que régulièrement
les gens du roi ne doivent rendre compte qu'à Sa
Majesté de ce qu'ils font, ou de ce qu'ils ne font pas
en son nom, soit parce qu'ils pourroient en avoir
reçu des ordres particuliers qu'il ne conviendroit pas
de rendre publics sans sa permission, soit enfin, parce
que tant que l'officier choisi et institué par le roi est
en état d'exercer ses fonctions, il n'appartient régulièrement à personne d'en établir un autre sans l'agrément de Sa Majesté. Tel est, en effet, le tempérament
que le parlement de Paris a pris dans quelques occasions, et l'on ne pourroit excuser une compagnie qui
auroit négligé cette précaution, que dans le cas de la
mort ou de l'absence et de l'éloignement de tout officier du parquet, ou lorsque le besoin du ministère
public seroit si pressant, qu'on ne pourroit différer
d'y commettre, sans tomber dans de très-grands inconvéniens ; et c'est seulement dans ces deux dernières
circonstances que l'on pourroit faire valoir le second
sens de cette proposition, que tout conseiller est procureur-général.

Je passe présentement au second défaut, qui n'a
pas moins influé dans la décision du conseil que le
premier, je veux dire l'irrégularité de la réquisition
faite par le conseiller qui est devenu en un moment
procureur-général, et de l'arrêt qui a suivi cette
réquisition.

Un des premiers principes, en matière criminelle,
est qu'on ne doit jamais permettre de faire entendre
les mêmes témoins une seconde fois, quand il ne s'agit
que d'un seul et même corps d'accusation ; chaque
témoin est censé dire tout ce qu'il sait dans le temps
qu'il fait sa déposition, ou s'il lui est échappé quelque
circonstance, il ne peut réparer cette omission que
dans le temps du récolement. Aucune compagnie,
aucun siège de judicature ne peut s'écarter d'une
règle si inviolable, sans contrevenir formellement à
la disposition de l'ordonnance.

Je n'ai presque pas besoin, après cela, de faire

l'application de toutes ces maximes à l'arrêt qui n'a pu se soutenir aux yeux du conseil, et je suis bien aise même de vous épargner un long détail qui ne pourroit que vous être pénible.

Vous sentez [de vous-même que le parlement n'étoit dans aucun des cas où l'on peut faire valoir, avec quelque vraisemblance, cette opinion, qui est vraie jusqu'à un certain point, que tous les conseillers sont procureurs-généraux.

Si les conclusions du procureur-général avoient été irrégulières ou insuffisantes, vous auriez eu le pouvoir de ne les pas suivre ou d'y suppléer ce qui vous auroit paru y manquer, sans qu'il eût été nécessaire pour cela de commettre un autre procureur-général, ou de le laisser se commettre lui-même, pour prendre des conclusions différentes.

Les gens du roi n'avoient ni négligé, ni refusé de remplir les fonctions de leur ministère; il n'y avoit aucun prétexte tiré, ou de la vacance des offices, ou de l'absence des officiers, qui pût autoriser le parlement à leur substituer un autre magistrat; le cas n'avoit rien de pressant, et le parquet étoit actuellement rempli d'officiers que le parlement pouvoit mander, s'il l'avoit jugé à propos et si la matière l'avoit requis, pour leur faire entendre ce que l'on trouvoit qui manquoit dans leurs conclusions, et les mettre en état de les changer, s'ils avoient cru le devoir faire.

Enfin, pour ne toucher aussi qu'en un mot ce qui regarde le second défaut de l'arrêt, je ne saurois m'empêcher de vous dire, qu'il est bien triste, qu'après qu'un procureur-général a pris des conclusions, dont le prétendu défaut consiste à n'avoir pas requis ce que l'ordonnance lui défendoit de requérir, un conseiller se mette à la place de cet officier, non pour en mieux remplir le devoir, mais pour faire une réquisition dont on peut dire qu'elle y est directement contraire.

Je pourrois ajouter encore à tout ce que je viens de dire sur la forme, que dans le fond du jugement, il y a des dispositions dont le conseil, qui a vu les

informations et toute la procédure, ne m'a pas paru
édifié ; mais j'évite encore une fois de relever tout ce
qui n'est point absolument essentiel pour la conservation des règles de l'ordre public.

La contravention à ces règles a donc paru si évidente, que, comme elle ne pouvoit être ni excusée
par des motifs, ni défendue par la partie intéressée à
soutenir l'arrêt dont on demandoit la cassation, qu'on
a cru que c'étoit ménager en quelque manière l'honneur du parlement, que d'avancer une décision dont
le retardement n'auroit servi qu'à donner lieu de solenniser encore plus une affaire si peu agréable.

La nature des moyens de cassation, qui étoient tous
tirés de la conduite des juges, auroit pu demander,
à la rigueur, que, par l'arrêt qui est intervenu au
conseil, on eût fait des défenses expresses au parlement de rendre à l'avenir de pareils arrêts, et sur de
pareilles réquisitions ; mais les égards qu'on a eus pour
une compagnie, d'ailleurs si estimable, ont empêché
le conseil de lui donner cette nouvelle mortification,
et j'ai cru que les avertissemens contenus dans cette
lettre y suppléeroient d'une manière plus douce et
plus convenable, non-seulement à la dignité de cette
compagnie, mais à mon inclination, qui me portera
toujours à la traiter le plus favorablement qu'il me
sera possible. S'il lui est échappé dans cette occasion,
contre son ordinaire, de donner une attention suffisante à des règles dont je viens de lui faire sentir toute
la solidité, je suis persuadé qu'elle les suivra dorénavant avec une si grande exactitude, qu'elle ne me
donnera jamais que des occasions de la proposer pour
exemple à d'autres tribunaux, comme elle le mérite
déjà par plusieurs endroits, que ce qui s'est passé
dans l'affaire présente n'efface point de mon esprit.

Du 2 septembre 1730.

JE suis persuadé que vous commencez et que vous finissez votre carrière ordinaire avec le même zèle pour la justice, et je reçois aussi avec le même plaisir les assurances que vous m'en donnez. Je n'en ai pas moins à apprendre que M. de......., avocat-général, répond parfaitement aux témoignages avantageux que vous m'avez rendus en sa faveur. M. de....., qui est ici, m'a informé du succès de ses premières actions dont il a été le témoin, et je vois, par votre lettre, qu'il s'est encore acquis en dernier lieu les suffrages du public aussi bien que le vôtre, par l'action qu'il a faite à la fin du parlement; ainsi je ne peux que vous féliciter de la bonne acquisition que votre compagnie a faite en sa personne, et vous assurer de l'estime avec laquelle je suis,

Du 19 septembre 1730.

J'AI demandé à M. le cardinal de......, comme vous m'en avez fait prier, Monsieur, s'il voudroit bien entendre ce que vous croyez pouvoir lui représenter pour votre justification, et Son Eminence trouve bon que vous veniez ici dans cette vue un des jours de la semaine prochaine; lorsque vous y serez, je vous dirai l'heure à laquelle il pourra vous donner audience.

Je profite de cette occasion pour vous écrire, que j'apprends que vos substituts au parlement de Bretagne veulent disputer à MM. les avocats-généraux le droit de présenter les édits et déclarations du roi à la chambre des vacations, et d'y faire les réquisitions qu'ils jugent nécessaires : on m'assure que cette prétention est entièrement contraire à l'usage, et que d'ailleurs elle ne peut avoir aucun fondement solide, parce que vos substituts ne l'étant qu'en vertu de votre commission, ils n'ont aucun titre qui puisse les autoriser à remplir vos fonctions au préjudice de MM. les avocats-généraux, auxquels elles sont dévolues de droit pendant votre absence. Quelque fortes que paroissent ces raisons, je n'ai pas voulu cependant m'expliquer sur ce sujet, sans savoir auparavant si vous croyez devoir soutenir, en cette occasion, vos substituts : en ce cas, quels sont les moyens que vous pouvez alléguer en leur faveur.

Du 11 novembre 1730.

JE vous ai envoyé, le 24 juin dernier, un mémoire qui regarde le sieur........, avocat du roi au présidial de Châlons, et je vous ai marqué en même temps que le fait énoncé dans ce mémoire me paroissoit très-grave et digne de toute l'attention de votre ministère. Prenez, s'il vous plaît, la peine de me faire savoir ce que vous avez fait sur ce sujet depuis que vous avez reçu ma lettre, et quelles mesures vous avez prises pour la réparation d'un si grand scandale dans la personne d'un officier.

Du 14 novembre 1730.

JE n'ai pas encore répondu à la lettre que vous m'avez écrite aussi bien que M. de......., au sujet de la difficulté qui s'étoit formée entre lui et les substituts de M. le procureur-général, par rapport à la présentation des édits, et aux réquisitions qui peuvent se faire pendant la tenue de la chambre des vacations ; ce qui m'a empêché de vous écrire, aussi bien qu'à lui, sur ce sujet, est que j'ai trouvé dans M. de........ plus de difficulté que je ne m'y attendois à abandonner la prétention de ses substituts. J'ai été d'ailleurs informé à cette occasion, comme je l'avois déjà été dans d'autres, qu'il y a bien des choses dans les usages de votre parquet qui ne sont pas trop convenables au bien public, auquel vous devez tous concourir également, votre ministère étant un par sa nature, quoique l'exercice en soit partagé entre ceux qui y sont appelés.

Je crois donc qu'il seroit nécessaire d'y mettre la main, non-seulement par rapport à l'incident qui est né pendant la dernière chambre des vacations, mais par rapport à toutes sortes de contestations entre vous et M. le procureur-général ou ses substituts. Mais pour me mettre en état de suivre utilement cette pensée, il faudroit que vous prissiez la peine de faire deux choses :

La première, est de me faire savoir s'il y a jamais eu quelque arrêt de réglement rendu entre les officiers du parquet du parlement de Bretagne : et, supposé qu'il y en ait un ou plusieurs, vous auriez soin, s'il vous plaît, de me les envoyer;

La seconde, est de comprendre, dans un mémoire que vous ferez exactement, toutes les difficultés qui se sont formées ou qui peuvent se former entre vous et M. le procureur-général et ses substituts : vous pourrez y joindre vos réflexions, soit pour appuyer, comme vous le jugerez à propos, les droits de votre charge, soit pour indiquer ce qui vous paroîtra le plus convenable au service du public, et le plus propre à entretenir l'union entre les officiers du parquet.

Je serai en état, lorsque j'aurai reçu ce mémoire, de voir ce qu'il y aura de mieux à faire sur ce sujet; et je croirai rendre service à M. de..........., autant qu'à vous, en vous procurant, comme à lui, par l'autorité du roi, la satisfaction d'avoir des règles fixes et certaines dans l'exercice de vos fonctions. Je compte que cette lettre vous sera commune avec

M. de........, et je vous prie l'un et l'autre de
ne parler à personne de ce que je vous écris : vous
comprenez aisément quelles en sont les conséquences,
surtout dans la situation où se trouve M. de.....;
ce sera à moi à prendre les mesures convenables pour
le faire entrer dans les vues que je puis avoir sur ce
sujet, et qui, encore une fois, ne seront pas moins
favorables à ses véritables intérêts qu'aux vôtres.

Du 27 novembre 1730.

JE suis persuadé du zèle avec lequel vous commencez une nouvelle carrière, et je ne doute pas que
votre réputation n'y fasse encore un nouveau progrès; j'apprends que vous en avez acquis beaucoup
par le discours que vous avez prononcé à l'ouverture du parlement, et M. le président de........
vous rend sur ce sujet un témoignage si avantageux,
que je ne saurois trop vous féliciter de l'applaudis-
sement que ce discours a reçu. Rien n'est plus capable de vous engager à servir le roi et le public avec
autant d'application et de talens que vous le faites.
Je vous prie seulement de m'épargner à l'avenir des
éloges que je ne mérite point, et qui ne sauroient
rien ajouter à l'estime avec laquelle je suis.

Du 27 novembre 1730.

J'APPRENDS avec plaisir que l'ouverture du parlement s'est faite avec toute la dignité convenable, par
les beaux discours que M. le président de........
et M. de.........., avocat-général, y ont prononcés.
Le succès du dernier justifie pleinement le choix que
le roi en a fait pour remplir une place si laborieuse.
Je suis fâché seulement qu'il ait mêlé des louanges

que je mérite peu à un discours qui lui a attiré d'ailleurs tant d'applaudissemens. Il peut trouver des modèles de vertu et de sagesse dans les magistrats de votre compagnie, sans en chercher ailleurs, et je suis persuadé que vous serez toujours de ce nombre.

Du 19 mai 1731.

Il est vrai, mon cher neveu, que je dis, il y a quelques jours, à M. de.........., que vous vous étiez chargé d'une espèce de négociation sur l'affaire de M.........., et que je ne savois encore ce qui en arriveroit. J'ai vu, en effet, par votre lettre précédente, que le succès de cette négociation est fort incertain, et que vous croyez qu'il n'y auroit que l'autorité du roi qui pourroit vaincre la résistance de MM. du parlement de Dijon à la grâce qui est demandée par M.........., et même à celle qu'on pourroit accorder auparavant à M.......... J'ai reçu en dernier lieu une lettre de M. le premier président, qui me fait entendre à peu près la même chose. Ainsi il faudra prendre son parti, en supposant les dispositions telles que vous me les expliquez ; mais comme il pourra se passer bientôt quelque chose dans un autre parlement, qui seroit propre à servir d'exemple ou de préparation à ce qu'on voudroit faire par rapport à celui de Dijon, je différerai jusque-là de me déterminer sur ce qui regarde M.......... Vous savez, mon cher neveu, combien je vous suis.

Du 21 juin 1731.

Quoique M. de.........., qui remplit à présent la place de procureur-général en votre compagnie, me paroisse disposé en toutes occasions de lui donner des marques de sa déférence et de son attachement, il y a cependant des règles de l'ordre public que le roi ne doit pas permettre aux officiers qui agissent en son nom, de négliger dans l'exercice de leur ministère; la principale de ces règles, est que c'est à Sa Majesté seule qu'il appartient de leur en prescrire dans tout ce qui regarde leurs fonctions, et qui peut intéresser le bien de son service; ils ne dépendent point à cet égard des compagnies auprès desquelles ils remplissent les devoirs de l'office public, et elles ne peuvent faire aucun réglement sur la manière dont ils sont obligés de s'en acquitter. Ainsi, comme j'ai appris que la chambre des comptes de Rouen avoit ordonné que des articles arrêtés par des commissaires de cette compagnie, sur plusieurs points qui regardent le ministère de M. le procureur-général, lui seroient communiqués, et que cette communication ne peut guère être regardée que comme le préliminaire d'un réglement que la chambre se prépareroit à faire sur ce sujet; j'ai cru devoir vous écrire que le seul parti régulier que votre compagnie puisse prendre en pareil cas, est de vous prier de m'envoyer le projet des articles dont elle souhaiteroit de faire convenir M. le procureur-général, afin qu'étant également instruit, et des raisons de la chambre, et de celles de ce magistrat, je puisse recevoir les ordres du roi sur cette matière, et vous faire savoir les intentions de Sa Majesté.

Du 6 juillet 1731.

La matière sur laquelle vous m'écrivez par votre lettre du.......... est si importante, non-seulement pour la province de Bourgogne, mais pour le reste du royaume, et surtout pour la provision de la ville de Paris et de la cour, que vous ne devez rien faire sur ce sujet sans m'envoyer auparavant le projet de la réquisition que vous paroissez méditer, en m'informant aussi des dispositions où vous saurez que le parlement est à cet égard, afin que je puisse avoir l'honneur d'en rendre compte au roi, et vous faire savoir ensuite les intentions de Sa Majesté.

Du 9 décembre 1731.

Il est vrai que le roi a rendu un arrêt au rapport de M. le contrôleur-général, par lequel il a été seulement ordonné que la requête de M. de............ vous seroit communiquée. C'est à vous de voir si vous devez attendre que cet arrêt vous soit connu par les voies ordinaires de la justice, ou s'il vous convient d'en prévenir la signification, en présentant au roi une requête pour votre défense. Vous jugez bien qu'il ne seroit pas convenable que je m'expliquasse sur ce sujet, non plus que sur tout ce qui est contenu dans votre lettre; je ne puis donc que vous assurer de toute l'attention que je donnerai à une affaire si importante, lorsqu'il sera question de la décider.

Du 17 décembre 1731.

Les différentes affaires qui ont donné lieu au parlement de Besançon d'envoyer ici des députés, et dont une partie a aussi engagé un de Messieurs les gens du roi à s'y rendre, m'ont fait prendre le parti de différer de m'expliquer sur les difficultés qui se sont formées depuis quelque temps entre votre compagnie et les officiers du parquet, jusqu'à ce que j'eusse pu entendre moi-même les raisons qu'on pouvoit proposer de part et d'autre, et acquérir une plus grande connoissance du local qu'il étoit nécessaire d'avoir pour bien juger de ces difficultés.

Il y a déjà du temps que j'en suis suffisamment instruit; mais comme les vacations du parlement étoient alors commencées, j'ai cru qu'il convenoit de ne m'expliquer sur ce sujet que lorsqu'il seroit entièrement rassemblé.

La matière ne m'a paru ni bien importante ni fort difficile à régler.

Sur le premier point qui regarde le lieu où Messieurs les gens du roi doivent se placer lorsqu'ils portent la parole, soit le jour de la mercuriale, soit aux petites audiences, j'ai cru, d'un côté, qu'il ne seroit pas décent qu'ils se tinssent immédiatement devant leurs bancs, et dans un lieu entièrement séparé de l'enceinte que forment les bancs où les juges sont assis.

D'un autre côté, il ne m'a pas paru convenable qu'un avocat-général, qui porte la parole, fût presque couvert par un banc qui lui ôteroit la liberté et la grâce de l'action, outre qu'il paroît nécessaire de mettre sur ce point une distinction entre Messieurs les gens du roi et les substituts de M. le procureur-général. Ainsi, le tempérament qui m'a paru le plus naturel pour terminer une si légère contestation, c'est que Messieurs les gens du roi s'éloignant de leurs bancs, se placent dans l'alignement des bancs des conseillers qui sont de leur côté, ensorte que rien ne couvre celui qui porte la parole, sans néanmoins qu'il puisse s'avancer au-delà de la ligne qui formeroit le dos du banc où les conseillers ont leur séance, s'il étoit prolongé. Ce que je dis de celui des gens du roi qui porte la parole, se doit entendre à plus forte raison de celui qui doit le précéder, quoiqu'il ne parle pas actuellement. A l'égard de ceux qui ne portent point la parole, et qui n'ont rang qu'après celui qui la porte, il n'y a aucun inconvénient qu'ils demeurent derrière le banc de Messieurs les conseillers; comme la séance de la chambre des eaux et forêts paroît à peu près la même que celle de la grand'chambre, la même règle doit avoir lieu dans l'une et dans l'autre.

Le second point, qui consiste à savoir le rang que Messieurs les avocats-généraux doivent tenir avec

M. le procureur-général, ne regarde guère le parlement et n'intéresse que le parquet ; mais puisque cette difficulté a été formée dans votre compagnie, je dois vous dire qu'elle me paroît décidée, soit par la déclaration du 15 décembre 1684, soit par l'usage du parlement de Paris, et qu'ainsi la règle doit être que sans mettre le second et le troisième avocat-général, tantôt au-dessus et tantôt au-dessous du procureur-général, selon qu'il arrive que l'ancien ou le second avocat-général se trouve présent ou absent, le procureur-général précède dans tous les cas les deux derniers avocats-généraux, et que sa place demeure fixe au-dessous du premier et au-dessus du second avocat-général.

Le troisième article est encore moins susceptible de difficulté. Dans les grandes audiences, les avocats-généraux qui n'ont rang qu'après celui qui porte la parole, doivent être debout pendant qu'il parle, et ceux qui ont un rang supérieur doivent demeurer assis. A la mercuriale et aux petites audiences, le contraire doit être observé suivant l'usage du parlement de Paris, parce qu'il n'est pas à craindre que celui qui parle soit couvert par ceux qui ne parlent point, et que c'est seulement pour éviter cette indécence que tous les gens du roi ne se lèvent pas toujours lorsque l'un d'eux parle à la grande audience.

Le dernier point regardoit l'assiduité de Messieurs les avocats-généraux aux audiences dans les différentes chambres du parlement, et il paroissoit en général qu'on trouvoit qu'ils se portoient un peu trop facilement à se décharger d'une partie de leurs fonctions sur les substituts de M. le procureur-général.

Par les éclaircissemens que j'ai reçus de leur part, il paroît que leur conduite sur ce point étoit fondée sur trois raisons :

La première étoit le peu de décence de la place dans laquelle on vouloit les obliger à parler aux petites audiences ; mais cette raison tombe d'elle-même par ce que je viens de vous marquer sur le premier point.

La seconde étoit tirée du peu de temps qu'ils
avoient pour se préparer à l'expédition des causes
qui se portent aux petites audiences, le réglement
du parlement ne mettant que trois jours d'intervalle
entre la communication au parquet, et la plaidoierie
de ces sortes de causes. Je veux croire que cette seconde raison n'avoit été alléguée que par une suite
du peu de satisfaction que Messieurs les avocats-généraux avoient sur ce qui faisoit le sujet de la première, et je ne vois rien à changer au réglement que
le parlement a fait sur le délai dont il s'agit, le temps
de trois jours étant plus que suffisant pour s'instruire des causes de cette nature; et d'ailleurs, si
cette raison étoit bonne pour Messieurs les avocats-
généraux, elle seroit encore meilleure pour des substituts qu'on doit toujours présumer avoir moins de
talent et d'exercice que ceux qui remplissent en chef
la fonction de gens du roi.

Enfin, la dernière raison qu'ils m'ont expliquée
étoit fondée sur ce qu'on ne suivoit pas exactement
l'ordre des rôles ou celui des placets dans l'expédition des causes qui se portent aux petites audiences : c'est un fait dont je ne suis pas assez éclairci
pour en pouvoir bien juger. Ainsi, je ne puis qu'exhorter tous Messieurs les présidens qui tiennent les audiences des différentes chambres du parlement, à
ne jamais intervertir l'ordre des rôles, ce qui seroit
en effet contre les règles de la justice, et à ne pas
changer légèrement, ni sans de grandes raisons, l'arrangement qu'ils ont une fois donné aux placets qu'ils
doivent faire appeler. Il est bien juste d'avoir cette
attention, non-seulement pour Messieurs les avocats-
généraux, qui doivent se préparer dans la vue de
l'ordre qui a été une fois annoncé, mais encore pour
les parties même et pour leurs défenseurs, n'y ayant
rien qui contribue tant à la promptitude et à la facilité de l'expédition, que de ne point varier sur l'ordre
qui a été une fois connu du public.

Au surplus, je ne sais pas précisément comment

Messieurs les avocats-généraux ont accoutumé de partager entr'eux les différens services dont ils sont chargés dans les chambres du parlement; mais je crois que rien ne pourroit les soulager davantage, ni procurer aux parties une plus prompte expédition, que de suivre, sur ce point, ce qui se pratique au parlement de Paris, c'est-à-dire, de convenir que chacun des avocats-généraux sera de service, pendant un certain temps de l'année, à la tournelle et ensuite à la chambre des eaux et forêts, et que le service de la grand'chambre demeurera toujours commun entr'eux par rapport aux grandes audiences, ensorte qu'ils ne partagent que celui des petites audiences, auxquelles il suffit qu'un des gens du roi soit présent.

Vous prendrez, s'il vous plaît, la peine de faire part de ce que je vous écris à Messieurs du parlement dans la forme que vous jugerez la plus convenable. J'écris la même chose à Messieurs les gens du roi; et je souhaite extrêmement que n'y ayant plus aucun sujet de difficulté entre votre compagnie et ceux qui exercent le ministère public, cette lettre serve à y rétablir un concert qui est également nécessaire et pour le bien de la justice et pour la dignité de ceux qui se consacrent à son service.

Du 29 janvier 1732.

J'ai eu tout le temps, mon cher neveu, de faire les réflexions nécessaires sur la lettre que vous m'avez écrite le 25 décembre dernier, parce qu'il m'a été impossible de trouver plus tôt un moment pour faire réponse.

Je suis entièrement de votre avis sur la nécessité de soutenir et de relever même les charges du parquet, soit du côté de l'honorable, ou par rapport à l'utile, pour y attirer des personnes d'un mérite distingué, et c'est même le véritable intérêt du parlement. Il ne seroit pas facile dans le temps présent d'augmenter le revenu de ces charges; mais je profiterai de toutes les occasions favorables qui pourront se présenter dans la suite pour y parvenir. A l'égard du lustre qu'on peut y ajouter, en assurant une retraite honorable à ceux qui auront vieilli dans le parquet, je persiste toujours dans les mêmes dispositions; mais je ne crois pas qu'il soit convenable de le faire par une loi générale et perpétuelle; ce seroit le moyen d'exciter sûrement une grande contradiction dans le parlement, qui ne manqueroit pas de représenter, que si l'on fixoit à trois places le nombre de celles des conseillers d'honneur qui seroient établies dans le parlement de Dijon, il n'y auroit pas de proportion d'en réserver une pour les trois officiers du parquet, pendant qu'il n'y en auroit que deux destinées à tous les conseillers de la même compagnie. Cela seroit d'ailleurs tout nouveau et sans exemple dans aucun autre parlement. Ainsi, quand on voudroit faire une loi sur ce sujet, il faudroit, en établissant trois places de conseillers d'honneur au parlement de Dijon, se contenter de nommer les officiers du parquet dans le nombre de ceux auxquels elles pourroient être données; mais comme les lois générales sont toujours beaucoup plus susceptibles de difficultés que les grâces particulières, je crois que ce qu'il y a de mieux à faire, quant à présent, est d'accorder des lettres de conseiller d'honneur à M.......... à l'exemple de celles qui furent expédiées en faveur de M.........., qui étoit dans le même cas que M..........

Vous voulez que M....... passe le premier, je ne m'y oppose pas; mais si cela est, il faudroit donc qu'il se défît de sa charge, et ce seroit dans ce moment qu'on lui expédiroit des lettres, en même temps que celles qui seroient accordées à M....., qui céderoit sans peine la préséance à M. de.....

A l'égard du sujet que vous proposez pour remplir la place d'avocat-général, votre témoignage me

suffit pour être persuadé qu'il en est très-digne ; et
si je consulte d'autres personnes sur son sujet, ce ne
sera que pour la forme et par une espèce de bienséance, qu'il faudra observer à l'égard de M. le premier président et de M. le procureur-général. Il n'y
a aucune raison qui m'oblige à prendre la même
précaution par rapport à M. l'intendant, et il y en a
beaucoup qui doivent m'empêcher de le faire, suivant tout ce que vous m'expliquez.

Mais ce qui a suspendu jusqu'à présent toutes
mes démarches à cet égard, et en partie la réponse
que je vous devois, c'est qu'il paroissoit par votre
lettre, qu'on ne savoit pas encore si le père de celui
que vous proposez voudroit consentir que son fils
traitât de la charge d'avocat-général de M.......;
jusqu'à ce que ce fait soit certain, il seroit bien inutile de faire aucune information sur le mérite du
sujet dont il s'agit ; ainsi j'attends à cet égard que
vous preniez la peine de me faire savoir à quoi l'on
doit s'en tenir.

Au surplus, je n'oublierai point l'article de votre
lettre qui regarde M........., et je suivrai votre
pensée, non-seulement pour les raisons de bienséance que vous m'expliquez, mais par goût et par
inclination. Vous connoissez, mon cher neveu, combien je vous suis tendrement attaché.

Du 7 septembre 1732.

J'AI appris que le parlement avoit jugé à propos
de faire, depuis peu, un réglement sur la communication des procès au parquet, dont je joins ici la copie ;
comme ce réglement me paroît bien difficile à exécuter, et est capable de jeter un grand retardement
dans l'expédition des affaires, je vous prie de me
faire savoir quel est l'usage que l'on a suivi jusqu'à
présent à cet égard, et s'il est arrivé quelque inconvénient de l'usage précédent qui ait donné lieu

au parlement de le changer. Si cela n'est pas, comme on le peut présumer, parce que le parlement n'en a fait aucune mention dans le préambule de l'arrêt de réglement, je ne sais pas pourquoi on s'est porté si promptement à innover sur cette matière, et s'il ne seroit pas plus utile à la justice de s'en tenir à l'ancien usage : vous me mettrez en état d'en mieux juger par votre réponse que j'attends incessamment.

Du 7 janvier 1733.

Le mémoire que vous m'avez envoyé pour répondre à la lettre que je vous avois écrite le 16 du mois dernier, me donne des éclaircissemens suffisans sur la première difficulté que je vous avois marquée par ma lettre.

Il est vrai, en général, qu'on ne doit pas autoriser une communauté d'habitans à former une action directe et principale pour attaquer la noblesse d'un particulier, et c'est ce que j'avois cru qu'on avoit souffert dans l'affaire des sieurs.......... Mais vous avez raison de croire que quand la question de noblesse est incidente à une matière qui intéresse la communauté, comme lorsqu'il s'agit des impositions ou des logemens des gens de guerre, les officiers municipaux sont recevables à agiter cette question, et par conséquent à s'opposer à un arrêt par lequel on prétend qu'elle a été préjugée. Ainsi le premier point que vous traitez dans votre mémoire, ne peut plus souffrir de difficulté.

Il n'en est pas de même du second, je veux dire de celui qui regarde le procureur du roi de Vesoul, que votre compagnie a regardé comme pouvant être partie dans l'affaire dont il s'agit. C'est ce qui résiste non-seulement à la bienséance, mais aux premiers principes de l'ordre judiciaire.

Les procureurs du roi, dans les siéges inférieurs, peuvent bien y prendre les conclusions, ou y faire les réquisitions qu'ils jugent nécessaires pour le bien public ; mais leur pouvoir se renferme à cet égard dans la sphère de leur siége, et on ne peut les admettre, comme parties publiques, ni au parlement ni à la chambre des comptes. Il y a dans cette compagnie des officiers chargés de veiller d'une manière supérieure à leur conservation, ou à la défense des droits du roi, des intérêts des communautés, et en général de tout ce qui tend au bien public. C'est à ces officiers de soutenir ce qui a été fait par leurs substituts dans les tribunaux inférieurs, ou de réparer les fautes de ces officiers, s'il leur en est échappé quelques unes, ou de suppléer à leur négligence. Mais, comme je vous l'ai déjà marqué, c'est renverser l'ordre naturel de souffrir qu'un procureur du roi, qui n'a d'ailleurs aucun droit de plaider à la chambre des comptes en cette qualité, s'y érige, pour ainsi dire, en réformateur de son supérieur. M. le chancelier de........ avoit écrit dans ce même esprit à votre compagnie, et je suis d'autant plus volontiers son exemple, qu'il n'y a aucune différence solide entre le cas sur lequel il s'est expliqué et l'espèce de l'affaire présente. Ainsi, pour remettre les choses en règle à cet égard, il n'y a qu'à rendre un arrêt par lequel vous recevrez M. le procureur-général opposant aux arrêts dans lesquels son substitut à Vesoul a été reçu comme une partie légitime ; et en faisant droit sur son opposition, vous ordonnerez que ce substitut sera mis hors de cause, sauf à continuer l'instruction du procès avec les officiers municipaux de Vesoul, et à M. le procureur de faire telles réquisitions, ou prendre telles conclusions qu'il jugera à propos.

Du 6 avril 1733.

Sans entrer, quant à présent, dans ce qu'il peut y avoir de personnel entre vous et M. le procureur-général, je ne m'attache qu'à ce qui regarde le fond du droit entre vos charges plutôt qu'entre vos personnes. L'usage n'est pas uniforme sur ce qui regarde le premier point, je veux dire la fonction de porter la parole, soit en présentant les édits et déclarations du roi, soit en faisant des réquisitions sur des affaires publiques. L'exemple du parlement de Paris vous est favorable, et c'est celui qui est le plus conforme à la règle : mais il y a plusieurs parlemens où le procureur-général est seul en possession d'exercer cette fonction. Il y a même un réglement fait par le roi pour le parquet du parlement de Bordeaux, qui décide formellement la question en faveur de cet officier : ainsi, n'y ayant point de règle bien certaine dans cette matière, on est obligé, jusqu'à ce qu'il ait plu au roi d'en établir une générale pour tous les parlemens, de suivre les usages de chaque compagnie, et par conséquent le véritable point de difficulté consiste à savoir ce qui s'est observé sur ce sujet au parlement de Bretagne; et je recevrai avec plaisir les mémoires que vous jugerez à propos de m'envoyer sur la possession dans laquelle M. le procureur-général prétend être, et sur les raisons par lesquelles vous croyez pouvoir la combattre.

La seconde difficulté, qui peut être aussi à régler entre vous et lui, me paroît plus délicate en elle-même, et moins aisée à soutenir de votre part que la première.

Le droit de commettre des substituts pendant la vacance des charges, est un de ceux qui sont le plus attachés à la personne du procureur-général, et que les avocats-généraux peuvent le moins partager avec lui. M.........., quoique retenu à Paris *par ordre du roi*, n'étant point interdit de ses fonctions, et la commission d'un substitut étant un acte de juridiction, absolument involontaire, il pouvoit le faire à Paris comme à Rennes. Ce n'est même, à proprement parler, qu'un acte de confiance qui pouvoit s'expédier par une simple lettre : ainsi, il est fort douteux que vous ayez été en droit de commettre un substitut en son absence. Il n'est donc pas bien extraordinaire qu'il ait été un peu blessé de ce que vous avez fait en son absence, et qu'il ait cherché à s'en dédommager en quelque manière par la commission qu'il a donnée à un autre avocat.

A l'égard de l'enregistrement qu'il a fait faire de sa commission au siége de Fougères, il faudroit savoir, avant que de le blâmer sur ce point, si c'est l'usage en Bretagne que ces sortes de commissions soient enregistrées dans les siéges où elles doivent s'exercer. Je voudrois que M........... ne se fût pas donné la satisfaction peu convenable de mettre dans sa commission qu'il révoquoit la vôtre; mais ces sortes de commissions étant toujours révocables, il auroit pu se servir de ces termes quand il auroit été question d'une commission qu'il auroit lui-même donnée; et, d'ailleurs, si l'on présume qu'il a porté ses vues plus loin, il pourra toujours dire qu'il l'a fait exprès pour conserver son droit auquel vous avez voulu donner atteinte en son absence. C'est donc à ce droit que se réduira toujours la question, et elle mérite bien que vous y fassiez de nouvelles réflexions par les raisons que je viens de vous marquer; elles n'empêcheront pas que je ne reçoive très-volontiers tout ce que vous jugerez à propos de me représenter encore sur ce sujet. Vous savez toute l'estime avec laquelle je suis.

Du 13 novembre 1733.

M. de........ m'a fait attendre long-temps sa réponse au mémoire que vous m'aviez envoyé sur la question qui consiste à savoir si c'est à vous ou à lui qu'il appartient de porter la parole dans les remontrances qui se font sur les affaires publiques. Par la lecture que j'ai faite de cette réponse, je vois que la plus forte de toutes les raisons de M. de........ est la possession non interrompue dans laquelle il prétend que ses prédécesseurs et lui ont été depuis plus de cent ans, d'exercer la fonction dont il s'agit, sans que MM. les avocats-généraux s'en soient jamais plaint. Vous ne citez, en effet, dans votre mémoire, aucun acte de possession de leur part, qu'une réquisition qui n'étoit que de pure formalité, dans le temps que le parlement étoit semestre, pour faire fixer les jours que les semestres s'assembleroient pour les affaires du roi ; mais, sans entrer, quant à présent, dans une plus grande discussion sur ce sujet, je crois qu'il est nécessaire, avant toutes choses, que vous puissiez lire la réponse de M...... pour voir si vous jugerez à propos d'y répliquer, et je vous l'envoie dans cette vue.

Du 23 novembre 1733.

Je suis beaucoup plus satisfait de la promptitude avec laquelle vous vous êtes conformé à ma lettre du 30 octobre dernier, que je ne suis convaincu de la solidité des raisons dont vous vous servez pour justifier vos démarches dans l'affaire de M. de......

Je ne sais si vous entendez assez les principes de la matière que vous traitez.

Le blâme d'un aveu peut bien devenir la matière d'une contestation judiciaire, mais on ne peut le regarder en lui-même comme ayant ce caractère; il n'y a rien en cela qui n'appartienne à une juridiction économique plutôt qu'à la juridiction contentieuse. Il en est du roi comme d'un seigneur particulier, qui n'entre point véritablement en procès avec son vassal, quand il blâme le dénombrement qui lui est présenté. Si le vassal le réforme sur le blâme du seigneur, c'est une affaire finie; si, au contraire, il refuse d'y rien changer, c'est alors qu'il faut avoir recours à la justice et mettre en œuvre les formes judiciaires pour y faire statuer.

Quand même un blâme seroit regardé en lui-même comme une affaire contentieuse, il est certain que tant que la chose se passe entre le roi et son vassal, et qu'il ne s'agit que de leurs droits ou de leurs intérêts relatifs, c'est une discussion qui est entièrement réservée à M. le procureur-général seul, suivant l'édit de 1690 et le dernier arrêt de réglement donné pour le parquet.

Il n'en est pas ainsi de l'opposition formée par une communauté d'habitans à la réception d'un dénombrement, par rapport à la nature noble ou roturière des fonds qui y sont compris. Une telle opposition est une matière véritablement contentieuse, sur laquelle il s'agit, à l'égard du parquet, non de fournir ou de soutenir un blâme, mais de donner des conclusions sur les intérêts opposés du seigneur et de la communauté, et les fonctions du parquet étant communes dans les affaires des particuliers, les conclusions doivent alors y être délibérées en commun.

Il n'y a donc rien de moins indivisible que le blâme d'un procureur-général contre un aveu présenté par un vassal, et les conclusions qui doivent être prises au parquet sur une opposition formée par une communauté d'habitans à la réception du même aveu. Au contraire, comme l'un n'est pas encore contentieux en soi, et que l'autre l'est nécessairement; comme l'un appartient seulement à l'ordre

féodal, et que l'autre regarde l'ordre judiciaire;
enfin, comme le roi seul est intéressé dans le premier, au lieu que ce sont le seigneur particulier d'un
côté, et les habitans de l'autre, qui ont intérêt dans
le second, rien n'est plus naturel ni plus régulier,
que de diviser deux actes qui ont des objets si différens; je veux dire, le blâme de M. le procureur-
général et l'opposition d'une communauté à la réception d'un dénombrement; il est même d'autant
plus nécessaire de faire cette division, que l'un est
préalable à l'autre, et qu'il faut commencer par voir
si le blâme est bien dressé par rapport à l'intérêt
supérieur du roi, avant que d'examiner si la communauté, qui prétend y être intéressée, a droit de
s'y opposer. En tout cas, quand même il y auroit
des occasions où l'on devroit différer de finir ce qui
regarde le blâme par rapport au roi, jusqu'à ce
qu'on ait jugé le procès de la communauté oppo-
sante, dont on peut tirer quelquefois des lumières
par rapport au blâme, pour ce qui regarde même
l'intérêt du roi, ce ne seroit jamais une raison suffisante, pour joindre ce qui regarde le blâme avec
ce qui concerne l'opposition, et l'on en pourroit tout
au plus conclure, qu'il faudroit surseoir le jugement
du blâme, jusqu'à ce qu'il ait été statué sur l'opposition; mais jamais on ne doit unir ces deux choses
pour n'en former qu'une seule instance, soit parce
qu'elles ont, comme je l'ai déjà dit, deux objets
différens, soit parce qu'il faut toujours rendre deux
arrêts différens, l'un sur l'opposition de la communauté, qui regarde tout le parquet, l'autre sur le
blâme qui appartient au procureur-général seul.

En voilà trop sur une matière sur laquelle je m'é-
tois déjà assez expliqué, quoiqu'avec moins d'étendue,
dans ma première lettre.

Du 7 décembre 1733.

J'avois espéré que le dernier arrêt de réglement sur les fonctions des officiers du parquet de la cour des aides de Montpellier, qui a été rendu en quelque manière sous vos yeux, et après vous avoir entendus de part et d'autre, autant de fois et aussi long-temps que vous l'avez voulu, mettroit fin pour toujours à toutes vos contestations, et rétabliroit l'union et le concert qui doivent régner entre ceux à qui le roi confie l'exercice du même ministère; mais puisqu'il est né de nouvelles difficultés entre vous, sur lesquelles vous me priez de vous régler, je veux bien avoir encore la complaisance de m'expliquer sur ce qui en fait la matière, et je souhaite que je ne sois plus obligé d'y revenir.

Par les différentes lettres que vous m'avez écrites de part et d'autre, depuis environ deux mois, je vois que ces difficultés se réduisent à quatre points qui regardent :

1.º La délibération qui se doit faire en commun au parquet, sur les édits et déclarations que le roi adresse à votre compagnie;

2.º La part que vous prétendez avoir aux épices qui sont dues pour la réception des foi et hommages;

3.º L'assistance au rapport du procès des consuls de Beaucaire, contre le fermier du domaine;

4.º La manière de fournir le papier marqué, ou la somme qui en tient lieu.

A l'égard du premier point, vous convenez également, de part et d'autre, que la communication qui se donne à M. le premier président des édits et déclarations du roi, et les mesures que l'on prend avec lui sur le jour de l'assemblée des semestres, ne sont qu'un office particulier qui, par conséquent, n'est pas compris dans les termes généraux de conclusions ou de réquisitions, dont on s'est servi dans l'article second du dernier arrêt de réglement. Ainsi, toute la difficulté sur ce point se réduit à savoir, dans quel temps cette démarche qui se fait auprès de M. le premier président doit être placée, et si c'est ou avant que les lettres de cachet, qui sont adressées aux avocats et procureurs-généraux, aient été ouvertes au parquet, et que les édits et déclarations qu'elles regardent y aient été examinés, ou après cette ouverture des lettres de cachet et cet examen.

L'ordre naturel en cette matière est que M. le procureur-général puisse ouvrir seul chez lui, s'il le juge à propos, les paquets qui contiennent les lettres de cachet et les édits ou déclarations du roi ; c'est une faculté qui lui est réservée par l'article second de l'arrêt de réglement ; mais le premier usage qu'il doit faire, soit des lettres de cachet ou des édits et déclarations, est de les porter au parquet pour ouvrir les lettres de cachet en votre présence, et lire ensuite avec vous les édits et déclarations qui lui ont été envoyés ; c'est par ces lettres de cachet que les officiers du parquet apprennent véritablement ce que le roi les charge de faire pour parvenir à l'enregistrement de ses lois, et par conséquent c'est l'ouverture de ces lettres, et la lecture faite en commun des édits et déclarations, qui doivent précéder toute autre démarche de la part du ministère public.

Il est vrai que ce n'est pas encore dans ce moment que les conclusions doivent être délibérées en forme, parce qu'il faut auparavant qu'il ait été ordonné, par la compagnie, que les édits et déclarations soient communiqués aux gens du roi ; mais ils ne sauroient avoir trop tôt une connoissance exacte des volontés de Sa Majesté ; et les réquisitions qu'ils doivent faire, ou les conclusions qu'ils doivent prendre sur l'enregistrement des lois dont il s'agit, étant une fonction commune à tous les officiers du parquet, il faut aussi qu'ils soient tous également instruits, aussitôt qu'il est possible, de ce qui est contenu dans les édits ou déclarations qu'on leur envoie, afin qu'ils aient tous également le loisir d'y faire leurs réflexions. Comme c'est même l'ancien avocat-général qui porte la parole, lorsque ces édits ou déclarations sont présentées à la compagnie, il est juste qu'il ait le temps de s'y préparer dans les cas qui peuvent le mériter; et qu'ainsi l'on n'attende pas, comme cela pourroit arriver souvent, jusqu'à la veille de l'assemblée des semestres, à lui faire part d'une loi sur laquelle il doit parler le lendemain.

Il peut arriver d'ailleurs qu'il se soit glissé des fautes dans l'exemplaire des édits ou déclarations qu'on envoie au parquet, ou qu'il s'y trouve des expressions ou des dispositions dont il soit à propos de demander le changement à la cour, avant que de les présenter en forme à la compagnie; et ceux qui en ont exercé le ministère public, savent qu'il leur est plusieurs fois arrivé de faire en pareil cas des représentations secrètes, qui conviennent souvent beaucoup mieux que des remontrances, faites en forme au nom d'une compagnie, sur des points qu'il auroit été facile de tourner autrement si l'on avoit été averti des difficultés qu'ils pouvoient recevoir. C'est même en partie ce qu'il est souvent fort à propos de concerter avec un premier président, et, par conséquent, les mesures que l'on prend avec lui doivent suivre, et non pas précéder, l'examen des édits et déclarations qui se fait en commun au parquet.

Toutes sortes de raisons concourent donc à faire observer exactement un ordre si convenable, et qui est renfermé dans l'esprit au moins de l'article second du dernier réglement, s'il ne l'est pas dans la lettre de cet article; ce qui est arrivé, soit parce qu'il n'y avoit point de demande formée à cet égard, soit parce qu'il auroit été difficile de prévoir qu'on ne suivroit pas une règle si simple et si naturelle.

Le second point reçoit encore moins de difficulté, puisqu'il est clairement décidé par le dernier arrêt de réglement.

Vous demandiez alors deux choses : l'une, que les fonctions ou les démarches qui regardent la réception des foi et hommages fussent communes entre vous et M. le procureur-général ;

L'autre, que les droits utiles provenant de la présentation des vassaux fussent perçus en commun.

De ces deux choses, le roi ne vous a accordé que la première, et à l'égard de la seconde, elle est demeurée comprise dans la clause générale, par laquelle l'arrêt a mis les parties hors de cour sur le surplus de leurs demandes.

Le fondement de cette décision a été l'article 26 de l'édit du mois de novembre 1690, qui attribue indistinctement au procureur-général seul le quart de droit dû pour les hommages et pour les dénombremens, et qui ne les donne en son absence qu'à celui des avocats-généraux qui aura poursuivi la saisie féodale. Je ne comprends pas que M........ ait oublié combien ce point fut combattu, et en combien de manières il me représenta les raisons de MM. les avocats-généraux, avant que la décision eût été absolument arrêtée.

Il est vrai qu'il paroît dur que les fonctions étant communes pour la réception des foi et hommages, les droits utiles ne le soient pas aussi ; mais, d'un côté, MM. les avocats-généraux n'avoient aucun titre pour prétendre avoir part à ces droits ; et de l'autre, M. le procureur-général avoit un titre exclusif pour les avoir seul par l'édit de 1690, et par l'arrêt de 1669. Ainsi, la loi pouvoit être dure, mais elle étoit écrite ; et d'ailleurs il paroissoit que, comme toute la charge de la direction des affaires du domaine tomboit sur M. le procureur-général seul, on avoit voulu le dédommager de beaucoup de faux frais, et le récompenser de ses peines en lui accordant le quart de tous les droits utiles, sans aucune différence entre les hommages et les dénombremens.

Il est donc bien inutile d'agiter aujourd'hui une question décidée avec tant de connoissance et de réflexion par le dernier arrêt de réglement, auquel vous devez vous conformer absolument à cet égard, comme sur tout le reste.

Le troisième point peut aussi être décidé par les règles que le même arrêt a établies et confirmées. Il est sans difficulté, suivant les titres qui ont servi de fondement à cet arrêt, que M. le procureur-général seul, lorsqu'il est présent, est en droit d'assister au rapport des affaires qui se portent au bureau du domaine; j'ai été obligé d'excepter de cette règle générale le cas où le rapport du procès auroit été commencé pendant son absence; mais il ne s'ensuit pas de là, que, lorsqu'il est présent et dans la ville de Montpellier, vous puissiez, sous prétexte qu'il n'est pas entré au palais, assister au commencement du rapport d'un procès qui doit se juger au bureau du domaine. Si vous aviez bien lu les articles 8 et 9 du dernier réglement, vous y auriez vu que vous ne pouvez présenter seul des requêtes pour faire informer, ni prendre seul des conclusions sur les informations et instructions criminelles, sans le consentement de M. le procureur-général, si ce n'est en cas de maladie ou d'absence hors de la ville de Montpellier, ou autre empêchement légitime; et s'il a été jugé que vous étiez obligé de l'attendre dans ces cas, quoiqu'il s'agisse alors de fonctions qui sont communes entre vous et lui, il ne vous est pas permis, à plus forte raison, d'usurper les fonctions qui lui sont propres, lorsqu'il est présent et en état de les exercer. Si cela n'a pas été ordonné expressément par le dernier arrêt, c'est par la même raison que j'ai marquée plus haut, je veux dire, parce que l'on n'a pu prévoir que vous eussiez jamais une pareille prétention; vous devez donc l'abandonner au plus tôt dans l'affaire des consuls de Beaucaire, et y laisser à M. le procureur-général une fonction dont vous ne pouvez jamais l'exclure en sa présence, sans néanmoins qu'il soit nécessaire de faire recommencer, à cette occasion, le rapport du procès dont M. le procureur-général est, sans doute, assez instruit, pour pouvoir suppléer à ce qui en a été dit dans la séance à laquelle il n'a pas assisté.

Enfin, pour ce qui regarde le quatrième point, c'est-à-dire, la fourniture ou l'indemnité du papier marqué, la proposition de partager en trois la somme de cent livres que le roi donne tous les ans pour cette indemnité n'est nullement convenable, et elle vous exposeroit, aussi bien que M. le procureur-général, à des discussions désagréables, lorsqu'il faudroit se faire raison réciproquement de ce que l'on auroit employé au-delà de son tiers, pendant que l'autre ne l'auroit pas entièrement consommé. Vous devez donc regarder une pareille minutie comme étant au-desous de vous, et il vaut beaucoup mieux que le secrétaire de M. le procureur-général fournisse à chacun de vous le papier timbré, à mesure que vous en aurez besoin, et qu'il fasse son compte à la fin de l'année avec le directeur des formules; après quoi vous arrêterez tous ensemble le compte qui doit être rendu au parquet à la fin de chaque année, suivant l'article 19 du dernier réglement.

Au surplus, vous n'avez aucune raison de vous plaindre de M. le procureur-général sur cet article, puisque, suivant le certificat du directeur des formules qu'il m'a envoyé, il n'a encore rien reçu, cette année, pour l'indemnité du papier marqué; ainsi, quand même cette indemnité devroit être partagée entre vous trois, ce qui n'est pas, il n'y auroit aucun retardement à lui imputer.

Je finis cette lettre comme je l'ai commencée, en vous exhortant à vous conduire de telle manière que je n'entende plus parler de nouvelles difficultés entre vous et M. le procureur-général; et en effet, il ne doit plus y en avoir aucune, après tous les arrêts de réglement qui ont été rendus entre vous, et surtout après le dernier.

Du 23 mai 1734.

Vous avez raison de croire que les dix paroisses du mandement de Quirieu, ayant porté leurs plaintes au parlement et demandé permission d'informer contre le sieur.........., chatelain de ce lieu, et d'autres accusés, c'est à leurs frais que la procédure doit être poursuivie ; mais, comme vous êtes toujours partie principale dans les accusations qui s'instruisent au parlement, vous avez très-bien fait de donner ordre à des cavaliers de maréchaussée, d'arrêter le sieur ...., et c'est un secours que la justice vous obligeoit de prêter à ceux qui l'accusent.

Du 20 septembre 1734.

Il y a long-temps que M. de......... m'a porté différentes plaintes, et contre sa compagnie en général, et contre M. le premier président en particulier ; il jugea à propos en 1730 d'en rassembler la plus grande partie dans un mémoire que je joins à cette lettre. Il y avoit alors tant d'affaires en l'air par rapport à plusieurs parlemens, que je ne crus pas qu'il convînt de faire naître des questions nouvelles au parlement de Flandre, qui, d'ailleurs, faisoit assez bien son devoir dans les matières dont on étoit alors occupé.

L'affaire du sieur de........ vint ensuite ; toutes les scènes qui s'y passèrent, et dont vous êtes mieux instruit que personne, me firent croire que les plaintes du procureur-général seroient mal placées dans une telle conjoncture, et il s'y étoit si mal conduit, qu'il méritoit bien qu'on lui laissât le temps de faire pénitence de ses mauvaises démarches.

Il revient aujourd'hui à la charge, et me presse de donner enfin plus d'attention à ses anciennes plaintes. Il paroît en effet, qu'il y en a plusieurs qui ne sont pas destituées de fondement ; mais comme tout ce qui viendra de sa part sera toujours mal reçu dans son corps, et pourra y exciter quelque mouvement, je prends le parti de vous envoyer son mémoire, afin que si vous croyez qu'il n'y a point d'inconvénient à parler, dans le temps présent, des principales choses qu'il contient, vous conifériez avec M. de .... seul, pour savoir les raisons des changemens dont le procureur-général se plaint, et voir avec lui ce que l'on pourroit faire, non pour fatiguer la la personne de M. le procureur-général, mais pour rendre justice à son ministère qui ne doit pas souffrir de ses fautes, et encore plus pour maintenir la discipline et le bon ordre dans une compagnie qui n'est pas sur un aussi bon pied qu'il seroit à désirer.

Du 30 juin 1735.

LA question que les plaintes de M.........., avocat-général, a fait naître contre vos substituts, pourroit être résolue ou plutôt retranchée par deux réflexions d'un ordre supérieur à celles qui ont été faites sur ce sujet.

1.º Cette question ne devroit point avoir lieu, parce que, suivant l'ordonnance de 1667, dans l'article IV du titre 6, les appellations de déni, de renvoi et d'incompétence doivent être vidées par l'avis des avocats et procureurs-généraux : ainsi, la réception de l'expédient avisé au parquet sur cette matière, n'est que de style, et n'admet aucune nouvelle connoissance de cause. Il est contre la règle de souffrir que les parties plaident contre ces sortes d'expédiens ; l'esprit de l'ordonnance a été d'abréger ces préliminaires de la justice, et d'empêcher qu'on ne plaidât long-temps pour savoir où l'on plaideroit. Ainsi, écouter encore les avocats sur de pareilles matières, après qu'ils ont déjà été entendus au parquet, c'est aller directement contre l'intention et contre les termes mêmes de la loi.

2.º En supposant même la trop grande facilité qu'il paroît qu'on a sur ce point pour les parties au parlement de Dijon, la difficulté dont il s'agit cesseroit encore, si messieurs les avocats-généraux étoient plus assidus à remplir leurs fonctions, au lieu de s'en reposer sur vos substituts. Je sais bien que ce qui empêche M...!....... d'assister aux audiences de relevée, est l'incommodité et le peu de décence qu'il trouve dans la place que messieurs les avocats-généraux occupent; mais, ou il faudroit chercher un remède à cet inconvénient, et il me semble qu'on en avoit imaginé il y a quelques années, ou, si l'on ne pouvoit l'éviter, il seroit digne du zèle de messieurs les avocats-généraux de savoir supporter une légère incommodité, plutôt que de manquer à leur service, et de laisser faire leurs fonctions à des substituts, chose qui est inconnue au parlement de Paris, si ce n'est dans le temps des vacations.

Je pourrois me contenter de ces deux réflexions générales qui tranchent la question, comme je l'ai déjà dit, plutôt qu'elles ne la décident; mais, s'il faut aller plus loin, et, en considérant les choses dans l'état où on les trouve, s'expliquer plus précisément sur les plaintes de M.........., je vous dirai que je les trouve bien fondées.

Il n'appartient point à des substituts de vouloir redresser leurs supérieurs, et parler contre ce qu'ils doivent regarder comme l'avis commun du parquet: la règle est qu'ils se contentent d'en expliquer les raisons, lorsqu'ils sont obligés d'en rendre compte aux juges; et s'il survient quelque fait nouveau qui n'ait point été connu quand l'affaire a été portée au parquet, leur devoir est de vous en instruire, aussi bien que MM. les avocats-généraux; et, supposé qu'il y ait lieu de changer de sentimens, vos substituts doivent, en parlant à l'audience, avoir l'attention de marquer que le nouveau fait dont il s'agit a donné lieu au parquet de croire que l'on pourroit prendre un autre avis, afin qu'il paroisse que c'est de l'aveu de leurs supérieurs qu'ils le proposent.

Vous prendrez donc, s'il vous plaît, la peine de faire part à vos substituts de ce que je vous écris, et j'envoie la copie de cette lettre à M.........., afin qu'il soit instruit, comme vous, de ce que je pense sur ses plaintes, et de l'attention que je donne à maintenir la règle et la subordination dans votre parquet.

Du 28 septembre 1735.

LA disposition des ordonnances, qui ne permettent qu'aux avocats du roi de plaider et d'écrire pour les particuliers, et qui refusent la même faculté aux procureurs du roi, est si précise et si convenable au bien public, que l'exemple des dispenses en pareille matière me paroît dangereux à introduire; et, en accordant cette grâce à votre substitut au bailliage d'Arnay-le-Duc, il seroit inutile d'y ajouter que ce seroit sans tirer à conséquence, parce que c'est cette addition même qui y tire, rien n'étant plus facile à répéter qu'une précaution si inutile.

Au surplus, vous avez raison de croire qu'outre l'autorité des ordonnances, et celle d'un arrêt, qui peut n'avoir pas été rédigé avec assez d'exactitude, il est aisé de prendre son parti.

Du 5 novembre 1735.

Vous êtes pleinement instruit de ce qui s'est passé au sujet d'un nouveau réglement que M. le procureur-général au parlement de Flandre demande depuis

long-temps, et que j'ai envoyé enfin l'année dernière
à M. de........., pour vous le communiquer. Vous
le lui avez remis au mois d'août dernier, avec un mémoire qui ne contient que des observations générales ;
et vous y avez joint des notes particulières que vous
avez mises à la marge de chacun des articles de ce
projet : mais, lorsque j'ai pu trouver le temps d'examiner cette matière, j'ai vu, à la fin de votre mémoire général, que vous regardez comme un préalable absolument nécessaire que votre compagnie ait
communication du projet présenté par M. le procureur-général ; je crois en effet que quand ce ne
seroit que pour ne pas vous commettre avec elle,
il est convenable, et même juste, de prendre cette
précaution. Je vous renvoie donc la copie du projet
de réglement, sans y joindre ni vos remarques particulières sur chaque article, ni vos observations générales dont vous avez apparemment gardé la minute,
et je vous écris une lettre séparée pour vous prier
de faire part de ce projet de réglement à votre compagnie, et de m'envoyer les observations qu'elle y
aura faites.

Du 2 avril 1736.

J'avois presque oublié l'affaire des avocats au présidial de Bourg, et j'espérois que, comme ils étoient
revenus d'eux-mêmes au barreau, ils prendroient
aussi le parti de reconnoître celui que vous avez
commis pour exercer les fonctions de votre substitut
au même siége : mais comme je sais qu'ils persistent
à ne point vouloir lui communiquer les causes qui se
portent à l'audience, je prends le parti de vous écrire
pour terminer enfin une difficulté qui n'auroit jamais
dû être formée.

Les avocats ne se trompoient pas, quand ils ont
prétendu qu'en l'absence des gens du roi, le présidial de Bourg n'étoit pas en droit de commettre un

des conseillers pour exercer les fonctions du ministère public, à l'exclusion des avocats, et c'est ce que
le parlement de Dijon a décidé, avec raison, en leur
faveur.

Ils seroient encore bien fondés à soutenir que,
quand il s'agit d'une absence peu durable, ou d'un
empêchement passager, le droit de remplacer les gens
du roi leur est dévolu.

A l'égard du cas de la mort de votre substitut, il
n'est pas douteux que c'est à vous de commettre à
l'exercice de ses fonctions, et les avocats du présidial
de Bourg n'ont pas porté leurs prétentions jusqu'à
vouloir vous disputer ce droit.

Toute la question se réduit donc au cas de l'interdiction prononcée contre un de vos substituts, et ce
cas peut mériter une distinction.

Lorsque l'interdiction n'est ordonnée que pour un
temps, après lequel elle cesse d'elle-même il seroit
bien difficile de le comparer à la vacance d'une
charge, et il est plus naturel de le mettre au nombre
de ces empêchemens passagers qui naissent d'une absence ou d'une maladie peu durable de votre substitut, et pendant lesquels ses fonctions doivent être
exercées par les avocats, lorsqu'il n'y a point d'avocat
du roi en état de le remplacer.

Mais il n'en est pas de même, lorsqu'il s'agit d'une
interdiction perpétuelle et indéfinie, parce qu'une
interdiction de cette espèce approche si fort d'une
véritable destitution, que toutes les raisons qui vous
donnent le droit de commettre un substitut, en cas
de vacance, s'appliquent également au cas d'une privation de fonctions dont le terme est indéfini, et qui
ne se prononce ordinairement que dans la vue d'obliger un officier à se démettre de sa charge.

Tel est précisément le cas dans lequel se trouve
le sieur.............., qui n'a plus que le titre de
votre substitut au bailliage de Bourg; non-seulement
il a été interdit indéfiniment de ses fonctions par un
arrêt du conseil, du 25 avril 1734, mais ayant voulu
former opposition à cet arrêt, il en a été débouté

par un arrêt du 14 juin 1735 ; ainsi , son interdiction n'ayant point de bornes , le bien public exige que , lorsqu'il s'agit, non pas d'un empêchement passager, mais d'une cessation d'exercice qui peut durer autant que la vie d'un officier , et beaucoup plus qu'une vacance ordinaire , il y ait un sujet qui puisse se livrer entièrement aux fonctions de l'office public, avec la vigilance et l'attention suivie qu'un tel ministère demande. Il est donc sans difficulté que vous avez pu et dû donner votre commission au sieur............, sans que les avocats du présidial de Bourg aient aucun sujet légitime de s'en plaindre.

Vous êtes d'autant plus en droit d'en user de la même manière dans les cas semblables , que la distinction qui doit avoir lieu , comme je viens de le dire , entre les empêchemens passagers qui surviennent à vos substituts en titre , et les empêchemens de longue durée, n'a rien de nouveau ; elle est contenue expressément dans les lettres-patentes de l'année 1669 , par lesquelles feu M. de Harlay, alors procureur-général , et depuis premier président au parlement de Paris, crut devoir faire confirmer son droit de commettre aux fonctions de ses substituts dans les siéges inférieurs à ce parlement. Ces lettres portent , en termes formels, qu'il pourra commettre des personnes capables pour exercer les offices de ses substituts , ou des substituts de ses substituts , dans les bailliages, sénéchaussées , et autres siéges royaux du ressort du parlement de Paris , pendant l'absence ou maladie longue , ou autres légitimes empêchemens des pourvus par nous en titre d'office, ou les cas de mort jusqu'à ce que ceux qui seront par nous pourvus soient reçus.

Ce n'est donc pas seulement en cas de mort, c'est dans celui de la maladie , de l'absence et des autres empêchemens de longue durée , que M. le procureur-général au parlement de Paris est en droit de commettre à l'exercice des fonctions de ses substituts. La règle doit être égale dans cette matière, à l'égard de MM. les procureurs-généraux de tous les parlemens du royaume, qui ont pour eux les mêmes raisons de convenance et du bien public que celui de Paris. Ainsi, vous prendrez, s'il vous plaît, la peine de faire savoir aux avocats de Bourg en Bresse, que leurs représentations m'ont paru mal fondées, que j'approuve entièrement la commission de votre substitut, que vous avez donnée au sieur............, attendu l'interdiction indéfinie du sieur..........; et que, par conséquent, personne ne peut contester légitimement au sieur............ le droit qu'il a d'exercer toutes les fonctions du ministère public au bailliage de Bourg, de la même manière que s'il avoit été commis pendant la vacance parfaite de la charge dont le sieur............ n'a plus que le titre.

Du 11 juin 1736.

LE successeur de M......... ayant demandé et obtenu des provisions du roi, il étoit temps que Sa Majesté se déterminât sur les marques de distinction qu'elle accorderoit à cet ancien avocat-général; elle se seroit portée volontiers à lui donner une place de conseiller d'honneur, et elle n'auroit fait en cela que suivre l'exemple du feu roi, son bisaïeul, qui avoit fait la même grâce à plusieurs officiers de différens parlemens, qui avoient vieilli avec honneur dans les fonctions du parquet; mais, comme le roi a été informé par le compte que je lui ai rendu de tout ce qui s'étoit passé dans le parlement de Dijon sur cette matière, de la grande peine qu'une telle grâce pourroit lui faire, Sa Majesté a bien voulu avoir égard à la délicatesse de cette compagnie, et elle s'est contentée d'accorder à M.......... des lettres de vétérance, voix délibérative et séance dans le parlement, à compter du jour qu'il a été reçu dans la charge d'avocat-général. Comme c'est uniquement par égard pour la répugnance de votre compagnie que le roi ne lui a pas fait une plus grande grâce, quoique Sa Majesté lui eût d'abord donné lieu de l'espérer ; je ne saurois douter que le parlement de Dijon ne soit sensible, comme il le doit, à cette marque de l'attention du roi pour les sentimens de cette compagnie ; vous jugez bien que si elle faisoit quelque nouvelle difficulté sur une grâce si mesurée, sa conduite ne pourroit que déplaire extrêmement à Sa Majesté, après ce qu'elle a bien voulu faire en cette occasion, par ménagement pour un parlement pour lequel elle est remplie de bonté, et à qui elle donnera toujours très-volontiers les plus grandes marques de sa protection.

Au surplus, elle regarde comme une chose nécessaire pour le bien de son service, que ceux qui ont rempli dignement et pendant long-temps les fonctions d'avocat-général, ne soient pas réduits à rien, lorsque leur âge ou leurs infirmités ne leur permettent plus de soutenir le poids d'une charge si laborieuse, et qu'ils puissent au moins continuer de le servir avec honneur dans l'état d'un conseiller honoraire qu'ils ont mérité par leurs grands travaux : si l'on en usoit d'une autre manière, non-seulement des services importans demeureroient sans aucune récompense, ce qui répugneroit autant à la justice qu'à la bonté du roi, mais on ne trouveroit plus personne qui voulût entrer dans une carrière aussi difficile à fournir que celle d'avocat-général. On ne sent déjà que trop la rareté des sujets qui veulent s'y consacrer, et il ne faut pas l'augmenter encore en ôtant à ceux qui le font, toute espérance de se procurer, au moins par là, une vieillesse honorable dans l'ordre de la magistrature.

Telles sont les principales raisons qui ont déterminé le roi à accorder les lettres que M......... présentera à votre compagnie ; et ces raisons sont si justes et d'un si grand poids, indépendamment de tout ce que j'ai remarqué au commencement de cette lettre, que le parlement de Dijon ne sauroit se porter trop facilement à enregistrer des lettres où Sa Majesté a gardé un si juste milieu entre la délicatesse de votre compagnie, et ce que les longs services de M........ exigeoient de sa bonté.

Du 20 juin 1736.

Je vois avec plaisir, par votre lettre du 16 de ce mois, que vous sentez le mérite de l'attention que le roi a eue pour la délicatesse de votre compagnie, en n'accordant à M.........., ancien avocat-général, que des lettres de vétéran au lieu de celles de conseiller d'honneur que Sa Majesté lui avoit fait espérer. Je ne doute pas que le parlement de Dijon n'entre dans les mêmes sentimens, et je suis persuadé qu'il ne me fera pas repentir d'avoir eu tant d'égards pour sa répugnance à avoir un nouveau conseiller d'honneur dans son corps, à quoi il auroit cependant lieu de s'attendre si les lettres qui ont été accordées à M.... pouvoient souffrir quelque difficulté.

Du 22 juillet 1736.

Il sera nouveau de voir une compagnie entreprendre de faire des remontrances au roi pour mettre des bornes à sa bonté; révoquera-t-on son pouvoir en doute, et osera-t-on lui dire qu'il n'en fait pas un bon usage dans les grâces qui dépendent absolument de sa volonté? Je ne saurois donc croire qu'une compagnie aussi sage et aussi éclairée que la vôtre veuille donner un pareil exemple, et je suis persuadé que vous ferez un si bon usage du délai qui vous a été demandé, que ceux même qui ont pu avoir une pensée si extraordinaire, ne s'exposeront pas à le proposer.

Du 1.er septembre 1736.

J'écris à M. le président de.........., pour lui demander les motifs de l'arrêt très-extraordinaire par lequel on a permis à......... de vous mettre en cause; et si vous voulez me marquer le nom de celui qui préside cette année à la chambre des vacations, je lui écrirai de ne rien faire sur ce sujet sans m'en rendre compte, en cas que l'on s'adresse à cette chambre en exécution de l'arrêt de la tournelle; ce qui cependant ne paroît pas vraisemblable.

Au surplus, je sens comme vous la nouveauté et toutes les conséquences de l'exemple que l'on voudroit donner dans votre personne, quoiqu'elle méritât d'être encore plus ménagée qu'aucune autre, en considération de vos longs services, et du mérite avec lequel vous avez rempli votre carrière. Je vous laisse après cela à examiner si vous êtes dans le cas d'attaquer au conseil l'arrêt qui a été rendu, ou s'il vous convient mieux, après avoir laissé refroidir le mouvement présent des esprits, de faire rétracter cet arrêt par la voie de l'opposition. A mon égard je n'ai pas besoin de vous assurer ici de la grande attention que je donnerai à cette affaire, ni de l'estime avec laquelle je suis.

Du 27 septembre 1736.

PLUSIEURS occupations, dont j'ai été surchargé dans ces derniers temps, ne m'ont pas permis de répondre plus tôt à la lettre que vous m'avez écrite le 27 août dernier, sur ce que fait le parlement de Dijon à l'égard de M..........; et d'ailleurs, comme cette affaire est suspendue jusqu'à la Saint-Martin, la réponse que

31 *

je vous devois n'avoit rien de pressé. Je la commen-
cerai par vous dire que M. de.......... ne vous a
rien dit que je ne pense encore plus fortement qu'il ne
vous l'a peut-être encore rendu. Il est, en vérité, fort
extraordinaire qu'on élude pendant un si long-temps
l'exécution des volontés du roi, dans une matière qui
en dépend absolument, et qu'après bien des retardemens inutiles et peu décens, tout se termine à remettre
une pareille affaire à la Saint-Martin. Je commence à
craindre que MM. du parlement de Dijon n'abusent
de la considération qu'ils savent que j'ai pour eux;
mais c'est par cette raison-là même qu'ils devroient se
porter plus volontiers et plus promptement à laisser
jouir M.......... d'une grâce qu'il m'a paru convenable à la justice et à la bonté du roi de lui accorder.
Je sais avec combien de droiture et de bonne foi vous
agissez dans cette affaire, comme dans toutes les autres;
mais vous croyez peut-être trop aisément que les autres
vous ressemblent; et comme l'on sait que la bonté est
votre caractère dominant, je crains fort qu'on n'y
compte trop, et que vous ne soyez le premier trompé
par les discours de ceux qui ne cherchent qu'à gagner
du temps, non pour trouver des moyens de conciliation, mais pour ne rien finir. Quoiqu'il en soit, le meilleur conseil que je puisse vous donner est de prendre
si bien vos mesures, dans un temps qui tient tout en
suspens, que d'abord après la Saint-Martin l'affaire de
M.......... soit terminée, comme il convient au
respect qui est dû aux grâces du roi; sinon Sa Majesté
sera obligée d'user de son autorité, pour faire sentir
à ceux qui ne pensent pas bien sur l'affaire présente,
ce que c'est que de vouloir mettre obstacle à ses grâces
et donner des bornes à sa bonté.

Au reste, il ne faut pas s'imaginer que le roi souffre
qu'on entreprenne de dégrader ceux qui exercent le
ministère public, et qui ont l'honneur de parler en
son nom et de porter ses ordres aux compagnies; plus
on affectera de vouloir avilir leurs places, plus le roi
croira être obligé de les relever; et le parlement de
Dijon ne sauroit mieux servir les gens du roi qu'en

s'efforçant de les abaisser; c'est, en effet, le véritable moyen d'engager Sa Majesté à répandre d'autant plus ses grâces sur eux, qu'ils seront moins bien traités dans leur compagnie, par une espèce d'antipathie qu'on ne comprend pas en ce pays-ci, où les conseillers au parlement sont bien éloignés de croire se faire aucun tort, en honorant le ministère des gens du roi, et en donnant à leurs personnes toutes sortes de marques de considération. Chacun doit servir le roi suivant la nature de ses fonctions, et chaque genre de service a son prix; il n'est question que de s'en acquitter dignement, et c'est au roi à récompenser ensuite, comme il le juge à propos, ceux qui l'ont bien servi; moyennant quoi les grâces du prince ne doivent exciter que l'émulation, et jamais l'envie.

Je vous laisse à faire toutes ces réflexions pendant le temps des vacations, et si elles ne produisent pas tout l'effet qu'on en doit attendre, il faudra bien que le roi y pourvoie et que sa volonté soit exécutée.

Du 7 novembre 1736.

Vous avez raison de penser qu'il seroit fort à propos de finir l'affaire de M......... sans remontrances; cela seroit beaucoup meilleur pour le parlement, aussi bien que pour M.........; si vous pouvez y réussir, je suis bien éloigné de m'y opposer, et je ne vous ai rien écrit qui puisse vous en détourner; ma lettre, au contraire, n'est propre qu'à vous faire encore mieux sentir l'indécence et l'inutilité des remontrances; ce seroit, je crois, la première fois qu'on en auroit vu en pareille matière, et ceux qui ont cette pensée, s'il est vrai qu'il y en ait, rendroient peut-être plus de service par là à M......... qu'ils ne le pensent. Voyez donc si vous pouvez parvenir à finir cette affaire par des voies plus convenables; mais vous sentez bien qu'il faut que les égards qu'on a eus en cette occasion pour votre compagnie, aient leurs bornes, et qu'ils n'aillent pas jusqu'à souffrir qu'on en donne à l'autorité et aux grâces du roi, dont Sa Majesté ne doit rendre compte à personne.

Du 27 novembre 1736.

Je suis toujours surpris et même affligé, quand je vois qu'un parlement, qui mérite tant de considération, et auquel j'ai donné tant de marques de la mienne, se conduit comme il le fait dans l'affaire de M........... Je diffère d'en rendre compte à Sa Majesté, dans l'espérance que la fin réparera les commencemens, ou plutôt de si longs préliminaires; et je suis porté à ne les attribuer qu'à quelques-uns des membres de votre compagnie, qui ne pensent pas assez aux conséquences de leurs démarches, et qui ne sentent point combien l'extrême vivacité avec laquelle ils s'opposent en cette occasion aux grâces du roi, peut mettre d'obstacles à celles que MM. du parlement auroient à demander dans la suite.

Du 12 janvier 1737.

Le corps du présidial de Rennes ne doit pas être partie dans la contestation qui s'est formée entre le procureur du roi en ce siége, et le procureur fiscal des réguaires du chapitre de Rennes. Les véritables parties dans cette affaire, suivant ce que vous m'en expliquez, sont le roi d'un côté, et le chapitre de l'autre. Il n'est pas même trop régulier que le procureur du roi au présidial de Rennes, soit partie au parlement. C'est à M. le procureur-général de prendre son fait et cause, pour soutenir le droit du roi, comme réciproquement c'est au chapitre de Rennes de prendre le fait et cause de son procureur fiscal; ainsi la question que vous me proposez par votre lettre du 18 décembre ne peut pas avoir lieu dans une telle espèce.

A l'égard de la seconde question, ou plutôt du second cas, que vous m'expliquez par la même lettre, je ne dois pas vous en dire mon sentiment, s'il est vrai que les officiers du présidial veulent se pourvoir en cassation contre l'arrêt qui a été rendu: Mais par provision, j'inclinerois fort au parti qui vous paroît le plus conforme à la règle.

<hr>

Du 10 mai 1737.

IL me paroît que vous avez trouvé le moyen de contenter également et MM. les avocats-généraux et les substituts de M. le procureur-général, et enfin les juges mêmes, par le tempérament que vous avez proposé pour fixer le lieu de la séance des substituts dans les différentes chambres du parlement de Navarre, lorsqu'ils doivent y porter la parole pour M. le procureur-général. Je souscris donc très-volontiers à la délibération que vous avez fait prendre sur ce sujet; et à l'égard de la manière de l'autoriser; je ne vois point de forme plus convenable que celle d'une déclaration du roi, suivant ce qui s'est fait par rapport au parlement de Bordeaux pour y régler une pareille difficulté. Ainsi, vous pouvez charger les substituts de M. le procureur-général du soin de dresser le projet de cette déclaration, la communiquer ensuite à MM. les avocats-généraux et à ceux de MM. du parlement que vous jugerez à propos, pour me l'envoyer après que vous y aurez mis la dernière main, et je suis persuadé que le roi se portera très-facilement à revêtir votre ouvrage du caractère de son autorité.

Du 4 juillet 1737.

Le roi a approuvé le projet de déclaration que vous m'avez envoyé, suivant la délibération de votre compagnie, pour fixer la place que les substituts de M. le procureur-général doivent occuper aux audiences, lorsqu'ils y portent la parole au défaut des officiers principaux du parquet. Vous avez fini cette affaire de la manière la plus convenable pour ces officiers, et en même temps la plus décente pour le parlement. Je compte que la déclaration sera incessamment envoyée à M. le procureur-général.

Du 14 décembre 1737.

J'ai reçu la lettre par laquelle vous me rendez compte de l'état actuel du procès qui se poursuit contre un notaire de Forcalquier, et je sens comme vous l'inconvénient de laisser exercer les fonctions publiques par le plus ancien avocat, pendant la vacance, de la charge de procureur du roi. Je ne sais pourquoi MM. les procureurs-généraux au parlement d'Aix ne sont pas en possession, comme les autres procureurs-généraux, de donner en ce cas une commission de substitut au juge qu'ils en croient le plus capable ; et je serai toujours disposé à leur en faire assurer le droit par une déclaration du roi, quand vous le jugerez à propos, comme il y en a des exemples dans d'autres compagnies : je crois seulement qu'il est bon que vous pressentiez d'avance les dispositions de votre compagnie à cet égard, en commençant par M. le premier président, parce qu'il seroit désagréable pour vous et pour MM. vos collègues, qu'une pareille déclaration souffrît quelque difficulté dans le parlement.

Du 21 *juin* 1738.

Je vous envoie l'extrait ci-joint d'un mémoire que les substituts de M. le procureur-général m'ont adressé, afin que vous preniez, s'il vous plaît, la peine de me faire savoir quelles peuvent être les raisons de l'arrêt dont ils se plaignent.

Les substituts de M. le procureur-général ont depuis long-temps un banc dans l'église de Saint-Martin; ils l'ont fait couvrir d'un tapis à fleurs de lys depuis deux ou trois ans, et cette nouveauté a donné lieu au réquisitoire de M. de........., avocat-général, sur lequel le parlement a rendu l'arrêt dont vous m'avez demandé les motifs par la lettre que vous m'avez fait l'honneur de m'écrire le 21 de ce mois.

La déclaration du roi, du mois de juillet dernier, dont les substituts emploient la disposition pour autoriser leur conduite, leur permet, à la vérité, d'avoir dans la salle d'audience un banc à une place, couvert d'un tapis à fleurs de lys; mais elle porte en même temps qu'il ne pourra être occupé que par celui qui devra porter la parole, lorsque MM. les gens du roi seront suspects, et dans ces occasions seulement; ainsi, le parlement a trouvé que cette déclaration étoit plus contraire que favorable aux substituts, puisqu'il ne sauroit arriver qu'ils représentent dans l'église MM. les gens du roi.

Les officiers de la sénéchaussée n'ont qu'un banc simple et sans ornement dans cette église; et, sans vouloir déprimer les attributs des substituts, il me paroît que l'exemple des secrétaires du roi, à qui Sa Majesté a accordé de grands priviléges, ne sauroit leur servir de règle : d'ailleurs, il y a plus de trente ans que les secrétaires du roi ont leur banc dans le même état où il est aujourd'hui, au lieu que les substituts ont innové, en s'arrogeant, de leur autorité privée, un honneur dont ils n'avoient point encore joui, et que Sa Majesté pouvoit seule leur accorder : c'est par ces raisons que le parlement a cru qu'il étoit juste de rétablir l'usage.

Permettez-moi, monseigneur, d'ajouter que je vois avec regret que les discussions qui se sont élevées entre MM. les avocats-généraux et M. le procureur-général, à qui les substituts se sont joints, peuvent retarder l'expédition des parties. Ne trouveriez-vous pas à propos de les régler, du moins par provision.

Du 31 décembre 1739.

J'apprends par votre lettre la réception de M....., le fils, dans la charge d'avocat-général, et je vois avec plaisir la disposition où il est de profiter des avis que j'ai cru devoir lui faire donner par M. son père.

A l'égard de M........., le fils, qui a aussi été reçu dans une charge semblable, mais à condition de ne pouvoir l'exercer qu'après la mort ou la démission de M. son père, je crois que ce qu'il y auroit de mieux à faire seroit, que si la santé de cet ancien magistrat demeure toujours aussi mauvaise qu'elle l'est, il prît le parti de remettre l'exercice de sa charge à son fils ; mais comme il aura peut-être de la peine à s'y résoudre, M. son fils ne sauroit mieux faire que de continuer d'assister aux audiences du parlement, pour se disposer par là à remplir dignement un jour les fonctions auxquelles il est destiné. Votre lettre me fait voir qu'il le désire fort en effet, et qu'il n'est embarrassé que de la place où il peut se mettre quand il assistera aux audiences. Il ne peut pas certainement se placer à côté de l'avocat-général qui est actuellement en exercice ; il seroit peu décent qu'il se confondît avec les simples avocats, et il ne le seroit guère davantage qu'il se mît sur le banc que les substituts ont accoutumé d'occuper ; ainsi, je ne vois qu'un seul lieu où il puisse se placer honnêtement, parce qu'il ne tire à aucune conséquence, c'est-à-dire, dans une des lanternes, s'il y en a dans la grand'chambre du parlement de Bordeaux.

Du 21 avril 1741.

JE n'ai pas encore fait réponse à la lettre que vous m'avez écrite il y a déjà quelque temps, au sujet de la pension que vous désireriez obtenir, parce que j'avois bien prévu que cette réponse ne pourroit pas vous être favorable ; c'est un malheur pour vous d'être sorti du parquet avant que d'avoir été gratifié de cette pension. Mais depuis que vous avez changé d'état en demeurant président à mortier, il n'est plus possible de vous considérer comme si vous étiez encore l'ancien avocat-général, et de vous procurer la même grâce qui a été accordée quelquefois à ceux qui remplissoient cette place ; ou si c'étoit comme président à mortier que vous obtinssiez une pension du roi, tous MM. les présidens qui sont vos anciens ne manqueroient pas de prétendre qu'ils doivent recevoir la même grâce ; vous savez d'ailleurs que dans le temps présent on n'aime pas à multiplier les pensions ; ainsi je vois avec déplaisir que votre demande ne sauroit réussir, et je souhaite de trouver dans la suite des occasions plus favorables de vous témoigner que je suis véritablement.

Du 27 novembre 1746.

J'ai reçu les deux listes des officiers du parlement de Bordeaux que vous m'avez envoyées; et, puisque des affaires qui vous retiennent dans vos terres ne vous ont pas permis de vous trouver à l'ouverture du parlement, je ne doute pas que vous ne vous rendiez à Bordeaux le plus promptement qu'il vous sera possible. Il y a toujours une grande différence entre la présence d'un procureur-général et celle d'un substitut; il est même presque impossible que cela ne jette quelque retardement dans l'expédition des affaires, parce qu'il y a encore des cas sur lesquels un inférieur croit, et avec raison, ne devoir prendre aucun parti sans consulter son supérieur.

Du 24 novembre 1747.

Le sieur........, dont je vous avois renvoyé la lettre, est fort à plaindre par le caractère de son esprit, et par un entêtement dont malheureusement il n'a que trop donné de preuves; mais je ne vois rien dans les nouvelles affaires, qu'il s'est attirées en partie par sa faute, qu'il mérite que j'en prenne connoissance, et c'est au parlement d'y statuer, ainsi qu'il jugera à propos de le faire, suivant les règles de la justice. Il n'y a qu'une seule chose que je suis obligé de relever ici pour la conservation des principes de l'ordre public.

Par le mémoire que vous m'avez envoyé, je vois qu'en recevant le sieur........ appelant de la sentence rendue contre lui au bailliage de Bourg, on n'a pas eu d'égard à la demande en prise à partie, qu'il avoit formée contre le sieur.........., avocat du roi en ce bailliage; mais qu'en même temps, on lui a permis de l'intimer en cette qualité, pour procéder avec lui sur son appel. On ne pouvoit pas cependant diviser une pareille intimation de la prise à partie, parce qu'en pareil cas, on ne sauroit intimer vos substituts au parlement, que lorsqu'il y a véritablement lieu d'accorder la permission de les prendre à partie. Ainsi, le parlement n'ayant point trouvé dans la requête du sieur.......... de motif suffisant pour avoir égard à la demande personnelle qu'il faisoit contre le sieur.........., on ne pouvoit permettre de l'intimer, *Ratione officii*, c'est-à-dire, en qualité d'avocat du roi; la règle générale est que vos substituts ne sont jamais obligés de soutenir au parlement, en cette qualité, le bien jugé des sentences attaquées par la voie de l'appel. C'est à vous de prendre leur fait et cause, et c'est avec vous seul que le procès doit être jugé. Il y avoit quelques autres parlemens dans le royaume, où l'on suivoit le mauvais style qui paroît subsister encore dans celui de Dijon; mais ils se sont réformés eux-mêmes sur les lettres, par lesquelles je les ai rappelés sur ce point aux véritables règles de l'ordre judiciaire. Je ne doute pas que votre compagnie ne suive cet exemple.

Du 23 octobre 1748.

Il seroit bien aisé de faire expédier une commission de procureur du roi au siége des gabelles, en faveur du sieur.........., dont vous me rendez des témoignages avantageux, et dont j'ai déjà connu le mérite dans l'occasion dont vous me rappelez le souvenir; mais ce seroit faire tort aux droits de votre charge, et interrompre sans fondement, la possession où vous êtes de commettre à l'exercice des fonctions de vos substituts, pendant que leurs charges sont vacantes. C'est un pouvoir dont presque tous MM. les procureurs-généraux, soit dans les parlemens, soit dans les cours des aides, jouissent sans aucune contradiction, et il n'y a pas long-temps que cet usage a été expressément confirmé par le roi en faveur de M. le procureur-général du parlement de Dijon. Vous n'avez donc qu'à continuer de le suivre, sans aucun scrupule, et j'ai lieu de croire que vous remettrez en de bonnes mains l'exercice du ministère public, si vous le confiez au sieur...........

§. VII. — *Greffiers.*

Du 31 mars 1731.

Le sieur.........., inspecteur-général du domaine, qui avoit acquis en 1720 la terre de Boisblin, dont il poursuit aux requêtes de l'hôtel les criées conjointement avec celles de quatre autres terres, m'expose qu'il a intérêt de faire voir, dans une instance qu'il a au conseil, qu'une ancienne saisie-réelle de cette terre de Boisblin, du 18 mars 1690, enregistrée au greffe des requêtes du palais de Rennes, du 24 du même mois, et qu'on voudroit faire revivre, ne subsiste plus, et a été suivie d'une adjudication; qu'il s'est adressé inutilement au greffier de cette juridiction, pour y lever la sentence d'adjudication par décret, qu'on prétend être du 20 juillet 1699, pour le prix de 4,200 liv.; que le crédit de ceux qui veulent faire revivre cette saisie-réelle, pour arrêter les poursuites de la saisie-réelle pendante depuis plus de 20 ans aux requêtes de l'hôtel, a empêché le greffier de lui en délivrer une expédition; qu'ayant demandé au commissaire aux saisies-réelles du même siége, un extrait des comptes qu'il a rendus de sa régie, où il auroit trouvé la preuve qu'il cherche; que la saisie-réelle dont il s'agit a cessé par l'adjudication, le même crédit lui a attiré, de la part de ce commissaire, un refus pareil à celui qu'il avoit essuyé du greffier; et, comme les registres de l'un et de l'autre sont des dépôts publics qui doivent être ouverts à tous ceux qui y cherchent des preuves de la vérité qu'ils ont intérêt de faire paroître, vous prendrez, s'il vous plaît, la peine de donner les ordres nécessaires pour faire délivrer au sieur.........., procureur du sieur.........., par ce greffier et par ce commissaire aux saisies-réelles, les expéditions ou extraits de leurs registres dont il a besoin, pour établir la preuve qu'il espère y trouver que cette saisie-réelle ne subsiste plus.

Du 15 juin 1739.

Je vous ai écrit, le 30 octobre 1737, que je ne trouvois pas qu'il y eût de difficulté à laisser le sieur.........., greffier en chef de la justice royale de Sainte-Foy, exercer ses fonctions, quoiqu'il n'eût point obtenu de provisions de son office, parce que, suivant l'arrêt du conseil du mois de mars 1700, les greffiers des petits siéges, dont le revenu n'excède pas la somme de 100 liv., sont dispensés d'en obtenir. On lui fait aujourd'hui une difficulté par rapport aux commis qu'il est en droit d'établir, que l'on veut obliger à prendre une commission du grand sceau; mais il n'y a nulle apparence d'assujettir les commis à une formalité dont le greffier qui les nomme est lui-même dispensé; ainsi, je vous prie de faire savoir au juge de Sainte-Foy, qu'il peut laisser ces commis exercer leurs fonctions, sans autre commission que celle qui leur sera donnée par le sieur..........

Du 30 septembre 1742.

Je vous envoie l'extrait d'un mémoire que les greffiers plumitifs des trois chambres du parlement de Flandre m'ont adressé, afin que vous preniez, s'il vous plaît, la peine de m'envoyer votre avis sur la demande qu'ils y font.

Les greffiers plumitifs des trois chambres du parlement de Flandre exposent que leurs droits furent réglés par un tarif de 1693, suivant les usages du pays, sur un pied très-modique pour chaque objet; mais qu'ils n'en ont perçu que la moitié, l'autre moitié ayant été postérieurement réservée au greffier en chef, qui, jusqu'à présent, a profité du fruit de leurs travaux, n'ayant d'autre fonction que celle de signer par préférence, et non exclusive, les greffiers plumitifs ayant aussi le droit de signer comme le greffier en chef, qui n'a pas celui d'entrer dans leurs greffes, encore moins d'en prendre inspection; officier qui, par conséquent, est sans fonctions, inutile et à charge au public. Cet office, dont le sieur............ étoit pourvu, étant actuellement vacant par son décès, les greffiers plumitifs en demandent la suppression, aux offres qu'ils font d'en rembourser la finance, en leur accordant le partage des gages et droits attribués à cette charge.

Ils observent que, dans les Pays-Bas, cette charge n'a jamais été connue, et qu'il n'y a point de parlement dans le royaume où les greffiers plumitifs aient si peu d'émolumens, et le greffier en chef jouisse de la moitié du total de leurs droits, quoiqu'il soit sans fonctions utiles.

Du 16 mars 1743.

Je pense, comme vous, que la meilleure manière de venir au secours des greffiers au plumitif de votre compagnie est en effet de réunir à leurs charges celle de greffier en chef, qui vous paroît, aussi bien qu'à M. le premier président, entièrement inutile, et de leur en attribuer toutes les prérogatives et tous les droits qui y sont attachés, moyennant quoi ce changement leur sera avantageux, sans être onéreux au public. Al'égard du remboursement qu'ils offrent, je ne peux que m'en rapporter à votre prudence et à celle de M. le premier président; mais comme il est juste d'entendre sur ce point les héritiers du dernier titulaire de l'office de greffier en chef, je vous envoie le mémoire des greffiers du plumitif pour le communiquer à ses héritiers; après quoi, et sur la réponse qu'ils y feront, vous prendrez, s'il vous plaît, la peine de m'envoyer votre avis, après en avoir conféré avec M. le premier président, qui doit aussi m'envoyer le sien.

Du 10 mai 1743.

Il n'y a rien de plus judicieux ni de plus convenable que l'avis que vous m'avez donné, de concert avec M. le premier président de votre compagnie, sur la demande des greffiers au plumitif. Je ne peux donc qu'approuver entièrement ce que vous pensez sur ce sujet; et, si vous voulez prendre la peine de dresser, avec M. le premier président, le tarif des droits du greffe, tel que vous me le proposez, pour réformer celui de l'année 1695, qui n'a pas été fait avec toute l'exactitude qu'on auroit dû y apporter, j'aurai l'honneur de proposer au roi de l'autoriser par des lettres patentes, qui lèvent toute difficulté sur ce sujet.

Du 15 mars 1744.

Je ne me souviens point d'avoir fait donner aux officiers de la châtellenie de Jarnage, en particulier, des ordres de rendre la sentence contre laquelle le nommé.......... veut se pouvoir au parlement;

mais je me souviens bien qu'ayant été informé que, dans la généralité de Moulins, il y avoit eu grand nombre de greffiers qui exerçoient cette fonction sans avoir obtenu de provisions, ou une commission du grand sceau, j'écrivis à M.........d'empêcher la continuation de cet abus, en faisant avertir ceux qui étoient dans le cas de se conformer incessamment à la disposition de plusieurs arrêts du conseil rendus sur cette matière.

Il y a donc grande apparence que la sentence dont le nommé......... se plaint, a été rendue en conséquence de l'ordre général que j'avois donné à cet égard ; mais, comme il s'agit de l'exécution des arrêts du conseil et d'une matière qui regarde uniquement le sceau, c'est sans fondement que ce particulier entreprend de se pourvoir au parlement, qui ne sauroit statuer sur son appel, et qui ne pourroit que le renvoyer par devers le roi.

Du 26 mars 1748.

QUELQUE bonnes qualités que puisse avoir le nommé..........., qui a été commis à l'exercice du greffe de la sénéchaussée de Lyon, on ne peut s'empêcher de dire que votre siége a fait deux fautes en cette occasion.

L'une, de ne pas obliger ce particulier à obtenir, dans six mois, une commission du grand sceau, suivant la disposition générale d'un arrêt du conseil donné en l'année 1718, et d'autres arrêts rendus en conséquence.

L'autre, de choisir un mineur pour remplir une fonction, sans qu'il ait obtenu du roi des lettres de dispense d'âge ; s'il n'y a point de disposition expresse qui impose cette nécessité aux commis du greffe, c'est parce que la règle générale qui s'observe dans tout le royaume est que nul sujet n'est admis à exercer des fonctions publiques avant l'âge de la majorité, à moins qu'il n'en soit dispensé expressément par le roi, et l'usage est si constant à cet égard, que l'on expédie tous les jours, au sceau, des dispenses d'âge obtenues par des mineurs, qui sont destinés à remplir de pareilles commissions.

Mais, comme il ne seroit pas juste de donner atteinte à tous les jugemens et à toutes les procédures qui ont passé par les mains du nommé de........ et qu'il faut favoriser la bonne foi des parties intéressées, auxquelles on ne peut imputer l'ignorance où elles ont été du défaut de capacité d'un commis, qui exerçoit publiquement la fonction de greffier, il est aisé de tout concilier en rendant un arrêt par lequel, en défendant au nommé de.......... de continuer d'exercer cette fonction jusqu'à ce qu'il ait obtenu des lettres de commission expédiées au grand sceau, le roi validera tout ce qu'il a fait jusqu'à présent. Vous n'avez donc qu'à m'envoyer un projet de cet arrêt, que je signerai très-volontiers lorsque je l'aurai reçu.

Du 5 octobre 1748.

LE mémoire que vous avez joint à votre lettre du 26 septembre dernier, répond assez bien à la plus grande partie des difficultés peu importantes, qui avoient été proposées par le sieur.........., contre l'arrêt par lequel la cour des aides a commis le sieur..........., suivant votre réquisition, pour exercer par provision dans le greffe de plusieurs juridictions établies dans la ville de Narbonne; mais le point le plus essentiel de tous, je veux dire, ce qui regarde la compétence de la cour des aides, est celui qui est traité le plus foiblement dans votre mémoire, et je n'en suis pas surpris, parce qu'il est difficile de trouver de bonnes raisons pour soutenir cette compétence.

En général, ce n'est ni aux parlemens, ni aux cours des aides, de commettre des greffiers pendant la vacance des charges dans les juridictions qui leur sont subordonnées; c'est aux juges de ces juridictions mêmes que ce droit appartient, et ce seroit tout au plus dans le cas de leur négligence que le tribunal supérieur pourroit y pourvoir sur la réquisition du procureur-général.

Mais, quand même l'usage contraire se seroit introduit dans le Languedoc, ce seroit au parlement comme tribunal ordinaire et supérieur de droit commun, qu'il faudroit s'adresser pour faire commettre un greffier; la raison sur laquelle vous vous fondez pour soutenir le pouvoir de la cour des aides en cette matière, ne paroît mériter aucune considération.

Il est vrai que les greffes sont des biens domaniaux par leur nature, quand même le roi en auroit engagé entièrement la jouissance, sans en réserver aucune portion à Sa Majesté; mais tout ce que vous pourriez en conclure est, que si la propriété ou l'engagement d'un greffe faisoit la matière d'une contestation, ce seroit à votre compagnie qu'il appartiendroit d'en connoître, tant que l'édit de l'année 1690, qui fait la matière d'un grand procès qu'elle a avec le parlement de Toulouse, aura son exécution. Mais il ne s'ensuit nullement de là, que parce qu'elle est juge du fonds du domaine, elle soit en droit de commettre des officiers dans les juridictions qui en dépendent; autrement il faudroit dire que la cour des aides peut aussi donner des commissions pour exercer les fonctions des juges ou celles des procureurs du roi dans les mêmes juridictions, pendant que leurs charges sont vacantes : ce seroit une proposition qu'il n'y a pas d'apparence que vous voulussiez avancer.

Je ne peux donc m'empêcher de regarder la compétence de la cour des aides dans cette matière,

comme plus que douteuse. L'usage, s'il étoit en sa
faveur sur le point dont il s'agit, porteroit plus justement le nom d'abus ; et, si l'on attaquoit ses arrêts
par d'autres voies que par celle d'un simple mémoire,
il n'est pas vraisemblable qu'ils pussent se soutenir
aux yeux du conseil du roi, et vous ferez sagement
de vous abstenir dorénavant d'en requérir de semblables.

Comme je n'ai point vu le premier arrêt par lequel la cour des aides a commis le nommé. . . . .,
je ne saurois connoître si elle l'a commis indéfiniment
et pendant tout le temps de la vacance de la charge,
ou si c'est seulement pour six mois. Son pouvoir,
quand elle en auroit un véritable, ne s'étendroit
pas au-delà de ce terme, suivant l'arrêt du conseil
de l'année 1718; mais c'est un point qu'il peut être
assez inutile d'approfondir, parce qu'il y a lieu de
croire, suivant votre mémoire, que la place de greffier,
dont il est question, est à présent remplie, ou en
titre, ou par commission émanée de l'autorité du
roi.

§. VIII. — *Avocats.*

Du 17 mai 1731.

Les lettres de compatibilité, dont les avocats au
présidial de Nantes se plaignent, me paroissent fort
singulières. Le roi n'accorde des dispenses de cette
nature que lorsqu'il s'agit des fonctions de deux
charges possédées par la même personne; mais la
profession d'avocat n'est point un office, et le roi
n'a point accoutumé d'interposer son autorité en pareille matière; l'adresse des mêmes lettres de compatibilité qui a été faite au présidial de Nantes, au
lieu qu'elle auroit dû l'être au parlement, est aussi
extraordinaire que tout le reste; ainsi je n'empêche

point qu'on ne porte au parlement l'appel de la sentence de Nantes, qui en a ordonné l'enregistrement, et qu'on ne statue sur cet appel, ainsi qu'il appartiendra, pourvu qu'on le fasse d'une manière régulière et convenable au respect qui est dû aux ordres du roi, par le nom qu'ils portent, quoiqu'on puisse craindre qu'ils n'aient été surpris.

Du 12 janvier 1735.

La démarche que les avocats viennent de faire, en osant se rendre justice à eux-mêmes, pendant qu'ils la demandent au roi, est si téméraire et d'un si mauvais exemple, qu'elle mériteroit, sans doute, que Sa Majesté leur fit sentir tout le poids de son indignation; mais comme elle ne le pourroit faire qu'en privant les plaideurs du secours des avocats, en sorte que ce seroient les innocens qui souffriroient les premiers pour la faute des coupables, il a paru plus digne de la bonté du roi d'ignorer encore ce qui s'est passé, pour vous laisser le temps de ramener à la raison ceux qui s'en sont écartés d'une manière si scandaleuse, et pour punir ensuite, si cela devient nécessaire, ceux qui seroient assez mal conseillés pour persévérer dans leur opiniâtreté.

Il y a lieu d'espérer par votre lettre, qu'on n'y sera pas forcé, puisqu'il y a déjà plusieurs avocats qui ont reconnu leur faute, et qui vous ont promis de la réparer.

Il faut donc commencer par vous laisser faire, et vous vous êtes si bien conduit en cette occasion, qu'on peut prendre ce parti avec une entière confiance.

Il étoit essentiel de ne pas hésiter à démontrer aux avocats, comme vous l'avez fait dès le premier moment, qu'on n'étoit point embarrassé de leur démarche, quelque surprenante qu'elle fût, et qu'on pouvoit se passer d'eux ; c'est à la promptitude et à-la fermeté de cette résolution que vous êtes redevable de l'étonnement où ils sont tombés à leur tour, et du repentir de ceux qui sont déjà venus à résipiscence. Je ne saurois donc trop approuver et trop louer tout ce que vous avez fait dans une conjoncture si délicate, et qui auroit pu avoir des suites très-dangereuses, si vous n'aviez appliqué si promptement, à un mal inopiné, le seul remède convenable, de concert avec Messieurs du parlement, qui ont donné, comme vous, en cette occasion, de nouvelles preuves de leur zèle pour le service du roi et pour le bien de la justice. M. le cardinal.......... vous rendra la même justice que moi, et tout ce qui est instruit ici de votre conduite convient qu'il n'étoit pas possible de se tirer ni plus habilement, ni plus heureusement d'un pas glissant, que vous l'avez fait en cette occasion...........

C'est une nouvelle raison d'avancer le temps d'une décision authentique pour prévenir de pareilles entreprises de la part des avocats ; mais, comme vous méritez, en toute manière, que l'on vous consulte sur le moment dans lequel il conviendra de faire paroître cette décision, je vous prie de m'expliquer incessamment, si vous croyez qu'il faille la placer dans le moment présent, ou attendre que les avocats soient entièrement rentrés dans leur devoir, pour mettre par là le dernier sceau à ce que vous aurez fait par la seule sagesse de votre conduite. C'est ce qui peut dépendre beaucoup du progrès que vous aurez fait depuis la lettre que vous m'avez écrite.

Je ne saurois trop vous assurer de l'estime et de la considération parfaite avec laquelle je suis.

Du 13 février 1735.

Le roi a terminé l'affaire des avocats au parlement de Besançon, par un arrêt qui sera adressé incessamment à M. le procureur-général. Vous aurez la satisfaction d'y voir que Sa Majesté a condamné une prétention que les avocats avoient d'autant plus de tort de renouveler, qu'elle avoit déjà eu le même sort du temps du feu roi; mais au lieu qu'il s'étoit contenté de faire savoir sa volonté par M........, chancelier de France, et par M. de........., secrétaire d'état, le roi a jugé à propos de s'expliquer par un arrêt qui, étant revêtu des lettres-patentes enregistrées au parlement, rendra cette seconde décision encore plus authentique et plus solennelle que la première.

Il est fâcheux que des avocats, parmi lesquels je sais qu'il y en a plusieurs qui sont distingués par leur probité, par leur capacité et par leurs talens, aient voulu se faire condamner une seconde fois, et qu'après s'y être exposés en portant leur demande devant Sa Majesté, ils aient nui encore à leur cause, en voulant se faire justice en quelque manière à eux-mêmes, et changer un usage confirmé par une décision du feu roi; mais, comme ce qui s'est passé ne doit être attribué qu'à quelques particuliers, et qu'il y a plusieurs des avocats qui n'ont pas suivi le mauvais exemple que d'autres leur avoient donné, Sa Majesté a bien voulu leur faire éprouver, comme le feu roi, la douceur et la clémence de son règne; ce sera à eux de montrer qu'ils en sont dignes, et de réparer le passé par leur exactitude à se conformer aux intentions du roi, et donner au parlement de Besançon des marques persévérantes du respect qu'ils lui doivent.

Il ne me reste que de vous assurer du plaisir que j'ai eu de pouvoir contribuer à la justice que le roi a rendue à votre compagnie; elle avoit d'autant plus lieu de l'espérer, qu'elle venoit de donner de nouvelles marques de son affection pour le bien de la justice et pour le service du public, qui n'a souffert aucun retardement, par un événement imprévu, mais où le remède a été aussi prompt que le mal, par la sagesse et le zèle du parlement. Je compte que vous lui ferez part de cette lettre, en l'assurant du plaisir que j'aurai toujours à lui faire sentir les effets de la protection du roi.

A votre égard, monsieur, vous avez une part principale à tout ce que je viens de dire d'avantageux pour votre compagnie, et vous méritez qu'on vous félicite personnellement de la satisfaction que le roi a de la manière dont elle s'est conduite en cette occasion.

Du 8 octobre 1735.

Depuis tout ce que vous m'avez écrit au sujet du soulèvement des avocats contre la commission que vous avez donnée au sieur.......... pour exercer les fonctions de votre substitut au bailliage de Bourg en Bresse, j'ai appris que leur premier feu s'étant appaisé, ils étoient revenus au barreau, et avoient fait cesser cette espèce de scandale que leur désertion y avoit causée; mais, comme ils sont rentrés dans l'exercice de leur profession sans vouloir reconnoître le droit du sieur........., et qu'ils m'écrivent encore, de temps en temps, pour me demander une décision précise sur la difficulté qu'ils ont formée, j'ai reçu les lettres que vous m'avez écrites sur ce sujet, avec le mémoire qui y étoit joint à une de ces lettres; la distinction à laquelle vous vous attachez, entre un empêchement passager et de peu de durée qui met vos substituts hors d'état de remplir leurs charges et une interdiction durable, renferme la véritable solution de la difficulté qu'il est question de lever. Mais, comme pour pouvoir parler plus affirmativement sur le fait dont il s'agit, j'aurois besoin de voir l'arrêt par lequel le sieur..........,votre substitut, a été interdit de ses fonctions. je vous prie de m'en envoyer incessamment une copie entière.

Du 27 septembre 1736.

LE parlement de Bordeaux doit se suffire à lui-même pour faire un réglement entre les avocats et les procureurs, et je crois que je dois ignorer ce qui s'est passé entr'eux, plutôt que de faire entrer l'autorité du roi dans une discussion qui regarde entièrement la discipline seulement du parlement. Je ne sais pourquoi on a permis aux procureurs de présenter une requête : il auroit fallu ordonner seulement qu'ils remettroient leurs mémoires entre les mains de M. le procureur-général, et je crois que ce que l'on pourra faire de mieux après la Saint-Martin, sera de revenir à cette forme, par un arrêt rendu sur une nouvelle réquisition de M. le procureur-général, qui pourra la fonder sur l'inconvénient d'instruire une pareille affaire par des requêtes qu'il faudroit communiquer aux avocats, et qui ne serviroit qu'à augmenter la division entre deux professions qui doivent concourir au bien de la justice et à les faire entrer en procès réglé, au lieu que, sur de simples mémoires et sur les remontrances des gens du roi, il sera aisé d'y pourvoir plus promptement et avec moins d'inconvéniens. On pourroit, en rendant l'arrêt qui l'ordonneroit ainsi, y ajouter que, par provision, les choses demeureront dans le même état où elles étoient avant la délibération des Procureurs, en suivant l'usage qui étoit alors observé ; mais, afin de donner aussi quelque satisfaction aux procureurs, ce seroit d'engager les avocats à consentir que, dans les obsèques des procureurs, tous les avocats se missent à la droite, et tous les procureurs à la gauche ; les avocats n'y perdroient rien, puisque le premier rang leur seroit conservé, et les procureurs y gagneroient si peu, que

les avocats ne devroient pas le leur envier. Voilà tout
ce qui me vient dans la pensée à ce sujet, et qui ne
sera su, s'il vous plaît, que de vous et de moi, parce
qu'il ne me convient point d'être nommé dans une
pareille affaire, et que si je m'en explique avec vous,
c'est seulement pour vous donner une marque de ma
considération.

***

Du 24 août 1737.

Suivant la réponse du parlement de Flandre
aux remontrances qui m'ont été adressées par le
sieur.........., je trouve non-seulement que les
plaintes de cet avocat sont sans fondement, mais
même que sa conduite est assez suspecte, et qu'elle
mérite d'être approfondie, pour juger s'il est à propos
de lui permettre ou de lui interdire l'exercice d'une
profession qui ne demande pas moins de noblesse et
de pureté dans les sentimens et dans les actions, que
de lumière et de capacité. C'est une matière de discipline et de police, dont la connoissance immédiate
en appartient à votre Compagnie ; et à l'égard de ce
qui a été porté devant le premier juge, cette procédure paroît si dépendante et si inséparable de l'objet
principal, qui est l'examen de la conduite de l'avocat
dans ses fonctions, que je m'en rapporte entièrement
à la sagesse du parlement, de décider s'il est dans le
cas de pouvoir évoquer cet incident, pour prononcer
en même temps sur le tout.

***

Du 24 novembre 1737.

Votre lettre même et le détail dans lequel vous
y entrez, suffisent pour faire voir avec combien
de précipitation on en a usé pour faire recevoir les

sieurs.........et......... au serment d'avocat,
cinq jours après leur douzième inscription ; il a fallu
pour cela que dans le même jour, qui étoit le 9 d'août,
ils aient soutenu leur thèse de licence et subi leur
examen public sur le droit français ; je veux bien
avoir très-bonne opinion de ces deux magistrats, et
présumer qu'ils avoient bien fait leurs études ; mais,
en vérité, il est bien difficile de se persuader qu'un
jeune homme ait assez de capacité et de présence
d'esprit pour pouvoir répondre en public, deux fois
dans le même jour, sur des matières très-différentes ;
il est donc bien à craindre que des actes si proches
l'un de l'autre n'aient pas été aussi sérieux qu'ils
devroient l'être, et que la faculté de droit ne pêche
souvent par un excès de facilité et de complaisance,
surtout pour les enfans des conseillers au parlement,
à qui elle rend par là un très-mauvais office ; je doute
fort qu'au parlement de Paris, que vous citez dans
votre lettre, on eût voulu admettre au serment d'avocat un homme à qui on auroit pu reprocher une précipitation aussi grande que celle dont il s'agit ; de
quelque œil qu'on regarde les formalités qui sont établies pour obtenir des degrés, il faut au moins que la
vraisemblance y ait été observée ; et, d'ailleurs, il
n'est pas vrai que ces formalités doivent être consi-
dérées avec une espèce d'indifférence ; elles ne passent souvent pour telles, que parce que les professeurs et les étudians négligent presque également
leur devoir ; et l'on en voit le mauvais effet par
l'ignorance, qui n'est à présent que trop commune
parmi les jeunes magistrats.

Au surplus, quoique l'avis qui m'a été donné sur
Messieurs de.........et de.......... soit venu
bien tard, il n'en mérite pas moins d'attention, et
vous ferez bien de profiter de cette occasion, pour
réveiller celle des professeurs en la faculté de droit
de Bordeaux ; il est vrai qu'on peut être reçu avocat
dans le douzième trimestre, mais il faut au moins
qu'il y ait eu un intervalle suffisant entre l'acte de

licence et l'examen de droit français, pour donner lieu de présumer que les étudians en droit ont eu le temps de s'y préparer.

Du 6 décembre 1742.

JE vous envoie le mémoire qui m'a été adressé par la veuve..........., du lieu d'Antibes, avec un factum imprimé qu'elle y a joint, et la copie d'un arrêt qui a été rendu contre elle, à la cour des comptes d'Aix. Quand cet arrêt seroit aussi injuste qu'elle le prétend, je ne vois pas trop de quel moyen elle pourroit se servir pour en demander au conseil la cassation; et, d'ailleurs, elle déclare qu'elle n'est pas en état d'en faire les frais. Ainsi, quoique cette veuve puisse être à plaindre, ce n'est pas seulement par rapport à elle que je vous envoie son mémoire et ce qu'elle y a joint, c'est beaucoup plus par rapport au sieur..........., avocat, demeurant à Antibes, qui, si l'on en croit les faits avancés dans le factum imprimé, paroît avoir eu dans l'affaire dont il s'agit une conduite peu digne de l'honneur et de la probité d'un avocat; c'est ce qui fait que je vous prie de vous faire rendre un compte exact, et de vous informer si le sieur......jouit d'une réputation entière, ou si elle n'a point déjà souffert quelque atteinte. Il paroît assez extraordinaire qu'un homme qui entend les affaires, déchire une convention signée par les parties et dont il est dépositaire, sans prendre la précaution de se faire donner un consentement par écrit, à la suppression de cette convention, ou sans les obliger à effacer leurs signatures, et en approuver la rature. Il paroît même avoir été convaincu de mensonge dans le fait qu'il avoit avancé, et qu'il a depuis affirmé par serment, s'il est vrai, comme on le dit dans le factum imprimé, qu'après avoir répondu par écrit, le 17 mai 1740, qu'il avoit déchiré l'acte de société en présence et du consentement des parties, il a fait voir lui-même que cet acte existoit encore deux mois après, puisqu'il le confia au procureur du nommé.........., pour le montrer aux sieurs.......... et..........., avocats au parlement d'Aix, que les parties avoient pris pour arbitres; c'est un fait qu'il vous sera aisé d'éclaircir par le témoignage de ces deux avocats. Il y a encore bien d'autres circonstances relevées dans le même factum, qui répandent des soupçons fâcheux sur le caractère et la conduite du sieur..........; mais quel usage ferez-vous de tout cela, si vous reconnoissez que sa réputation n'est pas établie, et qu'en effet sa bonne foi est fort suspecte dans l'affaire de la veuve........? C'est ce qui me reste à vous expliquer.

Il ne dépendra pas de vous, certainement, de réformer l'arrêt de la cour des comptes, quoiqu'il paroisse assez extraordinaire dans les circonstances dans lesquelles il a été rendu, et il seroit même fort difficile, comme je vous l'ai déjà dit, de trouver des raisons suffisantes pour anéantir cet arrêt par l'autorité du roi; ainsi, tout ce qui peut résulter de la vérification que vous prendrez la peine de faire, se réduit à deux choses :

La première, est de faire ce qui dépendra de vous, si vous avez lieu de croire que le sieur........ ait abusé de la facilité que la cour des comptes a eue de le rendre juge dans sa propre cause, pour l'engager à réparer le tort qu'il a fait à la veuve........ ., ou à le faire réparer par le nommé.........., son associé.

La seconde, est que, si cela vous paroît impossible par la dureté du sieur.........., vous déclariez, en ce cas, que vous ne pouvez vous dispenser ni de m'en rendre compte, ni de lui faire perdre l'estime de ses confrères et la confiance du public, en ne cachant point le jugement que vous portez de sa conduite dans l'affaire dont il s'agit; et, en effet, la seule ressource qui reste à l'égard de ceux qu'on ne sauroit convaincre judiciairement de mauvaise foi, et qu'on ne peut engager à réparer le préjudice qu'elle a fait à d'autres, est de faire connoître leur caractère au public, pour le mettre en garde contre eux ; et c'est dans de pareilles occasions qu'il faut se souvenir de cette ancienne maxime, *interest reipublicæ cognosci malos.*

Du 5 juillet 1743.

JE vous envoie une lettre que le sieur........., avocat au parlement de Flandre, m'a écrite, afin que vous preniez, s'il vous plaît, la peine de me marquer, s'il est échappé à cet avocat des termes injurieux dont le sieur chevalier.......... ait pu être justement blessé ; il faudroit, si cela étoit, que le sieur.......... trouvât le moyen de réparer la chose dans quelques nouvelles écritures qu'il feroit ; mais, à en juger par la manière dont il s'explique dans sa lettre, il n'y a guères d'apparence que les plaintes du sieur........ soient bien fondées, et, en ce cas, ce que le sieur......... peut faire de mieux, est de s'adresser au parlement pour demander une réparation convenable, en déposant au greffe l'original de la lettre dont il m'a envoyé la copie, et ce sera au parlement d'examiner, s'il ne doit pas ordonner, avant toutes choses, que le sieur........... soit assigné pour reconnoître son écriture, et déclarer s'il entend soutenir ce qui est contenu dans sa lettre, pour être ensuite statuée sur vos conclusions, ainsi qu'il appartiendra.

Du............ 1743.

SI cet avocat s'est échappé en effet contre ce gentilhomme, dans des termes injurieux dont il ait pu être blessé justement, il faudroit qu'il trouvât le moyen de réparer la chose dans quelques nouvelles écritures qu'il feroit, mais il n'y a guère d'apparence; à en juger par la manière dont cet avocat s'explique dans sa lettre, qu'il ait donné au sieur.......... un juste sujet de se plaindre; et en ce cas, ce qu'il peut faire de mieux, c'est de déposer au greffe du parlement l'original de la lettre dont il m'a envoyé la copie, et de demander à être mis sous la sauve-garde de la justice, et d'exiger une réparation proportionnée aux injures et aux menaces dont cette lettre est remplie; sans quoi, il sera peut-être nécessaire d'ordonner, avant toutes choses, que le sieur.......... sera assigné pour reconnoître son écriture, et déclarer s'il entend soutenir ce qui est contenu dans sa lettre, pour y être ensuite statué sur vos conclusions ainsi qu'il appartiendra.

Du 3 août 1743.

JE pense entièrement comme vous sur la question que vous me proposez par vos lettres du.......... La régle générale, suivant l'esprit et le texte des ordonnances et des arrêts de réglement, est que les avocats qui sont appelés aux jugemens, pour suppléer au défaut ou à l'absence des juges en titre, y soient admis suivant l'ordre du tableau, par la présomption que l'ancienneté du service forme en leur faveur; et la distinction que quelques officiers des siéges de province veulent faire entre le cas où il s'agit de remplir entièrement un siége où il n'y a point d'officiers titulaires, et celui où il n'est question que de suppléer au défaut du nombre suffisant de juges, en donnant à ceux qui sont en place des avocats pour assesseurs, est aussi nouvelle que mal fondée; c'est vouloir mettre une différence imaginaire entre deux cas qui sont entièrement semblables; il seroit même fort dangereux, comme vous le remarquez, d'avoir égard à une distinction qui mettroit souvent un seul juge en état d'être le maître du choix de ceux qu'il voudroit s'associer ; ainsi il est de l'intérêt des parties et du bien de la justice, que vous fassiez cesser absolument cette distinction, par un arrêt rendu sur votre réquisition, qui ordonne que, dans tous les cas, c'est-à-dire, soit qu'un siége soit absolument dépourvu d'officiers, soit qu'il ne s'agisse que de suppléer à leur petit nombre, les avocats qui en feront ou qui en partageront les fonctions, seront appelés suivant l'ordre du tableau, sauf aux parties à accuser ceux contre lesquels ils auront des causes légitimes de suspicion suivant l'ordonnance.

L'idée qui vous est venue dans l'esprit à cette occasion, par rapport à la nomination de vos substituts, n'a rien de commun avec ce qui regarde les avocats appelés à la fonction de juges ; et, sans mêler ensemble deux objets fort différens, on peut vous procurer le droit de commettre à l'exercice des fonctions de vos substituts, pendant que leurs charges sont vacantes ; je m'y porterois volontiers, pourvu que vous soyez bien sûr qu'une déclaration du roi, qui vous attribueroit ce pouvoir, ne souffre point de contradiction dans votre compagnie.

Du 6 décembre 1749.

Après avoir fait les réflexions nécessaires sur les deux lettres par lesquelles vous m'avez informé de la conduite des avocats du parlement de.........., et des dispositions de cette compagnie à leur égard, je pense, comme vous, qu'il seroit bien difficile de tolérer une désobéissance si marquée, et un si grand manquement de respect pour vous et pour les principaux magistrats du parlement. Il est aisé de prévoir les suites qu'une affaire de cette nature pourra avoir ; mais le plus grand de tous les inconvéniens est celui de laisser mépriser impunément l'autorité, et de souffrir qu'il y ait un corps dans l'état qui se prétende indépendant de toute puissance.

D'Aguesseau. Tome X.   33

A l'égard des voies que le parlement peut prendre pour maintenir celle que le roi lui confie, je ne peux rien faire de mieux que d'en laisser le choix à la prudence de cette compagnie; et je me contenterai de vous dire que le parti qui a été proposé, de rendre un arrêt pour obliger les avocats à représenter la délibération qu'ils ont prise au mois de septembre dernier, ne me paroît pas le plus convenable, parce qu'il ne serviroit, suivant toutes les apparences, qu'à commettre le parlement avec les avocats, et à aggraver encore leur faute, par le refus qu'ils feroient de satisfaire à cet arrêt. Il seroit plus décent et plus capable de les faire rentrer en eux-mêmes, s'ils en sont susceptibles, que la grand'chambre mandât les douze anciens avocats pour les entendre en présence des gens du roi, qui exposeroient d'abord les faits dont cette chambre a voulu se faire rendre compte, en se réservant à prendre telles conclusions qu'il appartiendroit, après avoir entendu ce que les avocats auroient à dire. On les feroit parler ensuite; après quoi, et lorsqu'ils se seroient retirés, les gens du roi requerroient et la grand'chambre ordonneroit ce qu'elle jugeroit à propos, pour remettre les choses en règle, en déclarant nulle leur délibération, que les juges seroient censés avoir connue suffisamment par le récit qu'ils en auroient fait. On pourroit encore arranger un peu différemment cette espèce de scène, si au lieu d'y faire parler d'abord les gens du roi, vous vouliez vous charger de dire aux avocats, en peu de mots, ce qui auroit obligé la grand'chambre à les mander. C'est ce qui dépend absolument de votre prudence.

On ne peut pas présumer qu'ils portent la témérité jusqu'à refuser de se rendre à la grand'chambre, et si cela arrivoit, ce seroit le cas où ils mériteroient d'être traités avec la plus grande sévérité; s'ils prennent le parti de comparoître, comme cela est plus vraisemblable, la grand'chambre croira apparemment devoir leur enjoindre d'obéir à son arrêt, à peine d'interdiction, et c'est ce qui causera le scandale que vous craignez jusqu'à un certain point; mais l'expérience du passé vous donne lieu d'espérer que ce scandale ne durera pas long-temps, et l'exemple du parlement de Rouen, qu'il paroît que la grand'chambre veut suivre, a fait voir qu'avec une conduite ferme et mesurée, on vient enfin à bout de la résistance des avocats. Il est évident d'ailleurs, qu'ils ne cherchent qu'une occasion de se retirer une seconde fois du barreau ; et l'indulgence qu'on auroit pour eux, après le changement qu'ils viennent de faire d'eux-mêmes dans l'usage qui a toujours été observé, ne serviroit vraisemblablement qu'à les rendre encore plus entre-prenans, et à forcer le parlement à faire un plus grand éclat dans la suite.

Du 6 janvier 1750.

J'ai reçu la lettre par laquelle vous me marquez les sentimens de votre compagnie, sur les avantages que l'édit du mois d'août dernier, procurera au public et à votre province. Le doute que vous me proposez en même-temps, sur ce qui regarde l'éta-blissement de la bibliothèque des avocats, est facile à résoudre.

Quand même on pourroit considérer ceux qui fré-quentent le barreau du parlement de Rennes, comme un corps de la nature de ceux qui ont été l'objet de la nouvelle loi, il n'y auroit rien ni dans leur per-sonne, ni dans l'espèce de bien dont il s'agit, qui pût donner lieu de leur appliquer les dispositions de cette loi.

D'un côté, elle n'a eu en vue, par rapport aux nouveaux établissemens, que ceux qui sont posté-rieurs à la déclaration de 1666, ou aux 30 années qui l'ont précédée immédiatement ; et il y avoit sans doute des avocats établis au parlement de Rennes long-temps avant cette époque.

De l'autre, le bien dont il est question, c'est-à-dire, une bibliothèque n'étant qu'un effet mobilier,

33*

il ne peut jamais être censé compris dans les prohi-
bitions, ni dans les précautions portées par l'édit du
mois d'août dernier.

Mais . peut-on dire même que ceux qui exercent
la profession d'avocat dans un parlement, forment
un corps ou une société qui mérite véritablement ce
nom ? C'est ce qu'il seroit peut-être assez difficile de
soutenir.

Les avocats ne sont liés entr'eux que par l'exercice
d'un même ministère ; ce sont plusieurs sujets qui se
destinent également à la défense des plaideurs, plutôt
que des membres d'un seul corps, si l'on prend ce
terme dans la signification la plus exacte.

Le nom de profession ou d'ordre est celui qui ex-
prime le mieux la condition ou l'état des avocats ; et
s'il y a une espèce de discipline établie entr'eux pour
l'honneur et la réputation de cet ordre, elle n'est que
l'effet d'une convention volontaire, plutôt que l'ouvrage de l'autorité publique, si ce n'est dans les matières sur lesquelles il y a eu des règles établies,
soit par les ordonnances de nos rois, ou par les
arrêts des parlemens. S'ils ont des distinctions justement acquises par leurs talens et par leur capacité,
ce sont des prérogatives attachées à la profession
qu'ils exercent, plutôt que des privilèges accordés
par le roi à un corps ou à une communauté, et ils
en jouissent, pour parler le langage des interprètes
du droit, *non ut universi, sed ut singuli.* Ainsi, de
quelque côté que l'on considère les avocats du parlement de Bretagne, ils n'ont point à craindre qu'on
veuille leur appliquer les dispositions d'un édit qui
ne les regarde en aucune manière.

Du 16 janvier 1750.

M. le procureur-général m'a rendu compte, en
effet, de la réquisition qu'il a faite aux chambres
assemblées, sur la mauvaise délibération prise par

les avocats, et de l'arrêt dont cette réquisition a été suivie. Je ne peux qu'en approuver la régularité et la sagesse; ce que les avocats pourroient faire de mieux, seroit de s'y soumettre de bonne grâce; mais je ne sais s'ils prendront un parti si sage: en tout cas, ce sera à la fermeté du parlement de les y soumettre.

Du 23 janvier 1750.

Je ne m'attendois pas plus que vous à une délibération aussi extraordinaire que celle qui a été prise par les avocats du parlement de..........; si elle est pleine d'indécence et d'irrévérences par rapport à cette compagnie, je la trouve encore plus déshonorante pour l'ordre même des avocats. On y voit un mélange d'intérêt et d'esprit de révolte également contraire à l'idée qu'ils veulent donner de leur profession; et, comme une telle entreprise n'a point d'exemple, je ne peux que laisser à la sagesse du parlement le soin d'y pourvoir par la voie qu'il jugera la plus convenable.

Du 8 février 1750.

M. le procureur-général m'a envoyé en effet, comme vous me l'aviez annoncé, la copie de l'arrêt que le parlement vient de rendre à l'égard des avocats, et comme il vous communiquera sans doute la réponse que je lui fais, je n'entrerai dans aucun détail avec vous sur ce sujet. La grande ressource du parlement, dans de telles circonstances, sera votre sagesse et votre fermeté.

Du 8 février 1750.

LE parlement de......... ne pouvoit traiter les avocats avec plus d'indulgence, qu'en se contentant, comme il l'a fait, de les assujettir au renouvellement de la prestation de leur serment d'année en année, et en leur imposant l'obligation de s'inscrire dans un tableau signé par le greffier; mais je ne sais si ce remède sera bien efficace pour les faire rentrer dans leur devoir; ils pourroient bien prendre le parti de se conformer à ce qui leur est ordonné, et qui se réduit à une simple cérémonie, sans que cela les empêchât de persister dans les délibérations indécentes, qu'un esprit de révolte leur a inspirées. Il ne seroit pas même impossible qu'ils ne voulussent tirer avantage du silence que le parlement aura gardé sur ce sujet, dans le temps même qu'il faisoit un réglement pour la discipline des avocats, d'où ils conclueront peut-être, que cette compagnie n'ayant pas osé les attaquer sur leurs délibérations, ils peuvent continuer de les suivre impunément.

Si cependant ils refusoient de se soumettre à l'arrêt qui a été rendu sur votre réquisition, comme ils demeureroient par là privés entièrement des fonctions de leur état, il pourroit arriver qu'ils seroient forcés dans la suite de venir entièrement à résipiscence; mais c'est à quoi ils ne se réduiront vraisemblablement qu'après un temps considérable, et lorsque le besoin, plus fort que les arrêts du parlement, les y aura contraints; en attendant, il faudra que le parlement s'arme de courage, et qu'il cherche tous les moyens possibles pour empêcher que les plaideurs ne souffrent de la mauvaise humeur des avocats.

Du 6 avril 1750.

Je vois par votre lettre du 31 du mois dernier, que l'esprit de révolte et de cabale, dont les avocats au parlement de......... sont animés, fait tous les jours de nouveaux progrès; mais ils se flattent en vain d'obtenir leur rétablissement par des voies plus propres à le retarder qu'à l'avancer. Vous pouvez être assuré que je ne me laisserai point émouvoir par toutes les plaintes qu'ils pourront inspirer à des plaideurs de me porter sur ce sujet. Si la justice ne peut pas se rendre toujours aussi pleinement que le parlement de......... le faisoit avant leur soulèvement, c'est à eux-mêmes qu'ils doivent l'imputer; vous ne pouvez donc que continuer de vous conduire toujours comme vous le faites pour l'expédition des affaires qui sont pendantes au parlement, et il faut espérer que la privation de tous les avantages qui sont attachés à la profession d'avocat fera enfin plus d'impression sur leur esprit, que l'amour du devoir, et les ramènera à l'obéissance qu'ils doivent aux arrêts du parlement.

§. IX. — Procureurs et Huissiers.

Du 13 février 1721.

J'ai reçu les éclaircissemens que vous m'avez envoyés au sujet des nommés......... père et fils, qui faisoient les fonctions d'huissiers dans toutes sortes d'affaires et de justices, quoiqu'ils ne soient que sergens de seigneurs particuliers. Les ordres que vous avez donnés à cet égard sont très-justes; ils doivent se renfermer dans la justice à laquelle ils sont attachés; ils n'ont point de caractères ailleurs, et il faut éviter autant qu'on pourra, de s'en servir pour les affaires de finances, à moins qu'il ne soit impossible ou très-difficile de trouver des sergens royaux lorsqu'on en aura besoin.

Du 30 juin 1735.

CE ne sont pas seulement les provisions du nommé .... qui lui donnent le droit d'exploiter partout le royaume, c'est l'édit de création des charges d'huissiers-audienciers, et un édit doit l'emporter sans doute sur l'arrêt rendu en 1628, long-temps avant que ce privilége eut été accordé à ces officiers; mais comme .... n'en peut jouir qu'en conséquence de sa qualité d'huissier-audiencier, qui l'oblige à résider dans le lieu de Brignoles, vous pouvez faire ordonner, sur votre réquisition, qu'il sera tenu de représenter, dans un temps fixe, les titres en vertu desquels il prétend jouir du droit d'exploiter partout le royaume, et cependant qu'il sera tenu de se retirer au lieu de sa résidence, avec défense, par provision, de faire aucuns exploits tant qu'il n'y demeurera pas en effet.

Du 8 octobre 1735.

JE vois par votre lettre du 2 de ce mois, que les dernières plaintes de la femme de.......... ne sont pas mieux fondées que les premières; c'est aux procureurs qui ont occupé pour son mari, de voir s'ils veulent faire quelque grâce sur les frais qui leur sont dus, et ils usent de leurs droits quand ils retiennent leurs procédures jusqu'à ce qu'ils soient

payés, pourvu cependant que sous ce prétexte ils ne
retiennent pas les pièces mêmes que la partie peut
leur avoir remises.

<hr />

Du 13 août 1737.

COMME le premier huissier du parlement de Bordeaux insiste toujours à demander d'être maintenu
dans la jouissance de tous les droits et émolumens
qui sont attachés à sa place, je suis obligé, après
avoir reçu ses titres, de m'expliquer plus précisément avec vous sur cette matière. Vous pouvez, sans
doute, charger votre secrétaire du soin de faire les
rôles et d'y mettre les causes dans l'ordre que vous
jugez convenable, il n'y a rien en cela qui regarde
les fonctions du premier huissier; mais, lorsque les
rôles sont une fois faits, c'est cet officier qui en doit
être le dépositaire, et à qui il appartient d'en délivrer les qualités et d'en percevoir les droits, suivant qu'ils sont réglés, à l'instar de ceux du premier huissier du parlement de Paris, par des lettres
patentes du 28 janvier 1675, ces lettres ont été
enregistrées purement et simplement le 18 juillet 1676
au parlement de Bordeaux; et si le sieur........
présentoit au roi une requête pour en demander l'exécution, comme il l'avoit résolu d'abord, et comme
il y persiste encore aujourd'hui, c'est une justice qu'il
ne seroit pas possible de lui refuser. Si feu M......,
votre prédécesseur, a appliqué à son secrétaire, les
droits qui sont attribués au premier huissier, outre
que le sieur.......... prétend que le magistrat
l'en a dédommagé secrètement, vous comprenez aisément que le titre et le droit de cet officier n'en
subsistent pas moins. Il est fâcheux, à la vérité, que
vous soyez obligé de dédommager votre secrétaire
de ce qu'il perdra en rendant justice au premier
huissier, et il faudra bien tâcher de trouver les
moyens de suppléer, dans la suite, à la trop grande

modicité des revenus de votre place. Personne n'y contribuera avec plus de plaisir que moi ; mais, en attendant, il ne seroit pas juste que votre secrétaire continuât de profiter des droits qui appartiennent au premier huissier ; ainsi, je suis persuadé que sans obliger cet officier à demander au roi la confirmation d'un titre aussi certain que le sien, vous le rétablirez de vous-même dans l'exercice de ses fonctions et dans la possession de ses droits, ainsi que les uns et les autres sont réglés par les lettres patentes de 1675.

Du 11 mai 1738.

La lettre que vous m'avez écrite le 12 mars dernier, m'a donné lieu de m'instruire plus particulièrement de l'état et des droits de sergenteries royales fieffées situées dans l'étendue du bailliage de Loches. Par les éclaircissemens qui m'ont été donnés sur ce sujet, je vois que ces sergenteries peuvent être regardées de la même manière que celles qui sont établies en la province de Normandie ; ainsi vous pouvez souffrir que ceux qui auront le droit des seigneurs par nomination ou par bail, exercent les fonctions d'huissiers, sans qu'ils soient obligés de prendre de provisions ni de commission du grand sceau ; mais comme le droit d'exploiter par tout le royaume ne m'a pas paru établi, ce ne doit être qu'à condition qu'ils ne pourront exploiter que dans l'étendue du bailliage de Loches seulement.

Du 23 mai 1739.

Je vous envoie une requête qui m'a été présentée par le nommé . . . ., premier huissier au bailliage d'Avallon, et des pièces qu'il y a jointes ; comme on lui fait une difficulté sur l'exercice des fonctions qu'il prétend lui appartenir, et qu'il soutient que le bailliage et la chancellerie d'Avallon ont été réunis ; personne n'est plus en état que vous de m'éclaircir sur le fait de cette réunion, et sur les autres circonstances qui peuvent conduire à la décision de cette affaire. Je vous prie donc de prendre la peine d'examiner cette requête et de me mander si vous croyez qu'il n'y ait point d'inconvénient d'accorder au nommé .... les conclusions qu'il a prises par cette requête.

Du 29 mai 1739.

J'AI reçu dans son temps la lettre par laquelle vous m'avez rendu compte du mémoire qui m'avoit été présenté sous le nom des notaires royaux et apostoliques de la ville de Toulon, qui prétendoient que les fonctions de notaire et celles de procureur devoient être regardées comme incompatibles ; je pense comme vous, que puisqu'il est d'usage dans la plus grande partie des justices royales de Provence, que les notaires y exercent en même temps des offices de procureur, et y aient des provisions de ces deux offices, il n'y a rien à réformer à cet usage, il est même conforme à ce qui se pratique en beaucoup d'autres endroits, et lorsque les qualités de notaire et de procureur sont exprimées dans les provisions, je ne fais point difficulté de les sceller, sans obliger ceux qui les présentent d'obtenir des lettres de compatibilité ; vous pouvez donc faire savoir à ceux des notaires de Toulon qui sont dans ce cas, qu'ils peuvent continuer d'exercer leurs fonctions, comme ils ont fait jusqu'à présent.

Du 29 juin 1739.

J'ai reçu la lettre par laquelle vous me rendez compte de la requête du nommé.......... que je vous avois adressée ; la confusion qu'une longue et constante possession a produite dans le siége d'A-valon, entre le titre de chancellerie et celui de bailliage, me paroît une raison suffisante pour vous engager à faire savoir aux nommés.......... qu'ils aient à se désister de l'opposition qu'ils ont formée à l'exercice des fonctions de.........., sans vouloir l'y troubler plus long-temps. Il sera néanmoins à propos de fixer la dénomination de tous les officiers du même siége par un arrêt du conseil, ou par des lettres-patentes qui consomment par l'autorité du roi, la réunion du bailliage et de la chancellerie, que l'usage et la possession ont fait tacitement depuis long-temps. Vous prendrez, s'il vous plaît, la peine d'écrire aux officiers d'Avalon, qu'ils dressent un projet de lettres-patentes dans cet esprit, et qu'ils le fassent remettre entre vos mains, afin que vous me le renvoyiez avec les remarques que vous croirez y devoir faire, et que je sois en état de recevoir les ordres du roi pour faire cette affaire.

Au surplus, le tort que le greffier du bailliage d'Avallon a eu de donner à.......... un titre qui n'étoit pas exprimé dans les provisions de cet huissier, me paroît excusable par l'ancien usage dont je viens de vous parler, et il suffit que vous avertissiez ce greffier d'être plus attentif à l'avenir dans les énonciations qu'il fera des titres et des qualités que le roi donne aux officiers en leur accordant des provisions.

Du 21 avril 1741.

IL est sans difficulté qu'un procureur qui a occupé
pour des parties est en droit de retenir ses procédures, jusqu'à ce qu'il soit remboursé des frais qu'il
a faits pour elles; mais il n'a pas le même droit à
l'égard des pièces qu'elles lui ont confiées, parce
que comme elles ne sont point son ouvrage, il ne
peut les retenir par voie de fait, sous prétexte d'un
défaut de paiement de la part des parties pour qui il
a occupé; c'est sur ce principe que vous devez régler
les difficultés qui se sont formées entre ce procureur
et les demoiselles.........., et je ne peux que
me rapporter absolument à votre prudence sur ce
sujet.

Du 4 août 1743.

JE vous envoie un placet que les procureurs de
neuf sénéchaussées de Provence m'ont adressé, afin
que vous preniez, s'il vous plaît, la peine de me
rendre compte de ce qu'ils y exposent. Il est d'assez
mauvais exemple, que des procureurs de différens
siéges se réunissent ainsi pour réclamer, par des
espèces de remontrances, contre un réglement fait
par le parlement, au lieu de vous remettre seulement
un mémoire, pour examiner si leurs difficultés pouvoient mériter que vous proposassiez au parlement
d'expliquer quelques dispositions de cet arrêt; mais
il faut toujours commencer par examiner, si leurs
représentations peuvent avoir quelque chose de juste
dans le fond; il sera aisé après cela d'y donner une
forme convenable, et de leur faire la réprimande
qu'ils méritent sur celle qu'ils y ont donnée.

Du 10 septembre 1744.

Après avoir fait examiner de nouveau, et avoir revu moi-même avec attention les différens projets de réglement qui ont été faits successivement, sur les droits et salaires des huissiers, depuis la demande que les états de Béarn ont formée à cet égard, j'ai cru que la meilleure manière de finir cette affaire étoit de donner un arrêt du conseil, qui comprendroit, tant les articles qu'il est à propos de réformer dans l'arrêt de réglement rendu par le parlement de Pau, que ceux qui doivent subsister, à quelques changemens près, dans le style ou dans la rédaction. C'est dans cet esprit qu'a été dressé le projet d'arrêt du conseil que je vous envoie, et je suis bien aise qu'il repasse tout entier sous vos yeux, avant que j'y mette la dernière main, afin que s'il s'y étoit glissé quelque chose qui ne s'accordât pas exactement avec le style usité dans le pays, ou qui pût y faire naître quelque doute, vous soyez en état de me le faire observer ; c'est le moyen de prévenir toutes les difficultés qui pourroient naître, lorsqu'il sera question d'enregistrer les lettres-patentes qui seront expédiées sur cet arrêt.

Du 31 octobre 1744.

Je vous envoie la copie de l'arrêt qui contient un réglement sur les droits et salaires des huissiers et sergens du ressort du parlement de Pau, et des lettres-patentes qui ont été expédiées sur cet arrêt, que j'ai fait dresser sur le projet que vous m'avez envoyé ; et j'en adresse l'original à M. le procureur-général, afin qu'il le fasse enregistrer sur sa réquisition, la matière n'étant pas assez importante pour mériter qu'on accompagne cet arrêt et ces lettres-patentes de lettres de cachet.

***

Du décembre 1744.

J'AI reçu la réponse que vous avez faite à la lettre que je vous avois écrite au sujet des représentations que les huissiers du parlement de Pau m'ont adressées contre un arrêt rendu le 22 mai dernier, pour renouveler la disposition d'un premier arrêt de 1733, qui avoit assujetti ces huissiers à un service dont ils voudroient bien se faire décharger; c'est une minutie qu'il ne convient guère de relever dans la circonstance des mouvemens qui agitent à présent votre compagnie. Il faudroit, d'ailleurs, que, sans se contenter de faire de simples représentations, les huissiers se pourvussent au conseil par la voie de droit contre l'arrêt dont ils se plaignent, et il est fort douteux qu'ils pussent y réussir, parce qu'on a donné une couleur au service qu'on exige d'eux, qui a une apparence de raison, et que, dans une matière si légère, on ne se porte guère à toucher à ce qu'une compagnie croit devoir faire par forme de police pour la conservation de sa dignité; ainsi, ce que ces huissiers peuvent faire de mieux est de se prêter à une loi aussi peu onéreuse que celle qu'on leur impose, et qui, après tout, ne les oblige qu'à satisfaire gratuitement à un devoir de religion que tous les fidèles feroient bien de remplir. Le seul adoucissement qu'ils pourroient demander, seroit que le parlement se contentât qu'un seul d'entr'eux fît le service dont il s'agit, moyennant quoi la charge deviendroit si peu pesante, qu'elle ne mériteroit aucune attention.

Du 21 janvier 1745.

PUISQUE les avocats, que les officiers de l'élection de la Flèche avoient d'abord proposés pour remplir les commissions de procureur en leur siége, ne veulent pas même payer la somme modique à laquelle je vous ai marqué que je ferois modérer les frais de ces commissions, et que vous me marquez que d'autres praticiens ne voudroient pas plus faire cette dépense, il faut chercher d'autres moyens pour empêcher que les parties qui ont des affaires dans cette juridiction ne manquent de défenseurs: celui d'autoriser les juges à commettre des sujets pour faire les fonctions de procureur n'est pas praticable, parce que, suivant un arrêt du conseil du 25 septembre 1718, ces commissions ne pourroient durer que six mois au plus; mais on pourroit prendre le parti de donner un arrêt du conseil qui, en attendant que les offices de procureur en l'élection fussent remplis, autoriseroit les procureurs du présidial de la Flèche à postuler au siége de l'élection, dans les cas où il y auroit plus de parties qu'il n'y a de procureurs titulaires en ce siége. J'attendrai votre réponse pour faire expédier cet arrêt.

Du 5 août 1745.

JE suis entièrement de votre avis sur la difficulté que les officiers du bureau des finances font d'y recevoir les procureurs qui ont le droit d'y postuler, à moins qu'ils ne se soumettent à une nouvelle information de vie et de mœurs.

L'effet nécessaire de la réunion ordonnée par l'arrêt du conseil et les lettres-patentes de 1727, a été de ne former qu'un seul corps d'office, un seul et même

titre ; en vertu duquel celui qui l'obtiendroit exerceroit les fonctions de procureur en deux tribunaux
différens. Or, s'il n'y a qu'un seul office, il ne doit
y avoir qu'une seule réception véritable, et par conséquent une seule information de vie et de mœurs.
Il n'est pas juste d'assujettir le titulaire d'un seul office
à mettre deux fois son honneur et sa réputation en
compromis ; et qu'arriveroit-il, si le sujet qui a paru
de bonnes vie et mœurs par la première information,
devenoit suspect par la seconde ? Laquelle des deux
devroit prévaloir ? La réputation d'un officier est une
chose indivisible, comme sa personne ; et la première
épreuve, en pareille matière, doit être regardée aussi
comme la dernière, par rapport à la même charge ;
c'est par cette raison, qu'en expédiant de nouvelles
provisions en faveur du sieur M........, pour réparer l'omission qui avoit été faite dans les premières,
on a eu l'attention de marquer qu'il seroit tenu seulement de prêter un nouveau serment au bureau des
finances.

L'usage et les exemples sont aussi contraires que
les principes généraux, à la prétention des trésoriers
de France, sans parler de tous ceux qui sont propres à la Provence, suivant votre lettre, et auxquels
la précaution singulière qui a été prise, sans nécessité, par l'avocat des pauvres, ne sauroit donner
atteinte. Tous les procureurs au parlement de Paris
le sont aussi à la cour des aides, au bureau des finances,
et dans les autres juridictions de l'enclos du palais ;
mais comme ils n'acquièrent ce titre que par une
seule et même provision, l'information de leurs vie
et mœurs ne se fait qu'une fois au parlement, et l'on
ne les assujettit pas même à prêter le serment dans
les autres juridictions où ils ont droit de postuler.
On ne prétend point porter les choses si loin en Provence ; en effet, et il peut être plus régulier d'exiger
au moins une prestation de serment au bureau des
finances, puisque les procureurs y doivent exercer
leurs fonctions ; mais à l'égard de la réception, les
trésoriers de France sont d'autant moins bien fondés

dans leur prétention, qu'ils ne manquent jamais de dire en toute occasion, qu'ils sont du corps des chambres des comptes, où ils sont reçus en effet, et si cela est, pourquoi font-ils difficulté de déférer à une réception faite dans une compagnie dont ils se regardent comme les membres ? Ils se feroient donc beaucoup plus d'honneur en se l'appropriant, ou en la considérant comme leur étant commune avec la chambre des comptes. C'est ce que vous prendrez, s'il vous plaît, la peine de leur faire savoir, afin qu'il ne reste plus aucune difficulté sur ce sujet.

Du 16 octobre 1745.

Je ne doute pas que vous n'ayez fait part aux officiers du bureau des finances de ce que je vous écrivis, par ma lettre du 5 août dernier, sur la mauvaise prétention qu'ils avoient de faire une information nouvelle, avant que de procéder à la réception des procureurs de la chambre des comptes, qui ont droit d'en faire aussi la fonction en ce bureau ; j'apprends cependant que cette affaire n'est pas encore finie, et je vous prie de m'en faire savoir la raison, afin que je puisse juger s'il est à propos de rendre un arrêt du conseil, pour vaincre la trop longue résistance des trésoriers de France.

---

§. X. — Notaires.

Du 3 juillet 1738.

J'ai reçu votre avis sur la requête que les notaires de Bretagne m'ont fait présenter, et je serois fort porté à adopter vos observations, si j'étois obligé de m'expliquer sur cette matière ; mais comme je ne vois rien dans les demandes des notaires qui soit assez important pour mériter une nouvelle loi, je vous prie de leur faire savoir qu'ils peuvent s'adresser au parlement, afin que si cette compagnie juge à propos d'ajouter quelque chose aux réglemens qu'elle a déjà faits sur la même matière, elle puisse y pourvoir sur vos conclusions, ainsi qu'elle jugera à propos.

Du 25 août 1738.

JE pense entièrement de la même manière que vous sur la proposition qui a été faite d'établir une bourse commune entre les notaires de la ville de Toulon, outre qu'un pareil établissement ne peut être fait, comme vous le remarquez, que du commun consentement de ceux qui y sont intéressés; il ne convient point de le faire, au moins en entier, entre des officiers entre lesquels le mérite et l'habileté ne peuvent être égaux, et il faut entretenir au contraire une émulation utile au public, par une récompense proportionnée au travail de chaque notaire, et à la confiance qu'il sait s'attirer par son application et sa capacité; ainsi, je vous prie de faire savoir aux notaires de Toulon, que je n'approuve en aucune manière la proposition d'établir entr'eux une bourse commune et qu'ils n'ont qu'à continuer de vivre comme ils ont vécu jusqu'à présent à cet égard.

Du 10 juin 1741.

IL est vrai qu'il seroit à désirer que les provisions des notaires royaux fussent plutôt adressées aux sénéchaux qu'aux juges royaux ordinaires, parce qu'on seroit plus assuré de la capacité des sujets qui se présentent pour remplir des charges, dont les fonctions

34 *

sont intéressantes pour le public; mais l'usage contraire a prévalu et ne pourroit être réformé que par un réglement général, qui fut observé dans tout le royaume. Il est d'ailleurs à craindre, que si les provisions des offices des notaires n'étoient adressées qu'aux sénéchaux, cela n'augmentât la dépense de ceux qui s'en feroient pourvoir, soit par des frais de réception plus considérables, soit par les voyages que ceux qui voudroient se faire recevoir seroient obligés de faire dans les lieux où la sénéchaussée est établie, qui pourroient se trouver beaucoup plus éloignés du lieu où la résidence des notaires est fixée par leurs provisions. Ainsi, je ne pense pas que l'on puisse, quant à présent, rien changer à l'usage qui s'est observé jusqu'ici, par rapport à l'adresse des provisions de ces officiers.

Du 20 août 1741.

PAR la lettre que vous m'avez écrite le 16 de ce mois, et par tout ce que vous y avez joint, je vois que la demande du nommé........., dont je vous avois renvoyé la lettre, est non-seulement tardive, mais mal fondée et contraire au bien public, qui est de diminuer plutôt que d'augmenter le nombre des notaires, dans un aussi petit lieu que celui de Candé; ainsi je vous prie de faire dire à ce particulier, qu'il ne m'écrive plus sur ce sujet.

Du 11 mai 1743.

JE pense entièrement comme vous sur les deux demandes des procureurs en la sénéchaussée d'Aix, sur lesquelles je vous avois demandé votre avis, et elles me paroissent également mal fondées.

Le silence que ces officiers ont affecté de garder,

par rapport à la première, sur l'arrêt du conseil et
les lettres-patentes, qui ont autorisé les procureurs
en la cour des comptes à postuler au bureau des finances, ne peut être attribué qu'à un défaut de
bonne foi, qui n'est pas excusable ; et, au fond,
leur prétention est tellement contraire à cet arrêt,
qu'ils n'ont pu la renouveler sans témérité.

L'incompatibilité des offices de notaire avec ceux
de procureur est fondée sur de très-grandes raisons ; j'ai déjà fait cesser la réunion de ces offices
sur la même tête dans p'usieurs villes du royaume ;
et il seroit fort extraordinaire que je consentisse à
l'établir dans une ville principale, où il y a une loi
particulière qui la défend ; je souscris donc avec plaisir à votre avis en entier, et je vous prie de le faire
savoir aux procureurs de la sénéchaussée d'Aix, afin
qu'ils ne fassent plus d'instances inutiles sur ce sujet.

Du 29 janvier 1746.

JE vois, par votre lettre du 23 de ce mois, que
jusqu'à présent on n'a pas fait difficulté de souffrir
dans le ressort du parlement de Flandre, que les
offices de notaire et de procureur fussent exercés
par les mêmes personnes, sans les assujettir à prendre des lettres de compatibilité, et qu'on a eu cette
tolérance dans la ville même de Douai, et sous les
yeux du parlement ; c'est ce que vous regardez
comme un abus qui, parce qu'il est commun et ancien, doit être encore suivi dans la personne du
sieur.........; il s'ensuivroit cependant, de cette
manière de raisonner, que tout abus invétéré doit
subsister toujours, parce qu'on ne pourroit l'abolir
sans mortifier celui qui serviroit d'exemple dans la
réformation de cet abus. Il faut bien que le retour à
la règle commence par un refus fait à un de ceux
qui veulent se prévaloir d'un mauvais usage, et c'est
le parti que l'on pourroit prendre à la rigueur contre

le sieur..........; mais on peut cependant, par des motifs d'équité, le traiter avec plus d'indulgence, et lui accorder des lettres de compatibilité, pourvu qu'en même-temps on ferme la porte à tous ceux qui voudroient dans la suite obtenir la même grâce, et c'est ce qu'il est aisé de faire en rétablissant la règle par une déclaration du roi, qui déclare les offices de notaire et de procureur incompatibles, au moins dans la ville de Douai, et dans celle de votre ressort, où l'une des deux fonctions de notaire et de procureur peut donner assez d'occupation à ceux qui exercent l'une des deux, pour n'avoir pas besoin d'y en joindre une autre; c'est sur quoi vous conférerez, s'il vous plaît, avec M. le premier président de votre compagnie, pour m'envoyer ensuite votre avis et le sien sur cette matière.

§. XI. — *Eaux et Forêts.*

Du 6 avril 1721.

J'ai examiné les raisons que les officiers des eaux et forêts de Besançon ont eues pour suspendre la réception du sieur........, pourvu de l'office de maître particulier de Dole : le bail qu'il avoit pris des forges de Morambert, et qu'on avoit regardé comme un obstacle, est expiré au premier janvier de la présente année; ainsi, il n'en est plus question : par rapport aux forges, dont son frère est propriétaire, ce ne peut être une cause d'exclusion : on ne doit point craindre que le nouvel officier soit en état de favoriser son frère pour l'exploitation de ses forges, au préjudice des intérêts du roi; premiérement, parce qu'il ne pourroit pas être juge, dans son siége, des contestations où son frère seroit partie; en second lieu, parce que ce n'est point le maître particulier qui fait les adjudications et les délivrances, mais le

grand - maître seul. On m'assure même que, sans
toucher aux bois du roi, ceux des particuliers qui
sont dans le voisinage, sont plus que suffisans pour
fournir aux forges en question : d'ailleurs, si on découvroit que le frère........ prît intérêt dans les
adjudications des bois du roi, ils s'exposeroient tous
les deux aux peines portées par l'ordonnance de 1669,
au titre de l'assiette, bailliage et vente des bois, article 22. Enfin, on peut prendre la précaution d'o-
bliger le maître particulier à signer, avant sa réception, un acte par lequel il déclarera n'être directement
ni indirectement dans l'exploitation d'aucune forge
ni dans l'adjudication d'aucun bois, avec soumission
de n'entrer à l'avenir dans aucun engagement à cet
égard ; le tout sous peine de perdre son office. En
lui faisant déposer cet acte au greffe de la chambre
où il doit être reçu, il ne doit y avoir aucune difficulté de passer outre à sa réception ; et, par l'arrêt,
on peut ajouter que c'est à charge par lui de se conformer en tout à l'ordonnance de 1669, notamment
à la disposition de l'article 22 ci-dessus cité, et que
son frère et lui ne pourront en leurs noms, ni sous
des noms interposés, se rendre adjudicataires des
bois du roi, sous les peines qui y sont exprimées.
Vous prendrez la peine de faire part de ma lettre
aux officiers des eaux et forêts, afin qu'ils s'y conform-
ment. Je mande à........ mes intentions, dont
je l'avertis que vous êtes instruit, afin qu'il se mette
en état, de concert avec vous, de les exécuter.

Du 24 mai 1729.

Quoique mon silence ait pu vous faire assez entendre que j'approuvois ce qui s'étoit passé au parlement, sur l'enregistrement des lettres-patentes
obtenues par M. l'évêque de Verdun, pour faire
couper des bois dépendants de son abbaye de la
Charité, et que vos représentations sur ce sujet ne

m'avoient pas paru bien fondées, j'ai cru néanmoins devoir profiter d'un temps où je me trouve plus de loisir, pour vous marquer plus précisément la règle qu'on doit suivre dans les cas semblables.

Les lettres-patentes de la nature de celles qui ont été accordées à M. de Verdun, sont toujours et doivent toujours être adressées au parlement. Comme c'est en ce tribunal qu'a été enregistrée la loi générale qui défend aux ecclésiastiques d'abattre aucun bois de haute futaye, c'est aussi ce même tribunal qui doit prendre connoissance de l'exception qu'il plaît à Sa Majesté de mettre à cette règle, et d'examiner s'il n'y a point eu de surprise de la part des ecclésiastiques qui ont obtenu cette exception, et s'ils sont véritablement dans le cas auquel il a plu au législateur de réduire le pouvoir de faire ces sortes de grâces. Il en est de ces sortes d'exceptions à la règle générale comme de toutes les dispenses, qui, de droit commun, s'adressent toujours aux grand'chambres des parlemens, et aux parlemens en général.

D'ailleurs, les lettres-patentes qui permettent aux ecclésiastiques de vendre leurs bois, autorisent une véritable aliénation d'une portion du domaine de l'église, les grands bois étant censés faire partie du fonds; et il est inouï qu'on ait adressé ailleurs qu'aux grand'chambres des parlemens, toutes lettres-patentes qui permettent l'aliénation d'un bien d'église.

Les juges qui sont établis pour connoître de la réformation des eaux et forêts, ne forment qu'une commission extraordinaire, dont l'unique objet est une espèce de police qu'ils sont chargés de faire observer dans l'exploitation et dans l'usage des bois et des rivières; mais les juges de cette espèce ne sont point institués pour connoître des dispenses de l'observation des règles générales, ni de ce qui regarde l'aliénation des biens d'église. Il est vrai que lorsque les lettres-patentes qui contiennent ces sortes de dispenses, ont reçu une fois leur dernière solennité par l'enregistrement qui s'en fait au parlement, l'exécution de ces lettres et la connoissance des abus qui

peuvent s'y glisser, appartiennent aux juges réforma-
teurs, ou à ce qu'on appelle la chambre des eaux
et forêts, dans le parlement de Besançon ; parce
qu'alors la chose retombe dans l'ordre de cette dis-
cipline-générale et supérieure sur les eaux et forêts,
qui est attribuée à cette chambre ; mais tout ce qui
appartient au fond de la chose même, soit qu'on
la considère comme une dérogation à une loi générale enregistrée au parlement, soit qu'on l'envisage
comme tendante à l'aliénation d'un domaine de l'é-
glise, doit être porté à la grand'chambre, avant que
celle des eaux et forêts puisse exercer aucun acte
de la juridiction qui lui est accordée, et qui ne
commence à avoir lieu, en pareille matière, qu'après
que la grâce du roi est consommée par l'enregistrement des lettres-patentes au parlement.

Toutes sortes de raisons concourent donc à justifier
l'adresse des lettres-patentes obtenues par M. l'évêque
de Verdun, aussi bien que la délibération du parlement sur l'enregistrement de ces lettres ; et la seule
chose qui me surprend en cette occasion, est que
l'avis qui a prévalu n'ait passé que de deux voix.
Enfin, l'usage qui est fondé sur les raisons que je
viens de vous marquer n'est pas moins certain que
ces raisons mêmes.

Le style ordinaire des lettres-patentes de la nature
de celles dont il s'agit, a toujours été d'en faire l'a-
dresse aux parlemens ; et si on y fait mention ensuite
des officiers des eaux et forêts, c'est parce que l'exécution de ces lettres les regarde lorsqu'elles ont été
une fois enregistrées au parlement. Le seul exemple
que vous citez du contraire, est une nouveauté échappée par inadvertance ou par l'ignorance de celui qui
a dressé les lettres que vous alléguez, mais qui ne
peut être tiré à conséquence, parce qu'un tel exemple ne sauroit l'emporter, ni sur les règles générales de
l'ordre public, ni sur l'usage observé dans les autres
parlemens en cette matière, sans aucune réclamation
de la part des juges en dernier ressort, qui savent
bien qu'ils ne sont établis que pour réformer les

abus qui se commettent dans les eaux et forêts, et non pas pour connoître de ce qui concerne le fonds des domaines ecclésiastiques et leur aliénation.

Telle est donc la règle à laquelle vous devez vous conformer en pareille matière. J'aurois pu vous l'expliquer en bien moins de paroles, parce qu'en effet c'est une espèce de premier principe qui ne me paroît pas avoir été révoqué en doute jusqu'à présent; mais comme j'ai vu que les sentimens avoient été fort partagés sur ce point dans le parlement de Besançon, j'ai cru devoir m'expliquer avec plus d'étendue sur la difficulté que vous m'avez proposée; et c'est par la même raison que j'envoie une copie de cette lettre à M. le premier président, pour en faire part à sa compagnie, afin que la question n'y soit plus regardée comme douteuse à l'avenir.

Du 30 *juin* 1729.

Il y a quelque temps, qu'à l'occasion des lettres-patentes obtenues par M. l'évêque de Verdun pour une coupe de bois dans son abbaye de la Charité, Messieurs les officiers de la cour des eaux et forêts de Besançon crurent devoir me faire des représentations sur ce que l'enregistrement de ces lettres s'étoit fait à la grand'chambre, au lieu qu'ils prétendent que cet enregistrement appartenoit à leur tribunal; je n'avois pu encore trouver le temps de réfléchir comme je le désirois sur ce sujet, et la chose étoit peu pressée, parce que j'approuvois entièrement le parti que le parlement avoit pris sur cette difficulté; mais, comme il m'a paru important de prévenir une pareille discussion qui pourroit renaître souvent dans des cas semblables, j'ai profité d'un moment de loisir pour m'expliquer plus à fond sur ce point, comme vous verrez que je le fais dans la lettre que j'écris à Messieurs de la chambre des eaux et forêts. J'ai cru devoir vous envoyer la copie de cette lettre, afin que vous en

fassiez part à votre compagnie, et que la règle qu'elle
a déjà suivie à l'égard des lettres de M. l'évêque de
Verdun n'y puisse pas faire la matière d'un doute,
ou une espèce de combat de juridiction entre deux
chambres d'un même parlement.

Du 23 août 1729.

La lettre que je vous ai écrite le 5 juin 1728,
sur le fait qui me fut exposé dans les lettres et dans
les mémoires que je reçus alors au sujet de la compétence des juges en dernier ressort des eaux et forêts,
dans l'affaire du sieur abbé de .... et des
habitans du lieu de Saint-Martin, contient les véritables principes suivant lesquels cette question auroit
dû être décidée, si l'instruction qui me fut donnée
en ce temps-là avoit été aussi complète que j'avois
lieu de me le persuader ; mais le nouveau mémoire
qui m'a été remis sur cette affaire, contient quelques circonstances dont on avoit omis de m'informer qui paroissent devoir changer ma décision, parce
qu'elles changent l'état de la question qui m'avoit été
proposée.

Les demandes et les procédures expliquées dans
les premiers mémoires, ne faisoient paroître d'autre
objet de contestation entre les parties, que le point
de propriété du droit d'usage dans le bois dont il
s'agit, prétendu par les habitans de Saint-Martin,
et disputé à ces habitans par l'abbé et par les religieux de l'abbaye de Gimont. Cette question ainsi
présentée sur la seule propriété du droit d'usage
dans un bois, sans être ni connexe ni incidente à
un fait de réformation et de visitation, ne pouvoit
être que de la compétence des juges ordinaires, au
termes non-seulement de l'ordonnance de 1669, mais
même de l'édit de 1679, portant création d'une
chambre pour connoître en dernier ressort des eaux
et forêts, unie aux requêtes du palais du parlement

de Toulouse; cet édit ne contenant, à cet égard, aucune dérogation à l'ordonnance.

Il n'étoit rien dû dans ces anciens mémoires, ni de l'appel interjeté par M. l'abbé de Gimont de la sentence arbitrale de 1657, ni de l'opposition formée tant par l'abbé, que par les religieux de la même abbaye, au jugement en dernier ressort rendu par la chambre de réformation en 1670, qui sert, aussi bien que la sentence arbitrale, de fondement aux habitans de Saint-Martin pour prétendre le droit d'usage dont il s'agit.

Aucun de ces deux chefs de conclusion, dont je n'ai connoissance que par le nouveau mémoire, n'est de la compétence des requêtes du palais; l'appel d'une sentence arbitrale ne peut être porté devant de premiers juges, tels que ceux des requêtes du palais, qui ne jugent eux-mêmes qu'à la charge de l'appel, et il n'y a que les juges en dernier ressort des eaux et forêts qui puissent connoître de l'opposition à un jugement de réformation; celui dont est question contient d'ailleurs un réglement pour l'exercice du même droit d'usage, ce qui est encore moins de la compétence des juges ordinaires.

Comme ces deux chefs de contestation ont une entière connexité avec le reste du procès, et qu'il ne conviendroit pas de faire plaider les parties sur une même affaire, en trois tribunaux différens, savoir: au parlement, sur l'appel de la sentence arbitrale; aux eaux et forêts, en dernier ressort sur l'opposition au jugement de réformation; et aux requêtes du palais, sur la propriété du même droit d'usage qui fait l'unique objet du fond du procès. Le seul parti régulier que l'on puisse prendre dans de telles circonstances, est de laisser l'affaire dans celui des tribunaux qui en est actuellement saisi, c'est-à-dire, dans la chambre des eaux et forêts; elle est seule compétente pour connoître de l'opposition à un jugement de réformation. Elle peut, comme chambre supérieure, être juge d'un appel; et enfin elle est en droit de prononcer même sur un droit de propriété, lorsque la question en est connexe, avec un fait de réformation. Tout concourt donc ici en faveur de cette juridiction, et les nouveaux éclaircissemens qu'on m'a donnés sur la véritable nature de l'affaire, ne me laissent aucun doute dans l'esprit sur ce sujet.

Du 7 décembre 1729.

J'ai reçu la lettre que vous m'avez écrite pour me consulter sur deux questions :

La première est de savoir, si le maître particulier des eaux et forêts, lorsqu'il n'est pas gradué, peut, en l'absence du lieutenant, qui doit toujours être gradué, faire les instructions et le rapport des affaires civiles et criminelles.

Quoique cette question paroisse susceptible de difficulté, parce que l'ordonnance des eaux et forêts, au titre du *lieutenant*, article deux, porte que si le maître n'est pas gradué, le lieutenant aura préférablement l'instruction de toutes les affaires; cependant, comme l'ordonnance ne dit pas que le maître non gradué soit incapable de faire les instructions, la préférence qu'elle accorde au lieutenant gradué sur le maître qui ne l'est pas, fait voir, au contraire, que son intention a été, qu'en cas d'absence, récusation ou autre légitime empêchement du lieutenant gradué, le maître, quoique non gradué, peut faire toutes les fonctions de sa charge sans aucune exception, parce qu'en ce cas aucun autre officier n'a sur lui la préférence.

Il est même certain, que pour être capable de faire des instructions civiles et criminelles il n'est pas indispensablement nécessaire d'être gradué; la plupart des juges des seigneurs ne le sont point; les grands maîtres des eaux et forêts ne sont pas non plus obligés de l'être; et le caractère de juge, qui leur est donné

avec la puissance publique, par leurs provisions et
leur réception, les met en droit de faire toutes les
fonctions qui dépendent de leurs offices, pourvu qu'il
n'y ait point d'autres officiers qui aient droit de prétendre la préférence sur eux.

La seconde question que vous proposez, et qui consiste à savoir si le procureur du roi peut, en certains
cas, tenir le siége et faire les fonctions du maître
particulier et du lieutenant, n'est pas difficile à résoudre. On ne voit rien dans l'ordonnance, qui puisse
autoriser dans le procureur du roi une pareille prétention. Il paroît, au contraire, qu'elle l'exclut de la
fonction de juge, dans l'article 3 du titre du lieutenant, puisqu'il est porté par cet article, que le lieutenant ne pourra sortir de la ville où le siége de la
maîtrise est établi, qu'après en avoir averti le maître
où le garde-marteau, afin qu'ils suppléent à son absence. Ainsi, le procureur du roi n'est pas mis, par
l'ordonnance, au nombre des officiers qui peuvent
remplacer le lieutenant, et d'ailleurs le ministère de
cet officier étant toujours nécessaire en toute matière
d'eaux et forêts, il ne peut pas quitter la fonction qu'il
exerce en titre pour en exercer une qui ne seroit
qu'empruntée à son égard; c'est ce qui a été perpé-
tuellement décidé contre les procureurs du roi, qui
ont prétendu pouvoir remplir la fonction de juge dans
le cas où leur ministère n'est pas nécessaire. Si le contraire a été établi en faveur des procureurs du roi
de police, cela n'a été fait que par des vues de finance, pour parvenir à la vente de ces charges, et
c'est une exception qui mérite plutôt d'être réformée
que d'être étendue.

Du 13 *octobre* 1731.

Après avoir fait les réflexions nécessaires, sur la
difficulté que vous m'avez proposée par votre lettre
du 3 septembre dernier, et avoir entendu sur ce sujet

ceux qui sont chargés par le roi de veiller à l'administration générale des eaux et forêts, je ne trouve rien d'assez décisif dans l'article de l'ordonnance de 1669, sur lequel les officiers de la maîtrise de Lyon se sont fondés, et dans ce qui l'a suivi, pour pouvoir autoriser et laisser exécuter l'ordonnance qu'ils ont rendue le 23 juillet dernier contre le nommé.......... du bourg d'Etrepagnes.

Cet article paroît d'abord favorable à leur prétention; mais quand on le lit plus attentivement, on voit qu'il ne tombe pas en général sur tous les inutiles et les vagabonds, et qu'il n'a pour objet que ceux qui sont de *la qualité ci-dessus*, comme l'article le porte expressément, termes qui se rapportent naturellement à l'article précédent, où il n'est question que de vagabonds qui auront changé de nom pour tromper la vigilance des officiers des eaux et forêts.

Il est vrai qu'il y a une loi postérieure à l'ordonnance de 1669 et qui regarde aussi la même matière, c'est celle du mois de mai 1716, portant réglement sur les amendes des eaux et forêts. dans lequel on trouve trois articles qui contiennent de nouvelles dispositions sur les inutiles et les vagabonds.

Le quarante-cinquième porte : que ceux qui, ayant été déclarés inutiles et vagabonds, commettront de nouveaux délits, seront condamnés, savoir : les hommes en cinq ans de galères, et les femmes et ceux qui sont hors d'état de servir dans les galères, au fouet et flétris.

L'article quarante-six rend les gardes responsables des amendes, lorsqu'ils n'auront pas amenés dans les prisons les vagabonds qui y auront été condamnés.

Enfin, l'article quarante-sept ordonne que les officiers des maîtrises pourront faire le procès aux inutiles et vagabonds, sur les simples rapports des gardes, déposés et affirmés véritables, sans une plus ample instruction.

Mais, outre que cette nouvelle loi ne rappelle point l'article trente-neuf du titre de la police des eaux et forêts de l'ordonnance de 1669, elle paroît y déroger plutôt que le confirmer, puisqu'elle exige que le procès soit fait aux inutiles et vagabonds, en ordonnant seulement que les simples rapports des gardes, déposés et affirmés véritables, pourront suffire sans une plus grande instruction : ce qui suppose qu'il y aura toujours un jugement rendu en ce cas, quoiqu'avec moins de formalité, et non pas une simple ordonnance pour attacher à la chaîne les inutiles et les vagabonds, sans aucune forme ni figure de procès.

Je vois d'ailleurs par ce que vous m'écrivez, que jusqu'à présent on n'a point observé, en Normandie, l'article de l'ordonnance de 1669 dont il s'agit, en le prenant dans le sens que les officiers des eaux et forêts veulent y donner. Ainsi, cet article étant au moins très-équivoque, pour ne pas dire contraire à leurs prétentions, et n'ayant jamais été exécuté dans votre province tel qu'ils l'entendent, il est sans difficulté que la requête du nommé....... peut être écoutée, et que vous êtes en droit de le faire transférer dans les prisons de la conciergerie de Rouen, afin que le parlement puisse, en connoissance de cause, infirmer ou confirmer l'ordonnance de la maîtrise de Lyon, bien entendu qu'il n'exigera point d'autres preuves que le rapport des gardes, s'il a été déposé et affirmé véritable, à quoi il faudra joindre l'interrogatoire de l'accusé dont on a omis de faire mention dans l'édit de 1716, parce que l'on a cru apparemment que cela étoit de droit.

Au surplus, pour empêcher que de pareilles difficultés ne puissent naître à l'avenir en Normandie ou ailleurs, le roi fera expédier incessamment une déclaration, par laquelle il expliquera si clairement les formalités qui doivent être observées dans cette matière, qu'il ne sera plus possible de s'y méprendre.

Du 4 juillet 1734.

L'arrêt rendu au conseil des finances, le 6 mars dernier, ne doit pas être regardé comme un préjugé sur la compétence des juges ordinaires ou des officiers de la juridiction des eaux et forêts, par rapport à l'affaire particulière sur laquelle il est intervenu. L'esprit du conseil n'a pas été de décider les questions traitées dans la requête du procureur du roi de la maîtrise des eaux et forêts de Bordeaux, et qui sont agitées de nouveau dans votre lettre et dans le mémoire des habitans de Lormont, au sujet de cette compétence. Le véritable motif qui a déterminé le conseil à casser le jugement de la table de marbre, et à évoquer l'appel de celui de la maîtrise, a été d'éviter à une communauté d'habitans un procès dans une juridiction ordinaire, dont les frais considérables pourroient lui être très-onéreux, et de décider la contestation d'une manière plus prompte et sans frais, sur l'avis de l'intendant qui sera chargé d'entendre les parties, de voir les pièces qu'elles pourront lui représenter, et d'en dresser son procès-verbal.

A l'égard du réglement général pour fixer la compétence des eaux et forêts, sur l'exécution de l'art. 10 du titre 1.er de l'ordonnance de 1669, j'en connois toute la nécessité par les plaintes que je reçois souvent, et vous pouvez m'envoyer un mémoire détaillé sur ce sujet; j'en ferai usage le plus promptement qu'il sera possible, pour renfermer la juridiction des eaux et forêts dans ses véritables bornes, et empêcher les entreprises des officiers de la maîtrise de Bordeaux en particulier, dont on reçoit tous les jours de nouvelles plaintes.

Du 2 novembre 1734.

Il y a long-temps, monsieur, que je reçois des plaintes des extensions que les officiers des eaux et forêts, et surtout ceux de la maîtrise particulière de Bordeaux, veulent donner à leur juridiction; et j'ai fait faire un extrait d'une partie de ces plaintes, aussi bien que de quelques lettres de M. le procureur-général au parlement de Bordeaux, qui a été communiqué à M........., comme au plus raisonnable défenseur des droits des officiers des eaux et forêts. Je ne sais cependant s'il a encore assez approfondi la matière, et j'ai fait une note sur l'extrait de son mémoire, qui indique en gros les principaux objets auxquels il faudroit avoir attention, si l'on vouloit faire une bonne loi sur cette matière. C'est à vous, Monsieur, de suppléer ce qui peut manquer à ce que je vous envoie, et vous trouverez sans doute qu'il y manque beaucoup de choses; mais vous connoissez toute l'importance d'établir une règle plus claire que celle de l'article 10 du titre premier de l'ordonnance de 1669, pour prévenir tous les conflits de juridiction, et des abus encore plus fâcheux que ces conflits mêmes. Je vous prie donc de vouloir bien y penser, quand vos occupations vous le permettront, et de m'envoyer un mémoire sur les différentes vues que vous croirez qu'on doit réunir pour faire un bon réglement sur ce sujet.

Du 6 juin 1737.

La lettre que vous m'avez écrite le 24 mai dernier, et l'exemplaire imprimé, que vous y avez joint, de la déclaration du 8 janvier 1715, me font voir également que cette déclaration a été enregistrée au parlement de Bretagne, et qu'elle y fixe, comme ailleurs, le dernier état de la jurisprudence, par rapport aux offices des juges-gruiers, réunis à ceux des seigneurs, dont la finance s'étoit jouée pendant quelques années.

Je ne vois plus, après cela, de difficulté à décider, que les officiers des seigneurs, étant réduits aujourd'hui au même état, par rapport aux matières des eaux et forêts, où ils se trouvoient avant la création portée par l'édit du mois de mars 1707, on doit les considérer de la même manière qu'on l'a fait dans le temps de l'ordonnance de 1669.

On y a regardé la connoissance qu'ils avoient, en certains cas, des matières des eaux et forêts, comme faisant partie de la juridiction seigneuriale qu'ils exerçoient, et on ne leur a point imposé l'obligation de prêter un serment particulier, par rapport à leur fonction de juges des eaux et forêts. La chose avoit changé de face par les attributions que l'édit du mois de mars 1707 leur avoit faites, et cependant on les avoit dispensé alors de prêter un nouveau serment; mais ces attributions ne subsistant plus, et les choses ayant été rétablies sur l'ancien pied, aux termes de la déclaration de 1715, il n'y a point de prétexte pour assujettir les juges des seigneurs à prêter un autre serment que celui qu'ils doivent prêter dans les sénéchaussées royales, lorsqu'ils y sont reçus en cette qualité.

A la vérité, cela ne doit pas tirer à conséquence dans les seigneuries dont les propriétaires ont droit d'établir un juge-gruier, qui ne connoisse que des matières des eaux et forêts, et qui, par cette occasion, doit les faire recevoir dans la maîtrise des eaux et forêts, dans l'étendue de laquelle il exerce la gruerie.

Du 22 mars 1739.

J'ai examiné avec attention les mémoires qui m'ont été envoyés, soit de votre part, ou de celle de Messieurs les gens du roi de la table de marbre de Dijon, sur la question qui s'est formée depuis peu, pour savoir si en matière de déclinatoire et d'appel comme de juge incompétent, les parties devoient se pourvoir au parquet du parlement, suivant l'ordonnance de 1667, pour faire régler en quel siége leur affaire sera poursuivie, ou si l'ordonnance de 1669, ayant attribué en termes généraux, aux officiers des tables de marbre, le droit de connoître de toute appellation de sentences, rendues par les juges inférieurs des eaux et forêts, ils pouvoient statuer sur les appels *qualifiés comme de juges incompétens*, comme sur toutes les autres appellations.

Cette question n'est pas nouvelle; et je l'ai entendu agiter plusieurs fois, pendant que j'avois l'honneur d'être au parquet du parlement de Paris, dont l'usage a été et est encore favorable à votre prétention.

Cet usage est fondé premièrement, sur ce que l'ordonnance de 1669, ayant ordonné, sans aucune distinction, que les appellations du deni, de renvoi et d'incompétence seroient vidées par l'avis des avocats et procureurs généraux, elle est censée leur avoir attribué ce droit à l'égard de tous les siéges qui sont du ressort médiat ou immédiat des parlemens; et comme les maîtrises particulières, aussi bien que les tables de marbre, sont comprises dans ce ressort, on ne pourroit les excepter de la règle générale, sans déroger à la disposition de l'ordonnance.

On ne peut pas faire le même raisonnement sur la disposition indéfinie de l'ordonnance de 1669, parce que cette ordonnance n'ayant eu pour objet qu'une matière particulière, on ne sauroit présumer qu'elle ait voulu abroger les règles générales et communes à toutes sortes de procédures et de juridictions, qui avoient été établies par l'ordonnance de 1667 : il auroit fallu pour cela, qu'en parlant des appellations dans l'ordonnance de 1669, on y eût ajouté ces mots, *même comme de juge incompétent;* ces sortes d'appellations ayant besoin d'une note spéciale, lorsqu'il s'agit du pouvoir qu'on attribue à une juridiction extraordinaire, qui n'est juge que d'une certaine matière d'affaire, sans être établie pour statuer sur ce qui peut intéresser l'ordre commun des autres juridictions.

Secondement, tout déclinatoire, ou tout appel comme de juge incompétent, ou comme de déni de renvoi, suppose un conflit de juridiction entre deux siéges, et par conséquent il n'y a qu'un tribunal également supérieur à l'un et à l'autre qui puisse décider de leur compétence, parce qu'il n'y a que ce tribunal dans lequel on puisse trouver cette indifférence parfaite et cette espèce de neutralité qui est si nécessaire, pour bien conserver à chaque juridiction ce qui est véritablement attribué à son autorité; au lieu que la table de marbre n'ayant que le même genre de pouvoir qui est accordé aux siéges inférieurs des eaux et forêts, et n'étant point supérieurs aux juges ordinaires devant lesquels une partie demande son renvoi, on ne sauroit y trouver cette supériorité et cet état d'équilibre, qui est nécessaire pour mettre un tribunal en droit de terminer un conflit de juridiction.

Troisièmement, ce seroit bien inutilement que l'on voudroit accorder cette autorité aux tables de marbre, puisqu'après le jugement qu'elles auroient rendu sur un appel qualifié comme de juge incompétent, on pourroit encore appeler de ce jugement sous la même qualification, ce qui ne tendroit qu'à multiplier les degrés de juridiction en matière de déclinatoire et d'incompétence: abus que l'ordonnance de 1667 a voulu réprimer, en ordonnant que toutes les appellations, en cette matière, seroient terminées incessamment par l'avis de ses avocats et procureurs-généraux aux parlemens ; et c'est par cette raison, que dans une dernière déclaration qui a été faite pour la Bretagne, le roi a décidé expressément qu'il n'y auroit qu'un seul degré de juridiction en matière de déclinatoire, et que toutes les appellations comme de juge incompétent seroient portées directement au parlement.

Quatrièmement, quand il s'agiroit même de la juridiction des juges établis en dernier ressort pour connoître des matières de réformation dans les eaux et forêts, le véritable esprit des ordonnances, et le bien public exigent, qu'on y applique les mêmes règles autant qu'il est possible, quoique cette juridiction soit beaucoup plus privilégiée que celles qui ne connoissent des eaux et forêts qu'à la charge de l'appel : il faut seulement y mettre cette différence, que la voie de l'appel, *même comme de juge incompétent*, ne pouvant avoir lieu en pareil cas, il se forme alors un conflit de juridiction entre le parlement et les juges en dernier ressort, qui, suivant la meilleure règle et l'usage du parlement de Paris, doit encore se terminer par l'avis du parquet de ce parlement, sans qu'en aucun cas, et quelque forme qu'on observe dans chaque parlement pour régler ces sortes de conflits, ils puissent jamais être décidés par le seul tribunal des juges en dernier ressort.

Ainsi, toutes sortes de raisons concourant en cette matière avec l'usage du parlement de Paris, à l'instar duquel tous les autres ont été créés, je ne trouve aucune difficulté à décider que toutes les *appellations comme de juge incompétent*, des sentences rendues par les juges inférieurs des eaux et forêts, doivent être vidées par l'avis des gens du roi du parlement, ainsi que les appels semblables, qui sont interjetés dans d'autres matières que celles des eaux et forêts.

J'écris de la même manière à messieurs les gens du roi de la table de marbre de Dijon, afin qu'ils ne renouvellent plus à l'avenir la difficulté qu'ils ont formée en cette occasion, sur la foi d'un usage qui

ne peut être attribué, s'il est tel qu'on le prétend,
qu'à un défaut d'attention, incapable de préjudicier
aux règles de l'ordre public.

Du 26 mai 1740.

On prétend que par un abus qui s'est introduit en
Bretagne, les juges-gruiers des seigneurs particuliers
se font recevoir dans les bailliages ou sénéchaussées
dont ils dépendent, comme juges ordinaires, au lieu
de s'adresser aux maîtrises particulières pour s'y faire
recevoir.

Il y a, à la vérité, une distinction à faire sur ce
sujet entre les seigneurs qui n'ont point de juge particulier pour connoître de ce qui concerne les eaux
et forêts, et ceux qui ont un juge-gruier, devant
lequel ces sortes de matières doivent être traitées.

Les juges des seigneurs qui sont dans le premier
cas, ne sont pas obligés de se faire recevoir ailleurs
que dans les bailliages ou sénéchaussées, parce que
c'est en qualité de juges ordinaires qu'ils prennent
connoissance des matières des eaux et forêts.

Il n'en est pas de même à l'égard des seigneurs qui
ont un officier particulier pour juge de ces matières,
avec le titre de gruier. Comme ce titre le met dans
l'ordre des officiers qui sont subordonnés aux maîtrises, il est sans difficulté qu'ils doivent s'y faire recevoir; et le contraire est un mauvais usage contre
lequel les états de Bretagne ont chargé leurs députés
de réclamer l'autorité du roi.

Il sera aisé d'y remédier par une déclaration de
Sa Majesté, qui impose à tous les juges-gruiers des
seigneurs particuliers, de se faire recevoir aux siéges
des maîtrises particulières, en validant néanmoins les
procédures et instructions qui peuvent avoir été faites
jusqu'à présent par des juges-gruiers reçus seulement
dans les bailliages ou sénéchaussées. C'est le tempérament que le roi a jugé à propos de prendre dans la

déclaration du mois d'avril 1734, qui porte que les
officiers des maîtrises particulières ne pourroient être
reçus qu'au parlement, et cependant que ce qui avoit
été fait jusque-là, par les officiers de ces siéges, ne
pourroit être attaqué ou déclaré nul, sous prétexte
que, sur la foi d'une erreur commune, ils n'avoient
été reçus que par les grands-maîtres. Quoique ce que
l'on propose sur le sujet des gruiers paroisse conforme
aux règles de l'ordre public, je ne recevrai cependant
les ordres du roi à cet égard, qu'après que vous
m'aurez fait savoir si vous n'y trouvez aucun inconvénient, ou s'il n'y auroit point quelque autre précaution à prendre en faisant la loi que les états demandent.

Du 13 octobre 1741.

Il est vrai que l'adresse des provisions du
sieur........., lieutenant en la maîtrise des eaux
et forêts de Givet, n'est pas régulière, et que le parlement de Flandre connoissant des matières des
eaux et forêts dans l'étendue de son ressort, au lieu
de la chambre qui avoit été créée par l'édit du mois
de février 1704, cette compagnie devoit être nommée
dans l'adresse de ces provisions avant le grand-maître
des eaux et forêts, à qui elles étoient aussi adressées.
Vous auriez pu obliger le sieur......... à obtenir
de nouvelles provisions mieux dressées; mais, comme
le parlement de Flandre a bien voulu se contenter
de la réserve qu'il a faite en statuant sur la réception
de cet officier, il n'y a plus rien à faire sur ce qui le
regarde, et vous pouvez seulement être attentif à ne
plus laisser passer de pareilles provisions, s'il s'en
présente qui eussent été aussi expédiées par inadvertance. A l'occasion de la difficulté que vous m'avez
proposée, j'ai pensé qu'il pourroit s'en présenter une
autre sur la manière de procéder à la réception des
officiers des maîtrises des eaux et forêts. Cette diffi-

culté a déjà été réglée par un arrêt du conseil à l'égard du parlement de Besançon, qui connoît, ainsi que le parlement de Flandre, des matières des eaux et forêts ; et j'ai cru qu'il étoit à propos de vous envoyer un exemplaire de cet arrêt, afin que si la même difficulté se formoit dans votre compagnie, vous fussiez instruit par avance de la décision du roi.

Du 16 novembre 1741.

J'ai reçu la lettre que vous m'avez écrite à l'occasion du dessein que le sieur.......... a de faire entrer son fils dans le parlement de Besançon. Les grands témoignages que vous rendez au père et au fils me persuadent que cette compagnie ne sauroit faire une meilleure acquisition, et je serai fort aise d'y pouvoir contribuer.

Ce que vous m'écrivez sur ce sujet m'a fait souvenir qu'il m'est échappé de vous parler plus tôt d'une difficulté qui pourroit naître au moment de la réception du fils de M........ dans la charge de conseiller, qui a été créée à l'occasion de la suppression des deux charges de présidens à la chambre des eaux et forêts, ou plutôt qui a pris la place d'une de ces charges que le roi a commuée ou transformée en une simple charge de conseiller.

Comme il se trouvera par là une charge de plus dans le nombre de celles des conseillers, on pourroit douter dans quelle chambre M.......... le fils doit être placé ; mais cette difficulté est aisée à lever, suivant l'esprit de la déclaration du 5 novembre 1739. Elle a marqué fort clairement que les conseillers nouvellement reçus seroient tenus de servir d'abord pendant quelques années dans la chambre des eaux et forêts, à laquelle celle des requêtes du palais est unie. Ainsi, il n'est pas douteux que ce ne soit par là que M.......... doive commencer à se former, jusqu'à ce qu'il parvienne au temps où, suivant la même déclaration, il pourra entrer dans les listes de ceux qui servent successivement dans les trois autres chambres du parlement.

Il arrivera même par là que le nombre des conseillers qui servent à la chambre des eaux et forêts et des requêtes, viendra avec celui de douze, tel qu'il étoit avant la déclaration du 5 novembre 1739. Ainsi, bien loin que l'établissement de la charge de conseiller, dont M......... le fils est pourvu, apporte aucun changement à l'ordre fixé par cette déclaration, il ne fera, au contraire, que le perfectionner dans un sens, en le rapprochant davantage de ce qui avoit lieu au parlement, sur le nombre des conseillers qui sont de service à la chambre des eaux et forêts et des requêtes du palais. C'est ce que j'ai cru devoir vous expliquer d'avance, afin que, s'il se formoit quelques doutes sur ce sujet, vous soyez en état de les résoudre sur-le-champ.

Du 13 décembre 1741.

Je ne peux qu'approuver entièrement le fond de la délibération qui a été prise au parlement de Besançon, au sujet de la séance qui seroit donnée au fils de M......... dans une des chambres de la compagnie : on y a suivi ce que je vous avois marqué par ma lettre du 16 novembre dernier ; et en effet, on ne pouvoit prendre aucun autre parti, que de le placer dans la chambre des eaux et forêts et des requêtes du palais, puisque c'est par là que, suivant la déclaration de 1739, tout officier qui entre dans le parlement est obligé de commencer son service.

A l'égard de la forme qui a été proposée pour donner plus d'autorité aux résolutions de votre compagnie, j'aurois pensé, comme vous, qu'il auroit suffi d'ajouter ces mots, *sous le bon plaisir de Sa Majesté,* dans la délibération du parlement, après quoi, une

lettre, que je lui aurois écrite pour lui marquer que
Sa Majesté avoit approuvé cette délibération, l'auroit
mise hors de toute atteinte; mais, puisque le scrupule
de ceux qui se sont attachés plus rigoureusement à la
forme a prévalu, il est juste d'avoir égard à leur délicatesse, et vous n'aurez qu'à m'envoyer, quand le
temps en sera venu, un projet de déclaration dressé
dans leur esprit; je ne ferai pas difficulté de le faire
revêtir de l'autorité du roi.

Du   décembre 1745.

Quoique la demande en cassation qui avoit été
formée par le nommé......... contre un arrêt de
la chambre des eaux et forêts de votre parlement, du
3 décembre 1744, ait été rejetée par des motifs d'é-
quité et pour ne pas engager les parties dans un
nouveau procès sur une matière dont l'objet étoit si
léger, j'ai cru néanmoins devoir vous instruire des
réflexions qui ont été faites sur cet arrêt, pour vous
mettre en état de faire cesser dans votre chambre un
usage contraire à la lettre, ou du moins au véritable
esprit de l'ordonnance de 1669.

On a été d'abord surpris au conseil de ce que le
parlement avoit passé sous silence deux contraventions manifestes qui avoient été faites à l'ordonnance
des eaux et forêts, dans la société dont il s'agissoit.

La première consistoit en ce que deux officiers
d'une maîtrise particulière s'étoient rendus adjudicataires des bois d'une communauté.

La seconde étoit, qu'on avoit admis plusieurs personnes dans la société qui avoit été formée entre les
adjudicataires.

Quand les parties n'auroient pas relevé ces deux
contraventions, quand même la chambre des eaux
et forêts les auroit regardées comme non-recevables
à les proposer, le ministère public auroit dû y suppléer, et les juges étoient en droit d'y pourvoir, même

d'office, au défaut des conclusions du procureur-général. La seule chose que l'on puisse dire pour les excuser à cet égard, est que, n'ayant rendu qu'un jugement interlocutoire, ils se sont peut-être réservés de statuer sur ces contraventions lorsqu'ils rendroient l'arrêt définitif; mais dans cette supposition même, il auroit été plus digne d'eux de donner leur première attention à ce qui intéressoit l'ordre public, et de commencer par détruire ce qui étoit contraire à la règle, pour prononcer ensuite sur ce qui ne regardoit que l'intérêt particulier des associés à la même adjudication.

Il n'est pas moins important de réformer les abus qui se commettent dans les ventes des bois des communautés, que de réprimer ceux qui se glissent dans les adjudications des bois du roi ; et l'ordonnance de 1669 a assez marqué que dans tout ce qui regarde la police des eaux et forêts, les mêmes règles doivent être également observées, soit qu'il s'agisse de l'intérêt de Sa Majesté, ou qu'il ne soit question que de celui des communautés.

L'interlocutoire que les juges ont prononcé sur le compte que les associés se doivent les uns aux autres, a paru ne pas moins mériter l'attention du conseil.

C'est en vain que l'on veut distinguer au parlement de Besançon les comptes qui se rendent par des tuteurs ou autres administrateurs, et ceux qui ont lieu entre des associés, sous prétexte que dans les premiers il n'y a, d'un côté, que des rendans compte, et de l'autre, que des oyans compte ; au lieu que dans les derniers, tous les associés sont en même temps et rendans et oyans compte. Ce n'est point sur cette distinction subtile que les dispositions du titre XXI de l'ordonnance de 1667 sont fondées ; elle n'a eu en vue que de prévenir les inconvéniens et les frais d'un compte rendu par forme de procès-verbal devant un rapporteur, auquel, d'ailleurs, elle a voulu épargner la tentation de se porter trop facilement à proposer cette espèce d'interlocutoire.

Vous savez d'ailleurs qu'il n'est pas permis au juge

de distinguer où la loi ne distingue point; et enfin, s'il y a quelque différence à mettre entre ces deux espèces de comptes dont je viens de parler, tout ce que l'on peut conclure n'est pas que les comptes de sociétés doivent se discuter par-devant un rapporteur, ce qui ne peut donner lieu qu'à beaucoup de référés ou de renvois à l'audience, ou d'appointemens très-onéreux aux parties; mais qu'à l'égard de ces sortes de comptes, on doit se conformer à la disposition de l'ordonnance de 1673, c'est-à-dire, renvoyer les associés, pour compter entr'eux à l'amiable, devant des arbitres, et demander ensuite l'homologation de l'avis de ces arbitres en la chambre où le fond de ce procès est pendant.

Il y avoit donc à la rigueur des motifs suffisans pour détruire l'arrêt dont......... se plaignoit; et si le peu de faveur que la cause de ce plaideur méritoit, joint à la médiocrité de l'objet, ont porté le conseil à juger avec plus d'indulgence d'un arrêt qui ne péchoit que par la forme, et qui pouvoit être juste dans le fond, c'est principalement parce que le conseil a cru que sa décision seroit sans conséquence, par l'attention que la chambre des eaux et forêts auroit dorénavant à se conformer plus exactement au véritable esprit des ordonnances de 1667, 1669 et 1673.

Comme par les motifs qui ont été envoyés à cette occasion, il paroit que ce n'est pas seulement dans votre chambre qu'on donne à l'ordonnance de 1667 l'interprétation que je viens de rejeter, et que la même jurisprudence a lieu dans les autres chambres de votre compagnie, j'envoie la copie de cette lettre à M. le premier président, afin qu'il en fasse part à tout le parlement, et le mette par là en état de réformer un usage dont le roi ne peut tolérer la continuation.

Du 10 décembre 1745.

Les motifs que la chambre des eaux et forêts du parlement de Besançon a envoyés au conseil pour soutenir un arrêt que le nommé........ avoit attaqué par une demande en cassation, m'ont fait connoître que l'usage contraire à l'ordonnance, qui fournissoit à ce particulier un des principaux moyens contre l'arrêt dont il se plaignoit, n'étoit pas propre à la chambre qui l'avoit rendu, et qu'on le suivoit également dans toutes les autres chambres du même parlement. C'est ce qui m'a fait croire qu'il étoit nécessaire de donner connoissance à toute votre compagnie de ce que le conseil du roi m'a proposé d'écrire à M. le président........ sur ce sujet, afin que le parlement pût prendre une délibération pour faire cesser cet usage à l'avenir, et se conformer exactement au véritable esprit et à la lettre même de l'ordonnance de 1667 : c'est dans cette vue que je vous envoie la copie de la lettre dont il s'agit, afin que vous en fassiez part à votre compagnie ; et je présume qu'elle se portera sans peine à réformer elle-même son style, plutôt que d'attendre que le roi le fasse par son autorité.

Du 29 mai 1750.

L'article 5 du titre des grands-maîtres dans l'ordonnance de 1669, est une suite de l'article 4 du même titre, qui commence par ces mots : « *Pourront les grands-maîtres, en procédant à leurs visites, faire toute sorte d'informations, et juger de tous délits, abus et malversations, etc.* »; et c'est dans le même cas, je veux dire dans le cours de leurs visites, que l'article 5 leur attribue le pouvoir de procéder contre les officiers *qu'ils trouveront en faute*, etc. Ces termes mêmes, *qu'ils trouveront*, font encore voir qu'on suppose qu'il s'agit des délits que les grands-maîtres reconnoissent lorsqu'ils sont sur les lieux, et en faisant les visites dont ils sont chargés tous les ans.

Le conseil du roi n'a jamais souffert qu'ils exerçassent une juridiction contentieuse hors de leurs visites. C'est aux officiers des maîtrises qu'il appartient de faire le procès à ceux qui commettent des abus dans les forêts du roi ; et quand ce sont eux-mêmes qui sont les coupables ou soupçonnés de l'être, les parlemens sont sans doute en droit de faire informer contr'eux et d'instruire leurs procès. Ainsi, les délits dont le maître particulier des eaux et forêts de Grenoble est accusé, n'ayant point été relevés par le grand-maître dans le cours de ses visites, la compétence du parlement pour en connoître, n'est susceptible d'aucune difficulté.

A l'égard de l'usage qu'il doit faire de son pouvoir et des décrets qu'il y aura lieu de décerner sur les informations qui ont été faites, soit contre un garde ou un domestique du maître particulier, soit contre lui-même, je ne peux que m'en rapporter aux lumières et à la conscience des juges.

§. XII. — *Cours des Comptes, aides, intendans, bureaux des finances.*

Du 21 juin 1728.

IL seroit difficile d'empêcher messieurs de la chambre des comptes de s'adresser au roi, au sujet d'un arrêt de réglement dans lequel ils n'ont pas été parties ; mais si Sa Majesté juge à propos d'écouter leurs représentations, je donnerai toujours toute l'attention que je dois aux raisons de votre compagnie ;

et elle a eu encore en dernier lieu une conduite si sage et si mesurée par rapport à la plus célèbre des processions, que je ne doute pas qu'elle ne se prête volontiers à tout ce qui pourra convenir au bon ordre, à la dignité et à l'union des deux compagnies, entre lesquelles je souhaite fort qu'il ne reste aucune trace de l'ancienne division.

<hr />

Du 28 novembre 1728.

APRÈS avoir examiné attentivement ce que vous m'avez écrit pour montrer que les appellations des jugemens que vous rendez en matière de voierie, ou contre les voyers accusés de malversations, ne peuvent être relevées qu'au conseil, et m'être fait rendre un compte exact de tout ce qui s'est passé en Provence sur cette matière, j'ai reconnu que vos prétentions étoient sans aucun fondement, et qu'elles avoient été condamnées, il y a déjà du temps, non-seulement par un arrêt du conseil, mais par une déclaration du mois de mai 1717, qui ne laisse aucun doute sur ce sujet. Le détour que vous avez pris en m'envoyant les minutes mêmes des procédures que vous avez faites contre le nommé......, pour empêcher, par ce moyen, que le parlement ne statuât sur l'appel de ce particulier, est encore plus blâmable que vos prétentions; aussi je vous renvoie ces minutes, afin qu'elles soient incessamment remises dans votre greffe, pour en être délivré des expéditions, si le parlement juge à propos de voir ces procédures, et je vous recommande en même temps de ne plus vous opposer, en quelque manière que ce soit, au droit que le parlement a de recevoir l'appel de vos jugemens, et de les réformer quand il le juge à propos, droit qui est trop solidement établi, et sur l'usage et sur les ordonnances, pour pouvoir faire la matière d'un doute raisonnable.

Du 14 octobre 1729.

La lettre que vous m'avez écrite le 13 septembre dernier, et qui porte tous les caractères de sagesse, de vérité et de modération qui conviennent à un ancien magistrat, a fait sur mon esprit toute l'impression que vous en pouvez désirer. Je vous plains de vous trouver dans une situation si désagréable par les mauvais procédés que M...... paroît avoir eus à votre égard, ce qui retombe même sur le public. Mais, après y avoir fait une plus sérieuse réflexion, je n'ai pas cru qu'il fût convenable d'envoyer à M.... les ordres supérieurs dont il a eu raison de vous dire qu'il avoit besoin pour prononcer sur la requête qui lui a été présentée par les habitans du pays de Médoc. Le seul tribunal compétent pour connoître des innovations que M...... a voulu faire, est le bureau des trésoriers de France; la matière ne regarde point les juges des eaux et forêts, parce qu'il ne s'agit que d'un point nécessaire pour la commodité des voyageurs, ce qui n'a aucun rapport avec la police des rivières. M......, directeur des ponts et chaussées, n'exerce aucune juridiction contentieuse, et sa fonction se réduit à avoir inspection sur les ouvrages que le roi fait faire, soit pour les grands chemins, soit pour les ponts et chaussées : ainsi, encore une fois, les seuls juges compétens, dans l'occasion présente, sont les trésoriers de France, et je ne vois aucune raison suffisante pour les dépouiller ici du pouvoir qui leur est attribué par les ordonnances.

C'est donc aux habitans de Médoc, que le rétablissement du pont et la destruction de la barrière intéressent principalement, de se pourvoir par-devant ces officiers, ainsi qu'ils le jugeront à propos; et je ne doute pas qu'on ne leur rende, dans ce tribunal, une prompte et exacte justice. Je laisse à votre prudence de voir si vous devez vous joindre à eux,

ou vous en abstenir, pour ne point priver la justice
de la voix d'un digne magistrat dans l'affaire de
M........., où je présume que vous n'exercerez
vos fonctions que parce que vous pourrez vous
rendre témoignage à vous-même que la conduite de
M......... ne vous fait pas sortir de cette entière
indifférence où un bon juge doit toujours être.

Du 19 décembre 1731.

L'AVIS que vous m'avez envoyé sur les difficultés
qui se sont formées au sujet de la réception du
sieur........ dans l'office de contrôleur-général des
domaines, bois et finances de la généralité de Bordeaux, me paroît entièrement conforme à la règle.

Les trésoriers de France ne peuvent refuser à cet
officier l'entrée et la séance qu'il a plu au roi d'attribuer à ceux qui sont pourvus de pareils offices par
des édits anciens et nouveaux, qui sont exécutés
dans les autres bureaux des finances, et qui paroissent l'avoir été dans le bureau même de Bordeaux.
La seule difficulté qu'on puisse former à cet égard
est de savoir où le contrôleur des domaines doit
avoir cette séance ; et quelle place il faut lui donner
dans le lieu où il a le droit d'en jouir.

On ne peut la lui accorder dans la chambre du
conseil, où les juges seuls sont admis, et il ne seroit
pas raisonnable qu'un simple contrôleur du domaine
ait plus d'avantage sur ce point que les avocats et
les procureurs du roi ; il ne peut donc prétendre
avoir entrée et séance qu'aux audiences du bureau ;
et sa place y doit être au-dessous de celle des gens du
roi, comme cela se pratique dans d'autres bureaux.

A l'égard des droits de réception ou d'installation,
je trouve, comme vous, que la somme de trois cents
livres est bien forte pour un officier de la qualité
de celui dont il s'agit, et les trésoriers de France
devroient tenir à honneur de se conformer sur ce

point à l'exemple de la chambre des comptes de
Paris ; mais, comme ils prétendent qu'ils ont des tarifs confirmés par un long usage qui font leur règle
en pareille matière, et que d'ailleurs il doit y avoir
sur ce point une espèce de proportion entre les droits
de réception qui se paient par les différens officiers
qu'on reçoit au bureau des finances de Bordeaux,
vous prendrez, s'il vous plaît, la peine de vous faire
représenter ces tarifs, pour voir s'il convient que le
sieur......... donne quelque chose de plus que la
somme qu'il offre, et je ne puis que m'en rapporter
absolument à ce que vous réglerez sur ce sujet ; je
compte aussi que vous ferez part de ce que je vous
écris aux trésoriers de France et au sieur........,
afin qu'ils s'y conforment exactement.

Du 20 février 1732.

Sur les plaintes que vous m'avez faites contre les
consuls de Montpellier, au sujet de l'étendue que
vous prétendez qu'ils ont donnée à leur attribution,
en matière de faillites et banqueroutes, j'ai cru nécessaire de m'instruire plus particulièrement de leur
usage, par rapport aux différens chefs qui font l'objet
de vos représentations, et je n'en ai trouvé aucun
sur lequel, après les éclaircissemens qu'on m'a fait
attendre trop long-temps sur ce sujet, vos plaintes
m'aient paru bien fondées.

Il est vrai que vous croyez, avec raison, qu'il n'appartient pas aux juges consuls de procéder à l'adjudication par décret des immeubles, et de faire des
collocations sur le prix des effets immobiliers : aussi ne
m'est-il pas revenu qu'ils fassent de pareilles procédures, et j'apprends, au contraire, qu'ils pensent comme
vous, qu'elles excéderoient leur pouvoir. Mais il n'en
est pas ainsi de ce qui regarde les meubles, par rapport auxquels la lettre et l'esprit de la déclaration,
rendue sur cette matière, les autorisent également,

36 *

soit à ordonner la vente générale des effets mobiliers; soit à colloquer sur le prix de ces effets les créanciers hypothécaires ou chirographaires, les premiers ayant les mêmes avantages sur les meubles que sur les immeubles, suivant les lois observées dans le Languedoc, et les uns et les autres ne pouvant s'adresser à d'autres juges que ceux qui ont droit de faire la discussion des meubles.

Il en faut dire autant de la femme qui veut exercer ses droits sur les meubles pour la restitution de sa dot; et, comme à son égard elle ne peut agir sans une ordonnance du juge qui lui rende l'administration de ses biens, il est naturel qu'elle s'adresse, pour obtenir cette ordonnance, aux juges devant qui elle doit procéder.

C'est encore une suite du pouvoir qui a été donné aux consuls de France, la discussion des biens meubles, qu'ils puissent nommer des syndics des créanciers, ou des curateurs aux biens, qu'il ne faut pas confondre avec les curateurs à l'hérédité, c'est-à-dire, à la totalité d'une succession vacante.

Enfin, dans l'espèce que vous m'avez proposée, où celui qui fait faillite ou banqueroute est domicilié, non dans l'enceinte de la ville où les consuls sont établis, mais dans un autre lieu où leur juridiction peut s'étendre, il paroîtroit bien singulier d'interpréter contre eux une loi qui a été faite en leur faveur, et d'y supposer une restriction contraire aux motifs de la loi même; mais, outre cette considération générale, ils ont pour eux la possession et même le préjugé qui résulte des termes d'un arrêt du conseil, du 22 avril 1722, rendu contre le procureur du roi en la sénéchaussée de Nîmes.

Tout se réunit donc pour vous empêcher de troubler, en aucune manière, les juges et consuls dans l'exercice de l'attribution qu'il a plu au roi de leur donner, tant que Sa Majesté jugera qu'il est du bien de son état de la laisser subsister.

Je dois encore vous recommander d'observer, avec

une nouvelle attention, les dispositions de la même déclaration, au sujet des plaintes de banqueroutes frauduleuses, que l'on porte devant les juges ordinaires. Ils ne doivent point les recevoir, si les créanciers de ceux qui se plaignent n'excèdent la moitié du total des dettes; et l'on peut encore moins tolérer qu'un seul créancier soit admis à faire une poursuite criminelle; hors le cas prévu par la déclaration, qui est celui où le débiteur qui a fait faillite ou banqueroute, n'auroit pas déposé l'état de ses effets et de ses dettes. Je suis persuadé que dorénavant vous vous conformerez exactement à tout ce que je viens de vous marquer, et que vous éviterez avec soin tout ce qui pourroit être une nouvelle occasion de plainte contre votre conduite.

Du 1.er juillet 1732.

J'AI reçu la lettre que vous m'avez écrite au sujet du registre que vous avez de la peine à laisser sortir de vos archives pour être remis à M........., avocat-général, et parmi les raisons sur lesquelles est fondée votre difficulté, j'en trouve qui ne sauroient jamais être approuvées, et d'autres auxquelles on peut avoir égard jusqu'à un certain point.

Vous paroissez blessé de la supériorité que le parlement veut exercer sur vous; mais c'est être blessé de l'ordre public qui, dans les matières contentieuses, vous rend inférieur à ce tribunal, et vous oblige à reconnoître son autorité. Il ne s'agissoit pas d'ailleurs ici d'une partie ordinaire, ou d'un receveur, ou d'un fermier du domaine, qui demandât qu'on lui confiât un de vos registres; il étoit question d'un avocat-général, c'est-à-dire, d'un officier en qui réside la défense supérieure du domaine du roi, et qui, par le nom de sa charge, a droit d'exiger qu'on lui communique tout ce qu'il juge nécessaire pour remplir les devoirs de son ministère ; ainsi, vous ne pouvez prétendre, ni que le parlement n'eût pas l'autorité nécessaire en cette occasion, ni que M......... ne fût pas revêtu d'un caractère suffisant pour vous autoriser à lui confier les titres les plus importans pour la conservation des droits de Sa Majesté.

La seule chose qui a paru mériter quelque attention est que, suivant la règle qui s'observe dans les archives ou les dépôts publics des titres du roi, on ne doit pas en faire sortir les originaux, si ce n'est dans le cas d'une nécessité absolue, comme lorsqu'il s'agit d'une inscription en faux, ou dans d'autres occasions semblables. Sa Majesté veut donc bien avoir quelque égard à votre délicatesse sur ce point; et j'écris à M......... de prendre communication dans vos archives du registre dont il a besoin; mais vous devez lui en laisser l'entrée libre autant de fois et pour autant de temps qu'il le jugera nécessaire. Je ne saurois croire que vous ayez eu la pensée de nommer deux commissaires pour être présens à son travail; mais si cela étoit, vous devez renoncer à une prétention si contraire à toute bienséance, et le roi vous le défend absolument; son intention est que, s'il veut bien vous dispenser de déplacer un registre que vous regardez comme un original, M......... puisse l'examiner seul, et que vous ayez sur cela en lui toute la confiance que son caractère et sa personne méritent. Il seroit absurde de vouloir confondre, avec un fermier du domaine, un magistrat qui a plus de droit que vous-même sur l'usage des titres dont vous êtes le dépositaire, et que vous ne pouvez vous empêcher de regarder comme votre supérieur dans la matière dont il s'agit. Conformez-vous donc exactement aux ordres que je vous donne au nom du roi, et si M......... a besoin des extraits en forme du registre dont il s'agit, ayez soin de les lui faire expédier incessamment.

Du 30 mai 1733.

La lettre que vous m'avez écrite le 27 avril dernier justifie pleinement le fond du jugement que les trésoriers de France de Tours ont rendu en faveur des héritiers de.........; ainsi, il ne me reste que de m'expliquer sur les difficultés qui se sont formées entre le sieur........ et les officiers du bureau des finances, à l'occasion de ce jugement; elles peuvent se réduire à deux points :

Le premier regarde la validité de la procédure qui a été critiquée par le sieur........, et qui a fait le fondement ou le prétexte de ses protestations;

Le second est la conduite personnelle de cet officier, qui a donné lieu aux plaintes de sa compagnie.

A l'égard du premier point, il est sans difficulté que les trésoriers de France, exerçant une juridiction vraiment contentieuse dans les affaires du domaine, ils sont obligés de suivre exactement les règles du style judiciaire qui ont été établies par l'ordonnance de 1667, de même que tous les autres tribunaux; c'est-à-dire, qu'ils ne peuvent juger par écrit des affaires qui sont de nature à être portées à l'audience, si ce n'est en cas qu'elles aient été appointées, après la plaidoirie, à la pluralité des voix.

Il est encore certain que cette règle générale ne doit pas moins avoir lieu, quoique ceux qui plaident devant les trésoriers de France n'aient pour partie que le procureur du roi, qui est astreint lui-même aux formes ordinaires de la procédure, quoiqu'il agisse au nom de Sa Majesté.

Le seul tempérament que l'on puisse admettre en ce cas, et par lequel on peut excuser la forme que les trésoriers de France ont suivie dans l'affaire dont vous m'avez rendu compte, est que, lorsqu'il s'agit d'une demande à laquelle le procureur du roi croit devoir acquiescer, l'affaire puisse se terminer par l'avis du bureau, sur le vu de la requête présentée par la partie, des pièces qu'elle juge à propos d'y joindre, et du consentement et de l'acquiescement donnés par le procureur du roi.

Il seroit peu important en pareil cas de renvoyer les parties à l'audience, puisqu'il n'y a point de contestation entre elles. On en useroit donc en ce cas sans la considération de l'intérêt du roi, comme on le fait dans les causes ordinaires où, les deux parties étant d'accord, on ne fait que mettre sur le registre de l'audience le jugement dont elles sont convenues entr'elles; et si on y apporte plus de précaution, quand il s'agit de l'intérêt du roi, c'est parce que le procureur de Sa Majesté est le défenseur légitime de cet intérêt, sans en être entièrement le maître. Ainsi, il est à propos que les juges puissent décider avec une entière connoissance de cause, si le procureur du roi a eu raison d'acquiescer à une demande formée contre Sa Majesté; et, cet examen ne tendant qu'à les mettre en état de s'acquitter de ce qu'ils doivent au roi, il seroit fort inutile de porter de telles affaires à l'audience, parce que le bureau entier ne fait en ce cas que ce qu'un président attentif doit faire avant que de viser une sentence concertée entre les parties, en examinant s'il n'y a rien dans ce qu'elles ont résolu entr'elles qui puisse intéresser l'ordre ou le bien public.

Pour ce qui est du deuxième point, vous jugez bien, après ce que je viens de vous dire, que je suis fort éloigné d'approuver la conduite du sieur...

La première de ses difficultés, qui rouloit sur le défaut de contrôle, ne méritoit pas seulement d'être relevée, et vous pouvez l'instruire suffisamment sur ce sujet.

La seconde difficulté, sur la validité de la procédure, avoit quelque chose de plus spécieux; mais outre que l'affaire dont il s'agissoit étoit véritablement dans le cas où, comme je viens de vous le dire, on peut se dispenser de renvoyer les parties à l'audience, le sieur.......... n'étoit pas en droit ni de s'élever avec emportement, comme il l'a fait, contre le sentiment de ses confrères, ni de ne souscrire à leur jugement qu'en faisant une protestation aussi indécente que celle qui lui est échappée. L'exemple en est trop dangereux pour pouvoir être toléré; la règle qui l'oblige à suivre la pluralité des suffrages dans les jugemens, doit être respectée comme une loi inviolable; autrement, les jugemens qui ne sont rendus que pour terminer les différends des parties, deviendroient une source de querelles et de contestations entre les juges mêmes, qui seroient aussi contraire, à leur honneur qu'au bien de la justice.

Le sieur....... a senti apparemment lui-même que sa conduite, lorsque je l'aurois bien examinées me paroîtroit entièrement inexcusable ; je vois que ses lettres, et surtout les dernières, sont remplies de termes de précaution et de soumission absolue à tout ce que je jugerai à propos d'exiger de lui pour la réparation de sa faute. Je me porterois donc assez volontiers à user d'indulgence à l'égard d'un homme qui pèche peut-être plus par le caractère singulier de son esprit, que par la disposition de son cœur, si les faits graves qui sont expliqués dans le mémoire que je vous ai déjà envoyé et que je vous renvoie encore, ne me portoient à suspendre mon jugement. Vous n'avez point approfondi la vérité de ces faits, parce qu'il vous a paru que les trésoriers de France les avoient moins exposés pour demander à en faire la preuve, que pour augmenter la satisfaction qu'ils prétendent leur être due par le sieur........; mais, comme l'accessoire devient ici plus important que le principal, et qu'il peut beaucoup influer dans la résolution que le roi jugera à propos de prendre à l'égard du sieur.........., je vous prie d'entrer dans l'examen des faits dont il s'agit, et dont il ne vous sera pas difficile de vous faire instruire exactement, afin que sur les éclaircissemens que vous m'enverrez sur ce sujet, je puisse juger s'il convient de laisser en place un officier, qui en seroit très-indigne, si les faits qu'on lui impute étoient véritables.

Du 19 mars 1734.

QUOIQUE les mémoires que la cour des aides de Montpellier a fait présenter au roi sur les prétendues entreprises de M. l'intendant, regardassent beaucoup plus l'administration des finances que celle de la justice, je n'ai pas laissé de les examiner avec toute l'attention que j'aurai toujours pour ce qui peut intéresser l'honneur de votre compagnie, et l'autorité qu'il plaît à Sa Majesté de lui confier.

Mais je n'ai pu m'empêcher, en lisant ces mémoires, d'être frappé des mêmes réflexions que M. le contrôleur-général y a faites de son côté; et, sans entrer dans un long détail sur ce sujet, après la lettre qu'il vous a écrite par l'ordre du roi, et qu'il m'a communiquée, je me contenterai de vous dire, en un mot, que tout ce qui fait l'objet de vos plaintes roule sur deux genres de matières différentes :

Le premier comprend ce qui n'est que de direction ou d'administration ;

Le second renferme ce qui peut être le sujet d'une décision ou d'un jugement.

A l'égard du premier point, vous auriez dû sentir que tout ce qui est de nature à ne pouvoir être dirigé que par des vues supérieures, et qui demandent à être conduites par un seul et même esprit, ne peut guère passer par les mains d'une compagnie nombreuse ; le roi peut la consulter quand il le juge à propos, et il lui renvoie l'exécution des lois ou des réglemens qu'il juge à propos de faire sur ces matières ; mais ce qui précède ces lois, et qui en est comme la préparation, a toujours été confié à ceux qu'il plaît à Sa Majesté d'établir pour participer à l'administration générale de ses finances, et c'est ainsi que le roi en use dans toutes les provinces de son royaume, sans aucune réclamation de la part des compagnies qui y sont établies.

Pour ce qui est du second point, c'est-à-dire, de ce qui peut être la matière d'une contestation et d'un jugement, si le roi en a attribué souvent la connoissance dans votre province, soit aux intendans ou à d'autres commissaires, il ne l'a fait qu'en connoissance de cause, tantôt du propre mouvement de Sa Majesté, souvent sur la demande des états ou des syndics de la province, quelquefois sur l'avis de l'intendant ; et l'un des principaux motifs des différens arrêts d'attribution, dont vous faites mention dans vos mémoires, a été l'incertitude de la juridiction dans laquelle les affaires qui en étoient l'objet devoient être renvoyées ; incertitude qui ne peut finir que par le jugement du grand procès que vous avez au conseil depuis plus de trente années, tant avec le parlement de Toulouse, qu'avec presque tous les tribunaux et les états de la province.

Mais, dans quelque forme et par quelque motif que ces arrêts d'attribution aient été donnés, M. l'intendant n'a jamais pu devenir l'objet légitime de vos plaintes ; et, en vérité, il n'est pas décent que ceux qui sont chargés de l'exécution des ordres de Sa Majesté, soient exposés à essuyer, en quelque manière, des procès personnels sur des attributions qu'il plaît au roi de leur faire, souvent sans les consulter, et quelquefois même contre leur inclination.

Ainsi, au lieu de multiplier les mémoires sans utilité, il sera beaucoup plus digne de votre compagnie d'aller tout d'un coup au principe, en faisant cesser la cause des évocations fréquentes dont elle se plaint, par sa diligence à instruire le procès qu'elle a au conseil, et à le mettre en état de recevoir une décision qui, fixant le sort des différens tribunaux du Languedoc, donne lieu au roi de revenir entièrement à l'ordre commun, en laissant à chaque tribunal la connoissance de ce qui sera jugé lui appartenir.

Je n'ajouterai rien ici sur ce qui regarde les trois derniers mémoires de votre compagnie.

Je me suis déjà suffisamment expliqué sur ce qui regarde la confection du papier terrier.

A l'égard des mesures qui ont été prises aux états pour mettre en règle les affaires des communautés, s'il y a quelque matière qui mérite d'être traitée par voie de direction, c'est sans doute une réformation aussi nécessaire et aussi avantageuse aux peuples de votre province que celle qu'on propose; elle profitera même à votre compagnie, puisque, par l'ordre qui sera établi à cet égard, les comptes des communautés seront rendus beaucoup plus exactement à votre chambre, laquelle aura d'ailleurs la connoissance de toutes les contestations qui naîtront à l'occasion de ces comptes.

Enfin la commission du sieur.......... est un remède extraordinaire que Sa Majesté a cru devoir employer contre la licence effrénée des contrebandiers; et cette commission comprend non-seulement votre province, mais celle du Lyonnais, du Dauphiné et de la Provence, dans lesquelles les compagnies semblables à la vôtre n'ont pas cru devoir faire leurs représentations au roi sur ce sujet, parce qu'elles ont regardé cette commission comme une chose passagère qui cesseroit bientôt avec le mal qui en a été l'occasion.

Le résultat de cette lettre et des intentions du roi est donc que, sur ce qui est de pure administration, votre compagnie s'en rapporte absolument à la sagesse et aux vues supérieures du roi, sur les ouvrages auxquels il juge à propos de faire travailler pour parvenir à des réglemens dont l'exécution vous sera renvoyée dans les matières de votre compétence; et que, pour ce qui regarde les affaires contentieuses, vous tourniez toute votre attention du côté du procès que vous avez au conseil, afin que les règles qui y seront établies retranchent dorénavant le motif le plus commun des évocations qui préjudicie à votre juridiction.

Du 19 *mars* 1734.

DES contre-temps qu'il seroit inutile de vous expliquer m'ont empêché de faire réponse plus tôt à la consultation que vous m'avez faite, à l'occasion du procès du sieur.......... contre M. le chevalier......... La lettre que vous m'avez écrite sur ce sujet renferme deux difficultés, l'une particulière, l'autre générale; la difficulté générale consiste à savoir si vous pouvez connoître des contestations qui se forment à l'occasion des paiemens qu'on a offerts en billets de banque; la difficulté particulière regarde le retrait féodal, que M. le chevalier.......... veut exercer, au nom du roi, contre le sieur..........

À l'égard de la première, je n'ai rien trouvé, dans tous les arrêts du conseil qui ont été rendus au sujet des billets de banque, qui puisse vous autoriser en général à prendre connoissance des contestations qui naissent sur les paiemens offerts en cette monnoie. Il est bien vrai que, par un arrêt du 9 février 1720, qui a même été assez peu exécuté, le roi a évoqué à lui les différends qui naîtroient à l'occasion des billets de banque; mais Sa Majesté n'a point établi deux degrés de juridiction en cette matière, et il n'y a rien dans cet arrêt qui marque que les parties doivent s'adresser à MM. les intendans en première instance, et par appel au conseil. Tout ce que ceux qui ont voulu se prévaloir de cet arrêt ont fait jusqu'à présent, a été de présenter leur requête au conseil directement, et de demander que leur partie y fût assignée. Il ne m'est point revenu qu'à la réserve de la Franche-Comté, aucune partie ait cru pouvoir porter sa cause devant l'intendant, et je n'ai point ouï dire non plus qu'aucun intendant en ait pris connoissance, si ce n'est que l'affaire où la question des billets de banque se présentoit ne fût de sa compétence par d'autres raisons. Je ne doute pas que vous n'ayez eu de bonnes intentions, en pensant autrement que les autres intendans, et vous avez eu, sans doute, pour principal objet de travailler à concilier les parties, qui font toutes deux une égale compassion dans les différends qui se forment sur ce sujet. Mais la meilleure intention du monde ne sauroit donner à un juge le pouvoir qu'il n'a pas, et c'est ce qui vous manque par rapport à la matière dont il s'agit.

La décision de la difficulté générale emporte la solution de la difficulté particulière, dont les circonstances vous ont fait très-justement douter de votre compétence, indépendamment de ce que je viens de vous dire sur la question générale. Comment pourriez-vous juger en première instance une affaire qui est déjà jugée contradictoirement par un tribunal dont le jugement subsiste ? Ainsi, quand même dans la thèse générale vous pourriez prendre connoissance des affaires qui naissent au sujet des billets de banque, vous ne pourriez entrer dans celle dont il s'agit, soit parce qu'elle renferme bien d'autres questions qui n'ont pas de rapport aux billets de banque, soit parce qu'elle est déjà jugée contradictoirement. Vous ne pouvez donc que laisser aux parties la liberté de se pourvoir ainsi qu'elles croiront le devoir faire, et c'est le jugement que Son Altesse royale a porté sur les deux difficultés contenues dans votre lettre, lorsque j'ai eu l'honneur de lui en rendre compte.

<hr>

Du 25 septembre 1734.

APRÈS avoir fait de nouvelles réflexions sur la délibération par laquelle le parlement de Navarre a supplié le roi de fixer des officiers au bureau des finances pendant quelques années, il m'a paru, que pour concilier les différentes vues que l'on pouvoit avoir sur cette matiere, on pourroit rendre un arrêt conforme au projet que je vous envoie. Vous prendrez, s'il vous plaît, la peine de le communiquer à votre compagnie, qu'il est bien naturel de consulter sur ce sujet, et de me renvoyer ce projet, en y joignant les observations qu'elle jugera à propos d'y faire avec vous, afin que je puisse recevoir ensuite les derniers ordres du roi, et vous les faire savoir.

Du 6 août 1735.

Je connois tous les attributs et toutes les prérogatives de vos charges; mais je ne sais si elles vous donnent droit de vous récrier contre la qualité de substitut qui vous est donnée par MM. les procureurs-généraux au parlement de Provence, lorsqu'ils ne l'appliquent qu'aux matières dans lesquelles vous leur êtes véritablement subordonnés.

Il n'est pas nouveau que la même charge ayant différentes fonctions, elle soit dépendante, dans les unes, d'un tribunal supérieur en cette partie, et indépendante du même tribunal dans les autres. C'est ainsi que le conseil d'Artois est indépendant du parlement de Paris dans les affaires criminelles et dans les matières d'aides ou d'impositions qu'il juge en dernier ressort, et qu'il en est dépendant dans tout le reste; c'est encore de la même manière que MM. les maîtres des requêtes sont subordonnés au même parlement dans les causes ou affaires ordinaires, qu'ils ne jugent qu'à la charge de l'appel, et qu'ils ne le reconnoissent point pour supérieur dans les matières dont la connoissance leur est attribuée en dernier ressort.

La qualité de substitut se régle ordinairement par la même distinction; j'ai toujours vu l'officier, qui a le titre de procureur-général au conseil d'Artois, traité de substitut par M. le procureur-général du parlement de Paris dans les matières ordinaires, sans aucune réclamation de la part de cet officier; et, quoique, depuis l'union qui a été faite de la sénéchaussée et du présidial de Lyon à la cour des monnoies de la même ville, celui qui est procureur du roi à la sénéchaussée soit aussi procureur-général à la cour des monnoies, cela n'empêche pas que, dans toutes les matières qui ne sont pas de la compétence de cette cour, on ne lui donne la qualité de substitut de M. le procureur-général.

A l'égard des bureaux des finances, M. le procureur-général au parlement de Paris est dans l'usage notoire de traiter les procureurs du roi en ces siéges de ses substituts, lorsqu'il s'agit de l'exercice de la juridiction contentieuse, soit dans les affaires qui regardent le domaine du roi, ou dans toute autre matière, que les trésoriers de France ne jugent qu'à la charge de l'appel au parlement.

Cet usage n'a rien de contraire au titre de procureur du roi, sur lequel vous alléguez non-seulement vos provisions, mais les édits de création des charges auxquelles le ministère public est attribué dans les bureaux des finances.

Si cette raison étoit solide, il n'y auroit aucun procureur du roi dans le royaume auquel la qualité de substitut de procureur-général pût être donnée, parce qu'il n'y en a aucun qui ne soit créé et pourvu sous le nom de procureur du roi; et je viens même de vous faire remarquer que, quoique celui qui exerce l'office public au conseil provincial d'Artois ait le titre de procureur-général par ses provisions et par plusieurs édits et déclarations du roi, il n'en est pas moins qualifié de substitut au parlement de Paris dans les matières dans lesquelles il est subordonné à M. le procureur-général, qu'il reconnoît, sans difficulté, pour son supérieur dans ces matières.

Ce qui a été décidé en votre faveur à l'égard de la cour des comptes d'Aix, n'a pas d'application à ce qui regarde ce parlement. Le premier de ces tribunaux n'a pas droit de recevoir l'appel des jugemens du bureau des finances, au lieu que le parlement exerce vraiment son autorité sur les sentences de ce bureau, dans les cas qui sont sujets à l'appel; ainsi le parlement a plus d'avantage dans ces cas que la cour des comptes; et, comme on ne peut pas douter que ce tribunal ne soit alors vraiment supérieur à celui des trésoriers de France, on en conclut que dans les mêmes matières les procureurs-généraux sont aussi les supérieurs des procureurs du roi au bureau des finances, qui font, en cette partie, la fonction de leurs substituts.

La question que vous agitez est donc susceptible d'une très-grande difficulté, et les principes généraux du droit commun peuvent être contraires à votre prétention.

A l'égard de l'usage du parlement d'Aix, je n'en suis pas assez instruit pour pouvoir en parler, et j'en écrirai incessamment à MM. les gens du roi de ce parlement; mais il paroît assez difficile de croire qu'ils aient voulu rien innover sur ce sujet, et qu'ils n'aient pas suivi leur ancien style dans l'arrêt qui a été l'occasion de vos plaintes.

<hr>

Du 8 août 1735.

JE vous prie de me faire savoir s'il est d'usage au parlement de Provence, que, dans les matières où les trésoriers de France ne sont juges qu'à la charge de l'appel, vous donniez le nom de votre substitut au procureur du roi au bureau des finances; comme l'on prétend qu'il y a eu en dernier lieu quelque changement de style à cet égard, je ne saurois mieux faire que de m'adresser à vous pour en être bien instruit, et il vous sera facile de m'envoyer des exemples du passé sur cette qualification, supposé qu'elle ne soit pas nouvelle.

Du   décembre 1736.

Si, après avoir entendu la plaidoirie de la cause dans laquelle le procureur du roi au bureau des finances est partie principale, vous avez fait retirer l'audience pour pouvoir opiner à haute voix, de la même manière que si vous aviez ordonné qu'il en seroit délibéré sur le registre, il n'est pas douteux que la qualité de procureur du roi ne dispensoit point cet officier de se retirer. Quoique la partie publique mérite de grandes distinctions, il suffit néanmoins qu'elle soit partie pour ne pouvoir assister aux délibérations des juges et entendre leurs opinions; ainsi, ce que vous avez exigé en cette occasion du procureur du roi est conforme, non-seulement aux règles générales, mais à l'usage du parlement de Paris, où, toutes les fois que l'on fait retirer l'audience pour délibérer en particulier et à haute voix, MM. les avocats-généraux ne font nulle difficulté de rentrer dans le parquet, d'où ils reviennent ensuite à l'audience pour assister à la prononciation de l'arrêt, lorsque la délibération est achevée.

J'écris au procureur du roi au bureau des finances, pour lui faire sentir le tort qu'il a eu en cette occasion, et l'avertir de ne plus renouveler dans la suite une si mauvaise prétention.

Du 4 mai 1738.

J'ai reçu la lettre que vous m'avez écrite le 22 du mois dernier, par laquelle vous vous plaigniez qu'une déclaration du mois de juin 1737, qui a été donnée en faveur des receveurs-généraux des finances, et l'ordonnance concernant les instructions de faux, ne vous ont point été adressées. Il n'est point d'usage d'envoyer aux bureaux des finances les ordonnances, édits et déclarations que le roi juge à propos de faire, et l'enregistrement, qui s'en fait dans les parlemens, est suffisant pour les en instruire et les obliger de s'y conformer. Ainsi, je ne vois rien à changer à l'usage qui s'est observé jusqu'à présent sur ce sujet.

Du 26 juillet 1739.

Je vous envoie un placet que M. l'abbé de...... m'a fait présenter, afin que vous preniez, s'il vous plaît, la peine de vous informer des raisons du refus que fait le sieur........., lieutenant particulier au siége de Sisteron, de procéder à la levée des scellés apposés sur les archives et aux appartemens de la prévôté de Cardaron, et de lui faire savoir que, si la commission que les trésoriers de France lui ont adressée pour l'y autoriser, n'est conçue qu'en termes rogatoires, il ne doit pas faire difficulté de s'en charger.

Du 25 août 1739.

J'ai reçu la lettre que vous m'avez écrite le 16 de ce mois, au sujet de la difficulté que fait le lieutenant particulier de la ville de Sisteron, d'exécuter la

37 *

commission donnée par les trésoriers de France d'Aix.
Comme vous me marquez que cette commission n'est
point conçue en termes rogatoires, je ne puis désap-
prouver le refus fait par le juge ordinaire de l'accepter, et de la mettre à exécution. Les officiers du
bureau des finances, dont l'appel ressortit au parlement, ne sont point en droit de se servir de termes
impératifs, lorsqu'ils adressent des commissions à
d'autres juges qui ne leur sont point subordonnés,
et qui n'ont que le parlement pour supérieur; vous
prendrez donc, s'il vous plaît, la peine de faire savoir
aux trésoriers de France, que, s'ils ne veulent pas
réformer la commission qu'ils ont expédiée, M. l'abbé
de..... sera bien fondé à se pourvoir au parlement,
pour y faire ordonner qu'il sera procédé à la levée
du scellé par le juge qui sera commis par cette
compagnie.

***

Du 25 septembre 1739.

Le tempérament que vous avez pris dans l'affaire
de M. l'abbé de........., n'a rien que de régulier,
dès le moment que vous avez su prévenir, par votre
désintéressement, l'inconvénient des frais auxquels
le transport d'un des officiers du bureau des finances
auroit pu donner lieu.

Au surplus, pour ce qui regarde le fond de la difficulté qui consiste à savoir si vous pouvez adresser
aux lieutenans-généraux des bailliages et sénéchaussées des commissions conçues en termes impératifs,
ou si elles doivent être expédiées en termes rogatoires,
j'entendrai très-volontiers ce que vous jugerez à
propos de me représenter sur ce sujet, et je présume
que, pour soutenir votre prétention, vous emploierez
des raisons plus fortes que celles qui sont contenues
dans votre lettre.

Du 3 janvier 1741.

Le commerce en détail que le sieur.......... à
fait publiquement dans la même ville où il veut être
élu, le mauvais succès de ce commerce et le peu de
réputation que ce particulier s'y est acquise, son caractère personnel, tel que vous me le dépeignez, et
son ignorance entière des affaires, justifient pleinement la répugnance que les officiers de l'élection
ont eue de le recevoir dans leur corps; et dès le moment que ces officiers offrent de rembourser au
sieur........, tout ce qu'il lui en a coûté pour lever
aux parties casuelles la charge d'élu dont il veut être
revêtu, il doit s'estimer heureux de pouvoir sortir
par là de l'embarras où il s'est jeté lui-même, en
acquérant une charge dont je ne croirois pas qu'on
pût lui accorder des provisions, quand même les
officiers de l'élection n'offriroient pas de le rembourser.

Vous prendrez, s'il vous plaît, la peine de faire
part de ce que je vous écris, tant aux officiers,
qu'au sieur..........; et s'il survient entr'eux
quelques difficultés au sujet du remboursement qu'on
lui offre, je compte que vous les réglerez avec votre
équité ordinaire.

Du 27 janvier 1742.

Il y a un parlement où il s'est formé une des questions les plus frivoles et les moins intéressantes pour
le public que l'on puisse agiter: elle consiste à savoir
si, lorsque ceux qui sont pourvus en titre d'un office
créé par l'édit de 1691, sous la dénomination de
premier président du bureau des finances, plaident

au parlement, ils peuvent prendre la qualité de *premier président*, ou s'ils doivent se réduire à celle de *président premier*; ainsi, toute la question roule sur le lieu où le terme de *premier* doit être placé : doit-il précéder ou suivre le titre de président ? C'est cependant sur un sujet si mince et si léger que j'ai reçu d'assez longs mémoires de la part de ceux dont l'imagination s'est échauffée sur ce point ; et comme ils me pressent de leur donner une décision, je crois que dans une matière si arbitraire, c'est l'usage qui doit former cette décision ; ainsi, je vous prie de me faire savoir :

Premièrement, si les offices de premier président au bureau des finances, créés par l'édit de 1691, sont actuellement exercés à Lille par des titulaires, ou s'ils y ont été réunis au corps des trésoriers de France, comme cela est arrivé en plusieurs endroits ;

Secondement, en cas que ces offices subsistent, de quelle manière on en use dans le style du parlement, lorsque ces officiers y procèdent comme parties. Y donne-t-on quelque attention à l'ordre dans lequel les mots de *premier* et de *président* sont arrangés ? ou laisse-t-on à ces officiers la liberté de les placer comme ils le veulent, sans exiger que le terme de *premier* suive celui de *président* au lieu de le précéder.

Du 20 septembre 1742.

Je ne sais quel jugement porter de la conduite que vous venez d'avoir à l'égard des officiers du bureau des finances, et qu'on m'assure être fidèlement exposée dans le mémoire dont je vous envoie l'extrait. Je ne connois personne en ce pays-ci qui ait la moindre répugnance à remplir les devoirs ordinaires de bien-

séance dont vous paroissez avoir voulu vous décharger, et que les officiers du bureau des finances
avoient réduits d'eux-mêmes à si peu de chose, qu'il
est singulier, qu'au lieu de vous en contenter, vous
ayez pris le parti de leur faire signifier l'acte dont ils
m'ont envoyé la copie. La considération que j'ai pour
vous m'engage cependant à suspendre encore mon
jugement, jusqu'à ce que vous m'ayez expliqué vos
raisons sur un procédé qui, au premier coup d'œil,
paroît avoir quelque chose d'extraordinaire; et je
souhaite que vous puissiez effacer cette première impression.

Du 5 octobre 1742.

Il n'est point question dans l'affaire que vous avez
avec les trésoriers de France, ni de l'ancienneté et du
mérite de vos services, ni des égards qui sont dus à
votre personne et à votre dignité; il s'agit seulement
d'une visite de bienséance, sur laquelle je ne vois
rien de nouveau dans votre lettre, qui puisse m'empêcher de trouver qu'il y a eu quelque chose de singulier
dans la conduite que vous avez eue à l'égard de ces
officiers; les faits demeurent toujours les mêmes, et
il ne pouvoit pas en être autrement, puisqu'ils sont
prouvés en quelque manière par écrit. Les exemples
que vous alléguez ne font point voir que vous ayez
aucun droit de vous dispenser de rendre à une compagnie, un honneur fondé sur un usage universel; on
sait bien que lorsqu'il n'est question que d'enregistrer
des provisions d'un office, pour se mettre en état d'en
recevoir les gages, on n'a point accoutumé d'aller voir
en ces occasions les officiers des bureaux des finances,
mais alors on ne voit pas non plus ceux de la chambre
des comptes. Il n'en est pas de même lorsqu'il s'agit
de l'enregistrement d'une grâce personnelle, qui n'est
nullement un droit, et qui est un pardon de Sa

Majesté. Si les officiers du bureau des finances n'ont pas fait difficulté d'enregistrer des dons du droit de prélation que vous aviez obtenu du roi, sans que vous vous soyez présenté devant eux, c'est une honnêteté dont vous avez eu sujet de vous louer; mais vous ne pouvez pas vous plaindre de ce qu'ils craignent qu'elle ne tire à conséquence, et le refus que vous avez fait de les voir en cette occasion justifie assez cette crainte. Au surplus, quand il seroit vrai qu'ils auroient pu en user plus honnêtement à votre égard, cela ne vous auroit pas autorisé à faire signifier un acte injurieux en lui-même, à une compagnie, en quelques termes qu'il soit conçu, puisque vous lui reprochez une espèce de déni de justice, dans le temps que vous savez qu'il ne tient qu'à vous, pour obtenir l'expédition que vous demandez, de rendre une visite au chef de la compagnie et au rapporteur; c'étoit réduire cette espèce de devoir, fondé sur l'usage, à si peu de chose, que j'ai été surpris de la difficulté que vous en avez faite, et d'autant plus que, par la réduction à deux visites seulement, vous y auriez trouvé une distinction dont vous auriez dû être content. Je vous l'ai déjà dit, et je vous le répète encore, je ne connois personne en ce pays-ci, de quelque rang qu'il soit, qui se fasse la moindre peine de se prêter en pareil cas à la délicatesse d'une compagnie. Ainsi, je ne peux que vous conseiller de suivre cet exemple, à moins que vous n'aimiez mieux renoncer à l'effet du don que le roi vous a fait, et c'est à vous de juger si la chose en vaut la peine. Je sais toute la différence qu'il y a entre un président du parlement et des officiers du bureau des finances; mais la justice est due à tout le monde, et il n'est pas possible d'approuver l'acte que vous avez fait signifier à ces officiers.

Du 11 octobre 1742.

Puisque M. le président.......... vous a fait part de la lettre que je lui ai écrite sur ce qui s'est passé entre lui est les trésoriers de France, je ne doute pas qu'il ne vous envoie aussi la copie de la réponse que j'ai faite en dernier lieu, à ses représentations sur ce sujet; vous y verrez qu'elles ne m'ont pas paru suffisantes pour me faire changer de sentiment sur son procédé. Il y a, en vérité, trop de délicatesse à refuser de remplir un devoir de bienséance à l'égard d'un corps, qui en est d'autant plus jaloux, qu'il n'a guère que ces sortes d'occasions pour s'attirer quelque marque de la considération qu'on a pour lui; on sait bien qu'à la rigueur, les visites dont il s'agit ne sont point dues. Il n'y a certainement aucune loi qui les ordonne, et de pareilles minuties ne méritent pas de faire la matière d'un réglement ; mais il y a une espèce d'usage sur ce point, dont personne n'est blessé en ce pays-ci. Il est fâcheux que l'on veuille penser autrement dans les provinces; et plus il est établi que les expéditions des bureaux des finances ne sont sujettes à aucun droit, par rapport à MM. du parlement, moins ils doivent être réservés et, pour ainsi dire, avares de leurs pas, quand il s'agit de rendre au bureau des finances un honneur qui ne tire à aucune conséquence.

Mais ce n'est pas, à proprement parler, le refus que M. le président.......... a fait, d'entrer dans ce que les officiers de ce bureau désiroient de lui, et qu'ils réduisoient à bien peu de chose, qui m'a fait de la peine en cette occasion ; c'est l'acte en déni de justice qu'il leur a fait signifier, pendant qu'il savoit qu'il ne devoit imputer qu'à lui-même les retardemens; il n'est pas surprenant qu'une compagnie regarde un pareil acte comme une espèce d'injure qu'on lui fait, et surtout quand il vient de la part d'un président du parlement, qui a autant d'esprit et de mérite que M......... Il n'avoit qu'à attendre l'effet des démarches que vous aviez faites avec votre sagesse ordinaire, pour engager les trésoriers de France à vous sacrifier un si léger point d'honneur; je suis persuadé que vous en seriez venu à bout avec le temps, et qu'on auroit trouvé quelque tempérament pour ménager la délicatesse, peut-être trop grande, qu'on avoit des deux côtés. Il n'étoit pas difficile d'en trouver les moyens, c'est encore ce qu'il faut tâcher de faire pour terminer une affaire si peu digne d'attention; le jugement le plus sain qu'on en puisse porter, est que le bureau des finances peut avoir eu tort d'exiger une visite de bienséance, comme si elle étoit de droit, et que M....... a eu un tort, peut-être encore plus grand, de la refuser. Il n'étoit question que d'écarter toute idée d'un droit de rigueur, et d'y substituer une honnêteté purement volontaire, et une politesse qui auroit eu d'autant plus de mérite, qu'elle auroit été plus libre; c'est ce que vous êtes plus capable de faire, etc.

Du 14 août 1743.

J'AI reçu depuis peu une lettre de M........., intendant à Moulins, qui me marque que l'indisposition dans laquelle le bureau des finances de cette ville étoit contre le sieur........., lui paroissoit infiniment moins forte que par le passé; que plusieurs membres de ce bureau, et entr'autres le sieur de...., président ancien, étoient revenus des impressions qu'on leur avoit données contre le sieur de......, dont il croit que la réception ne trouveroit plus d'obstacle, si le roi vouloit bien lui accorder des provisions; cette lettre m'a donné lieu de revoir tout ce que vous m'aviez écrit sur l'affaire de ce procureur;

et comme, après tout, la faute qu'il a faite n'a causé aucun préjudice à personne, qu'il l'a expiée par une très-longue pénitence, et que, si sa réputation a eu quelque chose d'équivoque dans le palais, il paroît qu'on lui reproche plutôt une espèce d'étourderie, que de véritables malversations. Les motifs de commisération dont votre lettre du 22 avril dernier m'a fait voir que vous étiez touché, ont fait aussi impression sur mon esprit, et me déterminent à le mettre en état d'exercer des fonctions dans lesquelles il vous sera subordonné ; et sa conduite étant éclairée par un supérieur aussi vigilant et aussi attentif que vous l'êtes pour l'ordre public, il paroît peu à craindre qu'il tombe dans quelque nouvelle faute qui puisse me faire repentir de mon indulgence. Il aura d'ailleurs, dans les officiers du bureau des finances, qui ne l'aiment pas, des surveillans, qui ne manqueroient pas de vous informer de ses torts, s'il en avoit, et peut-être même de ceux qu'il n'auroit pas ; vous pouvez donc lui faire dire qu'il peut faire présenter au sceau ses provisions de la charge de votre substitut au bureau des finances de Moulins, et que je les ferai expédier.

Du 3 juillet 1744.

J'ai différé de répondre à la lettre que vous m'écrivîtes le 7 janvier dernier, pour justifier la compétence de la cour des aides dans l'affaire des consuls de Limoux, parce que je n'ai pas voulu le faire sans avoir pris tous les éclaircissemens nécessaires sur une matière qui devient intéressante pour toutes les communautés de la province de Languedoc, par l'extension que la cour des aides veut donner à son pouvoir. Je n'ai reçu ces éclaircissemens que depuis quelques jours, et je suis à présent en état de m'expliquer sur ce sujet avec une entière connoissance.

Je voudrois pouvoir le faire d'une manière favorable à votre prétention et aux arrêts de votre compagnie ; mais, soit que je considère les termes de la déclaration du 20 janvier 1736, soit que j'examine la distinction par laquelle il semble qu'on ait cherché à en éluder l'exécution ; je ne peux m'empêcher de regarder la jurisprudence que vous voulez soutenir, comme une infraction manifeste de cette loi.

Il n'y a personne qui ne sente, en lisant la déclaration dont il s'agit, la différence qu'on a voulu y mettre entre les deux sortes de cadastres ou de compoix qui ont eu lieu en Languedoc ; l'un est celui qu'on appelle *terrier*, l'autre est le *compoix* qu'on nomme *cabaliste*. Le premier est l'objet de l'article 7, le second est celui de l'article 9 de cette déclaration.

Tout ce qui concerne la première espèce de cadastre, est attribué à la cour des aides pour en connoître en première instance, soit qu'il s'agisse de la confection ou du renouvellement des cadastres, soit qu'il soit question des décharges prétendues par les particuliers, sous prétexte d'erreurs dans la contenance et dans l'estimation, ou dans la nobilité des fonds.

L'article 9 décide au contraire, par rapport au compoix cabaliste, que les demandes en surcharge au sujet de l'allivrement qu'il contient, et autres contestations formées à l'occasion desdits compoix, seront portées en première instance par-devant les juges des lieux, et par appel seulement, en la cour des aides.

Les raisons de cette différence vous sont sans doute parfaitement connues. Rien n'est plus difficile ni plus onéreux aux communautés, que la confection d'un nouveau cadastre terrier ; c'est ce qui fait qu'elle est très-rare, et que ces sortes de cadastres ne se renouvellent guère qu'au bout de cent ans et quelquefois plus : il est même fort important que ce soient

les juges les plus supérieurs en lumières et en autorité, qui jugent de la nécessité du renouvellement
de cette espèce de cadastre, et qui règlent les opérations nécessaires pour y parvenir. On a cru aussi
que, comme les contestations qui naissent au sujet
des surcharges prétendues par les particuliers, in-
téressoient tous les fonds possédés dans une communauté, et pouvoient donner lieu de changer les pro-
portions établies dans les cadastres terriers, il convenoit
qu'elles fussent portées en première instance en la
cour qui avoit autorisé le cadastre, et à qui il appartenoit naturellement de le réformer.

Tels ont été les principaux motifs de la décision
portée par l'article 7 de la déclaration de 1736; mais
on n'a rien trouvé de semblable dans ce qui regarde
le compoix cabaliste.

Comme il n'y a rien de plus variable que la possession des meubles ou des effets mobiliers, et que
le commerce et l'industrie le sont encore plus, le
compoix cabaliste dont ils sont l'objet, est nécessairement sujet à de fréquens et presque continuels changemens; c'est ce qui fait qu'on est obligé de le renouveler tous les ans. Les questions qu'on agite sur
la nécessité du renouvellement des cadastres terriers
et sur la manière d'y procéder, ne peuvent jamais
avoir lieu par rapport à la confection des compoix
cabalistes; et puisqu'ils se renouvellent si fréquem-
ment, il a paru juste de les mettre au nombre des
matières sommaires qui doivent s'expédier avec le
plus de diligence et le moins de frais qu'il est possible; ce que l'on a cru être d'autant plus convenable, que les juges des lieux peuvent avoir plus
promptement et plus aisément que la cour des aides,
les connoissances nécessaires pour y pourvoir.

C'est par ces raisons que, par l'article 9 de la déclaration de 1736, le roi a voulu que toutes les contestations qui s'éleveroient au sujet des compoix cabalistes, ne fussent portées que par appel en la cour

des aides, et après avoir été décidées en première instance par les juges des lieux.

Rien n'est donc plus juste, ni en même temps plus clair, que la volonté du législateur sur ce point. La distinction que je vois qu'on voudroit suppléer dans l'article dont je viens de parler, ne sauroit obscurcir ni en affoiblir la disposition.

Cette distinction consiste à convenir d'un côté, que lorsqu'il s'agit de la demande d'un particulier qui se plaint d'avoir été surchargé dans un compoix cabalisté, l'affaire doit être portée d'abord devant les premiers juges, et à soutenir de l'autre qu'il n'en est pas de même lorsqu'on prétend que le compoix entier a été mal fait, et qu'on n'y a pas suivi les formes régulières, ou lorsqu'on demande à cette occasion un réglement général pour la communauté intéressée dans la contestation.

C'est pour appuyer cette distinction subtile qu'on a imaginé une espèce de formule nouvelle, en obtenant des lettres à la chancellerie de la cour des aides, où la partie se porte pour appellante du compoix en général, et en demande la cassation ou la nullité. Mais il est évident que les praticiens qui ont inventé ce nouveau style, sont tombés dans la faute que les jurisconsultes romains reprochent à ceux qui, voulant frauder la loi, en conservent les termes en apparence, pour en altérer le sens.

Quelque nom que l'on donne à une demande en surcharge, formée par un compoix cabaliste, et quoiqu'on affecte de la déguiser sous la forme d'un appel ou d'une demande en cassation et en nullité, il ne s'agit jamais dans cette demande que de l'intérêt particulier de celui qui prétend faire réformer son allivrement, et il ne peut point être question à cet égard de réformer tout le compoix cabaliste : un particulier ne seroit pas même recevable à former une pareille demande ; il lui est fort indifférent que le compoix en entier subsiste ou ne subsiste pas, pourvu qu'il obtienne la diminution de la somme pour laquelle il y a été cotisé, et il est d'ailleurs évident qu'il ne peut parvenir à la décharge qu'il demande, que par des raisons qui lui sont absolument personnelles, et qui n'ont rien de commun avec toutes les autres cottisations que le compoix renferme.

C'est sur ce fondement que dans l'article 9 de la déclaration de 1736, on n'a fait aucune mention des procès qui s'éleveroient sur la confection ou sur le renouvellement des compoix cabalistes; au lieu que dans l'article 7, qui regarde les cadastres terriers, on a exprimé nommément ces sortes de contestations, parce qu'elles sont propres à la nature des cadastres terriens, pendant que dans l'article 9 on a gardé le silence avec raison sur ce genre de différends, attendu qu'il ne convenoit point à la nature singulière des compoix cabalistes.

Ainsi, soit qu'on examine la lettre des deux articles que je viens de comparer, soit que l'on en consulte le véritable esprit, la distinction que les procureurs ont apparemment imaginée pour multiplier leur pratique à la cour des aides, tombe d'elle-même, et ne peut être regardée que comme une contravention expresse à la loi. Il semble même qu'on ait voulu prévenir cette espèce de détour, par l'attention qu'on a eue à employer ces termes dans l'article 9 de la déclaration, *et autres contestations formées à l'occasion des cadastres ou compoix;* ensorte que, quand même les compoix cabalistes pourroient être susceptibles d'une demande en nouvelle confection de cette espèce de compoix, une pareille demande se trouveroit comprise dans les termes généraux que je viens de rappeler, et qui prouvent clairement que, suivant l'intention du roi, il n'y a aucune des demandes qu'on peut former au sujet d'un compoix cabaliste, qui ne doive être portée devant les premiers juges.

Je remarque enfin que la distinction qui est manifestement exclue par ces termes, seroit non-seulement contraire à la loi, mais très-dangereuse par ses conséquences.

Son premier effet seroit de dépouiller les juges ordinaires d'une connoissance qui leur appartient par la volonté du roi, parce qu'avec le tour qu'on a imaginé pour l'éluder, il n'y auroit plus aucune demande en surcharge sur un compoix cabaliste, qui ne fût portée à la cour des aides; et le second effet encore plus mauvais, seroit d'obliger toutes les communautés à aller plaider, à grands frais, à la cour des aides, sur des affaires souvent très-légères, et qui auroient pu être terminées aisément et promptement par des sentences dont, en beaucoup d'occasions, il n'y auroit point eu d'appel.

Enfin, le dernier prétexte dont on a voulu se servir pour attirer à la cour des aides, en première instance, les demandes dont il s'agit, malgré la disposition formelle de la loi, n'a pas plus d'apparence que la distinction dont je viens de parler.

On suppose qu'il pourra y avoir lieu de faire un réglement général pour les communautés, à l'occasion d'une demande en surcharge, et que, par cette raison, il faut la porter directement à la cour des aides; mais, outre qu'on peut dire de cette couleur comme de la distinction précédente, qu'il n'y a pas de demande à laquelle on ne puisse l'appliquer, et qu'ainsi ce seroit un moyen général dont on se serviroit pour dépouiller tous les juges ordinaires; c'est sans fondement qu'on allégue la nécessité d'un réglement général : il y en a assez de faits sur la matière des cadastres ou des compoix. Ils sont connus des juges devant lesquels les demandes en surcharge doivent être portées, c'est à eux de les faire exécuter; et s'ils y manquent, la cour des aides est toujours en état d'y suppléer, soit à l'occasion de l'appel qui est relevé devant elle, ou lorsqu'il n'y en a point, sur une réquisition que vous pouvez toujours faire d'office, lorsque dans l'exécution des réglemens il se glisse un abus que vous croyez devoir faire réformer.

Je ne vois donc aucune raison, même apparente, pour autoriser la nouvelle jurisprudence qu'on a tenté d'établir, soit dans l'affaire des consuls de Limoux, soit dans deux autres exemples précédens, et je suis persuadé que lorsque votre compagnie y aura fait plus de réflexion, elle jugera à propos de faire cesser dans sa naissance un usage qui ne peut jamais être approuvé. Je lui laisse volontiers l'honneur de se réformer elle-même, en ne permettant plus qu'on obtienne des commissions avec des clauses semblables à celles qui, comme je l'ai déjà dit, n'ont été inventées que pour éluder la loi, sans paroître y contrevenir ouvertement et en se contentant de recevoir l'appel des jugemens qui auront été rendus sur des demandes en surcharge, formées par rapport à des compoix cabalistes.

Si cependant elle ne prenoit pas ce parti, qui est le plus honorable pour elle, le roi seroit obligé de condamner expressément la mauvaise interprétation qu'on a voulu donner à l'article 9 de la déclaration de 1736; mais le langage de la raison doit toujours précéder celui de l'autorité, surtout quand on parle à des compagnies aussi éclairées que la vôtre, et j'espère, en effet que, dans l'occasion présente, il n'en faudroit point employer d'autre à son égard que le premier.

Vous prendrez, s'il vous plaît, la peine de faire part de cette lettre à M. le premier président de votre compagnie, afin qu'après en avoir conféré avec ceux de ses autres membres qu'il jugera à propos, il puisse prendre les mesures nécessaires pour faire ensorte que le roi ne soit pas obligé de s'expliquer sur cette matière.

Du 3 janvier 1745.

C'EST vous, à proprement parler, qui vous êtes désigné le successeur le plus convenable que Sa Majesté pût vous destiner dans l'intendance de provence,

et l'approbation que le roi a donnée à votre choix
fait également honneur au père et au fils ; il étoit bien
juste qu'un fils si heureusement né vous soulageât, en
prenant sur lui une partie des soins et des peines qui
se réunissoient auparavant en votre personne ; je
connois toute sa bonne volonté et la facilité avec laquelle il comprend les affaires, et les fait comprendre
aux autres. Il aura d'ailleurs le bonheur de trouver
en vous l'expérience qui lui manque, et les meilleurs
conseils qu'il puisse suivre. Je vous félicite donc également, l'un et l'autre, d'une grâce si bien placée, et
qui peut être si utile au service du roi ; je m'y intéresse
même d'autant plus, que j'espère qu'elle servira à la
conservation de votre santé, et qu'elle vous mettra en
état de continuer beaucoup plus long-temps de servir
le roi et le public aussi dignement que vous le faites.

Du 10 *avril* 1745.

J'APPRENDS que vous avez entre les mains un registre qui contient plusieurs jugemens rendus par feu
M. de.......... et par M. votre père, au sujet de
la nobilité des fonds situés dans les trois élections de
la généralité de Bordeaux, dans lesquelles la taille est
réelle.

Comme on peut trouver dans ce registre des éclaircissemens considérables pour la décision des affaires
qui concernent la matière de la taille, vous ne devez
faire aucune difficulté de le remettre au greffe de la
cour des aides de Bordeaux, à laquelle la connoissance
de cette matière appartient, si cependant vous pensez
avoir besoin, pour votre décharge, d'un arrêt du
conseil qui ordonne cette remise, il sera facile de vous
satisfaire sur cette formalité.

Du 8 juillet 1746.

COMME c'est, sans doute, en vertu d'une commission du conseil, qu'ont été rendues les ordonnances contenues dans le registre qui est entre vos mains, vous ne pouvez le remettre que dans celles de M. de.............., qui occupe aujourd'hui la même place que mon père remplissoit dans le temps que ce registre a été fait; et le prétexte que la cour des aides pourroit tirer pour revendiquer ce registre, de ce que M. votre père étoit avocat-général en cette compagnie, seroit mal fondé, parce que ce n'est pas en cette qualité qu'il a pu concourir avec mon père au jugement des affaires mentionnées dans le même registre, ce sera à M. de.........., lorsque vous le lui aurez remis, de voir si ce registre doit être conservé dans un dépôt public, et l'on pourra alors y pourvoir par un arrêt du conseil.

FIN DU TOME DIXIÈME.

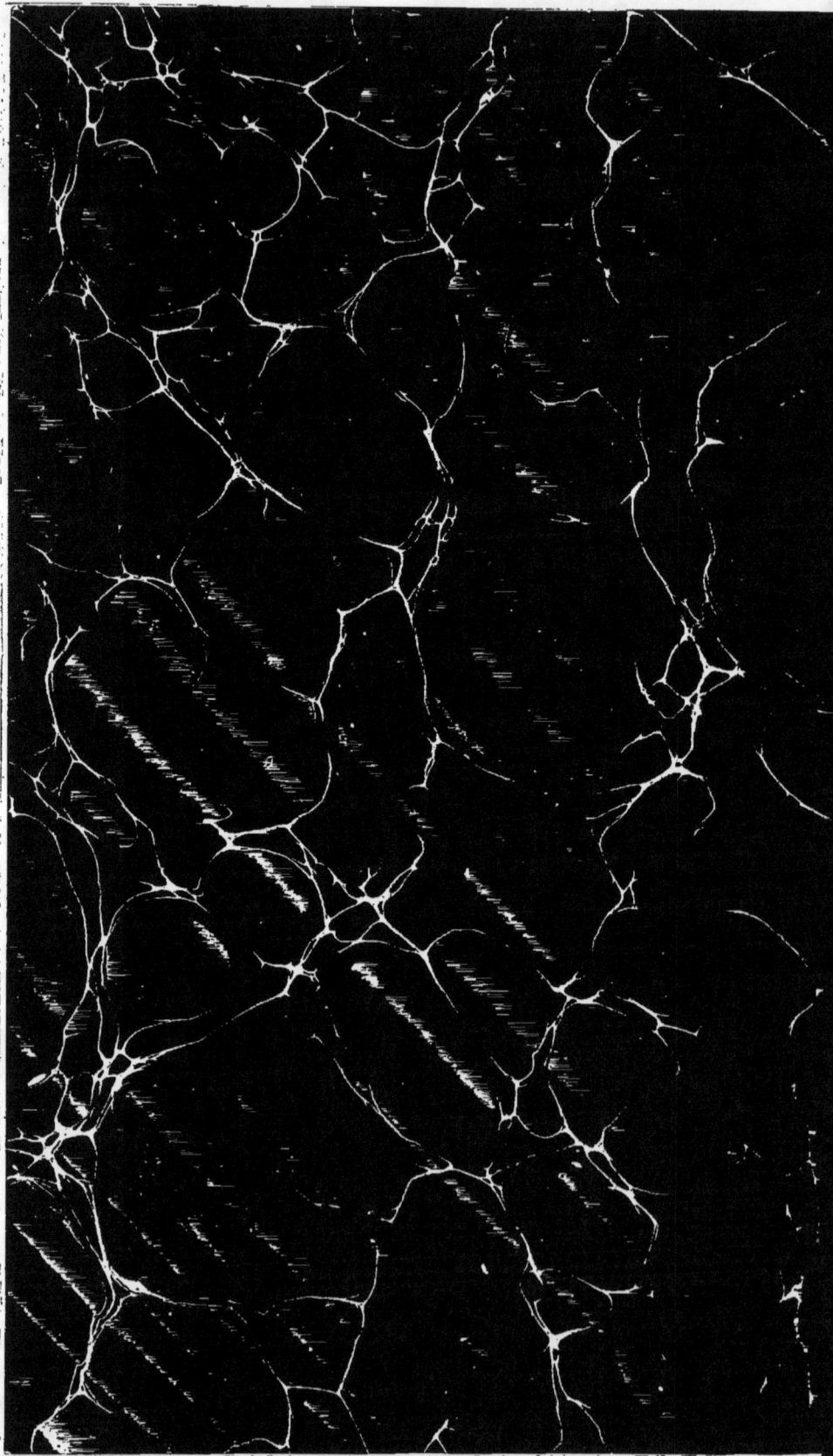

www.ingramcontent.com/pod-product-compliance
Lightning Source LLC
Chambersburg PA
CBHW031718210326
41599CB00018B/2425